Baedekers
Allianz-Reiseführer
Griechische Inseln

Baedekers
Allianz Reiseführer

Städte in aller Welt

Amsterdam
Athen
Bangkok
Berlin
Brüssel
Budapest
Dresden
Düsseldorf
Florenz
Frankfurt
Hamburg
Hongkong
Istanbul
Jerusalem
Köln
Kopenhagen
Leningrad
London
Madrid
Moskau
München
New York
Paris
Prag
Rom
San Francisco
Singapur
Stuttgart
Tokio
Venedig
Wien
Zürich

Länder · Regionen · Inseln · Flüsse

Bodensee
Costa Brava
Dänemark
Gran Canaria
Griechische Inseln
Ibiza
Irland
Loire
Mallorca
Provence / Côte d'Azur
Rhein
Ruhrgebiet
Schwäbische Alb
Südtirol
Teneriffa
Toskana
Türkische Küsten

Reiseländer · Großräume

Ägypten
Asien
Benelux
Bundesrepublik D
DDR
Frankreich
Griechenland
Großbritannien
Israel
Italien
Japan
Jugoslawien
Karibik
Mexiko
Mittelmeer
Österreich
Portugal
Schweiz
Skandinavien
Spanien
USA

Städte in Deutschland und angrenzenden Ländern

Augsburg
Bad Homburg
Baden-Baden
Bamberg
Basel
Berlin (gr. Ausg.)
Berlin (kl. Ausg.)
Berlin-Charlottenburg
Berlin-Kreuzberg
Berlin-Schöneberg
Berlin-Spandau
Berlin-Tempelhof
Berlin-Tiergarten
Berlin-Wedding
Berlin-Zehlendorf
Bonn
Bremen
Darmstadt
Freiburg
Genf
Hannover
Heidelberg
Innsbruck
Karlsruhe
Kassel
Kiel
Koblenz
Konstanz
Lübeck
Mainz
Mannheim
Münster
Nördlingen
Nürnberg
Passau
Regensburg
Rendsburg
Salzburg
Schleswig
Straßburg
Trier
Ulm
Wiesbaden
Würzburg

Baedekers
Allianz Reiseführer
Griechische Inseln

KARL BAEDEKER VERLAG

Hinweise zur Benutzung dieses Reiseführers

Sternchen (Asterisken) als typographisches Mittel zur Hervorhebung bedeutender Bau- und Kunstwerke, Naturschönheiten und Aussichten, aber auch guter Unterkunfts- und Gaststätten hat Karl Baedeker im Jahre 1844 eingeführt; sie werden auch in diesem Reiseführer verwendet: Besonders Beachtenswertes ist durch * einen vorangestellten 'Baedeker-Stern', einzigartige Sehenswürdigkeiten sind durch ** zwei Sternchen gekennzeichnet.

Zur raschen Lokalisierung der Sehenswürdigkeiten von A bis Z auf der beigegebenen Reisekarte sind die entsprechenden Koordinaten der Kartennetzmaschen jeweils neben der Überschrift in Rotdruck hervorgehoben: Naxos **D4**.

Wenn aus der Fülle von Unterkunfts-, Gast- und Einkaufsstätten nur eine wohlüberlegte Auswahl getroffen ist, so sei damit gegen andere Häuser kein Vorurteil erweckt.

Da die Angaben eines solchen Reiseführers in der heute so schnellebigen Zeit fast ständig Veränderungen unterworfen sind, kann für die Richtigkeit keine absolute Gewähr übernommen werden. Auch lehrt die Erfahrung, daß sich Irrtümer nie gänzlich vermeiden lassen. Für Berichtigungen und Verbesserungsvorschläge ist die Redaktion (Zeppelinstr. 44/1, D-7302 Ostfildern 4) stets dankbar.

Impressum

Titelbild: Santorin

Ausstattung:
122 Abbildungen
12 graphische Darstellungen, 9 Sonderpläne, 8 Sonderkarten, 7 Grundrisse, 6 Stadtpläne, 3 Übersichtskarten, 1 Reisekarte

Textbeiträge:
Monika I. Baumgarten (einführende Kapitel, anteilig; Inselbeschreibungen von A bis Z)
Peter M. Nahm (Praktische Informationen von A bis Z)
Beratung: Axel Kramer
Bearbeitung und Fortführung: Baedeker-Redaktion
Umbruchlayout: Creativ GmbH, Ulrich Kolb, Stuttgart
Gesamtleitung: Dr. Peter Baumgarten, Baedeker Stuttgart

Bildnachweis:
Amberg (5), Assimakopouli (4), Baedeker-Archiv (1), Baier (13), Baumgarten (1), Bavaria (1), Delta (3), dpa (1), Gärtner (4), Griechische Zentrale für Fremdenverkehr (5), Günther (11), Hannibal (7), Historia-Photo (6), Kramer (40), Linde (2), Museum Iraklion (2), Olympic (12), Rogge (2), Schmidt-Diemitz (2)

Kartographie:
Gert Oberländer, München
Mairs Geographischer Verlag GmbH & Co., Ostfildern-Kemnat (Reisekarte)

1990

Urheberschaft:
Karl Baedeker GmbH, Ostfildern-Kemnat bei Stuttgart

Nutzungsrecht:
Mairs Geographischer Verlag GmbH & Co., Ostfildern-Kemnat bei Stuttgart

Satz: Der Satz-Partner, Wiefelstede-Metjendorf

Reproduktionen: Gölz Repro-Service GmbH, Ludwigsburg

Druck: Mairs Graphische Betriebe GmbH & Co., Ostfildern-Kemnat bei Stuttgart

Buchbindearbeiten: H. Wennberg GmbH, Leonberg-Eltingen

Printed in Germany
ISBN 3-87504-217-4

Inhalt

Liebe Leserin, lieber Leser,

Baedeker ist ständig bemüht, die Qualität seiner Reiseführer noch zu steigern und ihren Inhalt weiter zu vervollkommnen. Hierbei können ganz besonders die Erfahrungen und Urteile aus dem Benutzerkreis als wertvolle Hilfe gar nicht hoch genug eingeschätzt werden. Vor allem **Ihre Kritik, Berichtigungen und Verbesserungsvorschläge sind uns stets willkommen.** Sie helfen damit, die nächste Auflage noch aktueller zu gestalten.
Bitte schreiben Sie in jedem Falle an die

Baedeker-Redaktion
Karl Baedeker GmbH
Marco-Polo-Zentrum
Zeppelinstraße 44/1
Postfach 31 62
D-7302 Ostfildern 4 (Kemnat).

Der Verlag dankt Ihnen ihm voraus bestens für Ihre Mitteilungen. Jede Einsenderin und jeder Einsender nimmt an einer jeweils zum Jahresende unter Ausschluß des Rechtsweges stattfindenden Verlosung von drei JRO-LEUCHTGLOBEN teil. Falls Sie gewonnen haben, werden Sie benachrichtigt. Ihre Zuschrift sollte also neben der Angabe des Buchtitels und der Auflage, auf welche Sie sich beziehen, auch Ihren Namen und ihre Anschrift enthalten. Die Informationen werden selbstredend vertraulich behandelt und die persönlichen Daten nicht gespeichert.

Vorwort

Dieser Reiseführer gehört zur neuen Baedeker-Generation.

In Zusammenarbeit mit der Allianz Versicherungs-AG erscheinen bei Baedeker durchgehend farbig illustrierte Reiseführer in handlichem Format. Die Gestaltung entspricht den Gewohnheiten modernen Reisens: Nützliche Hinweise werden in der Marginalienspalte neben den Beschreibungen herausgestellt. Diese Anordnung gestattet eine einfache und rasche Handhabung.

Der vorliegende Band hat die gesamte griechische Inselwelt zum Thema, d.h. die zur Republik Griechenland gehörenden Inseln sowohl im Ägäischen Meer als auch im Ionischen Meer. Als touristische Angelpunkte sind zudem die griechische Hauptstadt Athen sowie die wichtigen festländischen Hafenstädte Piräus und Saloniki umrissen. Der Reiseführer ist in drei Hauptteile gegliedert: Im ersten Teil wird über die griechischen Inseln im allgemeinen, Klima, Pflanzen und Tiere, Bevölkerung und Religion, Wirtschaft, berühmte Persönlichkeiten, Geschichte und Kunstgeschichte berichtet. Einige Ausführungen über die Odyssee leiten über zum zweiten Teil, in dem die einzelnen Inseln und Städte mit ihren Sehenswürdigkeiten beschrieben werden. Daran schließt ein dritter Teil mit praktischen Informationen. Sowohl die Sehenswürdigkeiten als auch die Informationen sind in sich alphabetisch geordnet.

Baedekers Allianz-Reiseführer zeichnen sich durch Konzentration auf das Wesentliche sowie Benutzerfreundlichkeit aus. Sie enthalten eine Vielzahl eigens entwickelter Pläne und zahlreiche farbige Abbildungen. Zu diesem Reiseführer gehört als integrierender Bestandteil eine ausführliche Reisekarte, auf der die im Text behandelten Orte anhand der jeweils angegebenen Kartenkoordinaten zu lokalisieren sind.

Wir wünschen Ihnen mit Baedekers Allianz-Reiseführer viel Freude und einen lohnenden Aufenthalt 'vor Ort'!

Baedeker

Karl Baedeker Verlag

Zahlen und Fakten

Allgemeines

Gesamtbild

Der reichen Küstengliederung Griechenlands entspricht nach Osten im Ägäischen Meer sowie nach Westen im Ionischen Meer eine Vielzahl von Inseln, die im Altertum die Entwicklung der Seefahrt begünstigten und das Griechentum schon frühzeitig zum wirtschaftlichen und kulturellen Mittler zwischen den drei Erdteilen der Alten Welt machten.
Am dichtesten gruppieren sich die Inseln der Ägäis vom griechischen Festland bis zur türkischen Küste. Euböa, die größte der mittelgriechischen Inseln, bildet ebenso wie die nordöstlich anschließenden Nördlichen Sporaden die Fortsetzung des Othyrs-Gebirges und wurde schon in der Antike als abgesprengter Teil Böotiens angesehen. Als südöstliche Weiterführung von Euböa und Attika erscheinen die Kykladen (rings um Delos), die in mehreren Reihen den südlichen Teil des Ägäischen Meeres füllen. Kythira, im Südosten des Peloponnes, leitet nach Kreta hinüber, das als größte der griechischen Inseln (ungeachtet des eigenständigen Zypern) die Ägäis im Süden abschließt und sich in seiner westöstlichen Ausrichtung als paralleles Pendant anatolischer Gebirgszüge darstellt. Vor der Südwestküste Kleinasiens reiht sich zwischen Rhodos und Samos in enger Folge die Kette der Südlichen Sporaden, deren größter Teil zum Dodekanes zusammengefaßt ist. Weit versprengt im nordöstlichen Becken der Ägäis liegen die großen Inseln Chios, Lesbos, Limnos, Samothraki und Thasos.
Der Westküste Griechenlands sind die Ionischen Inseln vorgelagert, deren mittlere Gruppe sich ethnologisch und historisch dem nahen mittelgriechischen Festland anfügt.

Wissenswerte Daten

Gesamtgriechenland erstreckt sich zwischen 41°45′ nördlicher Breite (Dreiländereck mit Bulgarien und der Türkei bei Ormenion, nordwestl. Edirne; Thasos ist die nördlichste Insel) und 34°48′ nördlicher Breite (Eiland Gavdos, südlich von Kreta; zugleich der südlichste Punkt Europas) sowie zwischen 19°22′ östlicher Länge (Insel Othoni, nordwestl. von Korfu) und 29°38′ östlicher Länge (Eiland Strongyli, südöstlich vor Kastellorizo).

Von den insgesamt über 2000 griechischen Inseln mit einer Gesamtoberfläche von 25213 km² (= ca. 1/5 der Staatsfläche) und einer Küstenlänge von 11000 km (von insgesamt 15000 km) gelten 151 mit zusammen 24866 km² Inselfläche als bewohnt; die größten sind Kreta (8331 km²), Euböa (3654 km²), Lesbos (1630 km²) und Rhodos (1398 km²). Verwaltungsmäßig gehören die Inseln zu folgenden Nomi (in Klammern die Bezirkshauptorte) im Ionischen Meer: Korfu (Kerkyra), Lefkas (Lefkas), Kephallinia (Argostolion) und Zakynthos (Zakynthos); im Ägäischen Meer: Euböa (Chalkis; hierzu auch die Insel Skyros), Kykladen (Ermupolis auf Syros), Chania (Chania), Iraklion (Iraklion), Rethymnon (Rethymnon), Lasithi (Ajios Nikolaos; die letzten vier auf Kreta), Dodekanes (Rhodos), Samos (Vathy), Chios (Chios) und Lesbos (Mytilini). Einige Inseln sind festländischen Nomi zugeordnet, so

◀ *Vai-Bucht an Kretas Ostküste*

Griechenland
Hellenische Republik

Regionen	
A	Thrakien
B	Makedonien
C	Epirus
D	Thessalien
E	Mittelgriechenland
F	Peloponnes
G	Ionische Inseln
H	Kreta
I	Ägäische Inseln

Bezirke (Hauptorte)	
1	Evros (Alexandrupolis)
2	Rodopi (Komotini)
3	Xanthi
4	Kavala
5	Drama
6	Serrä
7	Kilkis
8	Saloniki
9	Lesbos (Mytilini)
10	Chalkidiki (Polygiros)
11	Pieria (Katerini)
12	Imathia (Veria)
13	Pella (Edessa)
14	Florina
15	Kastoria
16	Kozani
17	Grevena
18	Ioannina
19	Thesprotien (Igumenitsa)
20	Preveza
21	Arta
22	Trikala
23	Karditsa
24	Larissa
25	Magnisia (Volos)
26	Evritanien (Karpenision)
27	Ätolien & Akarnanien (Agrinion)
28	Phthiotis (Lamia)
29	Phokis (Amphissa)
30	Euböa (Chalkis)
31	Böotien (Levadia)
32	Attika (Athen)
33	Korinth
34	Achaia (Patras)
35	Elis (Pyrgos)
36	Arkadien (Tripolis)
37	Argolis (Nauplia)
38	Messenien (Kalamata)
39	Lakonien (Sparta)
40	Korfu (Kerkyra)
41	Lefkas
42	Kephallinia (Argostolion)
43	Zakynthos
44	Chania
45	Rethymnon
46	Iraklion
47	Lasithi (Agios Nikolaos)
48	Dodekanes (Rhodos)
49	Kykladen (Ermupolis)
50	Samos (Vathy)
51	Chios

Urlaub par excellence: Kreuzen von Insel zu Insel

Wissenswerte Daten (Fortsetzung)

die Nördlichen Sporaden (außer Skyros, vgl. S. 9) zu Magnesia (Volos), Samothraki zu Evros (Alexandrupolis), Thasos zu Kavala (Kavala) und die Inseln im Saronischen Golf samt Kythira und Antikythira zu Piräus (Pireas). – Die maximale Entfernung zwischen zwei Inseln beträgt nur 22 sm (40 km).
Die höchste Erhebung auf den Inseln ist der Idi Oros (2456 m ü.d.M.) im Psilotiris-Gebirge auf Kreta; die größte Meerestiefe wurde 62 sm (115 km) südwestlich vom Kap Tänaron (Peloponnes-Südspitze) ausgelotet; Inussä-Tiefe (4850 m u.d.M.).

Der Salzgehalt der Ägäis (41°-35° nörd. Breite) nimmt von Norden nach Süden zu (33-39‰) und liegt damit etwas über dem Durchschnittswert des Mittelmeeres (33‰); die ebenfalls von Norden nach Süden ansteigende Wassertemperatur an der Oberfläche erreicht im Sommer 20-26°C, im Winter 12-15°C; am Meeresboden bleibt sie dagegen etwa gleichmäßig bei 13-14°C.
Der Tidenhub der Gezeiten ist allenthalben nur gering; lediglich im Euripos-Kanal zwischen Euböa und dem Festland rufen Ebbe und Flut häufig wechselnde Strömungen hervor.

Geologie

Im Paläozoikum erfüllte das Gebiet der heutigen Ägäis ein aus meist kristallinen und metamorphen Gesteinen aufgefaltetes Altes Gebirge (Rumpfscholle), dessen abgetragene Kuppenlandschaft als sog. Alte Massen (Rhodope-Masse im thrakisch-makedonischen Gebiet, Kykladenmasse im Bereich der Kykladen, Pelagonische Masse im Süden der Peloponnes) erhalten ist; seine Gipfelflur ragt heute in Form von Inseln aus dem Meere auf. Im Mesozoikum war dieses Alte Gebirge vom Tethys-Urmeer überflutet, das mächtige Schiefer-, Sandstein- und Kalkablagerungen hinterließ. Im Pleistozän stellte es nach dem Absinken

Geologie (Fortsetzung)

des Meeresspiegels die Landverbindung zwischen Griechenland und Kleinasien dar. Im Quartär brach diese wiederum in drei große Senken ab, und zwar in das Nordägäische Becken (bis 1950 m tief) nördlich einer gedachten Linie von der Magnesischen Halbinsel über Limnos zur Halbinsel Gallipoli (die Dardanellen sind dagegen ein ertrunkenes Flußtal), in das Mittelägäische Becken (bis 4850 m tief) zwischen Euböa, Kykladen, Samos und Chios sowie das Südägäische Becken (bis 4453 m tief) nördlich einer Linie von Kythira über Santorin nach Rhodos. Schwellen von um 500 m Tiefe trennen diese Meeressenken voneinander; im Süden bildet ein um 800 m tiefer Schelfbogen die Abgrenzung zum südöstlichen Mittelmeer. In den Bruchzonen herrschten einst heftiger, in jüngerer Zeit abnehmender Vulkanismus (Santorin, Milos, Nisyros) sowie ihn begleitend rege Beben- und Thermalquellentätigkeit. Die durch die starke erdgeschichtliche Faltung brüchigen, leicht korrodierenden Kalke fördern die Verkarstung, die in ganz Griechenland und auf den Inseln, vor allem im Ionischen Meer (ferner ganz besonders an der Adria), sehr typisch ausgeprägt ist.

Erdbeben

Verheerende Erdbeben erreigneten sich auf den griechischen Inseln im Altertum um 1400 v.Chr. (Verwüstung des minoischen Kulturkreises) sowie in der Neuzeit in den Jahren 1856 (Kreta), 1926 (Rhodos) und 1953 (Ionische Inseln).

Klima

Das Klima auf den griechischen Inseln ist durchweg ein gemäßigt mediterranes mit niederschlagsreichen Wintermonaten und trokkenheißem Sommer.

Temperaturen

Bei jahresdurchschnittlichen Termperaturen von 17,4°C (Stadt Korfu) bis 19°C (Iraklion auf Kreta) nehmen die Extremwerte von Westen nach Osten zu, die jährliche Menge der Niederschläge hingegen ab (Korfu 1137 mm, Iraklion 539 mm). Die Niederschläge fallen im allgemeinen als Regen, nur in Höhen über 1000 m ü.d.M. gelegentlich als Schnee. Überaus heftige Schauer sind die Regel, lang andauernde Landregen dagegen recht selten.

Region	Temperaturen in °C							Durchschnittliche Jahresniederschläge in mm
	Luft					Meerwasser		
	Jahresdurchschnitt	Januar	Juli/August	Jahresminimum	Jahresmaximum	Januar	Juli/August	
Athen	17,8	9,3	27,5/27,5	−5,5	43,0	14,8	24,9/25,6	401
Saloniki	16,4	5,0	26,6/26,3	−9,5	41,6	11,5	24,5/24,8	477
Korfu	17,4	10,0	26,7/26,6	−2,8	41,0	15,5	25,7/26,8	1137
Kreta	19,0	12,3	25,9/25,6	+0,1	45,7	15,2	25,9/25,6	539

Durchschnittliche Sonnenscheindauer: 2500 – 3000 Stunden im Jahr

Vom Wind gebeugt

Oleander in voller Blüte

Wind

Typisch ist der sommerliche Meltémi, ein etwa von Mai bis September wehender scharfer, trockener Wind aus nordwestlicher Richtung, der zum frühen Nachmittag bis zu großer Stärke anschwellend gegen Abend abflaut und besonders der Seefahrt zu schaffen machen kann. Im Sommer treten häufig Wärmegewitter auf.

Pflanzen und Tiere

Flora

Die Pflanzenwelt zeigt typisch mediterranen Charakter mit immergrünen Hartlaubgewächsen und Sukkulenten; die Bäume sind durchweg von nur mittlerem Wuchs. In den fruchtbaren Niederungen und Küstenregionen wechseln bis in ca. 800 m Höhe ü.d.M. Mischwälder aus Eichen, Platanen, Aleppokiefern, Johannisbrotbäumen u.a. mit Macchia (neugriechisch ‘longos’) aus Steineichen, Kermeseichen, Erdbeerbäumen, Mastixsträuchern, Lorbeer, Ginster, Oleander und wilden Ölbäumen. Sie wird im feuchteren Westen in größeren Höhen (300-2000 m ü.d.M.), zum trockeneren Südosten hin auch in geringerer Höhe zunehmend dürftiger und geht in die immergrüne Halbstrauchformation der Phrygana über, eine Trockenmacchie aus Wacholder, Heide und Wolfsmilchgewächsen, die als magere Schaf- und Ziegenweide dient. Darüber finden sich karge alpine Matten, sofern die verkarsteten Kalkhöhen überhaupt eine Flora zulassen. Die obere Grenze für Laubmischwald liegt bei 1500 m ü.d.M., für Nadelwald bei 1700 m ü.d.M.; allein die Apollotanne trifft man bis in 2000 m ü.d.M. an. – Der natürliche Wald- und Macchienbestand

Flora (Fortsetzung)

wurde seit dem Altertum durch landwirtschaftliche Kultivierung und durch fortgesetzte Überweidung weitgehend zerstört. An seine Stelle sind bestenfalls Olivenhaine, Feigenkulturen und Weinfelder, vielfach aber auch Ödland getreten.
Als Fremdlinge haben sich Agave und Feigenkaktus aus Mittelamerika, die Dattelpalme als Ziergewächs aus Afrika, teils auch verwildert, allgemein verbreitet.

Fauna

Die Tierwelt ist, bedingt durch die frühe erdgeschichtliche Isolierung der Inselwelt vom Festland, wenig artenreich geblieben. Reptilien (Eidechsen, Schlangen, Schildkröten) sind in ziemlich reicher Vielfalt anzutreffen. Zahllose Vogelarten streifen die griechischen Inseln auf ihrem Zug nach Süden. Auf Kreta hat sich bis heute die Bezoarziege (Capra aegagrus) gehalten, die Stammform der Hausziege. Bei Griechen beliebt und Touristen häufig als 'Jagd' offeriert ist das Schießen von Kaninchen und Vögeln (bes. Wachteln). Vom Aussterben bedroht ist die in Meereshöhlen lebende Mönchsrobbe.

Die Fischgründe im Bereich der Ägäis sind infolge geringen Nahrungsangebotes und andauernden Überfischens wenig ergiebig; die Erträge decken kaum den Bedarf der Inselbevölkerung. Neben den im Mittelmeer allenthalben anzutreffenden Fischarten werden besonders Tintenfische (Oktopus) und Muscheln sowie Hummern und Langusten gefangen.

Die einst in der gesamten Ägäis betriebene Schwammfischerei konzentriert sich heute auf Gewässer vor der nordafrikanischen Küste.

Bevölkerung und Religion

Bevölkerung

Von den insgesamt annähernd zehn Millionen Griechen leben rund 1,3 Millionen auf den Inseln. Mit einer durchschnittlichen Bevölkerungsdichte von 95 Einw./km^2 liegen die Ionischen Inseln weit über, die Ägäischen Inseln mit 35 Einw./km^2 weit unter dem gesamtgriechischen Mittelwert von 75 Einw./km^2. Die meisten Inseln verzeichnen einen stetigen Rückgang der Bevölkerung, mehrere stehen vor der vollkommenen Entvölkerung (z.B. Kastellorizo). Karge Böden und durch Realteilung sinnlos zersplitterte Ländereien haben die Lebensbedingungen derart erschwert, daß es die Jugend vielfach vorzieht, sich auf dem Festland, in den hochindustrialisierten Ländern Europas oder in den USA nach besseren Erwerbsmöglichkeiten umzusehen. Die Folge hiervon ist eine bedenkliche Überalterung der Inselbevölkerung und damit verbunden die Vernachlässigung der Landwirtschaft, die von der älteren Generation nicht mehr bewältigt werden kann.

Die durchweg ländliche Bevölkerung ist griechischen Ursprungs. Nach dem großen Bevölkerungsaustausch der Jahre 1922/1923 verblieben nur geringe türkische Minderheiten auf Rhodos, Kos und in Thrakien. Einige albanische Gruppen, besonders auf Hydra und Spetsä, die sich schon im Freiheitskampf gegen die Türken als tatkräftige griechische Patrioten zeigten, sind heute weitgehend assimiliert; nur die Alten sprechen oder verstehen noch albanisch.

Bevölkerung (Fortsetzung)

Als nachhaltig prägendes Moment erwies sich im Dodekanes die lang währende Herrschaft von Türken und Italienern sowie auf den Ionischen Inseln die britische Protektoratszeit, welche diesen Inseln eine feste Bindung an den westeuropäischen Kulturraum brachte.

Religion

Trotz historisch bedingter regionaler Unterschiede und starker physio-geographischer Zersplitterung haben sich auch die Inselgriechen ein tiefes Nationalbewußtsein bewahrt. Als einigende Kraft hat hier besonders in schweren Zeiten die griechisch-orthodoxe Kirche gewirkt, deren Einfluß im privaten wie im öffentlichen Bereich ungebrochen ist. Seit 1833 ist die Kirche Griechenlands autonom, seit 1850 vom Ökumenischen Patriarchat in Konstantinopel als Autokephalie anerkannt und seit 1864 Staatskirche; als ihr Oberhaupt fungiert der Erzbischof von Athen. Allein die erst 1912/1913 mit Griechenland vereinigten Inseln des Dodekanes und die Mönchsrepublik Athos unterstehen noch heute der Jurisdiktion des Patriarchats von Konstantinopel; Kreta nimmt als halbautonome Kirchenprovinz eine Sonderstellung ein.

Rund 95% der Inselbevölkerung bekennen sich zur griechisch-orthodoxen Kirche, den Rest stellen Muslime, Juden, Katholiken (venezianisches Erbe auf den Kykladen) und Protestanten.

Wirtschaft

Landwirtschaft

Die Inselwelt gehört zu den wirtschaftlich wenig entwickelten Teilen Griechenlands, Industrie ist kaum vorhanden. Handel und Gewerbe knüpfen an die Landwirtschaft an, die bei 520000 ha Anbaufläche (= 13,2% der Gesamtanbaufläche Griechenlands) wichtigster Erwerbszweig ist. Während die kleineren Inseln weitgehend um Deckung ihres Eigenbedarfes bemüht sind, liefern die größeren Agrarprodukte zum Festland und ins Ausland.

Wichtige Erzeugnisse seit dem Altertum sind Oliven (als Ölfrucht und Speiseoliven), Wein und Honig bzw. Wachs, in jüngerer Zeit Melonen und Frühgemüse, Gurken (Kreta), Tomaten (Kykladen; v.a. zur Bereitung von Tomatenmark), Sultaninen, Mandeln und Erdnüsse (Kreta), Tafeltrauben und Korinthen (Ionische Inseln), Baumwolle, Tabak, Mastix (Chios) sowie Pfirsiche, Aprikosen, Äpfel und Birnen (Konservenfabrik auf Kreta).

Schaf und Ziege sind nach wie vor die wichtigsten Milch- und Fleischlieferanten. Die geringe Verkehrserschließung der meisten Inseln macht das Maultier als Last-Arbeitstier noch immer unentbehrlich.

Fischerei

Die Fischerei ist wegen der geringen Nahrungsregeneration und fortgesetzten Überfischens wenig ertragreich; zur Deckung des landeseigenen Fischbedarfes sind zusätzliche Importe nötig.
Die Schwammfischerei, einst einer der wichtigsten und ertragsreichsten Gewerbezweige der östlichen Ägäis, schrumpft unter dem Druck der Konkurrenz durch synthetische Schwämme; sie konzentriert sich heute auf die Gebiete vor der nordafrikanischen Küste. Die griechische Schwammfischerflotte liegt traditionsgemäß auf den Inseln des Dodekanes. Bau und Reparatur der Kaiken besorgen kleinere Werften.

Wirtschaft

Bergbau

Der Bergbau (nur Klein- und Mittelbetriebe mit max. 400 Beschäftigten) beschränkt sich auf geringe Vorkommen von Eisen, Mangan, Nickel, Chrom, Zink, Blei und Molybdän (Euböa und Milos). Weltberühmter Marmor wird seit dem Altertum auf Tinos, Chios, Naxos und Paros gebrochen. Pozzolan, eine vulkanische Erde von Santorin und Milos, wurde schon in der Antike als Mörtel beim Bau von Hafenanlagen geschätzt.

Handwerk und Gewerbe

Handwerk und Gewerbe fußen auf dem Abbau von Tonen (Töpferei; Keramik) sowie auf der Schaf- und Ziegenzucht (Wollteppiche, Textilien, Lederverarbeitung).

Tourismus

Als aufstrebender Wirtschaftszweig zeigt sich der Fremdenverkehr; klimatisch günstige Bedingungen verbunden mit guten Stränden, landschaftlicher Schönheit und kulturhistorischen Anziehungspunkten lassen seine Zukunft positiv erscheinen, wenngleich auf den griechischen Inseln bis heute ein gehobener Standard in Hotellerie, Gastronomie und Verkehrserschließung nur an wenigen Plätzen erreicht wird.

Berühmte Persönlichkeiten

Alkaios
(um 620 v.Chr.)

Der griechische Dichter Alkaios, ein Zeitgenosse der Dichterin Sappho und wie diese aus Mytilene auf Lesbos stammend, gilt neben dieser als der bedeutendste Lyriker seiner Zeit. Er entstammte einem alten Adelsgeschlecht und beteiligte sich leidenschaftlich an den politischen Auseinandersetzungen mit den tyrannischen Herrschern Myrsilos und Pittakos in seiner Heimat. In seinen nur fragmentarisch erhaltenen Gedichten spricht er hauptsächlich vom politischen Kampf, besingt aber auch die Liebe und den Wein.
Nach Alkaios ist die 'alkäische Strophe', eine eher farbige Mythenerzählweise, benannt, die u.a. von Horaz nachempfunden wurde.

Anakreon
(um 580 bis um 495 v.Chr.)

Der griechische Lyriker Anakreon wurde im ionischen Teos (in der Nähe der heutigen Stadt İzmir) geboren und mußte um das Jahr 545 vor den herannahenden Persern nach Abdera fliehen, kam dann auf die Insel Samos an den Hof des Polykrates und nach dessen Ermordung (522) nach Athen.
Glänzende Feste in erlesener Gesellschaft bilden den Rahmen für seine Dichtung, die Kurzweil, Frohsinn, Wein und Liebe besingt. Neben zahlreichen Fragmenten sind nur wenige Gedichte vollständig erhalten. Die später seine Dichtweise verwässernd nachahmenden "Anacreontea" haben in der deutschen Anakreontik des Rokoko nachgewirkt.

Archilochos
(um 700 bis um 645 v.Chr.)

Der griechische Lyriker Archilochos gilt als eine der ersten historisch greifbaren Persönlichkeiten der Alten Welt. Auf der Insel Paros als Sohn eines Adeligen und einer Sklavin geboren, war er vom Erbe ausgeschlossen und führte ein unstetes Leben als Soldat und fahrender Sänger, bis er in einer Schlacht gegen die Naxier fiel. Angelpunkt seines dichterischen Lebenswerkes, das nur fragmentarisch überliefert ist, war die unglückliche Liebe zu seiner Verlobten Neobule, der Tochter des Lykambes, die er wegen seiner Herkunft nicht ehelichen durfte. Hieraus schuf er Gedichte von feinster Zartheit, erging sich aber auch in krasser Erotik sowie in aggressiven Schimpf- und Spottversen.
Archilochos wird als Begründer des jambischen Versmaßes angesehen und übte großen Einfluß sowohl auf Alkaios, Anakreon und Simonides, als auch später auf Horaz aus.

Lord Byron
(1788-1824)

Der englische Dichter George Gordon Noël Byron, sechster Baron von Byron, wurde am 22. Januar 1788 in London geboren und erbte nach dem Tode seines Großonkels (1798) überraschend Adelstitel und Vermögen. Schon während seiner Schul- und Studienzeit verfaßte er erste Gedichte, versuchte sich nach Abschluß seines Studiums erfolglos als Politiker im britischen Oberhaus und machte ausgedehnte Reisen durch mehrere europäische Länder und Kleinasien. Schlagartig berühmt machten ihn die ersten beiden Gesänge von "Childe Harold's Pilgrimage". Nach einer kurzen, gescheiterten Ehe verließ er, von der Gesellschaft geächtet, England für immer und gewann am Genfer See die Freundschaft des Dichters Shelley, die jedoch wieder zerbrach. Ein unstetes Wanderleben führte ihn dann nach Italien, wo er an verschiedenen Orten seine dichterischen Werke vollendete. Im Jahre 1824 zog ihn der Freiheitskampf der Hellenen nach

Archilochos

Ugo Foscolo

El Greco

Lord Byron
(Fortsetzung)

Griechenland. Als glühender Verfechter der neugriechischen Unabhängigkeitsbewegung stellte er dort auf eigene Kosten eine etwa 500 Mann starke Brigade für eine Unternehmung gegen Lepanto auf. An Malaria erkrankt, starb er jedoch bereits am 19. April 1824 in Mesolongion.

Diokles
(4. Jh. v.Chr.)

Der griechische Arzt Diokles wurde in Karystos auf der Insel Euböa geboren, gehörte der sog. sikelischen Ärzteschule an und lebte als der bedeutendste Arzt des Altertums nach Hippokrates in Athen. Er verfaßte Werke über die menschliche Anatomie und Frauenkrankheiten, ferner zur Bestimmung von Krankheitssymptomen sowie ein Heilkräuterbuch. Seine Schriften sind jedoch nur fragmentarisch erhalten.

Ugo Foscolo
(1778-1827)

Der italienische Dichter und Literaturhistoriker Ugo Foscolo (eigentlich Niccolò Foscolo) wurde am 2. Februar 1778 als Sohn eines Venezianers und einer Griechin auf der Insel Zante (Zakynthos) geboren. Gleichermaßen Philhellene, italienischer Patriot und Kosmopolit, führte er ein unstetes Leben. Sein Werk stand ganz im Zeichen des 'Risorgimento', der politischen Wiedergeburt Italiens. In eigentümlicher Weise verband er politischen Eifer mit der Gefühlswelt der Romantik. Gegen den anfänglich in Italien als Befreier gefeierten Napoleon trat er ebenso unerschrocken auf wie gegen die Österreicher, weshalb er 1808 seine Professur für Rhetorik in Padua aufgeben und 1815 Italien verlassen mußte. Foscolo starb am 10. September 1827 im englischen Exil in Turnham Green bei London und hinterließ ein zwölfbändiges Gesamtwerk (Oden, Sonette, Hymnen, Tragödien, Romane).

El Greco
(um 1541-1614)

El Greco (spanisch 'Der Grieche') wurde als Domenikos Theotokópulos um 1541 in Fódele, westlich von Iraklion, auf Kreta geboren. Schon als Kind erlernte er in seiner Heimat die Ikonenmalerei. Als junger Mann kam er nach Venedig in Tizians Werkstatt und später nach Rom. Seit 1577 lebte und wirkte er in Toledo, wo er sich um Aufträge des spanischen Königs Philipp II. und der Kirche bemühte. Sein Werk befaßt sich überwiegend mit religiösen Themen, doch schuf er auch zahlreiche eindringliche Porträts und Landschaften. El Greco steht am Höhepunkt des Manierismus. Charakteristisch sind seine langgestreckten, gewundenen Gestalten, die unwirklich fahle Farbgebung und die irrealen Lichteffekte, die zusammen einen Eindruck von Über-

El Greco (Fortsetzung)

sinnlichkeit und Vergeistigung wecken. Gegen die Vermutung daß die Verzerrungen der Proportionen durch ein Augenleiden bedingt seien spricht, daß auch die späteren Bilder Tintorettos dieses Merkmal aufweisen.
El Greco starb Anfang April 1614 in Toledo.

Epikur (4./3. Jh. v.Chr.)

Der im Jahre 341 v.Chr. auf der Insel Samos geborene griechische Philosoph trat als Lehrer zunächst in Mytilene auf Lesbos und in Lampsakos (am Ostufer der Dardanellen) auf. Im Jahre 306 v.Chr. eröffnete er in einem Athener Garten ('Garten des Epikur') seine eigene Schule. Epikurs in drei großen Lehrbriefen und zahlreichen Fragmenten überlieferte Philosophie ist eine diesseitsbezogene Lehre, welche die geistige Glückseligkeit des Menschen auf dem Wege von Schlußfolgerungen und Untersuchungen, Begriffsbestimmungen und Beweisen zu erreichen sucht. Sein Werk befaßt sich mit den drei großen Themenkreisen: Erkenntnistheorie (mit der Wahrnehmung als Basis), Physik (fußend auf der Lehre von der Bewegung der Atome des Demokrit) und Ethik (mit Gemütsruhe und Tugend als Grundprinzipien).
Epikur starb im Jahre 271 v.Chr. in Athen.
Der von Zenon und Demetrios fortgeführte Epikureismus fand im späteren Altertum viel Anklang, verflachte aber zunehmend zu einem banalen Hedonismus (Lustlehre). Bei den Römern hatte die Bezeichnung 'Epikureer' bereits den Beigeschmack des skrupellosen Genußmenschen.

Hippokrates von Chios (um 450 v.Chr.)

Der von der Insel Chios stammende griechische Mathematiker Hippokrates lehrte in der zweiten Hälfte des fünften vorchristlichen Jahrhunderts in Athen. Er schuf das erste zusammenfassende System der Geometrie und entdeckte die nach ihm benannten 'Möndchen' ('Lunulae Hippocratis') am rechtwinkligen Dreieck: Die Summe der von den Halbkreisen über den Katheten und dem Halbkreis über der Hypotenuse begrenzten sichelförmigen Flächen entspricht der Fläche des Dreiecks.

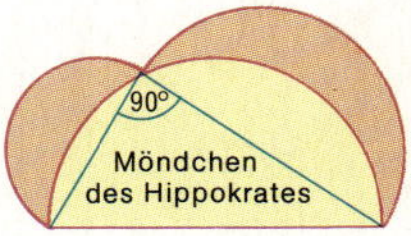

Hippokrates von Kos (um 460 bis um 370 v.Chr.)

Hippokrates, der berühmteste Arzt des Altertums, wurde als Sohn eines angesehenen Heilkundigen auf der Insel Kos geboren und starb nach einem langen und wechselvollen Leben im thessalischen Lárissa. Er gilt als Begründer einer wissenschaftlichen Medizin, die durch kritische Beobachtung und analytischen Verstand die Gesetzmäßigkeiten von Gesundheit und Krankheit zu erkunden sucht. Hippokrates verstand Krankheit als das durch äußere Einwirkungen in Unordnung geratene Gleichgewicht aller Lebenskräfte. Er maß den natürlichen Heilungstendenzen größte Bedeutung bei und stellte sie ebenso wie vorsorgliche Maßnahmen vor die Therapie. In zahlreichen Schriften befaßte er sich mit grundsätzlichen medizinischen Problemen. Der 'Eid des Hippokrates', das noch heute für den Ärztestand 'verbindliche Berufsgelöbnis', ist wohl nicht auf Hippokrates selbst zurückzuführen.

Homer (ca. 8. Jh. v.Chr.)

Die kleinasiatische Stadt Smyrna (heute İzmir) nimmt vermutlich zu Recht für sich in Anspruch, Geburtsort von Homer (Homeros) zu sein, dem legendenumwobenen ältesten epischen Dichter des Abendlandes. Die Überlieferung sieht ihn, den genialen Schöpfer von Ilias und Odyssee, als wandernden blinden Rhapsoden an ionischen Fürstenhöfen. Die um 700 v.Chr. im ionischen Raum, besonders aber auf der Insel Chios, entstandenen Rhapsodengilden verehrten in Homer ihren Stifter und Lehrmeister und nannten sich nach ihm 'Homeriden'. Dennoch blieb stets umstritten, ob es sich bei Homer tatsächlich um eine

Homer (Fortsetzung)

historische Persönlichkeit handele. Zweifel wurden insbesondere laut, ob ein einziger Mensch überhaupt in der Lage sein könne, so gewaltige Dichterwerke alleine zu schaffen. Friedrich August Wolf warf dazu 1795 die sog. 'homerische Frage' auf, ob Ilias und Odyssee nicht eigentlich eine Sammlung von Einzelgesängen verschiedener Dichter seien. Man vermutete in Homer eine Art Sammelbezeichnung für die ältere Epik.
Heute überwiegt die Meinung, daß Homer als historische Persönlichkeit an der Westküste Kleinasiens lebte und wirkte und daß ihn vieles mit der Insel Chios verband. Wahrscheinlich hat er seine großen Werke unter Verwendung älterer kürzerer Volksepen selbst verfaßt, wobei die Ilias älter ist als die Odyssee. Beide Werke erfuhren in späterer Zeit mancherlei Veränderungen und Erweiterungen. Homer werden ferner die 'homerischen Hymnen und Epigramme', die komischen Epen vom Tölpel 'Margites' und der "Froschmäusekrieg" ("Batrachomyomachia") zugeschrieben.

Johannes Anton Graf Kapodistrias (1776-1831)

Der am 11. Februar 1776 auf der ionischen Insel Korfu (Kerkyra) geborene Politiker Ioannes Antonios Graf Kapodistrias trat zu Beginn des 19. Jahrhunderts in den diplomatischen Dienst des zaristischen Rußland ein und hatte an den Unterhandlungen des Wiener Kongresses (1815) über die Neuordnung Europas maßgeblichen Anteil. Wegen seiner von Zar Alexander I. mißbilligten Unterstützung des Freiheitskampfes der Griechen trat er zurück und ging 1822 in die Schweiz, von wo er sich weiterhin für die griechische Sache einsetzte. Am 11. April 1827 wurde Kapodistrias zum Regenten des neu gegründeten griechischen Freistaates gewählt. Dieses Amt behielt er bis zu seinem gewaltsamen Tode am 9. Oktober 1831, als ihn die radikalliberal eingestellten Konstantinos und Georgios Mavromichalis wegen Verletzung der Verfassung und autoritärer Regierungsweise in Nauplia ermordeten.

Nikos Kasantzakis (1883-1957)

Der neugriechische Schriftsteller Nikos Kasantzakis (Kazantzakis) stammt von der Insel Kreta, wo er am 18. Februar 1883 in Iraklion (Herakleion) geboren wurde. Schon seit frühester Jugend an allen geistigen Strömungen interessiert, studierte er zunächst in Athen Jurisprudenz (1906 Dr. jur.) und anschließend in Paris Philosophie (u.a. bei H. Bergson) sowie politische Wissenschaften. Nach Griechenland zurückgekehrt, arbeitete er als Ministerialdirektor und bekleidete 1945/1946 ein Ministeramt.
Sein umfangreiches Wissen vertiefte Kasantzakis auf ausgedehnten Reisen durch England, Spanien, Rußland, Japan und China, von denen er in außergwöhnlichen Reisebüchern berichtet. Außer diesen Reisebeschreibungen schrieb er lyrische und epische Gedichte, Erzählungen, Romane, Tragödien um altgriechische, frühchristliche und byzantinische Stoffe sowie philosophische Prosa. Seine Werke zeichnen sich durch eindringliche Darstellungskraft, unverbrauchte Sprache, lyrische Fülle und philosophische Tiefgründigkeit aus. In dem nicht zuletzt durch die Verfilmung weltweit bekannt gewordenen Roman "Alexis Zorbas" (1946) hat Kasantzakis in zwei Hauptgestalten die beiden Seelen seiner kretischen Persönlichkeit offenbart. Als Übersetzer übertrug er u.a. Werke von Homer, Dante, Goethe, Shakespeare, Darwin, Nietzsche, Rimbaud und García Lorca ins Neugriechische.
Kasantzakis lebte nach dem Zweiten Weltkrieg überwiegend in Südfrankreich. Er verstarb am 26. Oktober 1957 in Freiburg im Breisgau und fand die letzte Ruhe in seiner Heimatstadt Iraklion.

Hippokrates von Kos

Pythagoras

E. K. Venizelos

Menedemos
(3. Jh. v.Chr.)

Der griechische Philosoph Menedemos, ein Schüler des Phaidon von Elis, begründete in Anknüpfung an die Elische Schule seines Lehrers in seiner Heimatstadt Eretria auf der Insel Euböa die Elisch-Eretrische Philosophenschule, die bis 260 v.Chr. bestand und deren Lehren an die des Sokrates schlossen. Auch als Staatsmann in seiner Heimat genoß er hohes Ansehen. Menedemos starb nach 278 v.Chr. in der Verbannung in Makedonien.

Johannes Metaxas
(1871-1941)

Der griechische General und Politiker Ioannis Metaxas wurde am 12. April 1871 auf der ionischen Insel Ithaki (Ithaka) geboren. Er fungierte ab 1915 als Stabschef der griechischen Streitkräfte, wurde jedoch als Gegner des damaligen Ministerpräsidenten Venizélos von den Franzosen 1917-1920 interniert. Im Jahre 1923 unternahm Metaxas einen erfolglosen Militärputsch und hatte später maßgeblichen Anteil an der Rückkehr König Georgs II. auf den griechischen Thron (1935). Nach dem Staatsstreich vom 4. August 1936 regierte Metaxas Griechenland als Ministerpräsident und Außenminister autoritär und antikommunistisch. Nach Ablehnung des am 28. Oktober 1940 von Italien ergangenen Ultimatums konnten die griechischen Truppen den von Albanien her auf Griechenland geführten Angriff der Italiener abwehren. Metaxas starb am 29. Januar 1941 in Athen.
Die 'Metaxas-Linie', eine gegen Bulgarien stark befestigte Verteidigungslinie in Ostmakedonien, wurde im April 1941 von der deutschen Wehrmacht überwunden.

Pythagoras
(um 570 bis um 480/500 v.Chr.)

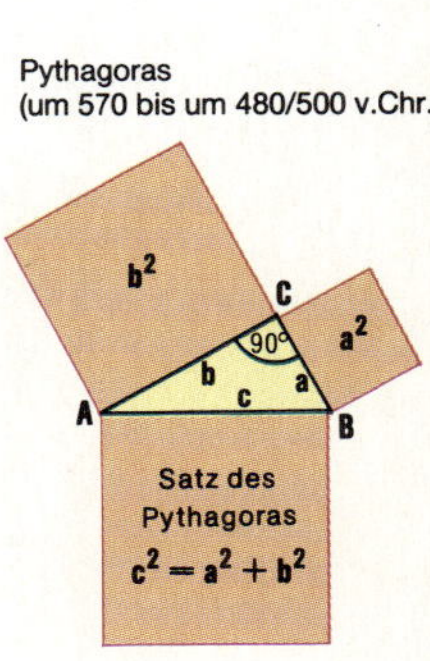

Von dem griechischen Philosophen Pythagoras ist nur wenig Authentisches überliefert. Er selbst hat keinerlei Schriften hinterlassen, und seine Schüler waren zu Verschwiegenheit und mönchischer Askese verpflichtet. Er wurde um 570 v.Chr. auf Samos geboren, verließ die Insel um 530, angeblich um der Gewaltherrschaft des Polykrates zu entkommen, und gründete im unteritalienischen Kroton die ethisch-politische, philosophisch-religiöse Gemeinschaft der Pythagoreer. Schon zu Lebzeiten wurde er von seinen Anhängern als ein vollkommen Weiser verehrt. Nach wiederholten Anfeindungen und Verfolgungen verließ er Kroton und starb wohl zwischen 500 und 480 v.Chr. in Metapontum.
Die Pythagoreer sahen die Zahl als Wesen aller Dinge, als Prinzip der Weltenharmonie und damit auch bestimmend für die Gesetzmäßigkeit der Musik. Auf Pythagoras selbst geht vermutlich die Lehre von der Seelenwanderung zurück. Der bekannte, nach ihm

Pythagoras (Fortsetzung)

benannte mathematische Lehrsatz – $a^2 + b^2 = c^2$ – allerdings dürfte bereits vor seiner Zeit bekannt gewesen sein.

Sappho
(7./6. Jh. v.Chr.)

Die um das Jahr 600 v.Chr. auf der Insel Lesbos geborene griechische Dichterin Sappho gilt als die größte Lyrikerin des klassischen Altertums. Platon rechnete sie als zehnte den neun Musen zu, und Horaz benannte nach ihr die 'sapphische Strophe'. In Mytilene, der Hauptstadt der Insel, leitete sie eine Gemeinschaft, in der sie junge Mädchen bis zu deren Heirat in der Dichtkunst und in rituellen Tänzen zu Ehren der Liebesgöttin Aphrodite unterwies. Ganz zu Unrecht entstand hieraus der Begriff der 'lesbischen Liebe'. Nach der Verbannung der Aristokraten aus Lesbos ging sie zeitweise nach Sizilien. Aus unerwiderter Liebe zu dem schönen Phaon soll sie sich von dem Leukadischen Felsen gestürzt haben.
Sapphos reiches lyrisches Werk ist leider nur fragmentarisch erhalten. Es sind v.a. Götterhymnen sowie Hochzeits- und Liebeslieder in einfacher, eindringlicher Sprache.

Simonides und Bakchylides
(6./5. Jh. v.Chr.)

Die archaischen Lyriker Simonides (geb. um 556 v.Chr.) und sein Neffe Bakchylides (geb. um 505 v.Chr.) wurden in Iulis auf der Insel Keos (Kea) geboren. Simonides gilt als der Erfinder der Mnemotechnik (Gedächtniskunst). Er bewegte sich als weltmännisch gewandter Ionier an verschiedenen Fürstenhöfen der griechischen Welt, beteiligte sich an Dichterwettkämpfen und schuf im Auftrag der Mächtigen seiner Zeit vielseitige Gedichte voller Geist und Einfühlsamkeit. Sein Werk ist nur in Fragmenten erhalten; viele Epigramme sind ihm sicher zu Unrecht zugeschrieben worden. Simonides starb 468 v.Chr. in Akragas, dem heutigen Agrigento auf Sizilien.
Wie Simonides erwarb sich auch Bakchylides schon früh Ruhm und Anerkennung bei Dichterwettkämpfen, wo er u.a. auch als Rivale des Pindar aufgetreten sein soll. Sein Tod wird um das Jahr 450 v.Chr. datiert.

Eleftherios Kyriakos Venizelos
(1864-1936)

Der Jurist und Staatsmann Eleftherios Kyriakos Venizélos ist am 23. August 1864 in Murnies auf Kreta geboren. Als Begünder der griechischen Liberalen Partei wurde er erstmals im Jahre 1910 Ministerpräsident des Landes. Durch weitreichende innenpolitische Reformen schuf er das moderne griechische Staatswesen. Außenpolitisch betrieb er die Einigung aller Griechen und die territoriale Ausweitung mit militärischen Mitteln. Zwei Balkankriege (1912/1913) brachten tatsächlich beträchtliche Gebietsgewinne und den endgültigen Anschluß Kretas an Griechenland, doch scheiterten weitere Expansionsversuche am Widerstand der Türken unter Mustafa Kemal Paşa (Atatürk). Nach einem mißlungenen Putschversuch gegen die Regierung Tsaldáris ging Venizélos nach Paris ins Exil, wo er am 18. März 1936 verstarb.

Geschichte

Auf dem griechischen Festland folgt der Sesklo-Kultur die Dimini-Kultur, auf den Inseln der Ägäis entsteht die Kykladen-Kultur, auf Kreta die Minoische Kultur, die um 2000 v.Chr. ihre Blüte erreicht und bis zu ihrem jähen Untergang im 15. Jh. v.Chr. die wirtschaftliche und kulturelle Vorherrschaft besitzt.	3. Jahrtausend v.Chr.
Frühminoikum mit den Perioden I, II und III der sogenannten Vorpalastzeit.	2600-2000
Mittelminoikum mit ebenfalls drei Perioden: I (um 1900): erste Paläste in Knossos und Phästos II (um 1800): höchste Blüte, Kamares-Keramik III (um 1700): nach Zerstörung Wiederaufbau der (zweiten) Paläste von Knossos ('Labyrinth') und Phästos; Bau des Palastes von Ajia Triada.	2000-1600
Spätminoikum: Untergang des Minoischen Reiches um 1400 v.Chr. (vielleicht durch Erdbeben); erneuter Wiederaufbau des (dritten) Palastes von Knossos durch mykenische Griechen.	1600-1400
Subminoikum: Dorische Wanderung; Kykladen und Euböa bleiben ionisch.	1400-1000
Äolier und Ionier gründen Kolonien an der Westküste Kleinasiens und auf den Inseln der östlichen Ägäis.	um 1000
Zeit des geometrischen Stils (Keramik).	1000-700
Homer und die Homeriden auf Chios.	8. Jahrhundert
Erster Messenischer Krieg; Verdrängung der Achäer aus Achaia auf die Ionischen Inseln.	740-720
Ende der Dorischen Wanderung. Von nun an siedeln Äolier in der östlichen Ägäis (Lesbos) und auf Zypern, Ionier auf den Nördlichen Sporaden, Euböa, den Kykladen (um Delos als zentralem Kultplatz), Chios, Samos und Ikaria, Dorier auf Kreta, Melos, Thera (Santorin), Anaphi, im Dodekanes (mit Rhodos) sowie auf den Ionischen Inseln.	um 700
Die Dichterin Sappho und der Dichter Alkaios auf Lesbos; Aufblühen von Bildhauerei und Architektur auf Naxos, Delos und Samos; Erfindung des Bronzehohlgusses.	um 600
Der Philosoph Pythagoras auf Samos geboren (um 497/496 im süditalienischen Metapont gest.).	um 570
Naxos unter dem Tyrannen Lygdamis, Samos unter Polykrates zu höchster Blüte gelangt.	nach 550
Nordküste der Ägäis in der Hand der Perser.	nach 512
Erster Feldzug der Perser gegen Griechenland. Ägina unterwirft sich Mardonios und wird dafür von Sparta und Athen unter Miltiades verwüstet. Scheitern der persischen Flotte am Athos.	492

Geschichte

490	Zweiter Feldzug der Perser; Schlacht bei Marathon.
480	Der Dritte Feldzug der Perser endet in der Seeschlacht bei Salamis mit dem Sieg der Griechen über die persische Flotte. Dieses Ereignis weckt das Bewußtsein um ein gemeinsames Griechentum als eine äußerlich in Stadtstaaten (griechisch 'poleis', Einzahl 'polis') zersplitterte ethnische und kulturelle Gemeinschaft und liefert die geistige Grundlage für das sich nunmehr entfaltende Hellenentum.
477	Athen gründet den Attischen Seebund.
um 460	Der Arzt Hippokrates auf Kos geboren (375 in Larissa gest.).
nach 450	Rechtskodex von Gortys (Kreta).
433	Der Sieg Kerkyras (Korfu) mit Hilfe Athens über Korinth bei den Sybota-Inseln leitet den Peloponnesischen Krieg (431-404) ein.
428/427	Abfall der Insel Lesbos von Athen.
427	Der Philosoph Platon in Athen geboren (347 ebendort gest.).
425	Kythera von Athenern besetzt.
416	Melos von Athenern eingenommen.
399	Der Philosoph Sokrates (geb. 470) zum Tode verurteilt.
359	Philipp II. wird König von Makedonien.
343	Philipp II. beruft den Philosophen Aristoteles (geb. 384 im makedonischen Stagira, gest. 322 in Chalkis auf Euböa) zum Erzieher seines Sohnes Alexander (geb. 356).
336	Alexander der Große wird Nachfolger seines ermordeten Vaters und begründet das makedonische Weltreich.
334	Chios und Lesbos vorübergehend in persischer Hand.
323	Nach Alexanders d.Gr. Tod beginnen die Diadochenkämpfe.
ab 220	Allmähliches Erstarken Roms.
146	Die Römer zerstören Korinth.
48 v.Chr.	Iulius Caesar besiegt Pompeius bei Pharsalos.
31 v.Chr.	Octavian (= Augustus) besiegt Antonius bei Aktion (Epirus).
49-54 n.Chr.	Der Apostel Paulus predigt in Saloniki, Athen und Korinth das Christentum.
um 170 n.Chr.	Der Schriftsteller Pausanias verfaßt seine berühmte Beschreibung von Griechenland.
260-268	Einfälle der Goten in Griechenland.
323-337	Kaiser Konstantin I.; Byzanz wird Hauptstadt des Römischen Reiches; Sieg des Christentums.

Teilung des Römischen Reiches.	395
Einfälle der Vandalen in Griechenland.	467-477
Kaiser Basilios II. von Byzanz besiegt die Bulgaren; erstes Auftreten der Albaner in Griechenland.	1019
Die Normannen erobern Saloniki.	1185
Der Italiener Orsini bemächtigt sich der Ionischen Inseln Kephallenia, Ithaka und Zakynthos.	1194
Die Venezianer sichern sich Kreta, Kythera und die Südspitze der Peloponnes.	Anfang 13. Jahrhundert
Der Venezianer Marco Sanudo erobert Naxos und gründet das Herzogtum Naxos oder der Zwölf Inseln (Archipelagos).	1207
Die Venezianer besetzen Nauplia und weiten ihre Herrschaft über ganz Griechenland und die Inselwelt aus.	1389
Die Türken erobern Konstantinopel (İstanbul); Ende des Römischen Reiches.	29. 5. 1453
Die Türken besetzen Athen; Beginn der fast 400jährigen Türkenzeit in Griechenland.	1456
Das venezianische Herzogtum Naxos fällt unter türkische Herrschaft.	1579
Der Dodekanes erhält als türkischer Verwaltungsbezirk weitreichende Autonomie in inneren Angelegenheiten.	16. Jahrhundert
Erfolgloser Aufstand der Griechen, die von den Russen unter Orlow unterstützt werden; viele Albaner flüchten auf die Inseln.	1770
Protektorat der Briten über die Ionischen Inseln.	1815
Freiheitskampf gegen die Türken, der nach der Seeschlacht von Navarino (1827) und der Landung eines französischen Expeditionskorps erfolgreich endet.	1821-1828
Griechenland souveränes Königreich.	1830
Prinz Otto von Bayern wird als Otto I. zum König der Hellenen proklamiert.	1832
Erste griechische Verfassung der Neuzeit.	1843
Erdbebenkatastrophe auf Kreta.	1856
Nach Aufständen geht Otto I. außer Landes.	1862
Der dänische Prinz Wilhelm von Sonderburg-Glücksburg besteigt als Georg I. den Thron.	1863
Großbritannien tritt die Ionischen Inseln an Griechenland ab.	1864
Nach militärischer Besetzung Kretas unglücklicher Krieg gegen die Türken (Frieden zu Konstantinopel).	1897

Territoriale Entwicklung Neugriechenlands

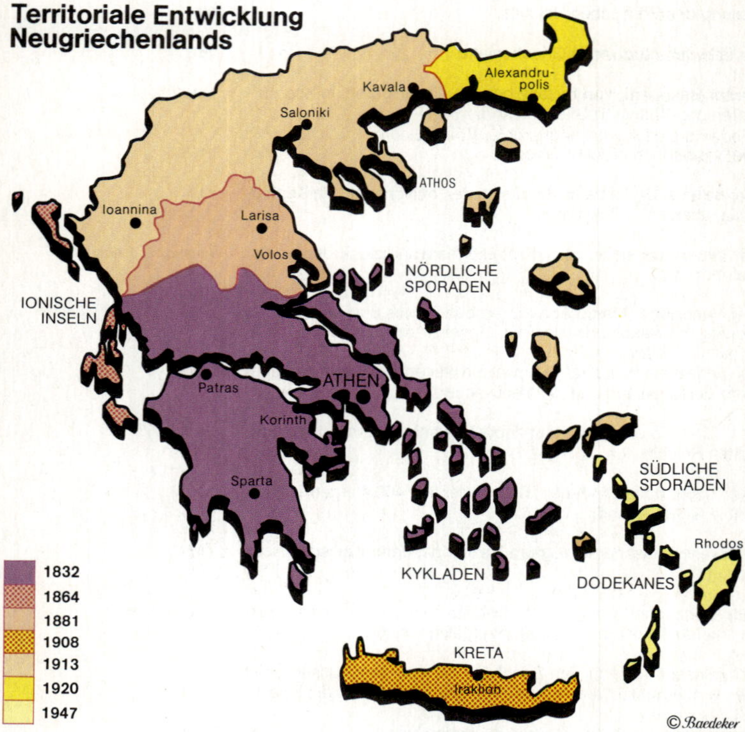

1898	Kreta erhält autonome Verwaltung unter der Suzeränität der Türkei.
1908	Kreta mit Griechenland vereint.
1910	Der Kreter Eleftherios Kyriakos Venizélos (1864-1936; Gründer der Liberalen Partei) wird griechischer Ministerpräsident.
1912	Italiener besetzen die Mehrzahl der Dodekanes-Inseln.
1912/1913	Durch die Balkankriege gewinnen die Griechen Nordgriechenland sowie die Inseln Thasos, Imbros, Tenedos, Lesbos und Samos.
1913	Nach der Ermordung König Georgs I. folgt sein Sohn Konstantin I. auf dem Thron (1913-1917; 1920-1922).
1920-1922	Der griechisch-türkische Krieg endet mit der griechischen Niederlage. Die Griechen verlieren ihre jahrtausendealten Siedlungsgebiete in Kleinasien sowie die Inseln Imbros und Tenedos; Griechenland muß 1,5 Mio. Flüchtlinge aufnehmen.
1923	Die Türkei tritt den Dodekanes an Italien ab.

Ausrufung der Republik. 1924

Ein schweres Erdbeben verwüstet die Ostküste von Rhodos. 1926

Venizélos neuerlich an der Macht. 1928-1932

Wiederherstellung der Monarchie; König Georg II. (1922-1923; 1935-1946). 1935

Griechische Truppen besiegen die aus Albanien eingedrungenen Italiener. 1940

Deutsch-italienische Besetzung; der König geht nach London ins Exil. 1941-1944

Bürgerkrieg zwischen Regierung und Kommunisten. 1945-1949

König Georg II. kehrt nach Athen zurück, stirbt aber schon 1947. 1946

Georgs Bruder Paul I. wird König, der Dodekanes wieder griechisch. 1947

Verheerendes Erdbeben im Gebiet der Ionischen Inseln. 1953

Assoziierungsabkommen mit der Europäischen Wirtschaftsgemeinschaft (EWG). 1962

Konstantin II. folgt seinem Vater Paul auf dem Thron. 1964

Staatsstreich führt zur Militärdiktatur; der König flieht nach Rom, später nach London. 1967

Vom griechischen Militärregime unterstützt, unternimmt die Nationalgarde auf Zypern einen Putsch, auf den die Türkei mit der Entsendung von Truppen reagiert und den nördlichen Teil der Insel besetzt. 1974
Karamanlís zum Ministerpräsidenten berufen; Plebiszit zugunsten einer demokratischen Republik.
Spannungen im Verhältnis zur Türkei (Zypernkrise; ägäisches Erdöl).

Neue Verfassung. 1975

Am 28. Mai wird in Athen der Vertrag über den Beitritt Griechenlands zur Europäischen Gemeinschaft (EG) unterzeichnet. 1979

Griechenland lehnt eine Ausdehnung der türkischen Luftkontrolle über der Ägäis ab (Februar). 1980
Karamanlís wird zum Staatspräsidenten gewählt; Rállis übernimmt das Amt des Ministerpräsidenten (Mai).

Griechenland tritt der Europäischen Gemeinschaft (EG; griechisch EOK) als zehntes Mitglied bei (1.1.). 1981
Bei den Parlamentswahlen am 18. Oktober erreicht die Panhellenische Sozialistische Bewegung (PASOK) die absolute Mehrheit. Papandréou wird neuer Ministerpräsident, die Sozialisierung wichtiger Wirtschaftszweige zum Programm erhoben.

Das griechische Parlament ratifiziert ein Abkommen über die Stationierung US-amerikanischer Truppen in Griechenland. 1983

1984	In Athen findet im Januar die Konferenz über die 'Verwandlung des Balkans in eine kernwaffenfreie Zone' statt, an der Griechenland, Jugoslawien, Bulgarien, Rumänien und die Türkei teilnehmen. Aufgrund der griechisch-türkischen Kontroverse um den militärischen Status der Insel Limnos nimmt Griechenland nicht am NATO-Herbstmanöver teil.
1985	Nach einem umstrittenen Verfahren wird Sartzetákis am 29. März zum neuen Staatspräsidenten gewählt. Aus den vorgezogenen Parlamentswahlen vom 2. Juni geht die PASOK erneut als Sieger hervor. Griechenland erklärt den seit 1940 bestehenden Kriegszustand mit Albanien für beendet.
1986	In Piräus treffen sich Delegierte der NATO, des Warschauer Paktes und der Blockfreien zu einem Friedensgespräch.

Kunstgeschichte

Bildende Kunst, Dichtung und Philosophie sind die großen, über die Zeiten hin gültigen Leistungen der Griechen, und ihnen verdankt das Altertum den Rang des Klassischen. Hatte im 18. Jh. Johann Joachim Winckelmann, der Begründer der Altertumswissenschaft, noch die im engeren Sinn klassische Zeit des ersten vorchristlichen Jahrtausends im Blick gehabt, so erweiterten die epochalen Entdeckungen von Schliemann, Evans und anderen im späteren 19. Jh. durch die Entdeckung der mykenischen und der minoischen Welt unser Gesichtsfeld bis weit zurück ins zweite, ja dritte Jahrtausend, und neuere Forschungen haben frühe Siedlungen sogar des vierten Jahrtausends nachgewiesen. Diese nach dem Fundort bei Volos benannte Sesklo-Kultur (3500 bis 2900) und die ihr folgende Dimini-Kultur haben charakteristische Keramik hinterlassen, werden an Bedeutung aber übertroffen durch die Kykladen-Kultur, die im dritten Jahrtausend auf den ägäischen Inseln entstand und hauptsächlich durch die marmornen 'Kykladenidole' bekannt ist, und vor allem durch die minoische Kultur auf Kreta. Diese tritt, nach Vorstufen ab etwa 2600, um 2000 mit der Errichtung großer Palastanlagen in die Epoche ihrer Blüte ein. Für die Betrachtung der Kunstentwicklung auf dem Festland ist sie insofern von Bedeutung, als diese vorindogermanisch-altmediterrane Kultur starken Einfluß auf die von indogermanischen Frühgriechen getragene mykenische Kultur (1580-1150) hatte. Diese fügte den Leistungen minoischer Kunst (Freskomalerei, Keramik, Siegelschneidekunst) Schöpfungen von monumentalem Zuschnitt hinzu: kyklopische Burgmauern (Athen, Mykenä, Tiryns) und Kuppelgräber, u.a. das sog. Schatzhaus des Atreus von Mykenä.

Sesklo-Kultur
Dimini-Kultur
Kykladen-Kultur
Minoische Kultur
Mykenische Kultur

Die im engeren Sinn griechische Kunst entwickelte sich in den 'dunklen' Jahrhunderten nach dem Einbruch der Dorier. Es entstand eine Keramik, von deren Dekorationssystem der Begriff 'geometrischer Stil' abgeleitet wurde (mit der protogeometrischen Vorstufe 1050-700). In der reifgeometrischen Zeit (Mitte des 8. Jh.s) traten zu den rein geometrischen Mustern dieser Keramik wie Kreis, Mäander und Schachbrett die ersten figürlichen Darstellungen (Dipylon-Amphora im Athener Nationalmuseum). In die geometrische Zeit gehören auch frühe, kleine Tempel (Perachora, Thermos, Tempel der Artemis Arthia in Sparta, Heraion I auf Samos).

Griechische Kunst
Geometrischer Stil

Entscheidende Bedeutung für die weitere Entwicklung kommt der archaischen Kunst des 7. und 6. Jh.s zu. In dem kurzen Zeitraum von 650 bis 620 entstand an verschiedenen Orten gleichzeitig die Großplastik, die im Gegensatz zur älteren ägyptischen Plastik das Bild des freien Menschen entwirft. Ihr Hauptthema war der unbekleidete Jüngling (Kuros; umfangreiche Sammlung im Athener Nationalmuseum), doch sind auch Göttinnen (Nike von Delos, Herakopf von Olympia, Gorgo von Korfu), ferner die Poros- und Marmorfiguren von der Athener Akropolis zu nennen (Giebelfiguren, Kalbträger, Rampinscher Reiter und die Koren im Akropolismuseum).

Archaische Zeit
Plastik

Beim Tempelbau taten die Griechen nun den Schritt zur Monumentalität, wobei sie vom Holz- zum Steinbau übergingen. So entstand die dorische Ordnung (Tempel der Artemis in Korfu, der

Tempelbau
(Tempelformen s.S. 32)

Tempelbau (Fortsezung)

Hera in Olympia, des Apollon in Korinth) wie die ionische Ordnung (Artemision in Ephesos, Heratempel des Phoikos auf Samos, Schatzhaus der Siphnier in Delphi). Großen Aufschwung nahm die Vasenmalerei, zunächst in Korinth, dann in Athen, das die Führung übernahm; zur schwarzfigurigen trat hier seit 530 die rotfigurige Malerei. Da die Wand- und Tafelmalerei auch so berühmter Meister wie Polygnot und Apelles gänzlich verloren ist, vermittelt uns nur die Vasenmalerei – dafür in unerschöpflicher Fülle – eine Vorstellung von griechischer Malerei.

Klassik

Die archaische Zeit geht mit dem Sturz der Peisistratiden (510) und vollends mit den Perserkriegen (490-479) zu Ende, das 'archaische Lächeln' erlischt, ein neuer Ernst prägt die Gesichter des Kritiosknaben und des Blondkopfes, zweier kennzeichnender Schöpfungen von Anfang des 5. Jh.s (Akropolismuseum). Es ist das Jahrhundert der Klassik, der absolute Höhepunkt griechischer Kultur, die auf den Gebieten der bildenden Kunst wie der Dichtung und Philosophie zunehmend ihr Zentrum in Athen fand. Die Tragödie ist eine rein attische Schöpfung. Wie sehr Athen jetzt zum Zentrum der griechischen Welt wird, zeigt sich an der Zusammenfassung der Kräfte beim perikleischen Ausbau der Akropolis, wo dorische und ionische Ordnung nebeneinandertreten (Parthenon – Niketempel und Erechtheion), ja sich am selben Bau verbinden (Parthenon, Propyläen).

Hochklassik

Die Gesamtleitung dieses Ausbaus hatte Phidias, der mit der bronzenen Athena Promachos sowie den Goldelfenbeinstatuen der Athena Parthenos (Athen) und des Zeus (Olympia) berühmte Werke der klassischen Plastik schuf. Damit ist nach dem 'strengen' Stil (Giebel und Metopen des Zeustempels in Olympia, 460) die Hochklassik erreicht. Ebenbürtig tritt neben den Athener Phidias der um 15 Jahre jüngere Polyklet aus Argos, der seine Herkunft aus dem dorischen Raum nicht verleugnet und in seinen Skulpturen den klassischen Kanon der Körperproportion und der Ponderation, der spannungsvollen Ausgewogenheit durch die Betonung von Stand- und Spielbein, am günstigsten gestaltet hat (Speerträger, Diadumenos, Apoxyomenos). Auch die Bildhauer Myron, Kresilas und Alkamenes sind hier zu nennen. Viele Werke waren in Bronze gegossen und sind verloren gegangen, so daß wir auf spätere Marmorkopien angewiesen sind. Einige sehr bedeutende Bronzeoriginale sind im Athener Archäologischen Nationalmuseum aufgestellt, allem voran der im Meer beim Kap Artemision gefundene Zeus oder Poseidon (um 460; vermutlich von Salamis).

Spätklassik

In der Zeit nach Phidias und Polyklet setzt sich im 'reichen' Stil (425-380) und in der Spätklassik (380-330) zunehmend eine malerische Tendenz auch in der Skulptur durch. Die Kunst spiegelt die individuelle Heilserwartung der Menschen des 4. Jh.s und die parallel dazu verlaufende Vermenschlichung der Götter. Wir können dies an den Werken von Praxiteles (Hermes von Olympia, Aphrodite von Knidos), Skopas (Stele vom Ilissos im Athener Nationalmuseum) und Leochares beobachten.
In der Architektur findet das 4. Jh. zu neuen Innenraumkonzeptionen bei immer reicher dekorierten Rundbauten (Tholoi) in Delphi (380) und Epidauros (360), die beide außen dorische, innen korinthische Säulen aufweisen, während das Philippeion in Olympia (nach 338) ionische äußere mit korinthischen inneren Säulen verbindet. Seine endgültige Ausgestaltung erhält in dieser Zeit auch der Theaterbau (Athen, Epidauros).

Hellenismus

Mit der Errichtung des Weltreiches Alexanders des Großen setzt in der griechischen Kunst die Phase des Hellenismus ein (330-30 v.Chr.). Jetzt treten Regionen außerhalb des Mutterlandes maßgebend in Erscheinung. Die Architektur sieht eine neue Aufgabe in der Schaffung großer Gesamtkomplexe, in die sich der Einzelbau einfügt. So beginnt kurz nach 300 die Anlage des Asklepieions von Kos, das im 2. Jh. zu einer ausgedehnten axialsymmetrischen Terrassenanlage ausgebaut wird. Auf der Insel Rhodos wird der Tempel der Athena Lindia in eine aufwendige Komposition von Treppen und Hallen eingeordnet. In Kleinasien entsteht Pergamon, Hauptstadt des Reiches der Attaliden, im 3. und 2. Jh. als eine repräsentative, auf Fernsicht berechnete Gesamtanlage aus Theater, Tempeln und großem Altar. Seine Skulpturen, aber auch andere Werke aus Pergamon (z.B. der sterbende Gallier) sind Beispiele für die barocke Ausdruckskunst dieser Zeit, unter deren allbekannten Werken auch zwei heute im Pariser Louvre befindliche Skulpturen (die Nike von Samothrake und die Venus von Milo) sowie die Laokoongruppe der rhodischen Bildhauer Agesandros und Polydoros zu nennen sind.
Großen Aufschwung nahm in hellenistischer Zeit die Mosaikkunst. Im 5. und frühen 4. Jh. (Athen, Olynth) hatte sie mit Kieselmosaiken begonnen, die seit der Alexanderzeit in Vella zu voller Blüte gebracht wurde. Vom 3. Jh. an verwendete man farbige Tesserae, u.a. in den Wohnhäusern von Delos.

Römische Zeit

In römischer Zeit (30 v.Chr.-395 n.Chr.) tritt ein neues Element zu den hellenistischen Tendenzen hinzu: das charakteristisch Persönliche in der Porträtkunst, das historische Sujet im Relief (Galeriusbogen in Saloniki), der große Maßstab in der Architektur (unter Kaiser Hadrian wird im 2. Jh. n.Chr. das Olympieion in Athen vollendet). – Im 4. Jh. setzt sich in der Reliefkunst eine strikte Frontalität durch (Unterbau des ägyptischen Obelisken im Hippodrom zu Konstantinopel), die auch in der byzantinischen Kunst, insbesondere bei den Ikonen, vielfach dominiert.

Byzantinische Kunst

Der neue Geist dieser christlichen Kunst läßt die körperhafte Rundplastik gegenüber dem Relief als einem Mittel transzendierender Darstellung zurücktreten und findet seinen Ausdruck vor allem in der Malerei einschließlich der Mosaikkunst. Byzantinische Kunst ist Sakralkunst. Sie schafft Innenräume als Abbild des himmlischen Kosmos. Dazu gehört die Form des kreuzförmigen Kirchengrundrisses in der Kreuzkuppelkirche, die seit mittelbyzantinischer Zeit (9.-12. Jh.) die ältere Basilika ablöst; ebenso die Ausstattung mit den Bildern des Pantokrators (Allherrschers) Christus, seiner Mutter, der Heiligen und der Kirchenfeste, wie wir sie auf dem Festland in den Mosaiken zweier Klosterkirchen des 11. Jh.s noch sehen können (Osios Lukas und Daphni), aber auch in den Fresken der Kirchen von Mistras bei Sparta aus der spätbyzantinischen Epoche (1261-1453), während Saloniki einige Mosaiken aus der frühbyzantinischen Zeit bewahrt hat. – Eine Übersicht über die byzantinische Kunst in Griechenland gibt das Byzantinische Museum in Athen. Die Traditionen dieser Kunst setzen sich auch in der Türkenzeit fort, u.a. in den Meteoraklöstern (16. Jh.), auf dem Heiligen Berg Athos und in den Kirchenbauten von Kastoria.

Neuzeit

Nach der Befreiung Griechenlands schloß man stilistisch wie in der geistigen Haltung zum Teil an byzantinische Vorbilder an (Augenklinik und große Mitropoliskirche in Athen). In ungleich stärkerem Maß aber fühlen sich Baumeister wie Christian und Theophil Hansen, Friedrich von Gärtner, Schaubert und

Neuzeit (Fortsetzung)

Kleanthes der Antike verpflichtet; Beispiele dafür sind die klassizistischen Athener Bauten wie Universität, Akademie, Nationalbibliothek oder Schloß, aber auch das Marmorstadion, das in alter Gestalt wiedererrichtet wurde.

Der griechische Tempel

Der Tempel ist neben dem Theater die große Leistung der altgriechischen Baukunst. Er ist keine Versammlungsstätte der Gläubigen, sondern der Raum für das Kultbild und damit für die Gottheit. Seine Form leitet sich vom Megaron des Wohngebäudes ab, wie es z.B. in den Thronräumen mykenischer Burgen ausgebildet ist.

Antentempel

Der einfachste Typus ist der Antentempel. Der Naos (die Cella) hat eine Vorhalle (Pronaos), die von den vorgezogenen Längswänden (Anten) begrenzt wird. Zwischen den Anten stehen zwei Säulen, die den Giebel tragen (Schatzhaus der Athener in Delphi). Ist die Rückseite ebenso ausgebildet, so entsteht ein Doppelantentempel.

Prostylos

Ist dem Antentempel noch eine Säulenreihe vorgestellt, die den vorgezogenen Giebel trägt (je eine Säule vor den Anten, zwei oder vier dazwischen), so spricht man vom Prostylos (Osttempel im Erechtheion auf der Athener Akropolis).
Weist auch die Rückseite eine Säulenhalle auf, dann ist es ein Amphiprostylos (Niketempel auf der Athener Akropolis).

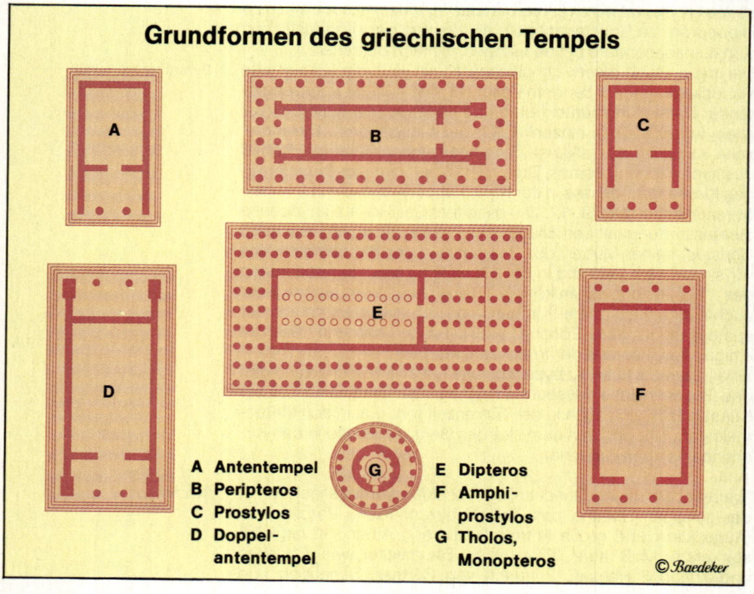

Peripteros

Die klassische Form des Tempels ist seit der zweiten Hälfte des 7. Jh.s v.Chr. der Peripteros, bei dem die Cella an allen vier Seiten von einem Säulenumgang (Peristasis) umgeben ist. Dem Pronaos an der Eingangsseite entspricht der Opisthodom an der anderen Schmalseite. Im 6. Jh. bevorzugte man gestreckte Grundrisse mit einem Säulenverhältnis von 6:16 (Heratempel in Olympia) oder 6:15 (Apollontempel in Delphi), im 5. Jh. kam man zur klassischen Proportion, nach der die Langseite zweimal die Säulenzahl der Schmalseite + 1 aufweist: 6:13 beim Zeustempel in Olympia, 8:17 beim Athener Parthenon.

Dipteros

Gibt man dem Tempel noch eine doppelte allseitige Säulenreihe, so wird aus dem Peripteros ein Dipteros (Olympieion in Athen) und läßt man, um geweitete Hallen zu gewinnen, die innere dieser beiden Reihen fort, so ist es ein Pseudodipteros (Artemistempel in Magnesia am Mäander).

Tholos

Eine weitere Tempelform ist die Tholos, ein Tempel mit kreisrundem Grundriß (Epidauros, Delphi).

Säulenordnungen (graphische Darstellung s. S. 34)

Dorische Ordnung

In der dorischen Ordnung steht der sich nach oben verjüngende, mit 16 bis 20 Kanneluren versehene Säulenschaft unmittelbar, ohne besondere Basis auf dem Stylobat über dem dreistufigen Unterbau. Charakteristisch ist die Entasis (Schwellung) der Säulen, die ebenso wie die oft angewendete Kurvatur des Stufenunterbaus dem Bau die kalte Strenge nimmt. Das Kapitell besteht aus dem rings um das Schaftende sich vorwölbenden Echinus und der quadratischen Abakusplatte. Es trägt den Architravbalken, auf dem der aus eingekerbten Triglyphen und glatten oder skulptierten Metopen bestehende Fries liegt. Zwischen und unter den Triglyphen finden sich tropfenförmige Guttae. Das Giebeldreieck (Tympanon) wird durch waagerechtes Kranzgesims und Schräggeison gerahmt und nimmt in der Regel die Komposition der Giebelfiguren auf. Metopen und Giebelfiguren sind die beiden Elemente, die den bildnerischen Schmuck tragen, gelegentlich auch die Pronaosfront.
Wo nicht Marmor sondern Kalkstein verwendet wurde, hat man ihn mit einer glättenden Stuckschicht überzogen. Doch bot sich der Bau dem Auge nicht in der Naturfarbe des Steins, vielmehr war er farbig, wobei Blau und Rot neben Weiß dominierten.

Ionische Ordnung

Die ionische Ordnung bevorzugt schlankere, weichere Formen als die dorische, die immer als die 'männliche' gegolten hat. Die Kanneluren der Säulen sind durch schmale Stege getrennt. Die Säule steht auf einer Basis, wobei man die kleinasiatisch-ionische (mehrere Einkerbungen übereinander) und die attisch-ionische (Wechsel von konvexem Torus und konkavem Trochilus) unterscheidet. Das charakteristische Element der Kapitelle sind die an beiden Enden schneckenförmig eingerollten Voluten. Der Architrav ist nicht glatt, sondern kragt dreigeteilt vor. Der Fries ist nicht durch Triglyphen in einzelne Abschnitte geteilt, sondern durchlaufend.
Der ionische Tempel, im Siedlungsraum der ionischen Griechen zu Hause, eignete sich zur Entwicklung großer Maßstäbe, wie wir sie von den Riesentempeln auf Samos und in den kleinasiatischen Orten Ephesos, Sardes und Didyma kennen.

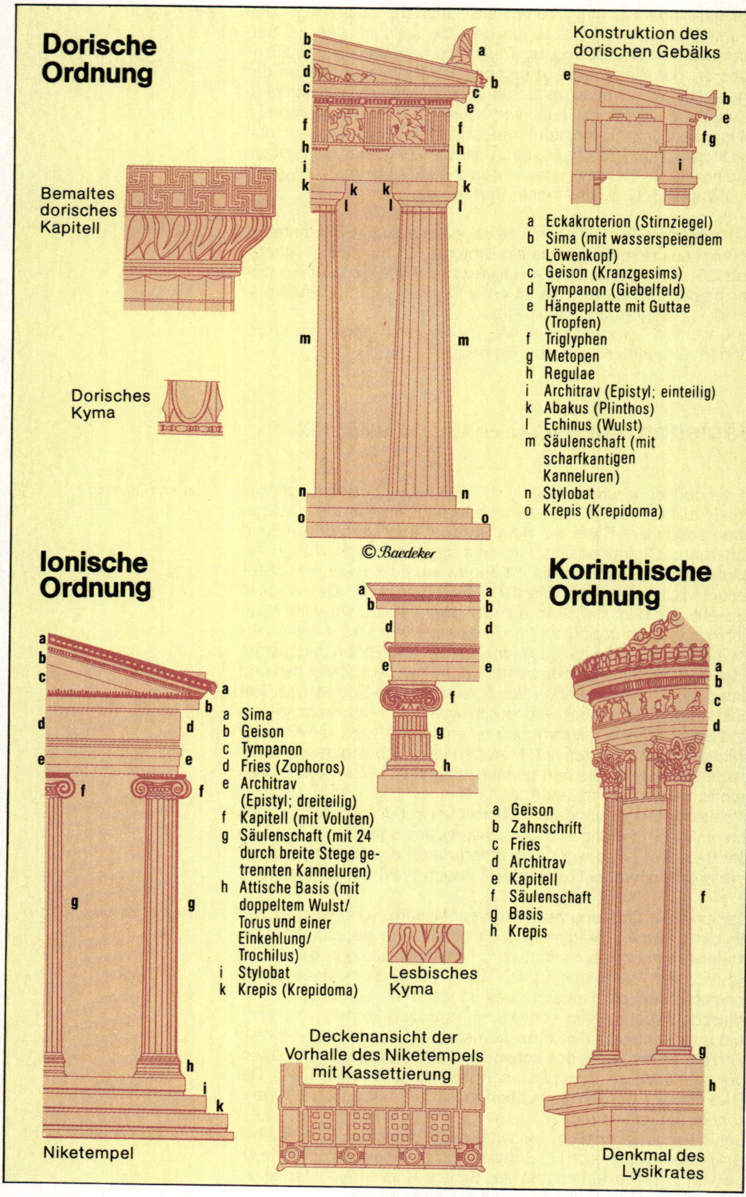
Dorische Ordnung
Bemaltes dorisches Kapitell
Dorisches Kyma
Konstruktion des dorischen Gebälks
a Eckakroterion (Stirnziegel)
b Sima (mit wasserspeiendem Löwenkopf)
c Geison (Kranzgesims)
d Tympanon (Giebelfeld)
e Hängeplatte mit Guttae (Tropfen)
f Triglyphen
g Metopen
h Regulae
i Architrav (Epistyl; einteilig)
k Abakus (Plinthos)
l Echinus (Wulst)
m Säulenschaft (mit scharfkantigen Kanneluren)
n Stylobat
o Krepis (Krepidoma)
© Baedeker
Ionische Ordnung
a Sima
b Geison
c Tympanon
d Fries (Zophoros)
e Architrav (Epistyl; dreiteilig)
f Kapitell (mit Voluten)
g Säulenschaft (mit 24 durch breite Stege getrennten Kanneluren)
h Attische Basis (mit doppeltem Wulst/Torus und einer Einkehlung/Trochilus)
i Stylobat
k Krepis (Krepidoma)
Lesbisches Kyma
Niketempel
Deckenansicht der Vorhalle des Niketempels mit Kassettierung
Korinthische Ordnung
a Geison
b Zahnschrift
c Fries
d Architrav
e Kapitell
f Säulenschaft
g Basis
h Krepis
Denkmal des Lysikrates

Korinthische Säulenordnung

Die korinthische Ordnung stimmt bis auf das Kapitell mit der ionischen überein. Das korinthische Kapitell ist gekennzeichnet durch Akanthusblätter, die den runden Kapitellkörper umschließen. Zu den Ecken der konkaven Deckplatte schwingen sich Ranken hinauf ('Meisterkapitell' im Museum von Epidauros; Olympieion in Athen).
Die korinthische Ordnung fand besonders während der römischen Kaiserzeit weite Verbreitung, in der das aus ionischen und korinthischen Formen zusammengesetzte Kompositkapitell entstand und immer reichere Dekorationssysteme entwickelt wurden.

Kirchenbau

Als im 4. Jh. das Christentum zur anerkannten Religion wurde, entstanden die ersten Kirchenbauten.

Basilika

Vorherrschende Form war die Basilika: Das Mittelschiff wird von je einem oder zwei niedrigen Seitenschiffen begleitet. Die Kirche ist orientiert, d.h. die durch eine Apsis betonte Altarseite liegt im Osten. Der westlichen Eingangsseite ist ein Narthex vorgelagert, vor dem sich oft ein Atrium befindet.
Dieser Typus ist im ganzen Römischen Reich, von Rom bis Jerusalem, verbreitet.

Kreuzkuppelkirche

Im 9. Jh. entwickelt sich in Griechenland ein neuer Kirchenbautypus, nicht mehr ein Richtungs-, sondern ein Zentralbau: die Kreuzkuppelkirche, die fortan beherrschend wird.
Die Zentralkuppel wird entweder von Mauerstirnen oder von Säulen getragen, gelegentlich von zwei Mauerstirnen und zwei Säulen; sie überspannt entweder das Mittelschiff oder – auf acht Stützen ruhend – Mittel- und Seitenschiffe.
Der Altarraum wird durch eine steinerne Schranke, aus der sich später die Ikonostase entwickelt, abgetrennt. Zu seinen Seiten sind zwei kleinere Räume für liturgische Zwecke angeordnet: Prothesis und Diakonikon. Dementsprechend hat die Kirche an der Ostseite in der Regel drei Apsiden. An der Westseite wird dem Narthex oft noch eine äußere Vorhalle (Exonarthex) vorgelegt.
Das Innere ist nach einem System, das die himmlische Hierarchie verdeutlicht, ausgemalt. Für den Außenbau verwendete man in oft kunstvoller Anordnung Bruch- und Ziegelsteine.
In nachbyzantinischer Zeit kehrt man gelegentlich zur ein- bis dreischiffigen, meist kleinen Basilika zurück.

Fachausdrücke

Ábakus — Quadratische Platte über dem Échinus, mit dem zusammen er das Säulenkapitell der dorischen Ordnung bildet.

Ábaton, Ádyton — Den Priestern vorbehaltenes Allerheiligstes eines Tempels.

Agón — Kampf, Wettkampf.

Agorá — Marktplatz, Mittelpunkt des öffentlichen Lebens einer Stadt.

Kunstgeschichtliche Fachausdrücke

Akánthus	Bärenklaupflanze, deren zerlappte große Blätter als Schmuck des korinthischen und des byzantinischen (justinianischen) Kapitells verwendet wurden.
Akrópolis	Oberstadt.
Akrotér	Figürliche oder ornamentale Bekrönung von First und Giebelecken.
Amphipróstylos	Tempel mit vorgestellten Säulen an beiden Schmalseiten.
Anathém	Weihgeschenk.
Antentempel	Tempel mit Säulen zwischen den Antenmauern an der vorderen Schmalseite.
Ánulus	Ring am dorischen Säulenschaft unterhalb des Échinus.
Apsis	Meist halbrunder Raum am Ende einer Tempelcella oder eines Kirchenraumes.
Architrav	Auf den Säulen aufliegender waagerechter Steinbalken.
Astragal	Knöchelchen, Würfel, dann Bezeichnung für den Perlstab der ionischen Ordnung.
Basilika	1. Königshalle (Stoá basiliké), meist mehrschiffig, Stätte des Handels oder der Gerichtsbarkeit. 2. Im 4. Jahrhundert ausgebildete drei- oder fünf-schiffige Grundform christlichen Kirchenbaus.
Basis	Sockel von Statuen sowie der ionischen und korinthischen Säule.
Béma	1. Rednertribüne. 2. Christlich: Altarraum einer christlichen Kirche.
Bomós	Quadratischer Altar.
Buleutérion	Sitz des städtischen Rates (Bulé).
Cávea	Muschelförmiger Raum der Sitzreihen eines Theaters.
Cella	Innenraum eines Tempels.
Chthonisch	Der Erde zugehörig.
Démos	Sippe, Gemeinde, Volk, Volksversammlung, Ortschaft.
Diakónikon	Rechte Seitenapsis einer byzantinischen Kirche.
Dípteros	Tempel mit doppelter Säulenringhalle.
Dípylon	Doppeltor.
Doppelantentempel	Tempel mit Säulen zwischen den Anten der beiden Schmalseiten.
Drómos	Gang, insbesondere der zum Eingang mykenischer Kuppelgräber.

Ursprünglich kissenartiger, später stereometrisch gestrafft Wulst; bildet mit dem darüberliegenden Ábakus das dorische Kapitell.	Échinus
Schwellung, d.h. Verdickung der Säule im unteren Drittel.	Éntasis
Auf den Säulen aufliegendes Gebälk eines Tempels; oben außen ein Fries.	Epistýl
Innere Vorhalle der Kirche.	Esonarthex
Meist halbkreisförmiger Raum mit Sitzbänken.	Exedra
Äußere Vorhalle einer Kirche.	Exonarthex
Schmuckzone über dem Architrav eines Tempels; in der dorischen Ordnung aus Metopen und Triglyphen bestehend, in der ionischen Ordnung glatt oder skulptiert durchlaufend.	Fries
Gesims eines Tempeldaches. Das Traufgeison ist der untere Dachrand der Langseiten. Im Giebelfeld stehen die Giebelfiguren auf dem Horizontalgeison, unter dem der Dachneigung folgenden Schräggeison.	Geison
100 Fuß langer Tempel.	Hekatómpedon
Heiligtum der Hera.	Heraion
Unter dem Fußboden liegende Heizungsanlage für Bäder.	Hypokausten
Bilderwand der byznatinischen Kirche, die den Gemeinderaum vom Altarraum trennt.	Ikonostásis
In Fundlage.	in situ
Abstand zwischen zwei Säulenachsen.	Joch
Kopf von Säule oder Pfeiler.	Kapitell
Weibliche Gestalt als Gebälkträgerin anstelle einer Säule.	Karyatide
Bischofsthron.	Káthedra
Hauptkirche eines Klosters.	Katholikón
Leeres Grab, Ehrengrab.	Kenotaph
Muschelförmiger Gebäudeteil.	Konche
Mädchen, Mädchenstatue.	Kóre
Dreistufiger Unterbau eines Tempels ('Schuh').	Krepis
Kirchenbautyp mit einer Zentralkuppel über dem Schnittpunkt von vier gleichlangen Kreuzarmen.	Kreuzkuppelkirche
Jüngling, Statue eines nackten Jünglings.	Kúros
Leichtes Ansteigen der oberen Stufe eines Tempels nach der Mitte hin.	Kurvatur

Kunstgeschichtliche Fachausdrücke

Mäander	Bandornament, benannt nach dem Fluß Maiandros (heute türkisch Menderes) in Kleinasien.
Mégaron	Hauptraum mykenischer Paläste; wird oft als Grundform des griechischen Tempels angesehen.
Metópe	Rechteckige Platte zwischen den Triglyphen am Fries eines dorischen Tempels; glatt oder mit Relief versehen.
Metróon, Metroion	Heiligtum der Göttermutter.
Monópteros	Rundtempel ohne Cella.
Naískos	Tempelchen.
Naós	Tempel, Tempelcella.
Nárthex	Vorhalle einer byzantinischen Kirche.
Nekropole	Totenstadt, Begräbnisplatz.
Nymphaeum	Den Nymphen geweihter Bezirk; reich ausgestattete Brunnenanlage.
Odéon, Odeion	Gebäude für Musikaufführungen; in der Regel überdacht.
Oktogon	Achteckiger Bau.
Olympieion	Heiliger Bezirk des Olympischen Zeus.
Opistódomos	Dem Pronaos entsprechender Raum hinter der Cella eines Tempels.
Orchéstra	Tanzplatz des Chores, runde oder halbrunde Fläche zwischen Bühne und Zuschauerraum.
Orthostat	Aufrecht stehende Steinplatte im unteren Teil einer Tempelwand.
Ostrakismós	Scherbengericht.
Períbolos	Umfassungsmauer eines Heiligtums.
Perípteros	Tempel mit rings umlaufenden Säulenreihen.
Perístasis	Ringhalle eines Tempels.
Peristýl	Säulenumgang, Säulenhalle, Säulenhof.
Polychromie	Vielfarbigkeit antiker Skulpturen und Tempel.
Polygonal	Mauerwerk auf vieleckig geschnittenen Steinen.
Póros	Kalksandstein.
Portikus	Säulenhalle (lateinisch; vgl. Stoá).
Prohedrie	Ehrensitze im Theater oder Stadion.
Prónaos	Vorhalle eines Tempels.

Monumental ausgestaltetes Própylon.	Propyläen
Torhalle.	Própylon
Vorbühne.	Proskénion
Tempel mit Säulenvorhalle.	Próstylos
Linke (nördliche) Seitenapsis einer byzantinischen Kirche.	Próthesis
Menschlicher oder tierischer Ober- bzw. Vorderkörper als Schmuck an Bauten oder Gefäßen.	Protóme
Turm, Bastion.	Pýrgos
Trinkgefäß, oft in Gestalt eines Tierkopfes.	Rhýton
Traufgesims am Tempel, mit Löwenköpfen als Wasserspeiern.	Sima
Bühnengebäude.	Skené
Halbrunder Abschluß eines Stadions.	Sphendóne ('Schleuder')
Geschwungener Fuß einer Cellamauer.	Spira
Wiederverwendete Bruchstücke älterer Bauten.	Spolien
Freistehender Pfeiler, meist mit Inschrift, oft mit Relief.	Stéle
Säulenhalle (griechisch; vgl. Portikus).	Stoá
Gerät zum Abschaben von Staub und Öl nach sportlichen Übungen.	Strígilis
Heiliger Bezirk.	Témenos
Schatzhaus.	Thesaurós
Rundbau.	Thólos
Kunst der Metallbearbeitung.	Toreutik
Steinplatte mit zwei Einschnitten; trennt die Metopen der dorischen Ordnung.	Triglyphe
Rückwand des Tempelgiebels.	Týmpanon
Spiralelement des ionischen Kapitells.	Volute

Griechische Inseln in Zitaten

Alkaios
Griechischer Lyriker
(um 620 v.Chr.)

... Ein Spiegel ist der Wein den Menschen
...
Manchesmal ist er wie Honig süß, manchesmal schenkt ihr mir Wein ein, der schärfer als Dornen ist.
...
(Aus den fragmentarischen Weinliedern; Übersetzung aus dem Griechischen von Max Treu)

Bakchylides
Griechischer Chorlyriker
(6./5. Jh. v.Chr.)

Erlangt hat Lachon von Zeus
Dem Allmächtgen höchsten Ruhm als
Sieger im Lauf an des Alpheios Fluten;
So haben vordem das
Weinstocknährnde Keos, weil
In Olympia im Faustkampf und
Lauf er Sieger war, einst besungen,
Reich geschmückt mit Kränzen ...
(Erste Strophe einer kurzen Ode aus dem Jahre 452, vermutlich zur Begrüßung des Olympiasiegers Lachon bei seiner Heimkehr auf die Insel Keos/Kea; Übersetzung aus dem Griechischen von Oskar Werner)

Ernle Bradford
Britischer Schriftsteller
"Reisen mit Homer"
(1964)

Wenn man heute durch die Kykladen segelt, fällt einem vor allem ihr kahles, gemeißeltes Aussehen auf. Auf Delos war es das gleißende Licht, das mich blendete, als ich mein kleines Boot dort im Schatten des Berges Kythnos vor Anker legte, geschützt durch den alten Hafendamm. Die Schwesterinsel Rheneia, auf der anderen Seite der weißgefleckten Meerenge, beherbergte ein paar Schafe, und auf Delos selber störten nur ein vereinzelter Ziegenhirt und seine Herde die Stille. Doch diese von der Sonne verschlungenen Inseln, wie sie der Reisende heute kennt, sind etwas ganz anderes als die Inseln im Zeitalter Homers. Damals waren sie dicht bewaldet, mit viel mehr Quellen und kühlen Wiesengründen.
Seriphos, Siphnos, Milos, Santorin – an allen bin ich vorübergekommen, geblendet vom gleißenden Fels, nach dem kühlen, geäderten Marmor der See. Doch die Inseln, wie Odysseus sie sah, waren grün und üppig, wie Korfu es heute noch ist, oder wie die langgestreckten Täler auf Rhodos, wo die Schmetterlinge im Aquariumlicht der Laubwälder wie Feuerfunken wirken.
(Übertragung aus dem Englischen von Fritz Güttinger)

Herodot
Griechischer
Geschichtsschreiber
(5. Jh. v.Chr.)

... Als sie die Pferde ... eingeschifft und das Landheer an Bord gebracht hatten, fuhren sie mit sechshundert Dreiruderern (Trieren) nach Ionien. Von hier aber richteten sie ihren Lauf nicht an der Küste entlang grade auf den Hellespontos (Dardanellen) und auf Thrake zu, sondern von Samos aus ging die Fahrt neben dem Ikarischen Meer mitten durch die Inseln hindurch, vornehmlich, wie ich glaube, aus Furcht vor der Fahrt um den Athos herum, weil, wie sie im vorigen Jahr diesen Weg genommen, sie so großen Verlust erlitten; außerdem aber nöthigte sie auch Naxos dazu, die vorher noch nicht eingenommen war. Und als sie aus dem Ikarischen Meer an die Küste von Naxos kamen, denn die wollten die Perser durchaus zuerst bekriegen in Erinnerung jener früheren Begebenheit: da eilten die Naxier in voller Flucht auf die Berge und wartetens gar nicht ab. Die Perser aber machten zu Knechten alle, die sie faßten, und steckten die Tempel und die Stadt in

Brand. Und als sie das gethan, segelten sie wieder zu den übrigen Inseln. Während dessen aber verließen auch die Delier Delos und flüchteten nach Tenos. Und als das Heer herankam, so ließ Datis, der da voranfuhr, die Schiffe nicht vor Anker gehen, sondern jenseit bei Rhenaea. ...
(Aus "Die Geschichten des Herodotos", sechstes Buch, 'Erato', Kapitel 96 und 97; übersetzt aus dem Griechischen von Friedrich Lange, Berlin 1811)

Homer
Ionischer Rhapsode
(ca. 8. Jh. v.Chr.)
"Odyssee"
Dritter Gesang
Verse 159-179

... Als wir gen Tenos kamen, da opferten alle den Göttern,
Heimverlangend; allein noch hinderte Zeus die Heimfahrt;
Denn der Zürnende sandte von neuem verderbliche Zwietracht.
Einige lenkten zurück die zwiefach geruderten Schiffe,
Angeführt von dem tapfern, erfindungsreichen Odysseus,
Daß sie sich Atreus' Sohn Agamemnon gefällig erwiesen.
Aber ich floh voraus mit dem Schiffsheer, welches mir folgte;
Denn es ahnete mir, daß ein Himmlisches Böses verhängte.
Tydeus' Sohn Diomedes floh und trieb die Gefährten.
Endlich kam auch zu uns der blonde Held Menelaos,
Als wir in Lesbos noch ratschlagten wegen der Laufbahn:
Ob wir wohl oberhalb der bergigen Chios die Heimfahrt
Lenkten auf Psyria zu und jene zur Linken behielten,
Oder unter Chios, am Fuße des stürmischen Mimas.
Und wir baten den Gott, uns ein Zeichen zu geben; und dieser
Deutete uns und befahl, gerade durchs Meer nach Euböa
Hinzusteuern, damit wir nur schnell dem Verderben entgingen.
Da erhob sich ein sausender Wind in die Segel der Schiffe,
Und sie durchliefen in Eile die Pfade der Fische und kamen
Nachts vor Geraistos an. Hier brannten wir Poseidaon
Viele Lenden der Stiere zum Dank für die glückliche Meerfahrt.
...
(Übersetzung aus dem Griechischen von Eduard Schwartz)

Alexander von Humboldt
Deutscher Naturforscher
und Geograph
"Kosmos"
(1845-1862)

... Ganz im Sinne einer großen Weltansicht schildert Plato im Phädon die Enge des Mittelmeeres. "Wir", sagt er, "die wir vom Phasis bis zu den Säulen des Hercules wohnen, haben inne nur einen kleinen Theil der Erde, in dem wir uns, wie um einen Sumpf Ameisen und Frösche, um das (innere) Meer angesiedelt haben." Und dieses enge Becken, an dessen Rande ägyptische, phönicische und hellenische Völker zu einem hohen Glanze der Cultur erblühten, ist der Ausgangspunkt der wichtigsten Weltbegebenheiten ...

Longos
Griechischer Dichter
(2./3. Jh. n.Chr.)
"Daphnis und Chloë"

Erstes Buch
Es liegt eine Stadt auf der Insel Lesbos, Mytilene, groß und schön. Sie wird nämlich von Kanälen des hereinströmenden Meeres durchschnitten und ist mit schönen Brücken aus glattem, weißem Stein geziert. Du möchtest glauben, nicht eine Stadt zu sehen, sondern eine Inselwelt. Nun lag in etwa 200 Stadien Entfernung von dieser Stadt Mytilene das Landgut eines reichen Mannes, ein wunderschöner Besitz: Berge voller Jagdwild, weizentragende Felder, Rebenhügel, Schaf- und Ziegenweiden. Und das Meer rauschte an den weichen Sand des langgestreckten Ufers.
Ein Ziegenhirt namens Lamon, der auf dieser Flur seine Herde weidete, fand hier ein Knäblein, das von einer seiner Ziegen genährt wurde. Es war da ein Wald und dichtes Dorngesträuch, breitwuchernder Efeu und weiches Gras, auf dem das Knäblein lag. Dorthin lief beständig jene Ziege, verschwand oft und blieb bei dem Kinde, indem sie ihr Zicklein sich selbst überließ. Lamon

Longos
(Fortsetzung)

beobachtete dieses Hin- und Herlaufen scharf, denn das verlassene Böcklein tat ihm leid; und als einmal die Sonne hoch im Mittag stand, ging er den Spuren nach und sah die Ziege mit behutsam gespreizten Füßen über dem Kinde stehen, um es nicht mit den Klauen zu treten und zu verletzen; das Kind aber sog wie aus einer Mutterbrust die zuströmende Milch. Voll Erstaunen, wie es natürlich war, tritt er näher und findet ein Knäblein, groß und schön, in Windeln, die auf bessere Abkunft deuteten als das Los der Aussetzung; es war nämlich ein purpurnes Oberkleidchen dabei, eine goldene Spange und ein kleines Schwert mit Elfenbeingriff.
Zuerst nun wollte der Hirt nur die Erkennungszeichen aufheben und sich um das Kleine nicht weiter kümmern; dann aber schämte er sich, daß er nicht einmal einer Geiß an Menschlichkeit gleichkommen solle, wartete die Nacht ab und bringt alles, die Erkennungszeichen, das Kind und die Ziege selbst zu Myrtale, seinem Weib. Als diese aber nun erstaunt fragte, ob Ziegen auch Kinder zur Welt brächten, erzählt er ihr alles, wie er es ausgesetzt gefunden, wie er es gesäugt gesehen, wie er sich geschämt habe, es liegen und sterben zu lassen. Als nun auch sie zustimmte, verstecken sie die Beigaben, nennen das Kind ihr eigenes und lassen es von der Ziege ernähren. Damit aber auch der Name des Bübchens nach einem Hirten klinge, beschlossen sie, es Daphnis zu nennen. ...

Zweites Buch
Als aber der Herbst bereits am schönsten war und die Weinlese vor der Tür stand, da war alles auf den Feldern bei der Arbeit; der eine richtete die Keltern her, der andere reinigte die Fässer, ein dritter flocht die Körbe. Wieder einer kümmerte sich um ein sichelförmiges Rebmesser zum Abschneiden der Trauben, ein anderer um einen Stein, mit dem man die saftigen Trauben pressen konnte, und noch ein anderer um trockene Holzstücke mit abgeschlagener Rinde, damit man in der Nacht beim Mosttragen Licht habe. Da kümmerten sich nun auch Daphnis und Chloë nicht mehr so sehr um ihre Schafe und Ziegen, sondern halfen einander. Daphnis trug die Trauben im Korb herbei, warf sie in die Kelter und trat sie; auch schaffte er den Wein in die Fässer; Chloë aber besorgte das Essen für die Winzer und schenkte älteren Wein als Trank aus; von den Weinstöcken aber las sie die niedrigeren ab. Denn der ganze Wein auf Lesbos wuchs nur niedrig, nicht hochrankend oder an den Bäumen hochgezogen, sondern er breitet seine Reben unten aus und kriecht wie der Epheu; sogar ein Kind, dem man eben erst die Hände aus den Windeln freigemacht hat, könnte eine Traube greifen. ...
(Übersetzung aus dem Griechischen von Otto Schönberger, 1960)

Pausanias
Griechischer Schriftsteller
('Baedeker der Antike')
"Beschreibung Griechenlands"
(144-170 n.Chr.)

... Es weideten aber, wie es mir scheint, die Rinder des Nelus größtentheils außer den Grenzen seines Gebietes; denn das Land der Pylier hat fast durchaus sandigen Boden, und ist nicht im Stande, so viel Rinderweide zu geben. Dieses bezeugt mir auch Homer, der, wenn er des Nestor gedenkt, immer hinzufügt, er sey der Beherrscher der sandigen Pylos (Ilias II, 77).
Vor dem Hafen liegt die Insel Sphakteria (Sphagia), so wie vor der Bucht der Delier die Insel Rhenéa. Kein Wunder aber ist es, daß Orte, die bisher unbekannt waren, durch Unglücksfälle, welche hier Menschen betrafen, berühmt geworden sind: so hat das Vorgebirge Kaphéreus in Euböa einen Namen durch den Sturm erhalten, welcher die Griechen mit Agamemnon daselbst über-

fiel, als sie aus Troja zurückfuhren. Die Insel Psyttalia bei Salamis kennen wir erst seit der Zeit, wo die Perser daselbst niedergemacht wurden ...
(Übersetzung aus dem Griechischen von Carl Gottfried Siebelis, Stuttgart 1829)

Sappho
Griechische Lyrikerin
(7./6. Jh. v.Chr.)

Um den Mond, den herrlichen, in der Runde
bergen die Gestirne ihr helles Scheinen,
immer wenn der volle am meisten leuchtet
über die Erde ...

Der Mond und die Siebensterne
sind untergegangen. Mitter-
nacht ist und die Zeit vorüber.
Ich aber, ich liege einsam.

(Zwei Gedichtfragmente; Übersetzung aus dem Griechischen von Emil Steiger)

Friedrich von Schiller
Deutscher Dichter
(1759-1805)

Der Ring des Polykrates

Er stand auf seines Daches Zinnen,
Er schaute mit vergnügten Sinnen
Auf das beherrschte Samos hin.
"Dies alles ist mir untertänig",
Begann er zu Ägyptens König,
"Gestehe, daß ich glücklich bin." ...

Der Kampf mit dem Drachen

Was rennt das Volk, was wälzt sich dort,
Die langen Gassen brausend fort?
Stürzt Rhodus unter Feuers Flammen?
Es rottet sich im Sturm zusammen,
Und einen Ritter, hoch zu Roß,
Gewahr ich aus dem Menschentroß,
Und hinter ihm, welch Abenteuer!
Bringt man geschleppt ein Ungeheuer,
Ein Drache scheint es von Gestalt,
Mit weitem Krokodilesrachen,
Und alles blickt verwundert bald
Den Ritter an und bald den Drachen. ...

Simonides
Griechischer Chorlyriker
(6./5. Jh. v.Chr.)

...
Gering nur ist der Menschen
Kraft, erfolglos ihre Bestrebungen; in kurzem
Dasein – Mühsal auf Mühsal gehäuft.
Und unfliehbar zugleich hängt drohend darüber der Tod;
Von diesem fällt gleicher Teil ja den Guten wie auch
zu jedem, der schlecht ist.
...

...
Alles kommt in einer Charybdis raffenden Schlund: die
Mächtigen Taten voll Ruhm und der Reichtum.
...

...
Der Tod erfaßt auch den, der aus der Schlacht flieht.
...
(Aus den fragmentarischen Trauergesängen; Übersetzung aus dem Griechischen von Oskar Werner)

Odyssee

Seefahrt im Altertum

Schon in der vorgeschichtlichen Zeit waren die Gestade des Mittelmeeres wie auch seine zahllosen Inseln und Eilande recht dicht besiedelt. Hier endeten die Wanderzüge der unterschiedlichsten Völkerschaften, deren Ursprung oft genug im Dunkeln liegt. Sie brachten ein Vielfalt kultureller, sozialer und religiöser Eigenheiten mit sich. Rasch machten sich die neuen Anwohner mit der Seefahrt vertraut, die sie zu fernen unbekannten Ufern führte. Als bedeutendste Seefahrer neben den Phöniziern unternahmen die Griechen schon im zweiten vorchristlichen Jahrtausend risikoreiche Schiffsreisen bis nach Spanien, gründeten überall entlang der Mittelmeerküste Faktoreien und Kolonien und trieben ausgedehnten Handel mit fremden Völkern.
Auf ihren Reisen trafen die Seefahrer auf unbekannte Kulturen, die ihnen gewiß nicht selten unheimlich oder gefährlich, zumindest aber doch wundersam erschienen. Bei der Heimkehr verspannen sie ihre Eindrücke und Erlebnisse nach Art des Seemannsgarns zu unglaublichen Abenteuergeschichten, die sich dank mündlicher Überlieferung über Generationen hinweg erhielten.

Odyssee

Das wohl berühmteste Werk dieser Art ist das von Homer kunstvoll in Hexameter gegossene Heldenepos der "Odyssee". Sie schildert die Erlebnisse des 'listenreichen' Odysseus, des Königs von Ithaka, der nach dem Ende des Trojanischen Krieges (er ersann das Trojanische Pferd) gegen seinen Willen von der Nymphe Kalypso auf der Insel Ogygia festgehalten wird. Als ihn Kalypso auf Beschluß der Götter nach zehn Jahren freiläßt, gerät er mit seinem Floß in einen schrecklichen Sturm. Schwimmend erreicht er das Land der Phäaken auf der Insel Scheria. Dort wird er von dem König Alkinoos und dessen Tochter Nausikaa gastlich aufgenommen und erzählt von seinen gefahrvollen Abenteuern, darunter von seiner Begegnung mit dem einäugigen Kyklopen Polyphem, der Zauberin Kirke (Circe), dem Gang ins Reich der Toten, von den Sirenen, den Meerungeheuern Skylla und Charybdis, dem Verlust all seiner Weggefährten als Strafe für die Tötung der Rinder des Sonnengottes Helios und schließlich von der Aufnahme durch Kalypso. Alkinoos ermöglicht Odysseus die Überfahrt nach Ithaka in einem seiner Zauberschiffe. Nach seiner Rückkehr in die Heimat tötet Odysseus die übermütig prassenden Freier seiner Gemahlin Penelope und stellt die Ordnung in seinem Reich wieder her.
Die "Odyssee" des Homer stellt wahrscheinlich eine Sammlung von Seefahrergeschichten verschiedener Autoren aus mykenischer Zeit (1300 v.Chr.) dar, die mit den sozialen Gegebenheiten und den mythologischen Vorstellungen des siebten und sechsten vorchristlichen Jahrhunderts verflochten, von Homer kunstvoll zusammengefügt und verbunden wurden. Hierfür sprechen auffallende stilistische Unterschiede und Unausgewogenheiten in einzelnen Teilen des Werkes.

Seeweg des Odysseus

Immer wieder wurde in der Vergangenheit der Versuch unternommen, den Seeweg des Odysseus nachzuvollziehen und die Stationen seiner leidvollen Irrfahrt geographisch zu lokalisieren. Hierzu dienten landschaftliche Vergleiche ebenso wie archäologische Ausgrabungen.

Ithaka, die vermeintliche Heimat des Odysseus

Seeweg des Odysseus (Fortsetzung)

So gilt etwa die Insel Gaudos (Gávdos), vor der Südküste Kretas, als die Insel Ogygia der Nymphe Kalypso.
Korfu (Kérkyra) hielt man schon im Altertum für die Insel Scheria, das Land der Phäaken, und das vorgelagerte Eiland Pontikoníssi (Mäuseinsel) für das versteinerte Schiff des Phäakenkönigs Alkinoos (Od. XIII, 163).
Der griechische Geograph Strabo (Strabon; ca. 63 v.Chr. bis 20 n.Chr.) deutete die Meeresungeheuer Skylla und Charybdis als tosende Strudel zu beiden Seiten der Straße von Messina.
Der deutsche Archäologe Wilhelm Dörpfeld (1853-1940) vermutete in der Insel Leukas (Lefkás) Odysseus' Königreich Ithaka und ließ dort anhand landschaftlicher Übereinstimmungen mit dem homerischen Epos archäologische Grabungen durchführen, die teilweise beachtenswerte, jedoch keineswegs schlüssige Beweise zutage brachten.

Sehenswürdigkeiten von A bis Z

Hinweis

Die Schreibung der griechischen Namen ist problematisch, da es für die Transkription der neugriechischen Sprache ins Deutsche an allgemein verbindlichen Richtlinien mangelt und auch weder eine mögliche Transliterierung noch eine denkbare phonetische Umschrift sinnvoll erscheinen.

In diesem Reiseführer ist versucht, sowohl die in der deutschen Altertumswissenschaft eingeführten Bezeichnungen zu erhalten als auch den Lautwerten der heute in Griechenland gesprochenen Sprache gerecht zu werden.

Einer systematischen Vereinheitlichung der verschiedenen Schreibweisen steht zudem noch der Umstand entgegen, daß man auch in sachlich verläßlichen neugriechischen Quellen nicht selten mehrere voneinander abweichende Versionen findet.

Um eine größtmögliche Verständlichkeit zu erreichen, sind vielfach mehrere Schreibweisen aufgeführt oder zusätzliche Entsprechungen bzw. Erklärungen hinzugefügt. In den Hauptüberschriften des nachfolgenden Teils 'Sehenswürdigkeiten von A bis Z' steht die allgemein gebräuchliche Namensschreibung an erster Stelle. Der neugriechischen Schreibung folgt eine Transkription, welche die neugriechische Lautung möglichst getreu wiedergibt.

Agathonisi / Agathonesi 'Αγαθονήσι / Agathoníssi D 5

Region: Ägäische Inseln
Inselgruppe: Dodekanes
Nomos: Dodekanes
Inselfläche: 13 km^2
Höhe: 0-212 m ü.d.M.
Bewohnerzahl: 180
Hauptort: Megálo Chorió

Schiffsverkehr

Lokale Verbindungen mit Samos, Patmos, Lipsi und Arki.

Lage und Eigenheiten

Agathonisi, früher Gaidouronísi genannt und nördlichste Insel im Dodekanes, liegt etwa auf halbem Wege zwischen Samos und Leros vor der Küste Kleinasiens. Es ist das antike Tragía, wo im Jahre 76 v.Chr. der junge Caesar von Seeräubern gefangengenommen wurde. Die rundum in steiler Felsküste abfallende gut 7 km lange und bis zu 3 km breite Karstinsel bietet kaum geschützte Ankerplätze. Sieben im Norden, Osten und Süden vorgelagerte Eilande sind unbewohnt, werden zum Teil aber von Agathonisi aus bewirtschaftet. Bescheidene Landwirtschaft und Fischfang ernährt die bodenständigen Bewohner. Agathonisi, das weder über Sandstrände noch über historische Baudenkmäler verfügt, blieb bisher vom Fremdenverkehr gänzlich unberührt und zeigt sich darum wie kaum eine andere Ägäisinsel in unverfälschter Ursprünglichkeit.

◄ *Tempel der Aphaia auf Ägina*

Ägina / Äjina Αἴγινα / Ǻjina D 3

Region: Mittelgriechenland
Inselgruppe: Saronische Inseln
Nomos: Attika
Inselfläche: 83 km^2
Höhe: 0-532 m ü.d.M.
Bewohnerzahl: 9550
Hauptort: Ǻjina

Schiffsverkehr

Schiffsverbindungen (auch Tragflügelboote) mehrmals täglich zwischen Athen (Piräus) und den Häfen Ǻjina, Suvála bzw. Ajía Marína sowie zwischen Méthana und Ǻjina. – Lokale Schiffsverbindungen mit Ankístri.

Lage und Eigenheiten

Ǻjina, das antike Aigina, rund 19 km (10 sm) südwestlich vor Piräus im Saronischen Golf gelegen, ist eine fruchtbare hügelige Insel aus tertiären Mergelkalken und Schiefer mit vereinzelt hervortretenden Kuppen vulkanischen Ursprungs. Die meist steil abfallende Küste bietet kaum geschützte Buchten. Die Bewohner leben von der Landwirtschaft, insbesondere vom Anbau und Export ihrer vorzüglichen Pistazien. Von einiger wirtschaftlicher Bedeutung sind ferner der Fischfang und die Schwammfischerei sowie die Keramikerzeugung. Die sogenannten Kannatia (äginetische Wasserkühler) sind doppelhenkelige Krüge mit weitem Hals, die ihren Inhalt durch Verdunstungskälte an der porösen Oberfläche kühl halten. Das milde Klima und die geringen Niederschläge machen die Insel von jeher zu einer beliebten Sommerfrische der wohlhabenden Athener. In jüngster Zeit finden sich zudem auch immer mehr internationale Feriengäste hier ein.

Mythos und Geschichte

Der Sage nach gilt Äakos, der Sohn des Zeus und der Ägina und Vater des Peleus und Telamon, der wegen seiner weisen und gerechten Herrschaft mit Minos und Rhadamanthys Richter der Unterwelt wurde, als Stammvater der Ägineten.

Älteste Spuren pelasgischer Besiedlung reichen ins 3. Jahrtausend v.Chr. Bereits im 2. vorchristlichen Jahrtausend war die Insel ein bedeutender Handelsplatz für Tonwaren und Salben, wie Funde aus dem helladischen, kykladischen und minoischen Kulturraum zeigen. Die Geschichte erwähnt Ägina erstmals als Kolonie des dorischen Epidauros, mit dem es im 7. Jh. v.Chr. zur Herrschaft des Phaidon von Argos gehörte. Nach der Loslösung von der Mutterstadt im 6. Jh. v.Chr. setzte eine Blüte ein, die den Inselstaat alsbald in Konkurrenz zu Korinth treten ließ. In Umbrien, am Schwarzen Meer und in Ägypten unterhielten die Ägineten Handelsposten, und ihre Schiffsreeder galten als die reichsten der griechischen Welt. Äginetische Münzen mit dem Bild der Schildkröte waren die ältesten und fanden schon seit 656 v.Chr. weithin Verbreitung. Äginetische Maße und Gewichte galten allenthalben bis in römische Zeit.
Zu Beginn der Perserkriege stand der Seefahrerstaat auf der Höhe seiner Macht. Nach der Schlacht bei Salamis, an der die Insel sich mit dreißig Schiffen beteiligte, erhielt ein äginetisches Schiff den Preis der höchsten Tapferkeit. Bekannt ist aber auch, daß Ǻjina zuerst aus Handelsinteresse den Boten des Dareios Erde und Wasser als Zeichen der Unterwerfung reichte. Hierfür wurde es auf Klage Athens hin von Sparta zur Rechenschaft gezogen. Dies gab den äußeren Anlaß zu weiteren Auseinander-

Geschichte (Fortsetzung)

setzungen mit Athen, dem die starke Insel bei der Ausweitung seiner Seemacht hinderlich war.
Die rasch aufeinanderfolgenden Seesiege der Athener bei Kekryphaleia (Ankistri) und vor Äjina selbst, brachten die Entscheidung: die Athener zwangen die Stadt, trotz gleichzeitiger Kämpfe in Megara und in Ägypten nach neunmonatiger Belagerung zur Übergabe; sie mußte 456 v.Chr. ihre Mauern einreißen, ihre Kriegsschiffe ausliefern und Tribut zahlen.
Zu Beginn des Peloponnesischen Krieges (431 v.Chr.) schließlich wurden die Ägineten ganz von ihrer Insel vertrieben und das Land unter attischen Bürgern aufgeteilt. Zwar ermöglichte die Niederwerfung Athens im Jahre 404 v.Chr. vielen die Rückkehr, aber die Blüte der Insel war dahin. Wiederholte Kriegszüge brachten sie aufs neue in den Besitz der rasch erstarkenden attischen Macht, deren Schicksal sie fortan teilte.

Äjina war vom 12. Januar bis zum 3. Oktober 1828 Hauptstadt Griechenlands.

Stadt Äjina

Der Hauptort Äjina (5000 Einw.) liegt sanft ansteigend um eine weite Bucht der nördlichen Westküste etwa an der Stelle der einst ausgedehnteren antiken Stadt. Vom molengeschützten Hafen hat man einen schönen Blick auf die kleineren Inseln Metópi und Ankístri (beide südwestl.) sowie Moní (südl.) und die Bergzüge von Epidauros. Im Archäologischen Museum werden Grabfunde vom 3. Jahrtausend bis zur Römerzeit, besonders aber Stücke von den Tempeln der Aphäa und der Aphrodite gezeigt.

Kolóna

Auf dem nördlich der heutigen Stadt vorspringenden Hügel Kolóna befindet sich eine 8 m hohe dorische Säule vom (nach Pausanias) Tempel der Aphrodite am Hafen (460 v.Chr.), der eigentlich dem Apollo geweiht war. Unter dem Tempel fand man Spuren mykenischer und vormykenischer Besiedlung (3. Jt. v.Chr.), westlich davon zwei kleinere Tempel wohl der Artemis und des Dionysos. Der 1904 hier entdeckte 'äginetische Sphinx' (um 460 v.Chr.) befindet sich jetzt im Archäologischen Museum.

Antiker Hafen

Südlich unterhalb des Tempels lag der antike Handelshafen (heute verschlammt), dessen Kaianlagen bei ruhiger See unter Wasser noch sichtbar sind. Der moderne Hafen, an der Stelle des antiken Kriegshafens, wird von den instandgehaltenen antiken Molen geschützt. Auf der nördlichen, längeren Mole steht die Nikolaoskapelle vom Beginn des 19. Jahrhunderts.

Grab des Phokos

Etwa 1½ km nördlich der Stadt steht ein dem marathonischen Sorós ähnlicher Tumulus (6. Jh. v.Chr.), der als Grab des Phokos, des Halbbruders von Peleus und Telamon, angesehen wird, die ihn erschlugen.

**Tempel der Aphaia

Zum Tempel der Aphaia (Aphäa; 13 km östl. von Äjina) führt die Straße durch teils waldiges, teils angebautes Hügelland zunächst an der aus Bauteilen antiker Tempel errichteten Kirche der Ajii Theodori (1289, Fresken) vorüber. Nach 3 km erreicht man die um 1800 verlassene mittelalterliche Inselhauptstadt Paläochóra, mit

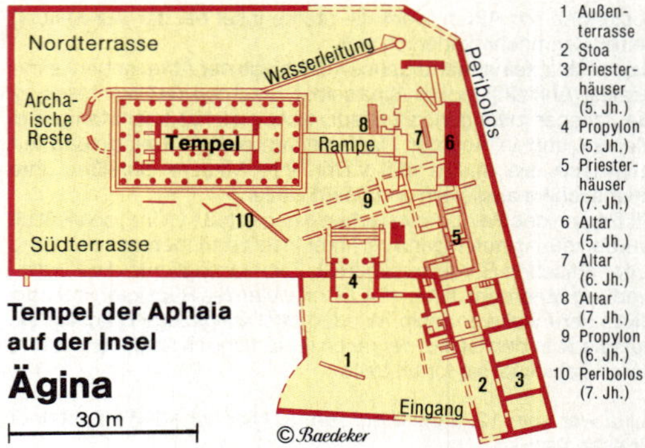

Tempel der Aphaia auf der Insel
Ägina

Tempel der Aphaia (Fortsetzung)

rund 20 Kapellen des 13.-18. Jh.s. Darüber die Ruine des mittelalterlichen Kastro. – Weiterhin die zerstreuten Häuser von Mesagró. Zuletzt auf steilem Fußweg hinan zum Tempel.

Der Tempel der Aphäa (5. Jh. v.Chr.), einer als Beschützerin der Frauen der Artemis nahestehenden Gottheit (Bauinschrift; Terrakotten), ruht auf den Fundamenten eines Heiligtums des 6. vorchristlichen Jahrhunderts an der Stelle einer vorgriechischen Kultstätte und war als Peripteros von 6:12 Säulen angelegt. Pronaos und Opisthodom waren durch Antenwände mit zwei dazwischenliegenden Säulen eingeschlossen. Im Innern der Cella zwei Säulenreihen zur Stützung des Daches. Im Opisthodom befindet sich ein steinerner Altartisch. Erhalten sind insbesondere 23 Säulen aus gelblichem Kalkstein mit Teilen des ursprünglichen Stucküberzuges, v.a. der östlichen Hauptfront und der angrenzenden Langseiten (einige monolithisch). Dach und Skulpturenschmuck waren aus pentelischem Marmor gearbeitet. Eigenartig sind Unregelmäßigkeiten im Boden der Cella sowie die Unterteilung des Opisthodom. Im Boden sieht man Löcher zur Befestigung einer Vergitterung.
Die heute in der Münchener Glyptothek befindlichen Giebelskulpturen wurden von Kronprinz Ludwig von Bayern angekauft. Weitere Skulpturenteile stehen in den Museen von Athen und Äjina.
Vor der gesamten Breite der Ostfront und über eine Rampe mit ihr verbunden befand sich der Opferaltar, südlich der Ostfront das kleine Propyläon, mit achteckigen Säulen. Der ganze Heilige Bezirk war durch Aufschüttungen geebnet und teils von natürlichem Fels, teils durch Quadermauern abgestützt. – In der Umgebung stieß man auf Reste von Wohnungen aus dem Spätneolithikum (4./3. Jahrtausend v.Chr.).
Vom Tempelbezirk bietet sich ein prächtiger Ausblick über einen großen Teil des Saronischen Golfes zur Küste des Festlandes von Athen bis zum Kap Sunion.

Ajía Marína

Zu Füßen des Aphäa-Tempels (3 km südl.) erstreckt sich in einer weiten Bucht der nördlichen Ostküste von Äjina das moderne betriebsame Seebad Ajía Marína.

* Oros

Ägina (Fortsetzung)

Der Oros (532 m ü.d.M.), heute nach einer oben befindlichen Kapelle auch Profiti Elias genannt, ist der markanteste Punkt im Saronischen Golf. Die Besteigung erfolgt auf beschwerlichem Fußweg von dem Flecken Marathon (6 km südl. von Äjina) aus. In mykenischer Zeit befand sich auf den Terrassen um den Gipfel eine ausgedehnte Stadtanlage (13. Jh. v. Chr.), von kyklopischen Mauern gestützt. Die Aussicht reicht fast über die ganze Insel, über den Saronischen Golf mit Salamis, den Methuriden (Trupika und Rhevitusa), den Diaporia, Ankistri, der Halbinsel Methana, der Insel Poros, bis Hydra. – Das alte Heiligtum des Zeus Panhellenios (5. Jh. v.Chr.) befand sich nördlich unterhalb des Gipfels, bei der Taxiarchis-Kapelle.

* Aussicht

Ankístri

Etwa 5 km (2½ sm) südwestlich von Äjina liegt die bewaldete Insel Ankístri (12 km²; 0-216 m ü.d.M.), deren rund 700 Bewohner Nachfahren von im 16. Jahrhundert eingewanderten Albanern sind.

Agios Eustratios Ἅγιος Εὐστράτιος / Ájios Efstrátios C 4

Region: Ägäische Inseln
Nomos: Lesbos
Inselfläche: 43 km²
Höhe: 0-303 m ü.d.M.
Bewohnerzahl: 500
Hauptort: Ájios Efstrátios

Schiffsverkehr

Linienschiffe mehmals wöchentlich zwischen Ájios Konstantínos bzw. Kými (Euböa) – Skópelos – Ájios Efstrátios – Límnos; ferner lokale Verbindungen mit Límnos und Lésbos.

Lage und Eigenheiten

Ágios Efstrátios, im Altertum Alónesos, im Mittelalter Néon genannt (türkisch 'Hagiostratı'), ist eine Felsinsel vulkanischen Ursprungs rund 30 km (16 sm) südlich von Límnos. In der Antike sicherte sie den Seeweg Athens zu den Inseln Lémnos und Ímbros sowie zum Hellespont. An der größten Bucht der Westküste liegt der gleichnamige Hafen- und Hauptort, an dessen oberem Rand eine Burg und Windmühlen stehen.

Agios Georgios Ἅγιος Γεώργιος / Ájios Jeórjios D 3

Region: Mittelgriechenland
Inselgruppe: Saronische Inseln
Nomos: Attika
Inselfläche: 9 km²
Höhe: 0-329 m ü.d.M.

Lage und Eigenheiten

Das öde Felseiland Ájios Jeórjios (Leuchtturm), etwa 20 km (11 sm) südlich von Kap Sunion gelegen, diente bereits im Altertum als Sträflingskolonie und ist auch heute unzugänglich.

Alonnisos / Alonnesos ᾿Αλόννησος / Alónnissos C 3

Region: Thessalien
Inselgruppe: Nördliche Sporaden
Nomos: Magnísia
Inselfläche: 72 km^2
Höhe: 0-476 m ü.d.M.
Bewohnerzahl: 1350
Hauptort: Patitíri

Schiffsverkehr

Linienschiffe (auch Tragflügelboote) mehrmals wöchentlich von Vólos, Ajios Konstantinos oder Kými (Euböa) über Skíathos und Skópelos.

Lage und Eigenheiten

Die langgestreckte Felsinsel Alónnissos (früher Chiliondrómia; im Altertum Íkos) liegt in der Mitte der Inselkette der Nördlichen Sporaden, die mit Skíathos im Westen beginnt. Alónnissos gehört zu den noch verhältnismäßig abgeschiedenen Flecken Griechenlands. Die Insel wird in ihrer gesamten Länge von einem Gebirgsrücken eingenommen, der im Kuvúli bis zu 476 m ü.d.M. ansteigt. Die Nordwestküste ist steil abfallend und wenig gegliedert, die freundlichere Südostküste weist dagegen mehrere schützende Buchten auf. In diesem Gebiet reichen Siedlungsspuren bis ins Neolithikum zurück.

Bemerkenswertes

Patitíri

Alónnissos (Chorió)

Die Bevölkerung, meist Bauern und Fischer, bewohnt heute fast ausschließlich den fruchtbaren Süden der Insel. Hier liegen der Hafenplatz Patitíri und, etwa 1 km nordwestlich davon, beherrschend über dem Meer der alte, nach dem Erdbeben von 1965 weitgehend aufgegebene ehemalige Hauptort Alónnissos (Chorió), der heute zunehmend zur Touristensiedlung ausgebaut wird und einen prachtvollen Ausblick bietet.

Etwa 1 km östlich von Patitíri befindet sich das bescheidene Fischerdorf Vótsi, mit einfachen Ferienhäusern.

Íkos

Das antike Íkos lag vermutlich an der mittleren Südostküste bei Kokkinókastro, wo Reste einer Stadtmauer und Gräber freigelegt wurden.

Peristéra

Vor der Südostküste von Alónnissos, durch einen weiten schützenden Sund getrennt, liegt die kahle Insel Peristéra (14 km^2; 0-250 m ü.d.M.) oder Xeró.

Skántzura

Die zur Mönchsrepublik Athos (Chalkidike) gehörende und als Ziegenweide genutzte Insel Skántzura (7 km^2; 0-107 m ü.d.M.) liegt etwa 20 km (11 sm) südöstlich von Alónnissos. Sie wird gelegentlich wegen ihrer Meeresgrotten oder zur Unterwasserjagd besucht.

Pélagos

Etwa 13 km (7 sm) nordöstlich der Nordspitze von Alónnissos liegt die bewaldete Insel Pélagos (25 km²; 0-302 m ü.d.M.), im Altertum Eúthyra, heute nach ihrem an der Ostküste gelegenen und vom Athos bewirtschafteten Kloster auch Kirá Panajiá genannt. Die Klosterkirche aus dem 11. Jahrhundert birgt alte Ikonen.

Giúra

Die im Inselbogen weiter nordöstlich folgende ehemalige Klosterinsel Giúra (9 km²; 0-570 m ü.d.M.) ist heute ein Reservat für Wildziegen (Bezoarziege). Im Süden der Insel liegen die Zyklopengrotten, in denen der Sage nach Polyphem gehaust haben soll.

Weiter östlich liegt die kleine Insel Pipéri (7 km²; 0-354 m ü.d.M.) im Robben-Schutzgebiet.

Psathúra

Die Vulkaninsel Psathúra (6 km²; 0-20 m ü.d.M.) schließt die Inselkette der Nördlichen Sporaden im Nordosten ab. Im küstennahen Meer versunkene Gebäudereste stammen von einer antiken Stadtanlage.

Alonnisos

Amorgos

Amorgos ’Αμοργός / Amorgós D 4/5

Region: Ägäische Inseln
Inselgruppe: Kykladen
Nomos: Kykladen
Inselfläche: 130 km^2
Höhe: 0-826 m ü.d.M.
Bewohnerzahl: 1800
Hauptort: Amorgós (Chóra)

Schiffsverkehr

Verbindungen einmal wöchentlich mit Piräus bzw. mehrmals wöchentlich mit Náxos, Íos und Santorin.

Lage und Eigenheiten

Amorgós ist eine kahlfelsige Gebirgsinsel von 33 km Länge und 2 bis 6,5 km Breite. Die Südostküste fällt meist steil ab, die Nordwestküste dagegen ist sanfter und besitzt zwei tiefe Buchten: Im Südwesten die gut geschützte Katápola-Bucht, mit dem wichtigsten Inselhafen, und im Nordwesten die Ägiáli-Bucht. Landwirtschaft und Fischfang ernähren die durch Abwanderung zurückgehende Zahl der Bewohner.

Geschichte

Mehrere antike Städte, ausgedehnte Nekropolen, Münzfunde und Felsinschriften weisen die Insel in minoischer und hellenistischer Zeit als Stützpunkt auf dem Seeweg zwischen Milos und der südöstlichen Ägäis aus. In römischer Zeit Verbannungsort, in der Folgezeit wiederholt von Piraten überfallen, blieb Amorgós bis in unsere Zeit ohne wirtschaftliche oder politische Bedeutung und hat sich darum seine Ursprünglichkeit weitgehend bewahren können. Leider aber wird diese besonders landschaftlich außerordentlich reizvolle Insel in jüngerer Zeit – wie viele andere Ägäisinseln auch – zunehmend von einem zweifelhaften Rucksacktourismus heimgesucht.

Sehenswertes

Amorgos

*Kloster Panajía Chozoviótissa

Der Inselhauptort Amorgós (Chóra), auf einem Hügel gelegen, schmiegt sich mit seinen typischen weißen Kykladenhäusern, zahlreichen tonnenüberwölbten Familienkirchen und Windmühlen um die Ruine der venzianischen Burg aus dem 13. Jahrhundert. Vom Ort gelangt man in ½ Stunde zu Fuß (auch Esel) aufwärts zu dem kleinen, in 367 m Höhe über dem Meer abenteuerlich in die Felsnische einer Steilwand gebauten byzantinischen Kloster Panajía Chozoviótissa (von 1088). Von der unteren Terrasse bietet sich ein eindrucksvoller Blick über das Meer.

Katápola

Minóa

Etwa 4 km westlich der Chóra liegt der Hafenort Katápola; im Süden der Bucht befinden sich auf der Anhöhe Muntiliá die Reste der vermutlich bereits im 2. Jahrtausend v.Chr. von Kretern gegründeten Stadt Minóa.

Kastrí

Im äußersten Süden der Insel liegen bei dem hübschen Dorf Arkesíni die Kastrí genannten Reste einer Stadt aus mykenischer bis römischer Zeit.

Kríkelos

Im Nordwesten von Amorgós finden sich an der Hafenbucht von Ägiáli die Spuren einer von Milesiern gegründeten Siedlung. Von hier geht die sehr lohnende Besteigung des Kríkelos (826 m ü.d.M.), der höchsten Erhebung der Insel, aus.

Kloster Panajia Chozoviotissa auf Amorgos

Levíta-Gruppe

Amorgos (Fortsetzung)

Nordostwärts von Amorgós gelangt man zur Levíta-Gruppe mit den Hauptinseln Levíta (5 km²; 0-167 m ü.d.M.) und Kínaros (9 km²; 0-320 m ü.d.M.) sowie mehreren kleinen, meist unbewohnten Eilanden. Hier findet man noch schöne einsame Badebuchten, da alle diese Inseln ohne regelmäßige Schiffsverbindungen oder Unterkunftsmöglichkeiten sind.

Anaphi / Anaphe ᾿Ανάφη / Anáfi **D 4**

Region: Ägäische Inseln
Inselgruppe: Kykladen
Nomos: Kykladen
Inselfläche: 36 km²
Höhe: 0-584 m ü.d.M.
Bewohnerzahl: 300
Hauptort: Anáfi (Chóra)

Schiffsverkehr

Linienschiffe mehrmals wöchentlich von Athen (Piräus). Die Passagiere werden ausgebootet.

Lage und Eigenheiten

Die bergige Kykladeninsel Anáfi liegt etwa 22 km (12 sm) östlich von Santorin. Der Sage nach ließ Apollon sie als Zufluchtstätte für die aus Kolchis zurückkehrenden Argonauten aus dem Meer auftauchen. Die Bewohner leben bescheiden von Landwirtschaft und etwas Fischfang.

Typisches Kykladendorf auf Anaphi

Bemerkenswertes auf Anaphi

Anáfi (Chora)

Im Süden der Insel liegt der Hauptort Anáfi (Chóra), der immer mehr verlassen wird. Darüber, auf einem Felssporn, Mauerreste einer venezianischen Burg aus dem 14. Jahrhundert. – Nordöstlich der Chóra befand sich auf der Felskuppe Kastélli die antike Stadt, von der noch Trümmer und allerlei Plastiken herumliegen. Im Osten der Insel befindet sich an der Stelle eines alten Apollon-Tempels und aus dessen Fragmenten errichtet das Kloster Zoodóchu Pijí oder Káto Kalamiótisa, sowie weiter nördlich die Trümmer einer zweiten Venezianerburg. – Im äußersten Osten der Insel steht weithin sichtbar auf dem steil ins Meer abfallenden Kalkfelsen Kálamos (396 m ü.d.M.) das Kirchlein Panajía Kalamiótissa (von 1715); von oben bietet sich ein weiter Blick, der bei klarer Sicht bis Kreta reicht. – Südöstlich vor Anáphi liegen die Felseilande Ftená, Pachiá und Makrá.

Panajía Kalamiótissa

Andros ῎Ανδρος / Ándros (Ándhros) D 4

Region: Ägäische Inseln
Inselgruppe: Kykladen
Nomos: Kykladen
Inselfläche: 374 km^2
Höhe: 0-994 m ü.d.M.
Bewohnerzahl: 10500
Hauptort: Ándros (Chóra)

Schiffsverkehr

Verbindung täglich von Rafína (Attika).

Lage und Eigenheiten

Die waldreiche Insel Ándros, die nördlichste und nach Náxos zweitgrößte der Kykladen, ist durch den belebten, aber stürmischen 12 km breiten Pórthmos Kaphiréfs (ital. Canale d'Oro) von Euböa getrennt, dessen südöstliche Fortsetzung sie bildet. Im Südosten trennt sie der 1200 m breite Meeresarm Stenó von der Nachbarinsel Tinos. Die vier Gebirgsmassive der Insel, deren höchstes im Pétalon 994 m ü.d.M. erreicht, bergen bereits in der Antike abgebaute Marmorlager. Ungewöhnlicher Wasserreichtum ermöglicht eine blühende Landwirtschaft. Ándros ist die Heimat mehrerer griechischer Großreeder.

Mythos und Geschichte

Im Altertum war Ándros dem Dionysos geweiht und die Feierlichkeiten zu seinen Ehren waren weithin gerühmt.
Die von Ioniern kolonisierte Insel kam früh unter die Oberherrschaft von Eretria. Im 7. Jahrhundert v.Chr. sandte sie Kolonisten auf die thrakische Chalkidike. Nach der Schlacht von Salamis wurde sie von Themistokles wegen der den Persern geleisteten Gefolgschaft bekriegt, aber erst später von Athen abhängig. Seit 338 v.Chr. in der Gewalt der Makedonier, kam sie nach deren Unterwerfung an die Römer.
Von 1207 v.Chr. an stand Ándros unter venezianischen Dynasten, aus deren Zeit noch die Wachtürme stehen. Zu Beginn des 15. Jahrhunderts ließen sich im Norden der Insel Albaner nieder, die hier ihre Sprache bis ins 20. Jahrhundert hinein bewahrten. 1566 von den Türken besetzt, kam Ándros schließlich im Gefolge der Staatsgründung an Griechenland.

Sehenswertes

Ándros (Chóra)

Der heutige Inselhauptort Ándros oder Chóra (2000 Einw.) liegt an der mittleren, wenig geschützten Bucht der Ostküste. Über malerische Treppen gelangt man vom Hafen zur Altstadt auf einer felsigen Landzunge mit der mittelalterlichen Burgruine. Die Neustadt mit dem Marktplatz und der belebten breiten Hauptstraße erstreckt sich landeinwärts. Sehenswert sind hier die orthodoxe Kirche Zoodóchos Pijí, mit einer Ikonostase von 1717, die katholische Andreas-Kirche aus dem 15. Jahrhundert (im 18. Jh. erneuert) und das kleine Seefahrtsmuseum.

*Zoodóchos Pijí

Etwa 5 km nordwestlich der Chóra befindet sich die Quelle von Apíkia, die das Mineralwasser 'Sáriza' liefert.

Messariá

Inmitten des fruchtbaren Messariá-Tals, mit seinen eigentümlichen Taubentürmen, liegt 5 km westlich der Chóra die hübsche Ortschaft Messariá. Ihre Kirche stammt von 1158.

Kórthion

Kórthion, 10 km südlich der Chóra, besitzt eine venezianische Festung.

Die bis in byzantinische Zeit blühende antike Hauptstadt Ándros lag 16 km westlich der heutigen Stadt an einer weiten Bucht der Westküste bei dem Dörfchen Paläópolis. Erhalten sind u.a. Reste der Akropolis und der Hafenanlagen.

Gávrion

Als geschützter Hafen diente im späten Altertum die Bucht von Gávrion bei dem Fischerdorf und Haupthafen Gávrion; Teile der mittelalterlichen Hafenanlagen sind noch beim Kloster Ájia Moni sichtbar. 2 km nordwestlich oberhalb, bei dem Dorf Ájios Pétros, steht ein hellenistischer Wachturm (prächtige Aussicht).

Batsí

Von dem 8 km südöstlich von Gávrion gelegenen Seebad Batsí ist die Besteigung des Kuwára (975 m ü.d.M.) in 4 bis 5 Stunden möglich.

Argolische Inseln ’Αργολικαὶ Νῆσοι / Argolikí Níssi D 3

Unter dem Namen Argolische Inseln faßt man alle Inseln vor der Küste der Argolis und im Argolischen Golf zusammen. Es sind dies u.a. → Hýdra, Dokós, → Spétsä, die kleineren Eilande Tríkeri, Spetsopúla, Psilí und Platía sowie zahlreiche Felsklippen. Sie bilden die südlichste und westlichste Gruppe der → Saronischen Inseln.

Arki / Arkoi ’Αρκοί / Arki D 5

Region: Ägäische Inseln
Inselgruppe: Südliche Sporaden
Nomos: Dodekanes
Inselfläche: 7 km^2
Höhe: 0-115 m ü.d.M.
Bewohnerzahl: 50
Hauptort: Arkí (Chóra)

Schiffsverkehr

Gelegentliche Verbindungen von Pátmos oder Lipsí.

Lage und Eigenheiten

Das gottverlassene kahle Eiland Arkí, im Altertum Akríte, liegt 12 km (6,5 sm) nordöstlich von Pátmos. Die wenigen Bewohner leben in äußerster Bescheidenheit ohne jede moderne Infrastruktur. Sie treiben Fischfang und Viehzucht.
Arkí ist von zahlreichen kleineren Inseln und Klippen umgeben, die z.T. als Ziegenweiden genutzt werden.

Astipaläa

Astipalea / Astypalaia ’Αστυπάλαια / Astipáläa D 5

Region: Ägäische Inseln
Inselgruppe: Dodekanes
Nomos: Dodekanes
Inselfläche: 99 km^2
Höhe: 0-482 m ü.d.M.
Bewohnerzahl: 1100
Hauptort: Astipáläa (Chóra)

Schiffsverkehr

Linienschiffe zweimal wöchentlich von Athen (Piräus); lokale Linien im Dodekanes (Kós – Kálymnos – Astipáläa) einmal wöchentlich.

Lage und Eigenheiten

Die wasserarme Karstinsel Astipáläa, die westlichste Insel des Dodekanes zwischen Kós (40 km/22 sm) und Amorgós (35 km/19 sm) bzw. Anáfi (40 km/22 sm) gelegen, weist in Landschaft und Kultur unverkennbare Gemeinsamkeiten mit den Kykladen auf. Zwei weite, von Nordwesten bzw. Südosten eingreifende Buchten teilen die Insel in einen höheren westlichen (bis 482 m ü.d.M.) und einen niederen östlichen (bis 366 m ü.d.M.) Teil, die beide durch die nur 110 m breite Landenge Ájios Andréas miteinander verbunden sind. Viehwirtschaft (Käse), Obst- und Gemüseanbau sowie Fischerei bringen den Bewohnern bescheidenen Wohlstand.

Bemerkenswertes

Astipáläa (Chóra)

Der malerische Hauptort Astipáläa (Chóra) thront oberhalb des Hafenplatzes Skála auf einer kahlen Felskuppe und wird von der venezianischen Festung (13.-16. Jh.) beherrscht. – Westlich unterhalb der Chóra erstreckt sich das fruchtbare Livádia-Tal, das Hauptanbaugebiet der Insel.

Livádia-Tal

Auf Astipáläa verstreut liegen rund 200 Kirchlein und Kapellen, meist von Privatleuten gestiftet und heute oft verkommen.
Die zahlreichen umliegenden Eilande und Klippen werden z.T. als Ziegenweiden genutzt. Ebenso die 35-45 km (19-24 sm) südöstlich gelegenen einsamen Inselchen Seírena und Tría Nisía.

Athen ’Αθῆναι / Athínä C/D 3

Region: Mittelgriechenland
Nomos: Attika
Höhe: 40-150 m ü.d.M.
Bewohnerzahl: 3,03 Mio.

Hinweis

Da viele Reisen in die griechische Inselwelt von Athen ausgehen werden die Hauptsehenswürdigkeiten der griechischen Hauptstadt auch in diesem Reiseführer dargestellt. Die Beschreibung ist jedoch bewußt knapp gehalten, ausführlichere Informationen liefert der in der gleichen Reihe erschienene Band “Athen”.

Lage und Bedeutung

Athen (neugriechisch Athína), die in den letzten 150 Jahren stark gewachsene Hauptstadt Griechenlands (1834 erst 6000 Einw.) liegt unweit nördlich vom Golf von Ägina (Saronischer Golf) und erfüllt die Hauptebene von Attika, die vom Kiphissos und Ilissos

Lage und Bedeutung (Fortsetzung)

durchflossen sowie im Norden und Westen von den Bergzügen Párnis und Ägaleos, im Nordosten vom marmorreichen Pentelikon ('pentelischer' Marmor) und im Osten und Südosten vom Hymettos (Imittos) umgrenzt wird.
Wie im Altertum ist Athen auch heute wieder geistiges und künstlerisches Zentrum und mit seiner Hafenstadt → Piräus zugleich der wirtschaftliche Mittelpunkt Griechenlands. Welche Bedeutung Athen innerhalb des griechischen Staates zukommt, mag eine Zahl verdeutlichen: Fast ein Viertel der griechischen Bevölkerung lebt im Einzugsbereich der Hauptstadt.

Kunst, Kultur und Wissenschaft

Athen ist mit Universität, Technischer Hochschule, Akademie der Wissenschaften, Handelshochschule und Kunstakademie der kulturelle Mittelpunkt Griechenlands. Es gibt mehrere Bibliotheken sowie acht Theater, die einen abwechslungsreichen Spielplan bieten. Während der Festspiele (Juli-Sept.) finden alljährlich bedeutende Opern- und Theateraufführungen sowie Konzerte statt. Eine Fülle von Museen für antike und byzantinische Kultur, Kunstgalerien und naturgeschichtliche Sammlungen faszinieren den Interessierten das ganze Jahr über.

Handel und Gewerbe

Der Großraum Athen ist der Schwerpunkt von Handel und Industrie. Hier haben alle Banken, die meisten großen Wirtschaftsunternehmen und Reedereien ihren Sitz. Besondere Bedeutung kommt den Industrieanlagen an der Bucht von Eleusis und dem Hafen zu, ferner den zahlreichen Versicherungen.
Wichtigster Wirtschaftszweig ist der Fremdenverkehr. Neben den antiken Stätten in und um Athen sind die Badeorte am Saronischen Golf bevorzugte Ziele der Touristen.

Verkehr

Der internationale und der nationale Flughafen sowie die vielen in alle Landesteile gehenden Buslinien und die Eisenbahn, dazu die in Piräus zentrierten Schiffsrouten machen Athen zum Ausgangspunkt für Reisen in ganz Griechenland.
Der innerstädtische Straßenverkehr hat in jüngster Zeit chaotische Ausmaße angenommen und wesentlich zu der permanent bedrohlichen Luftverschmutzung beigetragen.

Geschichte

Die historische Entwicklung Athens nimmt bereits im 3. Jt. v.Chr. ihren Ausgang, wie Funde am Südhang der Akropolis belegen. Die Vereinigung der verschiedenen Siedlungen (Synoikismos) im Raum Attikas unter der Oberherrschaft Athens soll im 10. Jh. unter dem König Theseus erfolgt sein. Diese frühe Periode der Geschichte Athens liegt historisch völlig im dunkeln. Fest steht lediglich, daß die Königsherrschaft im 8./7. Jh. v.Chr. allmählich in eine Adelsherrschaft übergeht; die Funktionen des Königs übernehmen die jährlich wechselnden Archonten.
Soziale Spannungen im 7. Jh. v.Chr. können durch die Reformen des Solon (594/593 v.Chr.) nur vorübergehend beigelegt werden. Nach dem Tode Solons brechen sie schon bald wieder auf und ermöglichen die Tyrannis des Peisistratos und seiner Söhne (560- 510 v.Chr.). Während der Herrschaft der Peisistriden wird die Macht des Adels geschwächt – eine wichtige Voraussetzung für die Entstehung der attischen Demokratie. Ein weiterer entscheidender Schritt in dieser Entwicklung sind die Reformen des Kleisthenes (508/507 v.Chr.)
Aus den Perserkriegen (500-479 v.Chr.), in denen Athen die kleinasiatischen Städte unterstützt, geht die Polis unter Führung von

Akropolis – Athens Wahrzeichen ▶

Geschichte (Fortsetzung)

Themistokles schließlich siegreich hervor. Nachdem das System der attischen Demokratie durch die Reformen des Ephialtes (462/461 v.Chr.) seine endgültige Ausbildung erfahren hat, sind somit die außen- und innenpolitischen Voraussetzungen gegeben, die den Aufstieg Athens zur wirtschaftlich und kulturell führenden Macht in Griechenland möglich machen. Seine höchste Blüte erlebt der Stadtstaat unter Perikles (443-429 v.Chr. nahezu ununterbrochen zum Strategen gewählt); es entstehen zahlreiche der beeindruckenden Bauten auf der Akropolis.
Einen Einschnitt bildet der Peloponnesische Krieg (431-404 v.Chr.), in dem Athen gegenüber Sparta im Kampf um die Vorherrschaft in Griechenland unterliegt. Zwar kann sich Athen 371 v.Chr. von der Hegemonie Spartas befreien, doch gerät die Polis seit 338 v.Chr. zunehmend unter makedonische Herrschaft. Politisch spielt Athen in den folgenden Jahrhunderten keine nennenswerte Rolle mehr.
Unter Sulla erobern die Römer 86 v.Chr. die Stadt. Die römischen Kaiser – vor allem Hadrian – errichten in Athen weitere prunkvolle Bauten. Die neue Größe Athens wird jedoch durch den Einfall der ostgermanischen Heruler (267 n.Chr.) jäh beendet. In der Zeit der Völkerwanderung mehrfach geplündert (u.a. 395 durch Alarich), sinkt Athen schließlich zu einer unbedeutenden Provinzstadt des Oströmischen bzw. Byzantinischen Reiches ab und erfährt erst im 13. Jh. unter fränkischer Herrschaft erneut eine Blütezeit.
Im Jahre 1458 nehmen die Osmanen Athen ein; die Stadt bleibt bis ins 19. Jh. hinein türkisch. Nach der Erlangung der griechischen Unabhängigkeit bekommt Athen 1834 als Hauptstadt und Residenz des Königs wieder neue Bedeutung. In den folgenden Jahrzehnten erfolgt die planmäßige Ausgestaltung zur modernen Stadt. Die Bevölkerungszahl steigt sprunghaft. Als 1923-1928 jedoch infolge der Krise mit der Türkei rund 300000 Flüchtlinge aus Kleinasien nach Athen kommen, bringt dies ernsthafte Probleme mit sich; die Siedlungsflächen müssen erheblich ausgedehnt werden. Heute sind Athen und Piräus längst zur Großstadt zusammengewachsen: Groß-Athen erstreckt sich mit dem Häusermeer seiner neun Stadt- und 38 Gemeindebezirke weit über die attische Ebene.

Antikes Athen

**Akropolis

Der in der Mitte der attischen Ebene gelegene Kalksteinfelsen bot den geeigneten Platz für die Akropolis, die befestigte 'Hochstadt'. Sie war zunächst Burg der Könige von Athen und zugleich Sitz der ältesten Heiligtümer. Im Jahre 480/479 v.Chr. zerstörten die Perser die alten Bauten. Themistokles und Kimon erneuerten die Mauern, und unter Perikles begann schließlich jene glänzende Bauperiode, die der Akropolis ihr Gepräge gab und gibt.
Was Jahrhunderte überdauerte, wurde in den letzten Jahrzehnten durch Abgase und nicht zuletzt durch die rund drei Millionen Besucher jährlich mehr und mehr zerstört. Ob ein Rettungsprogramm der Unesco tatsächlich zur Erhaltung dieses unvergleichlichen Denkmals der Antike beitragen kann, bleibt noch offen.

Beulé-Tor

Der Zugang zur Akropolis erfolgt heute durch das Beulé-Tor (Eintrittskartenverkauf), das nach dem Heruler-Einfall 267 n.Chr. aus den Trümmern älterer Bauten errichtet wurde.

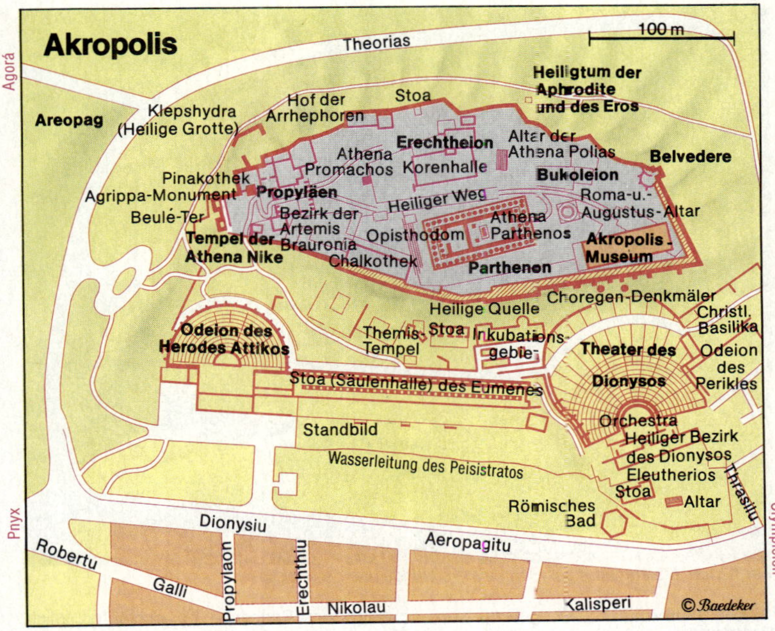

* Propyläen

Eine jetzt großenteils zerstörte Marmortreppe führte vom Beulé-Tor hinauf zu den Propyläen, die Mnesikles 437-432 v.Chr. errichtete. Er hatte eine monumentale, symmetrische Dreiflügelanlage konzipiert, doch mußte der Plan mit Rücksicht auf das alte Heiligtum der Athena Nike auf dem rechts vorspringenden Pyrgos geändert werden. Zentrum der Anlage ist die Torwand mit fünf nach Höhe und Breite gestaffelten Durchgängen; der mittlere ist breiter, so daß Mnesikles das Säulenjoch um eine Metope erweiterte – eine hier erstmals verwendete Lösung. Vor die Torwand ist eine tiefe Westhalle gelegt; sie hat an der Front sechs dorische Säulen, während der mittlere Durchgang von sechs schlanken ionischen Säulen gesäumt ist. Auf der anderen Seite steht vor der Torwand die kürzere und niedrigere Osthalle, wiederum mit sechs dorischen Säulen.
An die Westhalle schließen sich seitliche Flügelbauten an, und zwar links die Pinakothek, in der eine Sammlung von Tafelbildern untergebracht war. Auf der Südseite führt eine Durchgangshalle zum Temepl der Athena Nike.

* Athena-Nike-Tempel

Der Tempel der siegbringenden Athena entstand 432-421 v.Chr. mit je vier ionischen Säulen vor der Front- und Rückseite. Von dem kleinen Tempel ist der Altar zu erkennen, ihm gegenüber der Rest der mykenischen Burgmauer.

** Parthenon

Hinter den Propyläen steigt der Burgfelsen allmählich an. Man sieht im Felsen Abarbeitungen für einst hier aufgestellte Kultmale und Weihgeschenke. Vorbei am Heiligtum der Artemis Brauron a und der Chalkothek, in der Bronzewerke aufbewahrt wurden,

Parthenon: Meisterwerk des Baumeisters Iktinos und des Phidias

Akropolis, Parthenon (Fortsetzung)

gelangt man schließlich zum Parthenon, der derzeit gründlich restauriert und teilweise rekonstruiert wird.
Der Tempel der jungfräulichen Athena (Athena Parthenos) ist das Meisterwerk des Iktinos und des Phidias, dem Perikles die Gesamtleitung des Akropolis-Ausbaus (447-438 v.Chr.) übertragen hatte. Vorher war über bis 10,75 m hohen Substruktionen bereits ein Vorparthenon begonnen worden. Auf das dafür bereitgestellte Material (Säulentrommeln, Metopen) griff man zurück, als man sich zu einer Planänderung entschloß. Wie die an der Südseite sichtbaren Fundamente des Vorparthenon deutlich zeigen, war dieser ältere Bau schmäler und sprang weiter nach Osten vor.

Der Parthenon ging von einem breiteren Grundriß aus: 8 statt 6 Säulen in der Front, 17 statt 16 an den Langseiten. Seine dorischen Säulen sind 10,43 m hoch, ihr Durchmesser beträgt unten 1,90 m, oben 1,48 m. An ihren Schäften ist die Entasis (Schwellung) zu beobachten wie am Unterbau die Kurvatur (leichtes Ansteigen nach der Mitte hin, um dem Bau die Starre zu nehmen).

Gebälk und Giebel des Parthenon sind durch ihren Skulpturenschmuck berühmt (Teile im Akropolismusum, das meiste in London, einiges im Louvre). Die Themen der 92 Metopen sind Gigantenkampf (Osten), Kentaurenkampf (Süden), Amazonenkampf (Westen) und Trojanischer Krieg (Norden). Die 432 fertiggestellten Giebelkompositionen zeigten im Osten die Geburt der Athena aus dem Haupte des Zeus, im Westen den Streit von Athena und Poseidon um das attische Land. Das dritte Skulpturenwerk des Tempels ist der Fries, der die Cella als oberer Wandabschluß außen umzog. Sein Thema war nicht mythisch oder historisch,

Detail vom Parthenon

sondern eine Beschwörung attischer Gegenwart: des Festzuges, der am Panathenäenfest zur Akropolis hinaufzog. Dieser 1 m hohe, 160 m lange Fries (stark verwittert!) ist an der Westseite noch im Bau.

Das für die Besucher gesperrte Innere des Tempels ist zweigeteilt. Der westliche Raum, dessen Dach vier ionische Säulen trugen, diente zur Aufbewahrung des Staatsschatzes. Im östlichen stand das Goldelfenbeinbild der Athena Parthenos, ein Werk des Phidias, das an drei Stellen von zweistöckigen Säulenstellungen umgeben war.

Roma-und-Augustus-Tempel

Vor der Ostseite des Parthenon errichtete die frühe römische Kaiserzeit einen Rundtempel der Roma und des Augustus mit Zierformen, die das Erechtheion kopieren.

** Erechtheion

Das Erechtheion selbst, im Nordteil der Akropolis gelegen, umschließt mehrere alte Heiligtümer, auf die der 421-406 v.Chr. errichtete Bau mit seinem komplizierten Grundriß Rücksicht nehmen mußte. Den Ostteil nahm der Tempel für das alte hölzerne Kultbild der Athena Polias, der Stadtherrin, ein. Im Westteil befand sich u.a. das Erechtheusgrab, ferner das Grab des Urkönigs Kekrops unter der nach Süden vorspringenden Korenhalle, deren Gebälk von sechs Mädchengestalten (statt Säulen; Kopien) getragen wird, und im Boden der Nordhalle das Dreizackmal, das Poseidon geschlagen haben soll. Ost- und Nordhalle weisen je sechs ionische Säulen auf. Die Cellawand trägt über feinem Palmettenornament einen Fries aus grauem eleusinischem Marmor, auf dem weiße Marmorfiguren angestückt waren. – Die in den letzten Jahren erfolgte gründliche Restaurierung des Erechtheions steht vor ihrem Abschluß.

Akropolis, Alter Athenatempel

Der Grundriß des Alten Athenatempels ist unmittelbar südlich des Erechtheions zu erkennen. Dieser auch als 'Hekatompedon' bezeichnete Tempel entstand Anfang des 6. Jh.s an der Stelle des mykenischen Königspalastes, von dem noch zwei Säulenbasen vorhanden sind.

**Akropolismuseum

In der Südostecke der Akropolis wurde 1949-1953 das Akropolismuseum so vertieft angelegt, daß es den Gesamteindruck nicht stört. Es ist eine der kostbarsten Sammlungen griechischer Kunst überhaupt. Der linke Trakt enthält Stücke des archaischen 6. Jh.s v.Chr., die 1885/1886 bei Grabungen gefunden wurden: Giebel von Tempeln und Schatzhäusern, geweihte Statuen sowie – schon im rechten Trakt – Figuren vom Marmorgiebel des Alten Athenatempels (Saal I-V). In den weiteren Räumen des rechten Traktes folgen im wesentlichen Skulpturen des klassischen 5. Jh.s v.Chr. (Saal VI-XI).

*Dionysostheater

Im Zusammenhang mit dem Kult des Dionysos, des Gottes des Rausches und der Verwandlung, der Ekstasis und der Maske, entstand in einer Mulde am Südhang der Akropolis das Dionysostheater. Zwar reicht die früheste der insgesamt neun Bauperioden ins 6. Jh. v.Chr. zurück, doch erst um 330 v.Chr. erhielt das Theater die steinernen Sitzreihen (ca. 17000 Plätze), die heute noch zu sehen sind. In der ersten Reihe finden sich beschriftete Ehrensitze für die Priesterschaft und etwas erhöht der Ehrensitz für Kaiser Hadrian (117-138 n.Chr.).
Das Zuschauerrund umschließt die mit Platten gepflasterte Orchestra, die mit einer steinernen Schranke für die in römischer Zeit hier abgehaltenen Tierspiele abgegrenzt ist. Das im Süden anschließende Bühnenhaus ist mehrfach umgebaut worden. Auffallend sind die Reliefdarstellungen mit Figuren aus dem Dionysosmythos.
Das Dionysostheater gilt als die Keimzelle des europäischen Theaters; hier wurden die frühesten Tragödien, die Werke von Aischylos, Sophokles und Euripides, aufgeführt.

Eumenesstoa

Im Westen schließt sich an das Dionysostheater die 163 m lange Eumeneshalle, die vom pergamenischen König Eumenes II. (197 bis 159 v.Chr.) gestiftet wurde. Im Gegensatz zur → Attalosstoa besaß der Bau keine Räume hinter der zweischiffigen Halle. Er diente also nicht geschäftlichen Zwecken, sondern lediglich als Wandelhalle von Dionysosheiligtum und -theater.

*Odeion des Herodes Atticus

Die große Gebäudegruppe am Südhang der Akropolis wird im Westen vom Odeion des Herodes Atticus abgeschlossen. Herodes Atticus, einer der größten Mäzene des Altertums, ließ es nach dem Tode seiner Frau 161 n.Chr. erbauen. Die Nachbarschaft zum Dionysostheater macht den Unterschied zwischen griechischem und römischem Theaterbau deutlich. Beim römischen Theater ist – im Gegensatz zum griechischen – die Cavea genau halbrund, die seitlichen Zugänge sind überwölbt, die in späterer

Zeit erhöhte Bühne erhält eine mehrgeschossige mit Säulen und Statuen reich ausgeschmückte Bühnenwand.
Die 32 steil ansteigenden Sitzreihen (ca. 5000 Plätze) wurden in weißem Marmor neuerdings wiederhergestellt. So können im Herodes-Atticus-Odeion während der sommerlichen Athener Festspiele, Theateraufführungen und Konzerte stattfinden.

Asklepieion

Oberhalb der Eumenesstoa und unmittelbar unter dem steilen Südhang der Akropolis liegt auf einer schmalen Terrasse das Asklepieion. Hier hatte der aus Epidauros kommende Kult des Heilgottes Asklepios (seit 420 v.Chr.) sein Heiligtum. Zentrum der Anlage sind zwei Quellen.

Areopag

Westlich der Akropolis erhebt sich der Areopag (115 m ü.d.M.), auf dem der nach ihm benannte alte Rat tagte. Hier hielt auch der Apostel Paulus im Jahre 54 n.Chr. seine Rede an die 'gottesfürchtigen Athener' (Apostelgeschichte XVII, 22ff.).

*Agorá

Große Platzanlagen beherrschen die Gegend nördlich der Akropolis. In erster Linie ist die Agorá zu nennen. Nicht nur Markt, sondern seit dem 6. Jh. v.Chr. Mittelpunkt des öffentlichen Lebens,

Panorama mit Attalosstoa (im Vordergrund) und Lykabettos

Agorá (Fortsetzung)

wurde der Platz im Laufe der Jahrhunderte mit immer neuen Säulenhallen, Tempeln und sonstigen Anlagen bebaut.

Panathenäenweg

Schräg durch die Agorá zieht sich der Panathenäenweg, dessen antikes Pflaster noch teilweise vorhanden ist. Auf ihm bewegte sich der Festzug bei den großen Panathenäen, vom Kerameikos kommend, über die Agorá hinauf zur Akropolis.

Attalosstoa mit *Agorámuseum

Die Ostseite der Agorá wird von der 116 m langen Attalosstoa beherrscht. Die Stoa war (und ist nach dem originalgetreuen Wiederaufbau in den Jahren 1953-1956) zweigeschossig. Ihre Front weist unten dorische, oben ionische Säulen auf. Heute dient die Attalosstoa als Agorámuseum. In der zweischiffigen Halle ist u.a. die Kolossalstatue des Apollon Patroos aufgestellt. Der langgestreckte Hauptraum präsentiert eine umfangreiche Kollektion von Funden, die meist nicht als Kunstwerke, wohl aber als Zeugnisse antiken Lebens von Bedeutung sind.

Odeion des Agrippa

Ein wohlerhaltenes korinthisches Kapitell von beträchtlichen Ausmaßen weist auf das Odeion des Agrippa hin, das das Zentrum der Agorá einnimmt. Um 20 v.Chr. vom römischen Feldherrn Agrippa errichtet, enthielt es einen quadratischen Saal mit einer Bühne und 18 Sitzreihen für etwa 1000 Zuhörer (Reste erhalten). Nachdem die Anlage durch die Heruler 267 n.Chr. zerstört worden war, entstand am selben Platz um 400 n.Chr. ein Gymnasion.

Tholos

Zu den wichtigsten Gebäuden an der Westseite der Agorá gehört die Tholos, ein Rundbau von 18,30 m Durchmesser. Sie barg einst den heiligen Herd.

Metroon
Buleuterion

Dann folgen nach Norden das Metroon, hinter dem das Buleuterion (5. Jh. v.Chr.) liegt. Vor seiner Eingangshalle und dem Metroon wurde im 2. Jh. v.Chr., um die Platzfront zu vereinheitlichen, eine durchgehende Säulenfront errichtet.

Apollon-Patroos-Tempel

Der nächste Bau, ebenfalls nur in Fundamenten erhalten, ist der Tempel des Apollon Patroos (4. Jh. v.Chr.), dessen Kultbild jetzt in der Attalosstoa steht.

Zeushalle

Den anschließenden Raum bis zur Piräusbahn füllt die Zeushalle. Die Bauformen des im 5. Jh. v.Chr. errichteten Gebäudes erinnern an die Propyläen.

Königshalle

Nördlich der Piräusbahn stieß man bei jüngsten Ausgrabungen auf die Königshalle (Mitte 6. Jh. v.Chr.), in der sich der Sitz des Archon Basileus befand. Vermutlich wurde in dieser Halle 399 v.Chr. Sokrates zum Tod durch den Schierlingsbecher verurteilt.

Agii Apóstoli

→ Das mittelalterliche Athen

**Hephaistostempel

Westlich über dem Gelände erhebt sich auf dem Agoráhügel der Hephaistostempel, fälschlicherweise oft als 'Theseion' bezeichnet.

Dieser Tempel wurde nach 449 n.Chr. begonnen, war später christliche Georgskirche und blieb daher fast ganz erhalten. Er ist ein dorischer Peripteros von 6:13 Säulen, ungefähr gleichzeitig mit dem Parthenon, doch erheblich kleiner als dieser. Auffallend ist die Erweiterung von Vorhallen und Pronaos bzw. Opisthodom auf je anderthalb Joche im Westen, je zwei Joche im Osten. Die Ostseite wird außerdem durch skulptierte Metopen an der Außenseite und einen durchlaufenden Pronaosfries betont. Die Cella war für die 420 v.Chr. aufgestellten Kultbilder des Hephaistos und der Athena von Alkamenes bestimmt; unter dem

Eindruck des Parthenon änderte man in einer zweiten Bauphase den Plan: wie dort wurden innere Säulen an Seitenwänden und Rückwand gestellt, was aber hier zu engen Verhältnissen führte. Bei der Umwandlung in eine Kirche erhielt der Bau eine neue Tür in der Cellarückwand und ein Tonnendach.

Römische Agorá

Am Ostrand der Agorá beginnt eine antike Straße, die die Verbindung zum Römischen Markt herstellte. War die griechische Agorá im Lauf der Zeiten allmählich entwickelt und ausgebaut worden, so ist dieser Markt aus römischer Zeit nach einheitlichem Entwurf in einem Rechteck von 112 mal 96 m angelegt worden.

Moschee

In türkischer Zeit wurde in den Nordteil dieses Marktes eine Moschee, die 'Fetieh Tsami', gebaut (heute Fundmagazin).

Turm der Winde

In unmittelbarer Nähe der Römischen Agorá steht der achteckige Turm der Winde (um 40 v.Chr.). Seinen Namen verdankt der Turm den Reliefdarstellungen der acht Windgottheiten.

Hadriansbibliothek

Parallel zum Römischen Markt, nur 16 m entfernt, erhebt sich ein Komplex von ähnlichem Charakter, aber anderer Zweckbestimmung: die von Kaiser Hadrian nach 132 n.Chr. gestiftete und nach ihm benannte Hadriansbibliothek. Die Westseite weist ein schönes korinthisches Propylon auf. Im Inneren gab es Gartenanlagen mit einem Wasserbecken, über dem im 5. Jh. die Kirche Megale Panajia erbaut wurde.

Kerameikos

An die Agorá grenzt im Nordwesten das Töpferviertel des antiken Athen. Es war nach Keramos, dem Schutzpatron der Töpfer (daher der Begriff 'Keramik') benannt.
Seit dem 12. Jh. v.Chr. befanden sich in dieser Gegend zu beiden Seiten des Baches Eridanos Gräber, deren Folge kontinuierlich von der submykenischen bis in die spätantike Zeit reichte.

*Museum

Das neben dem Eingang zum Grabungsgebiet gelegene Museum beherbergt die neueren Funde (die älteren befinden sich im → Archäologischen Nationalmuseum). Sehr sehenswert ist die umfangreiche Keramiksammlung, an der sich die Geschichte des Bezirkes und die Entwicklung der Keramik in Athen ablesen läßt.

Grabungsbezirk

Der Grabungsbezirk wird von drei Straßen durchzogen: der Straße zur Akademie, der Heiligen Straße und der Gräberstraße. An allen liegen Grabdenkmäler. Man sieht Einzelgräber, Grabbezirke und -terrassen (Originale und Kopien). Das Bild der Grabung wird von Anlagen des 5. und 4. Jh.s v.Chr. bestimmt.

Dipylon und Heiliges Tor

Dipylon und Heiliges Tor sind die beiden Tore, die die von Themistokles errichtete Stadtmauer an dieser Seite durchbrechen.
Das Dipylon ist das nördlichste und auch das architektonisch bedeutendere Tor. Es war das größte Stadttor des antiken Athen. Seinen Namen 'Doppeltor' erhielt es von den beiden Toren, zwischen denen ein zwingerartiger Hof liegt. Hinter dem stadt-

Archäologisches Nationalmuseum
Omonia
Deutsche
Archä
Institu
Kolonu
Menandru
Sokratus
Athinas
Stadiu
Venizel
Ajesilau
Rathaus
Kotzia
Eolu
Sophokleus
Pireos
Piräus
Eleftheria
Evripidu
Markthalle
Innen-
ministerium
Dipilu
Sari
Ajios
Athanasios
Kyriaki
Ajii Theodori
Klafth-
monos
Ajios Chrysospel
Museum
der Stadt Ather
Aj. Anargiron
Palados
Praxitelus
KERAMEIKOS
Ajios Jeorjio
Karaiskaki
Kolokotroni
Ajii Asomati
Kerameikos-Friedhof
Ajia Irini
Theseion-
Bahnhof
Ermu
Athinaidos
Evangelistris
Lekka
Perikleus
Monasteraki-
kirche
Kapnikarea
Keramik-
museum
Zeus-
Stoa
Adrianu
Hephaisteion
(Theseion)
Ares-Tempel
Stoa des
Attalos
Bibliothek
des
Hadrian
Mitropoleos
Mitropolis
Metróon
Ajios Eleftherios
Buleuterion
Odeion
Vrissakiu
Apollonos
A g o r a
Röm. Markt
Ajii Apostoli
Ajios Andreas
Turm der
Winde
Nikodimu
Pritaniu
Flessa
Nymphenhügel
Kanellopulos-
Museum
P L A K A
Sotir tu Kot
Tripodon
Metamorphosis
A r e o p a g
Erechtheion
Apostolu
Beulé-Tor
Propyläen
Ajios Jeorjios
Kidathineo
A k r o p o l i s
Nike-Tempel
Museum
Thespidos
Pavlu
Parthenon
Pnyx
Odeion des
Herodes
Atticus
Ajia Ekaterini
Denkmal des
Lysikrates
Lissikratus
Dionysos-
Theater
Vironos
Hadrian
bogen
Ajios Dimitrios
Lombardaris
Dionissiu
Areopajitu
Rov. Galli
Syngru
© Baedeker
Mutmaßlicher Verlauf der antiken Stadtmauer
Flughafen, Kap Suni

Athen
150 m
Ajios Nikolaos
Freilichtbühne
Oper
Akadimias
Ippokratus
Navarinu
Didotu
Deutsche ev. Kirche
LYKABETTOS
Ajios Georgios
Standseil-bahn
Asklipiu
Solonos
Skufa
Sina
Universität
Omiru
Likavitu
Akademie der Wissenschaften
Goethe-Institut
Ajios Dionissios
Panepistimiu
Röm. kath. Kirche
Vukurestiu
Anagnostopulu
Pindaru
Lukianu
Bank v. Griechenland
Amerikis
Irakliту
KOLONAKI
Schliemann-Haus
Venizelu
Patr. Joakim
Irodotu
Stadiu
Kanari
Kolonaki
Nationalbank
Außenministerium
Benaki-Museum
Georgiu
Vassilissis
Sophias
Mus. f. Kykladische u. Antike Griech. Kunst
Nikis
Syntagma
Grabmal des Unbekannten Soldaten
Parlament
Röm. Mosaik
Amalias
Byzantinisches Museum
Marathon
Kriegsmuseum
Attiku
Fillelinon
Leophoros
Likiu
Irodu
Russ. Kirche
Volkspark
Volks-kunde-museum
Vassileos Jeorjiu II
Präsidentenpalast
Nationalgalerie
Engl. Kirche
Konstantinu
Issiodu
Zappeion
Zappeion-Garten
Olympieion
Olgas
Vassileos
Eratosthenus
Ajios Petros Stavromenos
Stadion
Elektrikos

Kerameikos, Heiliges Tor

einwärts gelegenen Tor befindet sich ein Altar für Zeus, Hermes und Akamas, außerdem ein Brunnenhaus.

Pompeion

Zwischen Diphylon und Heiligem Tor entstand im 5. Jh. v.Chr. das Gymnasion am Eridanos, meist Pompeion genannt nach dem Festzug (Pompé) zur Akropolis, der hier beim Panathenäenfest aufgestellt wurde. Das im Jahre 86 v.Chr. durch Sulla zerstörte Gebäude wurde im 2. Jh. n.Chr. durch einen dreischiffigen Saalbau ersetzt, der beim Herulereinfall zugrundeging.

*Olympieion

Das Gelände östlich der Akropolis beherrscht das Olympieion. Dieser größte Athener Sakralbau geht auf die Peisistratiden zurück. Der Seleukide Antiochos IV. (175-164 v.Chr.) nahm den Bau wieder auf, doch erst Kaiser Hadrian ließ ihn um 130 n.Chr. fertigstellen.
Vom Grabungseingang aus sieht man im Nordteil des Bezirkes zunächst einige Säulentrommeln vom Bau der Peisistratiden im alten Stadtgraben, etwas weiter westlich Reste eines römischen Bades. Durch das teilweise rekonstruierte Propylon betritt man das große Temenos-Rechteck, in dem sich der Tempel erhebt. Zwar ist ein Großteil der 104 Säulen verschwunden, doch ist die erhaltene Gruppe der 13 Säulen mit Teilen des Gebälks an der Südostecke, zu denen an der Südseite noch zwei aufrecht stehende Säulen und eine 1852 umgestürzte Säule kommen, bis heute von imposanter Größe.

Delphinion

Von der Temenos-Südmauer blickt man hinunter in ein tiefer gelegenes Grabungsfeld, in dem u.a. der Tempelgrundriß des Apollon Delphinios zu erkennen ist.

Hadrianstor

Unmittelbar westlich des Olympieions erhebt sich das Hadrianstor (131/132 n.Chr.). Es bezeichnet die Grenze zwischen dem Alten Athen und der römischen Stadterweiterung, zwischen der 'Stadt des Theseus' und der 'Stadt des Hadrian', wie es eine Inschrift am Tor formuliert.

Lysikratesmonument

Am Ende der Lysikratesstraße wurde an einem kleinen Platz eine Parkanlage geschaffen, an deren Rand sich das Lysikratesmonument befindet. Dabei handelt es sich um einen 6,50 m hohen Rundbau, dessen Wände von korinthischen Säulen gegliedert werden. Der unter dem Dach umlaufende Fries zeigt Szenen aus dem Leben des Dionysos. Die steinerne Akanthusblume auf dem Dach trug ursprünglich einen bronzenen Dreifußkessel. Ihn hatte Lysikrates 334 v.Chr. nach einem Sieg im Tragödienwettbewerb erhalten und nach altem Brauch hier aufstellen lassen.

*Stadion

Östlich des Olympieions liegt, eingebettet zwischen zwei Hügeln, das Stadion. Die 70000 Zuschauer fassende marmorne Anlage

ist zwar modern (1896 für die ersten neuzeitlichen Olympischen Spiele wiedererrichtet), doch hat sie dieselbe Form und liegt an derselben Stelle wie ihre antike Vorgängerin, in der die Sportwettkämpfe bei den Panathenäen stattfanden.
Das antike Stadion verdankte seine Entstehung (um 335 v.Chr.) Lykurgos; in Marmor ausgestattet wurde es 140-144 n.Chr. durch Herodes Atticus.

Mittelalterliches Athen

In christlicher Zeit spielte Athen keine zentrale Rolle, dennoch weist es eine Anzahl von frühchristlichen und byzantinischen Kirchenbauten auf, die unser Interesse verdienen. Die Kirchen dieser Zeit folgen überwiegend dem Typus der Kreuzkuppelkirche: Über dem Grundriß des griechischen Kreuzes mit vier gleichlangen Kreuzarmen erhebt sich eine Zentralkuppel, der oft kleinere Nebenkuppeln zugeordnet sind.

Ajios Nikodimos

Ein schönes Beispiel für diesen Typus ist die Ajios Nikodimos (Nikodemoskirche; Od. Filellínon). Sie wurde laut Inschrift 1045 errichtet. Seit 1852 – nach dem Ankauf des in den Freiheitskämpfen beschädigten Gebäudes durch den russischen Zaren – dient sie dem russisch-orthodoxen Kultus.

Kapnikaréa

Auch die Kapnikaréa-Kirche (Ermú) stammt aus dem 11. Jh. Bei der Anlage der Straße wurde sie durch Intervention von König Ludwig I. von Bayern vor dem Abbruch bewahrt. Heute ist sie Universitätskirche.

Ajii Apóstoli

Als einziges Beuwerk blieb die Ajii Apóstoli (Apostelkirche) erhalten, als das Stadtviertel über der Agorá abgerissen wurde, um Grabungen in diesem Bereich zu ermöglichen. Die Kirche wurde im 11. Jh. über einem halbrunden Nymphaion errichtet.

Ajii Theódori

Ajía Ekateríni

Ein charakteristischer Sakralbau ihrer Zeit ist auch die Ajii Theódori (Theodorenkirche) am Platía Klafthmónos aus dem 11. Jh., ferner die Ajía Ekateríni (Katherinenkirche) an der Odós-Lysikrátus aus dem 12. oder 13. Jahrhundert.

Ajios Joánnis Kolóna

In dem winzigen Kapellchen Agios Joánnis Kolóna (Evripídu), benannt nach einer das Dach überragenden römischen Säule, erbittet man von Johannes dem Täufer Heilung bei allen Krankheiten des Kopfes.

*Kleine und Große Mitrópolis

Zwei sehr gegensätzliche Kirchenbauten beherrschen den Mitrópolis-Platz: die Kleine und die Große Mitrópolis.
Die Kleine Mitrópolis ist ein Bau des 12. Jh.s von besonderer Bedeutung: der Baumeister hat antike und mittelalterliche Stücke verwendet, u.a. über dem Eingang zwei (in falscher Reihenfolge eingebaute) Teile eines antiken Kalenderfrieses, ferner Pilasterkapitelle, figürliche Darstellungen usw.
Die Große Mitrópolis wurde 1842-1862 nach Plänen von Schaubert aufgeführt, die den Bedürfnissen der Residenz nach einer repräsentativen Kirche Rechnung trugen. Hier werden die Hauptfeiertage der griechisch-orthodoxen Kirche in Gegenwart der Spitzen des Staates feierlich begangen.

Etwas außerhalb von Athen lohnen zwei Klosteranlagen den Besuch.

** Kloster Dafní

Berühmt wegen seiner Mosaiken aus dem 11. Jh. ist das Kloster Dafní, 10 km westlich des Zentrums von Athen. Der Ortsname erinnert an ein Heiligtum des Gottes Apollon, dem der Lorbeer

Kleine Mitropolis

Große Mitropolis

Kloster Dafni (Fortsetzung)

(= Daphne) heilig war. An seine Stelle trat ein dem Marienschlaf geweihtes frühchristliches Kloster, das 1080 durch die jetzt vorhandene Anlage ersetzt wurde.

*Kloster Käsarianí

Außerhalb des östlichen Vororts Käsarianí liegt in einem Tal am Hang des Hymettos das gleichnamige Kloster. Mittelpunkt der Anlage ist eine Kreuzkuppelkirche, die an der Stelle eines früheren Baues um 1000 errichtet wurde. Die Kuppel wird nicht von Mauern, sondern von vier Säulen (mit ionischen Kapitellen), getragen, die dem Inneren Leichtigkeit verleihen. Die Ausmalung ist sehr viel jünger als das Gebäude, sie stammt aus dem 16. Jahrhundert.

Modernes Athen

Das moderne Athen geht auf die Regierungszeit König Ottos I. (1834-1862) zurück. Am Entwurf des Stadtplanes, der die lethargische Kleinstadt in die Haupt- und Residenzstadt umwandeln sollte, und an der Planung der öffentlichen Gebäude waren manche Deutsche, zwei Dänen, ein Franzose und ein Grieche beteiligt. Der aus Breslau stammende Schaubert und sein griechischer Freund Kleanthes schufen 1832/33 die Grundorientierung der neuen Stadtanlage nördlich der Altstadt.

Syntagmaplatz

Mittelpunkt des modernen Athen ist der Syntagmaplatz, der 'Platz der Verfassung'.

Seine Ostseite beherrscht das Alte Schloß, das 1834-1838 von Friedrich von Gärtner angelegt wurde. Heute ist es Sitz des Parlamentes.

Altes Schloß

Südlich und östlich des Schlosses setzte Königin Amalia, die Gemahlin König Ottos, die Anlage eines Parkes durch, aus dem sich der heutige Volks- oder Nationalgarten entwickelte.

Volksgarten

Im Süden wird der Park durch die Anlagen rund um das Záppion erweitert. Dieses Ausstellungsgebäude mit seiner korinthischen Säulenfassade und seinem halbrunden hinteren Bau ist ein Entwurf von Ernst Ziller.

Záppiongarten
Ausstellungsgebäude

Venizelosstraße (Universitätsstraße)

Einen Eindruck vom modernen Athen gewinnt man bei einem Spaziergang vom Syntagmaplatz durch die Venizelosstraße.

Auf der rechten Seite fällt zunächst mit seinen Loggien das Ilíu mélathron auf, in dem Heinrich Schliemann mit seiner griechischen Frau Sophia residierte. Das Gebäude beherbergt heute das Schliemann-Museum.

Schliemannhaus

Den städtebaulichen Schwerpunkt in der Straße bildet die Universität, 1837 von Christian Hansen aus Kopenhagen begonnen Vor dem Eingang sieht man Skulpturen von Kapodistrias, der als Gouverneur von Griechenlanbd (1827-1831) die Universität proklamiert hatte, und des Dichters und Gelehrten Adamantios Korais. Der Initiator des Universitätsbaues, König Otto, ist auf dem Gemälde über dem Portal inmitten der Musen dargestellt.

Universität

Flankiert wird die Universität von der Kunstakademie (1859 bis 1885, rechts) und der Nationalbibliothek (ab 1887, links). Vor der Akademie erheben sich zwei Säulen mit den Statuen von Athena und Apollon, den Treppenaufgang zieren Sitzbilder von Platon und Sokrates.

Kunstakademie
Nationalbibliothek

Der übrige Verlauf der Panepistimíu ist bestimmt von modernen Geschäftsgebäuden, zwischen denen sich vereinzelt noch Reste der nur zweigeschossigen klassizistischen Bebauung erhalten haben.

Die Straße endet am Verkehrszirkel des mit Wasserkunstspielen geschmückten Omóniaplatzes ('Platz der Eintracht').

Omóniaplatz

Pláka

Die Pláka, die Altstadt von Athen, erstreckt sich zwischen dem Nordhang der Akropolis und der Hermesstraße (Ermú) und reicht nach Osten fast bis an den Amalía-Boulevard. In ihren Gäßchen und an ihren Plätzen stößt man auf einige kleine Kirchen und auf bescheidene Häuser der klassizistischen Zeit, doch geht deren Zahl ebenso wie die der alten Tavernen immer mehr zurück. Die Pláka entwickelt sich zunehmend zum flimmernden, lauten Tummelplatz des Tourismus.

Museen in Athen

Das Archäologische Nationalmuseum (Leofóros Patissión), 1860 von Ludwig Lange aus Darmstadt errichtet und seitdem erheblich erweitert, ist die größte Sammlung griechischer Kunst überhaupt. Der Reichtum seiner Bestände kann nur bei häufig wiederholten Besuchen annähernd ausgeschöpft werden. Hier sind so

** Archäologisches Nationalmuseum

Archäologisches Nationalmuseum

ERDGESCHOSS

1	Eingang
2	Nordhalle
2 A	Abgüsse, Verkaufsausstellung
3	Vorhalle
4	Mykenische Kunst
5	Neolithische Kunst
6	Kykladische Kunst
7–12	Archaische Kunst
13	Saal des Aristodikos
14, 15	Erste Hälfte 5. Jh. v. Chr.
16–20	Klassische Zeit (5. Jh. v. Chr.)
21	Diadumenos u. a. Statuen
22	Skulpturen aus Epidauros
23, 24	Grabstelen (4. Jh. v. Chr.)
25–27	Urkunden, Votivreliefs (4. Jh. v. Chr.)
28	Ephebe von Antikythera
29	Themis (3. Jh. v. Chr.)
30	Hellenistische Kunst
31	Interimsausstellung
32	Sammlung Stathatos
34	Votivreliefs
35	Aufgang zum Obergeschoß
36	Sammlung Karapanos
37, 40	Bronzen
41–43	Griechische Skulpturen aus hellenistischer und römischer Zeit

Nicht aufgeführte Räume sind unzugänglich

OBERGESCHOSS: Vasensammlung

Archäologisches Nationalmuseum (Fortsetzung)

berühmte archäologische Funde wie die Goldmaske eines mykenischen Königs (Saal IV), die Dipylon-Vase von Karameikos aus der Zeit Homers (Saal VII) oder die zwei etwa 3 m hohen Kuroi aus Sunion (Saal VIII) zu bewundern.

***Byzantinisches Museum**

Das Byzantinische Museum (Leophóros Vasílissis Sophías), das im ehemaligen Palais der Herzogin von Piacenza eingerichtet ist, besitzt eine kostbare Sammlung byzantinischer Kunst; dazu gehören u.a. eine umfangreiche Ikonensammlung. Sehr gut läßt sich in dem Museum die Entwicklung des kirchlichen Innenraums verfolgen: Das Hauptgebäude bietet im Parterre die Typen der frühchristlichen Basilika, der mittelbyzantinischen Kreuzkuppelkirche und der nachbyzantinischen Kapelle.

Benáki-Museum

Hervorgegangen ist das Benáki-Museum (Leophóros Vassilissis Sophías) aus der Privatsammlung des Antonis Benakis. In drei Etagen enthält es Handschriften und Ikonen (darunter zwei El Greco zugeschriebene Arbeiten), Trachten aus den einzelnen griechischen Landschaften, antike Keramik, auch Islamisches und Ostasiatica.

Historisches Museum

Das Historische Museum im Alten Parlament (Stadíu) ist eine Sammlung zur Geschichte Griechenlands im 18. und 19. Jahrhundert. Das Hauptgewicht liegt auf der Zeit des Freiheitskampfes 1821.

Volkskundemuseum

Einen Eindruck von Reichtum, Vielfalt und Eigenart der aus byzantinischer Tradition gespeisten griechischen Volkskunst (Stickerei, Schnitzarbeiten, Volksmalerei u.a.) gibt das Volkskundemuseum (Kythathinéon-Straße).

Museum für Kykladische und Antike Kunst

Erst kürzlich eröffnet wurde das Museum für Kykladische und Antike Kunst (Neofitou Douka). Das Museum präsentiert Zeugnisse früher kultureller Eigenständigkeit der Kykladen aus dem

3. und 2. Jt. v.Chr., daneben auch Exponate antiker griechischer Kunst aus der Zeit zwischen 2000 v.Chr. bis in die Römerzeit.

→ Agorá
→ Akropolis
→ Kerameikos

Agorá-Museum
Akropolis-Museum
Kerameikos-Museum

Umgebung von Athen

Amarússion, Kifissiá

Gern besucht werden, besonders im Sommer, die höher gelegenen und daher klimatisch angenehmen Vororte Amarússion (230 m ü.d.M.) und vor allem Kifissiá (267 m ü.d.M.; 14200 Einw.).

Párnis, Pentélikon

Angenehmen Aufenthalt bieten auch die Berge Párnis und Pentélikon im Norden bzw. Nordosten Athens.

**Kap Sunion

Ein großes Urlaubs- und Erholungsgebiet erstreckt sich an der attischen Südküste von Athen bis zum Kap Sunion (64 km von Athen entfernt). Das Südostkap von Attika selbst ist berühmt durch die herrliche Lage seines Poseidontempels über steilem Felsabsturz. Der Marmortempel mit seinen extrem schlanken dorischen Säulen steht auf einer künstlich erweiterten, durch ein Propylon zugänglichen Terrasse.

Chios Χίος / Chíos C 4/5

Region: Ägäische Inseln

Nomos: Chíos
Inselfläche: 842 km²
Höhe: 0-1267 m ü.d.M.
Bewohnerzahl: 52000
Hauptort: Chíos

Verkehrswege

Flugverbindung mit Athen mehrmals täglich. Linienschiffe mehrmals wöchentlich von Athen (Piräus); lokale Schiffsverbindungen mit den Nachbarinseln Inússä und Psará. – Fährverbindung mit Çeşme (Türkei).

Lage und Eigenheiten

Die herbe und schroffe Insel Chios, türkisch Sakıs Adası (= Mastixinsel) liegt im Osten der Ägäis, unmittelbar vor der Halbinsel von Çeşme, die den Golf von İzmir im Süden begrenzt, und ist durch die 8 km breite Chios-Straße vom kleinasiatischen Festland getrennt. Ein mächtiges, nord-südlich gerichtetes, stark zerklüftetes Kalksteinmassiv nimmt den größten Teil der Insel ein. Es erhebt sich im nördlichen Inselteil im Profiti Elías, dem altgriechischen Pellinâon, bis 1267 m ü.d.M. und bildet besonders im Osten, die eindrucksvoll ins Meer abstürzende Steilküste.

Die Bevölkerung konzentriert sich im fruchtbaren Süden, wo neben Oliven, Wein, Feigen und Agrumen besonders die Mastixstaude (Pistacia lentiscus L.) angebaut wird, deren aromatisches Harz als Mastix von hervorragender Qualität schon im Altertum exportiert wurde und den Reichtum der Insel mitbegründet hat. Auf Chios bereitet man mit Mastix den herbsüßen Likör Masticha sowie übersüßes Konfekt. Neben der Landwirtschaft leben die Chioten von Handel und Seefahrt. Rund ein Drittel der griechischen Handelsflotte ist in Chios beheimatet.

Geschichte

Älteste Grabungsfunde weisen in das 4. Jahrtausend v.Chr. Im 8. vorchristlichen Jahrhundert ließen sich ionische Griechen auf Chios nieder und machten die Insel zu einem der reichsten und bedeutendsten Mitglieder des um 700. v.Chr. gegründeten Ionischen Städtebundes. Im 6. Jahrhundert v.Chr. besaß sie eine bedeutende Bildhauerschule.

Von 512 bis 479 unter persischer Souveränität, trat Chios dann dem Attischen Seebund bei, konnte aber seine Selbständigkeit bewahren. Damals sollen 30000 Freie und 100000 Sklaven auf der Insel gelebt haben, die durch Wein, Handel und Gewerbe (Betten und begehrte Liegen) reich wurde. 412 v.Chr. fiel Chios von Athen und 392 v.Chr. von Sparta ab, unter dem es stark gelitten hatte, und 377 v.Chr. trat es als erstes Mitglied für kurze Zeit dem Zweiten Attischen Seebund bei. Auch unter den Römern, auf deren Seite es bereits 190 v.Chr. trat, bewahrte sich Chios seine Selbständigkeit.

Von 1204 bis 1304 venezianisch, dann genuesisch, wurde die Insel 1566 türkisch. Die Beliebtheit des hier wachsenden Mastix und der daraus hergestellten Süßigkeiten im Sultansharem sicherten ihr einen besonderen Status, allerdings durften keine Griechen in der Burg von Chios wohnen. Neben dem Mastix brachte auch die Seidenweberei Ruhm und Wohlstand.

Während ihrer wechselvollen Geschichte galten die Chioten stets als tüchtige Seefahrer und geschickte Kaufleute. Bekannt ist ihre Teilnahme am griechischen Freiheitskampf und ihre Niederwerfung im dem von Delacroix gemalten blutigen Massaker von 1822. Ein verheerendes Erdbeben richtete zudem 1881 schwere Verwüstungen an. Als am 24. November 1912 im Verlauf des Balkankrieges ein griechisches Geschwader vor der Insel erschien, wurde sie ihm nach kurzem Widerstand überlassen. Mit dem Zweiten Weltkrieg mußte Chios den Verlust seines wirtschaftlichen Hinterlandes in der nahen Türkei hinnehmen und viele aus Kleinasien vertriebene Griechen aufnehmen.

Sehenswertes

Stadt Chios

Der Hauptort und Haupthafen Chios (24000 Einw.) liegt etwa an der Stelle der antiken Stadt in der Mitte der Ostküste. Seine Häuser ziehen sich im Halbkreis um die im Norden von der verfallenden mittelalterlichen Festung Kastro (13.-16. Jh.; Renovierung vorgesehen) beherrschten Hafenbucht. Von der alten Stadt ist wenig erhalten; die vom Türkeneinfall 1822 verschonten Häuser fielen schließlich dem Erdbeben von 1881 zum Opfer.
Besuchenswert in der im übrigen modernen Stadt sind das Archäologische Museum, das Keramiken von prähistorischer Zeit an, Münzen und einige Skulpturen besitzt, ferner das Volkskundemuseum und die Koraisbibliothek, die mit 140000 Bänden drittgrößte in Griechenland. Sie ist benannt nach dem aus Chios stammenden, später in Paris tätigen Philologen Adamantio Korais (1748-1833).

Im fruchtbaren 'Kampos' südlich der Stadt ist der Herrensitz der Familie Argentis der Öffentlichkeit zugänglich. Herrenhaus, Marmorbrunnen und bemalte Wasserräder inmitten eines aus-

Schutzhafen auf Chios

Stadt (Fortsetzung)

gedehnten Orangenhaines vermitteln einen Eindruck von der Lebensweise des genuesischen und einheimischen Adels.

*Kloster Néa Moní

Von Chios führt die Straße nordwestlich über das farbenfrohe Dorf Karyés (5 km) und einen Bergsattel zum Kloster Néa Moní, einer weitläufigen, heute von wenigen Nonnen bewohnten Klosteranlage inmitten einer grünen Landschaft. Das Kloster wurde von Kaiser Konstantin IX. Monomachos (1042-1055) gegründet und ist dank seiner Goldgrundmosaiken, die mit Sicherheit das Werk von Künstlern aus der Kaiserstadt Konstantinopel sind, neben den Klosterkirchen Daphní bei Athen und Óssios Lukás unweit Delphí die dritte große Leistung des 11. Jahrhunderts auf dem Gebiet kirchlicher Kunst, die bis heute erhalten ist.

Klosterkirche

Die Kuppel der Klosterkirche ruht – wie die von Daphní – auf acht Pfeilern und überspannt die Kirche in ihrer ganzen Breite, nicht nur das Mittelschiff. Die Wände haben noch die ursprüngliche Verkleidung mit rotem Marmor. Die Mosaiken sind durch das Erdbeben von 1881 zum Teil zerstört worden, insbesondere sind diejenigen der damals eingestürzten Kuppel verloren. Die Restaurierung hat die Kuppel wiederhergestellt und die erhaltenen Mosaiken gesichert. Wir sehen die Taufe Christi, Kreuzigung, Kreuzabnahme und den Auferstandenen in der Vorhölle. Dazu kommen die Erzengel Michael und Gabriel (linke bzw. rechte Seitenapsis) und die Gottesmutter in der Hauptapsis.
Bedeutende Mosaiken hat auch die Vorhalle: Fußwaschung, Heilige aus Chios um die Panajía, der Verrat des Judas. Alle diese Mosaiken stammen aus der Zeit der Klostergründung um 1050, sind also etwas jünger als die Ausstattung von Óssios Lukás,

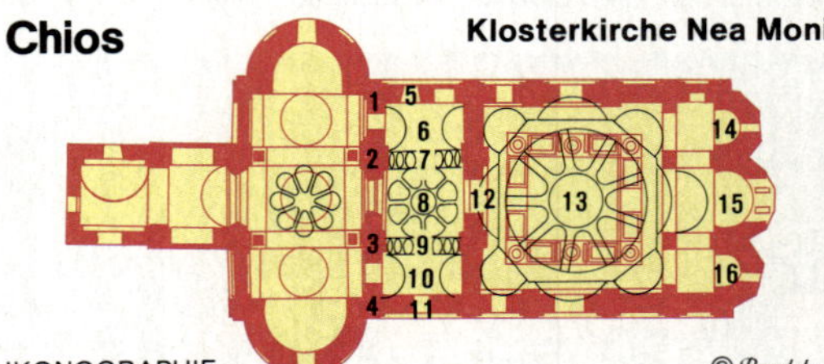

IKONOGRAPHIE

1 Symeon Stylites
2 Stylit, Jesaias, Jeremias
3 Daniel, Ezechiel, Symeon Stylites
4 Daniel Stylites
5 Fußwaschung
6 Vor der Fußwaschung, Einzug in Jerusalem
7 Stephanos d. J., Ephraim, Arsenios, Nikitas, Antonios, Maximus, Johannes Kalybites
8 Joachim, Anna, Stephanos, Panteleimon, Theodoros Stratelates, Bakchos, Orestes, Mardarios, Eugenios, Auxentios, Eustratios, Sergios, Maria
9 Johannes Studites, Theodosios, Euthymios, Menas, Pachomios, Sabbas, Johannes Klimakos
10 Pfingsten
11 Garten Gethsemane, Verrat
12 Pantokrator
13 Geburt Christi, Darstellung im Tempel, Taufe, Verklärung, Kreuzigung, Kreuzabnahme, Höllenfahrt, Verkündigung, Cherubim, Johannes der Theologe, Andreas, Lukas, Bartholomäus, Seraphim, Philippus, Markus, Matthäus, Engel, Pantokrator
14 Erzengel Michael
15 Betende Gottesmutter
16 Erzengel Gabriel

bzw. etwas älter als Daphní. – Die Fresken in der äußeren Vorhalle (darunter ein Jüngstes Gericht) dagegen sind Arbeiten des spätbyzantinischen 14. Jahrhunderts.
Die übrigen Bauten des Klosters sind seit der türkischen Strafexpedition von 1822 gegen das mit dem Freiheitskampf sympathisierende Chios teilweise verfallen, auch die Pilgerherbergen in der Umgebung. Eine Kapelle gleich neben dem Klostertor ist dem Gedächtnis der Toten von 1822 geweiht. Bemerkenswert sind außerdem die ehemalige Trapéza (Speisesaal) und die große Zisterne, die man erreicht, wenn man vom Haupttor des Klosters nach etlichen Metern rechts einbiegt. – Von der Terrasse vor der neuen, heute von den Nonnen benutzten Trapéza aus hat man einen sehr schönen Ausblick.

Der Norden der Insel

Von Chios nach Norden fahrend, erreicht man den Villenvorort Vrondádes (6 km; 4700 Einw.). An seinem Nordende liegt bei Bassávryssi (Paschaquelle) unweit des Meeres ein in früher Zeit bearbeiteter Felsen, der vermutlich als Kybeleheiligtum diente. Der Volksmund nennt ihn 'Dhaskalópetra' (Felsen des Lehrers) oder 'Scholí Omíru' (Schule Homers) und erinnert damit an den Anspruch von Chios, Heimat des Dichters zu sein.
Der Küste weiter folgend kommt man nach Langáda (15 km), in dessen Nähe Delphínion, ein Militärstützpunkt der Athener aus dem Jahre 412 v.Chr., freigelegt wurde. In Kardámyla (27 km; 1300 Einw.) biegt rechts ein Weg zum Hafen Mármaron (25 km; 2400 Einw., Sandstrand) ab. Von Kardamyla aus läßt sich der äußerste Norden der Insel bereisen: über Víki und das malerische Kéramos nach Ájion Gála (50 km).
Eine andere Strecke geht von Chios in nordwestlicher Richtung am Nordhang des Aepos nach Vólyssos (40 km) und seinem Hafen Límnia. Dieser hat Motorbootverbindung mit der Insel → Psará.

Der Süden der Insel

Etwa 30 km südlich von Chios liegt das Städtchen Pyrgí im Zentrum der Mastix erzeugenden Dörfer (Mastichochoría). Über dem malerischen Ort liegt eine Genuesenburg. Die mit Fresken geschmückte Kirche Ajíi Apóstoli (12. Jh.) folgt wie andere Kirchen der Insel dem als Vorbild empfundenen Bautyp von Néa Moní. Die Häuser haben als Besonderheit vielfach einen Sgraffito-Putz, der ihnen einen besonderen Reiz gibt.

Die archäologische Stätte von Káto Fána, mit Resten eines Apollotempels, liegt 8 km südwestlich, diejenige von Emborió 7 km südöstlich von Pyrgí. Die Straße von Pyrgí nach Nordwesten führt zum Hafen Ajía Anastassía oder Bassalimáni (43 km von Chios), von wo man über Eláta und das mittelalterliche Vésa in die Hauptstadt zurückkehren kann.

Inússä-Inseln

Nordöstlich vor der Insel Chios liegen am nördlichen Eingang der Chios-Straße die Inússä-Inseln (früher Spalmatori-Inseln), ein sich in nordwestlicher Richtung erstreckendes Archipel mit der Hauptinsel Inússä (Marineschule) sowie östlich davon den Eilanden Pásas, Gaváthion, Váton und zahlreichen Klippen. – Im Südwesten vor Chios liegen am Eingang der Bucht von Elata die Inselchen Pelagonísos, Ájios Geórgios und Ájios Stéfanos, mit Resten hellenistischer Wachtürme.

Delos Δῆλος / Dílos (Dhílos) D 4

Region: Ägäische Inseln
Inselgruppe: Kykladen
Nomos: Kykladen
Inselfläche: 3,6 km^2
Höhe: 0-113 m ü.d.M.
Weder Ortschaften noch ständige Bewohner

Verkehrswege

Schiffsverbindung nach Bedarf und Wetterlage mit Mýkonos; ferner gelegentlich mit Tínos, Náxos und Páros.

Lage und Allgemeines

Delos liegt als 5 km langer und nur 1300 m breiter Felsrücken 10 km (5 sm) südwestlich von Mykonos. Obwohl eine der kleinsten Inseln der Kykladen und mit Abstand die kleinste der Gruppe Mykonos, Delos und Rineia, hat Delos doch im Altertum so große Bedeutung gehabt, daß man die umliegenden Inseln 'Kykladen' nannte, weil man glaubte, sie umgäben im Kreis (= kyklos) die Geburtsinsel des Gottes Apollon. Das ausgedehnte Ruinengelände, das seit 1873 unter französischer Leitung freigelegt wurde, ist eine der bedeutendsten archäologischen Stätten Griechenlands.

Der Besuch dieser einst hochbedeutenden Insel lohnt insbesondere für Freunde und Kenner des griechischen Altertums. Darüber hinaus bietet Delos keine touristischen Anziehungspunkte oder Einrichtungen.

Geschichte

Nach dem Mythos ist Delos Geburtsort von Apollo und Artemis. Die Geschicke der Insel sind bestimmt von ihrer Bedeutung als panhellenisches Heiligtum. – Die ältesten Siedler (3. Jt. v.Chr.) waren Phöniker und Karer. Nach ihrer Vertreibung durch die Ionier wurde die Insel im 1. Jahrtausend v.Chr. zum Zentrum des Apollokultes. Alljährlich feierten auf ihr die Ionier zu Ehren des Gottes glänzende Spiele, deren Stiftung auf Theseus zurückgeführt wird. Peisistratos ordnete im Rahmen einer 1. Katharsis (= Reinigung) im 6. Jahrhundert v.Chr. die Entfernung der Gräber aus der Umgebung der Tempelstätten an. Durch eine 2. Katharsis (426/425 v.Chr.) wurden Geburten, Todesfälle sowie alle Bestattungen auf der Insel untersagt und die bestehenden Gräber auf die Nachbarinsel Reneia (Rínia) verlegt. Bei der Gründung des Ionischen Bundes nach den Perserkriegen wählte man den Apollotempel als Aufbewahrungsort für den Bundesschatz, doch schon im Jahre 454 v.Chr. brachte ihn Athen an sich und führte so Delos wie auch die übrigen Inseln in seine Abhängigkeit, die bis in die Zeit Alexanders d.Gr. bestehen blieb. In den folgenden Jahren der Unabhängigkeit entwickelte sich Delos durch blühenden Handel zum Wirtschaftszentrum des Archipels. Fremde Handelsgenossenschaften, die Hermaïsten (Römer), Poseidoniasten (Syrer aus Berytos = Beirut) u.a. hatten hier ihren Sitz. Die Römer, seit 166 v.Chr. Protektoratsherren über Delos, wiesen die Insel an Athen zurück. Hierdurch, besonders aber durch die Zerstörung von Korinth, erlebte Delos seine größte Blüte, bis die Verwüstung der Insel durch Mithridates im Jahre 88 v.Chr. den Niedergang einleitete. Die völlige Zerstörung erfolgte im Seeräuberkrieg (69 v.Chr.). Seitdem war die Insel kaum noch bewohnt. Pausanias sah im 2. Jahrhundert n.Chr. nur noch die Wächter des Heiligtums. Eine Wiederbesiedlung in christlicher Zeit war nicht von Dauer.

* Archäologische Stätten

Hafen

An der Westseite der Insel befindet sich der heute infolge Versandung landeinwärts gelegene Heilige Hafen (Anlegestelle), in dem einst die Festgesandtschaften an Land gingen. Südlich davon der ehemalige Handelshafen; die Uferstrecke vom Heiligen Hafen bis zur Bucht von Phumi war in späterer Zeit mit Kaimauern (111 v.Chr. vollendet) und Magazinen ausgestattet, von denen noch Reste unter Wasser sichtbar sind.

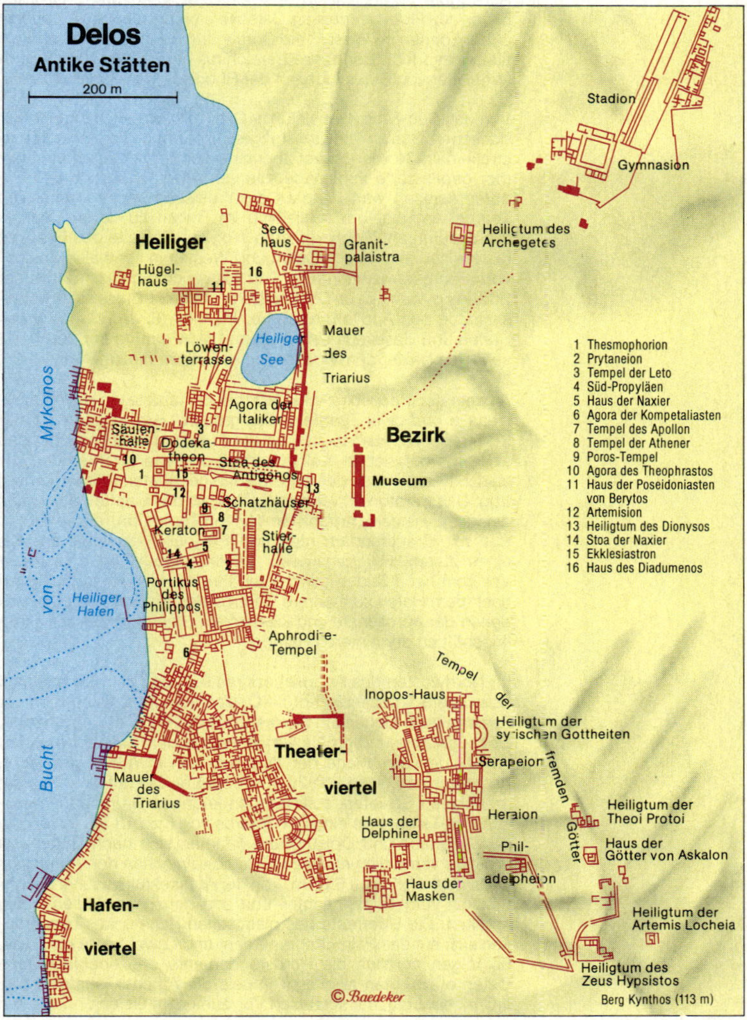

*Heiliger Bezirk

Zu dem Heiligen Bezirk, der rings von Mauern und Hallen umschlossen war, führte eine Straße von Süden her zwischen zwei oberhalb des heutigen Hafens gelegenen Säulenhallen hindurch. Der 87 m lange Portikus des Philippos (links) besteht aus einer nach Osten und Westen offenen Säulenhalle dorischer Ordnung und wurde nach der erhaltenen Weihinschrift am Architrav von Philipp V. von Makedonien um 210 v.Chr. gestiftet. Auf der Ostseite der Straße ein kleinerer Portikus; an seiner Rückfront reihten sich acht Verkaufsräume. Östlich dahinter die fast quadratische Süd-Agora (1. Jh. v.Chr.), der einstige Staatsmarkt. Nördlich davor der Platz, an dessen Ostseite sich die Südost-Propyläen öffnen, denen im Westen ein Durchgang durch den kleinen Portikus entspricht. Der ganze Bereich bis hin zur Stierhalle war im Mittelalter von Befestigungen der Rhodiserritter eingenommen.

Von den Süd-Propyläen (2. Jh. v.Chr.) mit vorn und hinten je vier dorischen Säulen auf dreistufigem Unterbau, verlief die Feststraße nach Norden zuerst über eine kleine, mit bläulichem Marmor gepflasterte Esplanade, die von Altären, Statuen und Exedren flankiert war, dann an der Westseite der drei parallelen Tempel entlang, um schließlich im Bogen zu deren Ostfront zurückzuführen. Einen kürzeren Weg zur Ostseite des Bezirkes bildete der lange, nach Osten und Westen in schmalen Säulenvorhallen geöffnete ionische Portikus gleich rechts innerhalb der Süd-Propyläen. An seiner Nordseite steht die Basis einer Kolossalstatue des Apollon. Nach der Inschrift (6. Jh. v.Chr.) waren Statue und Basis aus einem Stein. Die Widmung auf der Westseite 'die Naxier dem Apollon' wurde später hinzugefügt.

An der Feststraße folgt links nach der Esplanade ein Hof mit Säulenhalle und zwei Tempeln. Der größere, das Keraton, an der Südwestecke, war Apollon geweiht und beherbergte einst den als eines der sieben Weltwunder gepriesenen Hörneraltar, der seinen Namen nach den rings um ihn gehefteten Widderhörnern trug. Das Keraton ist vermutlich älter als das inmitten des Hofes gelegene kleinere Artemision (Artemisheiligtum), ein ionischer Bau mit Granitfundamenten und Ringhalle, der wohl anstelle eines älteren Heiligtums des 7. Jahrhunderts v.Chr. entstand. – Vor dem nach Süden gerichteten Eingang des Keratons liegen nach dem Hafen zu mehrere Unterbauten für Reiterstatuen, von denen der nördlichste und kleinste ein Standbild des Sulla trug (Inschrift an der hinteren Rampe).

Im Nordwesten des Artemisbezirkes liegt das dem Demeterkult gewidmete Thesmophorion. – Östlich vom Artemision führt die Feststraße im Bogen um die drei parallelen Apollotempel herum. Der südlichste und größte von ihnen aus dem 4./3. Jahrhundert v.Chr., dessen Anlage der des Theseion in Athen entspricht, bedeckt eine Fläche von 26,40 x 13,55 m. Die auf einer Schicht graublauen Schiefers aufliegenden kräftigen Grundmauern lassen den Tempel als einen Peripteros von 6 zu 13 Säulen erkennen. Pronaos und Opisthodom öffneten sich nach Osten und Westen, vermutlich mit je zwei Säulen zwischen den Anten. Die Cella maß 11,50 m x 5,60 m. Von der Architektur ist außer Bruchstücken vom Triglyphenfries und den dorischen Säulen wenig erhalten. Die Überreste des plastischen Schmuckes beschränken sich auf das Palmettenornament und Löwenköpfe der Sima. Es folgen nördlich die Porosfundamente des ebenfalls nach Osten orientierten zweiten Tempels der Athener (spätes 5. Jh. v.Chr.; dorisch), mit schmalen Vorräumen im Osten und Westen und zweiteiliger Cella. Der dritte, nördlich anschließende Porostempel (1. Hälfte des 6. Jh. v.Chr.) ist der älteste von ihnen.

An der Nordseite des Bogens der Feststraße reihen sich fünf kleinere Gebäude. Vier von ihnen wenden die Front den drei Tempeln zu. Wegen ihrer Ähnlichkeit mit entsprechenden Gebäuden in Olympia und Delphi werden vier von ihnen als Schatzhäuser gedeutet. Das fünfte (südl.), mit Vorhalle und Opisthodom, war wahrscheinlich ein Tempel. Seinem Eingang gegenüber liegt das Prytaneion (5. Jh. v.Chr.), das Haus des Gemeindevorstehers. – Östlich davon die sogenannte Stierhalle, vermutlich eine Schiffshalle, die sich in einer Länge von 67,20 bei 8,86 m Breite von Nordosten nach Südwesten erstreckt. Der Bau, den man der hellenistischen Zeit zuweist, gehört zu den besterhaltenen auf Delos. Auf einem Fundament von Granit führen drei z.T. noch erhaltene Marmorstufen zu der Umfassungsmauer des Gebäudes, welche die beiden Langseiten und die nördliche Schmalseite umzieht, während sich die Südfront wahrscheinlich mit dorischen Säulen zwischen Anten öffnete. Im Inneren befindet sich eine langgestreckte Halle mit bassinartiger Vertiefung in der Mitte. Von dem plastischen Dekor sind nur noch eine Nereide und ein Delphin an Ort und Stelle. Der nach Norden schiffsschnabelartig schmaler werdende Kern von Granitblöcken trug vielleicht die Stylis des geweihten Schiffes. Am Eingang Pfeiler mit vorgelegten dorischen Halbsäulen, deren Kapitelle liegende Stiere schmücken. – Der stufenartige Aufbau südöstlich vor der Halle gehört zu einem Altar des Zeus Polieus.

* Stierhalle

Am Ostrand des Apollonbezirkes lag das Dionysosheiligtum mit mehreren Marmorphalloi. Eine ihrer Basen zeigt Reliefdarstellungen aus dem Dionysoskult um 300 v.Chr. – Den Norden des Heiligen Bezirkes schließt die Stoa des Antigonos (3. Jh. v.Chr.) ab, eine Säulenhalle mit Stierkopftriglyphen. Die Räume hinter der Säulenstellung dienten der Beherbergung der Festgesandten. Vor ihrer Mitte sehen wir eine halbkreisförmige Anlage. Es ist das auf mykenische Zeit zurückgehende Grab der Hyperboreischen Jungfrauen, die Leto bei der Geburt der göttlichen Zwillinge beigestanden hatten.

Geschäftsviertel

Vom Westende des Apollonbezirkes führt ein weiterer Propyläenbau aus dem Heiligen Bezirk in die Geschäftsstadt. Gleich rechts an der mit Läden eingefaßten Straße liegt die Agora der Italiker (2. Jh. v.Chr.), ein großer viereckiger Hofraum, umgeben von einer zweigeschossigen dorischen Säulenhalle mit Läden, Werkstätten und Nischen für Weihgaben (Mosaiken). Es war das Geschäftshaus der Gemeinschaft römischer Kaufleute, die sich nach ihrem Schutzpatron Hermaïsten nannten. Ein anderes derartiges Haus, das der Poseidoniasten von Berytos (Beirut), befand sich im Nordwesten des Heiligen Sees. Nördlich neben dem Eingang zur Agora der Italiker befindet sich der Tempel der Leto und noch weiter westlich die Säulenhalle des Antigonos Gonatas (3. Jh. v.Chr.).

Heiliger See

* Marmorlöwen

Der elliptische Heilige See (heute trocken), an dessen Ufer Leto den Apollo geboren haben soll, schließt den Heiligen Bezirk ab. Westlich vom See auf einer Terrasse eine Reihe von neun archaischen Löwen (7. Jh. v.Chr.) aus naxischem Marmor. Hier, im Norden des Sees, lagen auch die alte und die neue Palaistra (Säulenhöfe); weiter nordöstlich das Heiligtum des Heros Archegetes, das nur Delier betreten durften, sowie Gymnasion und Stadion, mit der Nordwestseite ganz an den Fels angebaut. – Ein Gebäude

Löwenterrasse im Heiligen Bezirk von Delos

Heiliger See (Fortsetzung)

östlich vom Stadion diente vielleicht als Synagoge. – Im Norden und Nordwesten des Sees Reste von Wohnhäusern.

* Museum

Östlich, etwas abseits vom Heiligen Bezirk, liegt das Museum (z.Z. geschlossen). Weitere wichtige Funde von der Insel befinden sich im Archäologischen Nationalmuseum und im neuen Kykladenmuseum in Athen. In den beiden Mittelsälen stehen Werke archaischer Kunst, u.a. links eine marmorne Dreieckbasis mit Widderkopf und Gorgonen (7. Jh. v.Chr.), weiterhin eine Sphinx, mehrere Kuroi und Koren (6. Jh. v.Chr.), eine Hand des Naxier-Apollon (rechts) und drei sitzende Frauen (7. Jh. v.Chr.). – Der Raum links des Eingangs enthält Fragmente vom Tempel der Athener (Akrotorien und Giebelfiguren), Hermen, Grabstelen, Kleinplastiken, Terrakotten und Keramik. Im Saal rechts sind die Weihgaben aus dem Artemistempel, Bruchstücke von Skulpturen und Inschriften gesammelt.

Theaterviertel und Wohnstadt

Im Süden des Heiligen Bezirkes liegt die mit Statuen und kleinen Heiligtümern geschmückte Agora der Kompetaliasten, der römischen Kaufleute, die sich zum Kult der Lares competales vereinigten. – Weiter südlich erstreckt sich zwischen den Abhängen des Ḱynthos und dem Handelshafen das sogenannte Theaterviertel (3./2. Jh. v.Chr.), das einen anschaulichen Begriff von den Wohnverhältnissen der damaligen Zeit vermittelt. Die engen, gewundenen Straßen sind mit Schieferplatten gepflastert. Die Häuser, deren Mauern oft 4-5 m hoch erhalten sind, hatten mindestens ein oberes Stockwerk; die Dekorationen erinnern an den ersten pompejanischen Stil. Besonders sehenswert ist das Dreizackhaus (Mosaikfußboden). – An das Viertel schließt südöstlich das Theater (3. Jh. v.Chr.) an, dessen Zuschauerraum mehr als

Delos, Theater

einen Halbkreis umschließt. An den vier unteren Sitzreihen sind die einstigen Marmorstufen, in der ersten Reihe rechts auch die Rücklehnen erhalten. Die Orchestra war von einem schmalen Wasserkanal, das Bühnengebäude ringsum von einer Säulenhalle umgeben, deren Ostseite als Proskenion diente. Unter dem Bühnengebäude eine große Zisterne.

Kýnthos

Zur Besteigung des Kýnthos wendet man sich vom Heiligen Bezirk südostwärts auf einem antiken Weg zunächst zum trockenen Bett des Inopós, der auch im Altertum wenig Wasser führte. Gleich westlich der Schlucht das Inopós-Haus (2. Jh. v.Chr.); südlich, dem Flußbett aufwärts folgend, das Haus der Delphine, mit Delphinmosaik im Peristyl, und das Haus der Masken. Östlich über der Schlucht befinden sich auf einer besonderen Terrasse die Tempel der fremden Gottheiten, in welchen Serapis, Isis, Anubis und Harpokrates seit dem 2. vorchristlichen Jahrhundert verehrt wurden. Der antike Weg steigt von hier z.T. in Treppen aufwärts zum Gipfel des Kýnthos (113 m ü.d.M.), den einst der Tempel des Zeus Kynthos und der Athena Kynthia (3. Jh. v.Chr.) an der Stelle eines Heiligtums des 7. Jahrhunderts v.Chr. krönte.

* Aussicht

Von der Kýnthoshöhe hat man eine umfassende Aussicht: im Süden die Berge von Naxos, im Westen Siros mit dem Häusermeer der Hauptstadt Ermupolis, im Norden das gebirgige Tinos und im Osten die nahe Nachbarinsel Mykonos, mit ihren zahllosen Kapellen. – Beim Abstieg empfiehlt sich noch der Besuch der am Westhang gelegenen, mit mächtigen Steinplatten abgedeckten Grotte, in der eine Statuenbasis erhalten ist. Es ist obwohl immer wieder zu hören, keine Apollongrotte.

Rinia

Delos westlich gegenüber liegt Rinia (auch Megáli Dílos; 17 km²), das antike Réneia. Seit der 2. Katharsis war es Beerdigungsstätte für Delos. In der Geschichte hatte die Insel ansonsten keine Bedeutung. – In dem etwa 1 km breiten Meeresarm zwischen Delos und der südlichen Hälfte von Rinia liegen die beiden kahlen Klippen Mikrós Revmatiáris und Megalo Revmatiáris.

Dodekanes Δωδεκάνησα / Dodekánissa (Dhodhekánissa) **D 5**

Allgemeines

Der Dodekanes, die 'Gruppe der zwölf Inseln', ist der südlichste, vor der Südwestküste Kleinasiens gelegene Teil der Südlichen Sporaden. Er umfaßt die vierzehn größeren Inseln → Lipsi, → Patmos, → Leros, → Kalymnos, → Kos, → Astypaläa, → Nisyros, → Symi, → Tilos, → Rhodos, Chalki, → Karpathos, → Kasos und → Kastellorizo sowie etwa 40 kleinere Eilande und Riffe.

Mit Ausnahme von Rhodos sind die kulturhistorisch zu Griechenland, geologisch zum anatolischen Festland zählenden Inseln wasserarm und meist kahl. Ihre Bewohner leben von Landwirtschaft, Schwammfischerei (Heimat der griechischen Schwammfischereiflotte), Seidenraupenzucht, Töpferei, Gerberei, Teppichweberei und zunehmend auch vom Tourismus.

Geschichte

Weder in griechischer noch in römischer Zeit bildete der Dodekanes eine politische Einheit. Erst mit der Eingliederung in den

Fischer auf der Dodekanes-Insel Patmos

Dodekanes (Fortsetzung)

türkischen Staatenbund (16. Jh.) erhielten die zu einem byzantinischen Verwaltungsbezirk zusammengefaßten Inseln durch das Zugeständnis weitreichender Selbstverwaltung in inneren Angelegenheiten einen gemeinsamen politischen Status. Italien besetzte 1912 die Mehrzahl der Inseln und hielt sie als Faustpfand gegen das türkisch okkupierte Libyen. Im Vertrag von Lausanne trat 1923 die Türkei den gesamten Dodekanes an Italien ab. Nach Kämpfen und deutscher Besatzung im Zweiten Weltkrieg kamen die Inseln 1947 an das Königreich Griechenland. – Der Dodekanes genießt gewisse Zollvorrechte (z.B. Alkohol).

Echinaden 'Εχινάδες / Echinádes (Echinádhes) C 2

Region: Ionische Inseln
Inselgruppe: Ionische Inseln
Nomos: Kephallínia

Allgemeines

Die ionische Inselgruppe der Echinaden (auch Kurzolaren) ist ein dem Mündungsgebiet des Achelóos südwestlich vorgelagerter fruchtbarer Archipel mit den Hauptinseln Dragonéra, Petalá und Oxiá, die heute durch Landanschwemmung teils mit dem Festland verbunden sind.

Lepanto

In der Nähe fand am 6. Oktober 1571 die Seeschlacht von Lépanto (= Naúpaktos; so benannt, weil die türkische Flotte von dort aus operierte) statt, in der Don Juan d'Austria 26jährig mit 250 venezianisch-spanischen Galeeren fast 200 Schiffe der gleichstarken türkischen Flotte vernichtete.

Elaphonisos / Elaphonesos 'Ελαφόνησος / Elafónissos D 3

Region: Peloponnes
Nomos: Lakonia
Fläche: 18 km²
Höhe: 0-277 m ü.d.M.
Bewohnerzahl: 600

Schiffsverkehr

Linienschiffe wöchentlich von Athen (Piräus). – Lokale Bootsverbindungen mit Neápolis (Peloponnes).

Lage und Allgemeines

Elafonissos (italienisch Cervi), das antike Onugnathos, ist eine unweit vor dem Südostfinger des Peloponnes (Lakonien) gelegene Insel mit gleichnamiger Ortschaft an der Nordspitze und zwei geschützten Ankerplätzen. Im Westen vorgelagert sind mehrere Kalkinselchen und Klippen.
Elafonissos ist durch den etwa 10 km (6 sm) breiten, stark befahrenen Elafonissos-Kanal von der südlich gelegenen Insel Kithira getrennt.

Erimonisia / Eremonesia 'Ερημονήσια / Erimoníssia D 4

Region: Ägäische Inseln
Inselgruppe: Kykladen
Nomos: Kykladen

Schiffsverkehr

Keine regelmäßigen Verbindungen.

Erimonisia

Erimonisia,
Lage und Allgemeines

Die Erimonissia oder Nissídes (Inselchen) sind eine Kette öder und einsamer Inseln im Dreieck Naxos – Amorgos – Ios. Am nördlichsten liegen die Voidonisi, eine Gruppe kleiner Eilande; südlich davon die Insel Donoússa (200 Bew.; bis 488 m ü.d.M.) und die Makáriesinseln, eine Gruppe kleiner Eilande zwischen Donoússa und Naxos. Weiter südlich die Kufo-Inseln Presúra, Áno Kufónissi (8 km²; beide nördl.) und Káto Kufónissi (5 km²; südl.) sowie östlich von ihnen die Inseln Kéros (14 km²), wo eine Akropolis des 3. vorchristlichen Jahrhunderts freigelegt wurde, Antikéros und Dríma. Südwestlich die Kufo-Inseln Schinoússa (10 km²; 200 Bew.), mit gleichnamiger Ortschaft im Inselinneren. Südlichste Insel ist Iráklia (18 km²; 250 Bew.), mit gleichnamigem Hauptort über der Ankerbucht Ájios Jeórjios.

Euböa Εὔβοια / Évvia (Éwja) C 3/4

Region: Mittelgriechenland
Nomos: Euböa
Inselfläche: 3654 km²
Höhe: 0-1743 m ü.d.M.
Bewohnerzahl: 165000
Hauptort: Chalkís

Schiffsverkehr

Fährverkehr zwischen Glífa und Ajiókampos, Arkítsa und Lutrá Ädipsú, Skála Oropú und Erétria, Ájia Marína und Néa Stýra sowie zwischen Rafína und Néa Stýra, Marmári und Káristos. – Sehr lohnende Schiffsfahrt durch die Nördliche Bucht von Euböa von Chalkís nach Péfki. – Linienschiff von Vólos über Kými in das Gebiet der Nördlichen Sporaden sowie nach Kavála bzw. Alexandrúpolis.

Anreise zu Lande

Straßenverbindung mit dem Festland über die mautpflichtige Schiebebrücke bei Chalkís. – Autobus: Athen – Chalkís, mehrmals stündlich in 1½ Stunden, und weiter nach Kými, mehrmals täglich in zusammen 3¾ Stunden: Skála Oropú, etwa stündlich, von dort Fähre nach Erétria; Athen – Rafína, mehrmals stündlich, von dort Fähre nach Néa Stýra, Marmári und Káristos; Athen – Lutrá Ädipsú, mehrmals täglich in 3½ Stunden. – Eisenbahn: Athen –Chalkís, mehrmals täglich in 1¾ Stunden.

Lage und Allgemeines

Euböa ist mit 170 km Länge und 5,5 km Breite die zweitgrößte der griechischen Inseln. Sie liegt vor der Nordostküste Böotiens und Attikas, wo sie zwei seeähnliche geschlossene Buchten – die Nördliche und die Südliche Bucht von Euböa – bildet, die sich im nur 35 m breiten und 8,50 m tiefen Europos-Kanal, etwa in der Inselmitte, berühren. Auf der dem Festland zugewandten sanfteren Seite liegen die wichtigsten Häfen, während die felsige Nordostküste meist steil ins Meer abfällt. Die teilweise stärker bewaldeten Gebirge gruppieren sich in vier Massen: Im Nordwesten die Telétrion-Berge (im Xerón 991 m ü.d.M.), weiter südöstlich das Kandíli-Gebirge (bis 1225 m ü.d.M.) und, östlich davon, das Massiv des Dírfys (im Delfí 1743 m ü.d.M.), im Südosten endlich das Ócha-Gebirge (im Óchi 1398 m ü.d.M.). Ihnen sind besonders im Westen kleine fruchtbare Schwemmlandebenen vorgelagert. Bodenschätze (Magnesit, Braunkohle) bilden die Grundlage für metallverarbeitende Industrie, besonders im Gebiet um Chalkís. Der Besuch von Euböa ist hauptsächlich in landschaftlicher Hinsicht lohnend.

Chalkis auf Euböa

Geschichte

Die ältesten Bewohner Euböas waren im Nordwesten aus Thessalien eingewanderte Ellopier, in Mitte-Euböa thrakische Abanten und im Südosten Dryoper. Mit den Abanten verschmolzen sich attische Ionier, die fortan die ganze Insel beherrschten und sie im 8.-6. Jahrhundert v.Chr. zu Wohlstand und Ansehen führten. Ihre beiden Hauptstädte Chalkis und Eretria entsandten zahlreiche Kolonien nach Großgriechenland, Sizilien und nach dem thrakischen Chersones (Chalkidike).
Eine fortlaufende Geschichte beginnt für die Insel mit der Unterwerfung der Stadt Chalkis (506 v.Chr.) durch Athen, für das der Besitz der fruchtbaren Insel bald zur Lebensfrage wurde. Gegen Ende des Peloponnesischen Krieges (411 v.Chr.) erlangte die Insel ihre Selbständigkeit zurück, stand aber in den späteren Kriegen zumeist auf Seiten der Athener, deren Geschick sie teilte. Nach der Eroberung von Konstantinopel (1204 n.Chr.) fiel Euböa an drei Veroneser Herren, die Hafenplätze aber an die Venezianer, die nach vielen Kriegen mit den fränkischen Fürsten die ganze Insel unterwarfen. Damals erhielt sie den Namen Negroponte. Sie war nach Kreta die wichtigste venezianische Station im östlichen Mittelmeer, ging aber im Jahre 1470 in den Besitz der Türken über. Durch das Londoner Protokoll von 1830 kam sie schließlich an Griechenland.

Chalkís

Chalkís (auch Chalkída; 37 000 Einw.), Hafenstadt und Hauptort des auch die Petali-Inseln und Skýros umfassenden Nomos Euböa, liegt reizvoll auf mehreren Hügeln um die Meeresenge Eúripos, westlich der antiken Stadt. Die Lage am bequemen

Chalkis (Fortsetzung)

Übergang zum Festland ließ schon früh einen Hafen entstehen. Mit dem Festland war Chalkís seit 411 v.Chr. durch eine feste hölzerne Brücke an der engsten Stelle des Eúripos verbunden. Damals wurden seine Ufer durch Anschüttung bedeutend vorgeschoben und die durch feindliche Schiffe stets bedrohte Verbindung mit Böotien gesichert. Ein Felseneiland, das die türkische Festung Karábaba (von 1686) trägt, teilt den Sund in einen jetzt geschlossenen westlichen und einen breiteren, nach Euböa zu liegenden Arm, den heute eine Schiebebrücke überspannt. Die schon im Altertum bekannten, täglich mindestens 4mal, aber auch bis zu 20mal die Richtung wechselnden Strömungen können durch die Wechselwirkung der Gezeiten mit stehenden Wellen ('Seiches') erklärt werden. – Auf dem Alphabet von Chalkís basiert die lateinische Schrift.

Kástro

Unmittelbar am östlichen Ende der Brücke liegt, zu einem großen Teil von Meer umgeben, die venezianisch-türkische Altstadt Kástro, deren Mauern z.T. erhalten sind. Im Süden des Kástro die Kirche Ájia Paraskeví, einst die Hauptkirche der Venezianer (urspr. 5./6. Jh.), im 14. Jahrhundert von den Kreuzrittern im gotischen Stil (in Griechenland sehr selten!) erneuert. Die in der Vorstadt noch teilweise verfolgbare venezianische Wasserleitung wurde aus den Quellen des Dírfys gespeist.

Vorstadt

An die Altstadt schließt nördlich die belebte Vorstadt (Proasteion) an. Hier befindet sich der Hauptplatz von Chalkis, das Altertumsmuseum mit Fundstücken v.a. aus Eretria, das Museum für mittelalterliche Kunst in der restaurierten, 1470 aus der Kirche San Marco di Negroponte entstandenen Moschee und ein schöner türkischer Brunnen.

Kastélli

Auf einem Felssporn oberhalb von Phýlla, etwa 3 km östlich von Chalkis, erhebt sich die guterhaltene venezianische Festung Lílanto (heute Kastélli) aus dem 13. Jahrhundert.

Erétria

Erétria, seit dem 3. Jahrtausend v.Chr. besiedelt, war im Altertum nach Chalkis die bedeutendste Stadt der Insel. Ionische Siedler aus Attika führten auch sie im 8. Jahrhundert v.Chr. zu höchster Blüte. Mit den Athenern leisteten die Eretrier dem von den Persern bedrohten Milet Hilfe (500 v.Chr.), weshalb Dareios die Zerstörung der Stadt befahl; die Bewohner wurden zum großen Teil als Sklaven nach Susa verbracht. Dennoch scheint die Stadt bald wieder aufgebaut worden zu sein. Sie beteiligte sich mit sieben Schiffen an den Seeschlachten von Artemision und Salamis und mit mehreren hundert Hopliten an der Schlacht bei Platää. Im Jahre 411 v.Chr. trugen die Eretrier wesentlich zur Befreiung Euböas von der Herrschaft Athens bei, indem sie nach einer Seeschlacht zwischen Athen und Sparta die in den Hafen der vermeintlichen Freunde flüchtenden Schiffe der Athener vernichteten. Später traten die Eretrier dem Attischen Seebund (378 v.Chr.) bei und beteiligten sich auch an den Kämpfen gegen die Makedonier. Im Jahre 198 v.Chr. erstürmten die Römer die Stadt. – Eretria ist die Vaterstadt des Platonschülers Menedemos.

Die Ruinen von Eretria sind die bedeutendsten der Insel. Zwischen den Häuserreihen der modernen Ortschaft sind stellenweise alte Grundmauern sichtbar. Im Museum Funde aus römi-

scher Zeit. Nordöstlich der antiken Stadt das in die Ebene eingelassene Theater: Als ältester Teil ein steinernes Bühnenhaus, auf dessen Niveau ursprünglich die Orchestra lag; für die Zuschauer wurden jeweils Holzgerüste aufgeschlagen. Im 4. Jahrhundert v.Chr. entstand als zweiter Abschnitt ein steinernes Theater mit vertiefter Orchestra, aufgeschüttetem Zuschauerraum und steinernem Bühnenhaus. Gespielt wurde in der Tiefe der neuen Orchestra vor einem veränderbaren hölzernen Proskenion. In frührömischer Zeit trat an dessen Stelle ein festes Proskenion aus weißem Marmor.
Südwestlich vom Theater liegen die Reste eines Dionysos-Thempels und ein Tor der Stadtmauer. – Östlich vom Theater das Gymnasion, in seiner Nordostecke die Badeeinrichtungen. – Am Nordostende des Ortes finden sich die Grundmauern eines Tempels des Apollon Daphnephoros (des Lorbeergeschmückten), dessen Giebelskulpturen (u.a. 'Theseus raubt die Amazone Antiope', von 520 v.Chr.) im Museum von Chalkis stehen. – 1 km nordwestlich vom Theater eine gewölbte Grabkammer.

Die Burghöhe war großenteils mit Polygonalmauern befestigt. Am Nordrand der Burg ein Turm mit schönem Ausblick. Zwei nur teilweise verfolgbare Mauern laufen vom Ost- bzw. Westrand der Burg zur Strandebene hinan. Am Strand weitere Mauerreste.

Der Nordwesten der Insel

Von Chalkis über Artemísion nach Lutrá Ädipsú (151 km): Die Straße verläßt Chalkis in nordöstlicher Richtung und führt zunächst nahe am Eúripos hin (mehrfach alte Gräber).

Hafenplatz an der Straße von Orei

Nordwesten der Insel (Fortsetzung)

9 km: Néa Artáky; hier zweigt rechts eine Nebenstraße (26 km nordöstl.) nach Sténi Dírfyos ab, von wo man in 4 Stunden (Führer!) den Delphí (1743 m; Aussicht), den Hauptgipfel des Dírfys-Gebirges besteigen kann.
8 km: Psachná; 3 km nördlich die venezianische Burg Kástri. Die Straße führt nun durch rauhere Landschaft abseits vom Eúripos über einen Sattel zwischen Kandílion (1209 m ü.d.M.) und Pisariá (1352 m ü.d.M.); auf der Höhe hat man einen herrlichen Rundblick. Weiterhin durch schöne Berglandschaft, unweit einer antiken, von den Venezianern erneuerten Burg vorüber, dann bergab nach dem kleinen Kloster Ájios Jeórjios und in dem mit Arbutus und Myrten dicht bewachsenen Langtal des Kyreús weiter abwärts.
36 km: Prokópion, ein wohlhabendes Dorf und Wallfahrtsstätte, bei dem ehemals türkischen Landgut Achmet-Aga inmitten prächtiger Pflanzungen.
10 km: Mantúdi, ein Industriestädtchen (Magnesit-Abbau). Nördlich davon, bei der Mündung des Kyreús, die Reste des alten Städtchens Kírinthos.
8 km: Strofylliá; von hier Abzweigung südwestlich zu dem Hafenstädtchen Límni.
8 km: Ajía Anná, ein wohlhabendes Dorf.
32 km: Agriovótano, unweit südlich vom Kap Artemísion (auch Kap Amoni) mit Blick auf das kleine Eiland Pontikonífssi.

Artemísion

12 km: Artemísion, an der Nordküste gelegenes Dorf, bekannt durch den ersten Seesieg der griechischen Flotte über die zahlenmäßig weit überlegenen Perser im Jahre 480 v.Chr.; nahebei die Reste eines Tempels der Artemis Proseoa. Unweit westlich das Fischerdorf Péfki, im Sommer Sammelplatz der Sardellenfischer.

Istäa

*Marmorstier

13 km: Istäa (5000 Einw.), in fruchtbarer Umgebung gelegener Hauptort im nordwestlichen Inselteil. Westlich davon befindet sich die Stelle des 446 v.Chr. von Perikles eroberten und durch Gründung einer Kolonie in dem Nebenort Oreí dauernd mit Athen verbundenen Histiäa; dabei ein mittelalterliches Kastell mit verbauten antiken Teilen. – Auf dem Platz von Oreí ein auf dem Meeresgrund gefundener gewaltiger Marmorstier (4. Jh. v.Chr.)

Lutrá Ädipsú

22 km: Lutrá Ädipsú, vielbesuchtes See- und Thermalbad, mit schon von den Römern benutzten 32-82°C heißen Schwefelquellen, deren größte am Meeresufer entspringt (Reste einer antiken Badeanlage).

Der Südosten der Insel

Von Chalkis und Eretria und Aliveri nach Karystos (128 km) bzw. Kymi (96 km): Die Straße verläßt Chalkis in südöstlicher Richtung und führt zunächst am Strand hin.
2½ km: Kapelle des Ájios Stéphanos im Gebiet des antiken Chalkís, mit der im Altertum berühmten Arethusa-Quelle. Die Bucht von Ájios Stéphanos bildete einst den Hafen. – Weiterhin durch die angebaute Lelantische Ebene mit dem Dorf Vassilikó; links, abseits, an der Straße zur mittelalterlichen Burg von Phýlla (1½ km), stehen drei venezianische Wachtürme.
19 km: Néa Psará (eigentl. Erétria), mit den Ruinen des antiken Eretria; die heutigen Sümpfe, Rest einer prähistorischen Meeresbucht, waren im Altertum durch Kanäle entwässert. Hinter Eretria führt die Straße an mehreren Gräberfeldern vorüber.

9 km: Amárynthos, ein kleiner Fischerhafen; nordöstlich davon das Kloster Ájios Nikólaos, mit Keramikverkleidung (Fresken des 16. Jh.; Aussicht).
15 km: Alivéri, wohlhabender Industrieort (Bergbau; Wärmekraftwerk), vermutlich an der Stelle des alten Tamynä. Der Hafenplatz Skála Alivériu, wohl der antike Fährhafen Porthmós, liegt 1 km vom Ort entfernt. Weiterhin auf der Straße nach Kými.
9 km: Abzweigung (rechts) an einer sumpfigen, oft ganz wasserbedeckten Talmulde vorüber, aus der im Westen der Burghügel des alten Städtchens Dýstos aufragt; an seinem Fuße das neue Dorf gleichen Namens (antike Bauteile erkennbar). Weiterhin vielfach antike Bautrümmer.
15 km: Záraka; von hier Blick auf eine tief einschneidende Meeresbucht, an deren Eingang die Insel Kavalianí, vermutlich das alte Glaukonnesos, liegt. Von der Höhe, zu der man später ansteigt, Blick über die Ostküste bis zum Kap Kafareús und nach Südwesten auf die Bucht von Stýra mit der mehrteiligen Insel Styra, im Altertum Ägleia.

Stýra

26 km: Stýra, dessen Häuser sich mit der weißen Kirche der Panajía am Abhang eines zweigipfeligen Berges hinanziehen; das antike Styra lag 1 km von hier am Meer bei Néa Stýra (kaum Reste).

Drachenhäuser

Von Stýra aus empfiehlt sich der Besuch der sogenannten Drachenhäuser. Man steigt in 1/2 Stunde steil zu einer Einsattelung oberhalb des Dorfes hinan und weiter an antiken Steinbrüchen vorüber, mit angefangenen Säulenschäften, behauenen Blöcken u.a. Von hier in 15-20 Minuten an den Fuß des Berges Ájios Nikólaos, wo drei wohlerhaltene Steinhütten aus dem frühen Altertum, wohl Schutzhütten der Steinbrucharbeiter, liegen. – Auf der Höhe des Ájios Nikólaos erhebt sich die stattliche fränkische Burg Larména und eine Nikolauskapelle (prächtige Aussicht).

Etwa auf halbem Wege von Stýra nach Kárystos befindet sich die Quelle des Bey.
21 km: Abzweigung zu dem 4 km südlich gelegenen, als Sommerfrische besuchten Ort Marmári; südwestlich vor der Küste die Petalií, eine Gruppe in Privatbesitz befindlicher, teils mit Landsitzen bebauter, teils verlassener Inseln.

Kárystos

11 km: Kárystos (2000 Einw.), als Sommerfrische besuchter Hauptort des südlichen Euböa, wurde nach den Freiheitskriegen gegründet. Die gleichnamige antike Stadt, die während der römischen Kaiserzeit wegen ihres weißgrünlichen Marmors (sog. Cipollino) Ruf hatte, lag gut 1/2 Stunde landeinwärts am Hang des Burgberges, mit dem venezianischen Castel Rosso (Aussicht). Im Nordosten von Kárystos liegen die antiken Marmorbrüche von Mýli. – Lohnend ist der Aufstieg nordöstlich in 3 1/2 Stunden auf den Óchi (Ájios Elías; 1398 m ü.d.M.), von dessen Gipfel sich eine prächtige Aussicht bietet.
Im Nordosten des Óchi liegen den Drachenhäusern ähnliche, 'Archampolis' (vulgo 'Charchambolis') genannte Bauten. Noch weiter nordöstlich das Kap Dóro oder Kap Kafireús, bekannt durch die Sage von Nauplios, dem Vater des unglücklichen Palamedes, der die von Troja heimkehrenden Griechenschiffe durch Leuchtfeuer an die Klippen lockte, aber, da seine Hauptfeinde Odysseus und Agamemnon entkamen, sich ins Meer stürzte. – 9 km östlich von Kárystos und 1 km von dem Dorf Platanistós (reicher Eichen- und Platanenbewuchs) das sogenannte Hellenikón,

Euböa, Kárystos (Fortsetzung)

eine Terrasse mit mächtigen Stützmauern. Weiter 2 Stunden Fußweg, am Meer das wegen seines Poseidon-Heiligtums berühmte alte Hafenstädtchen Gerästós.
Bei der oben genannten Abzweigung vor Lépura führt die Hauptstraße weiter nördlich.
1 km Anzweigung (östlich) nach Avlonári, mit Kirche des Ájios Demétrios (12. Jh.; verbaute antike Säulentrommeln) und noch weiter zur Kirche Ajía Thékla (Fresken des 15. Jh.) im gleichnamigen Dorf.
13 km: Konístres; von hier in 1/2 Stunde zur Burgruine Episkopí (antike und mittelalterliche Mauerreste).
17 km: Kými (3000 Einw.), inmitten fruchtbaren Hügellandes gelegene wohlhabende Ortschaft und einziger Hafen an der abweisenden Nordostküste. Die antike Stadt dürfte eher auf dem nördlich gelegenen Kap Kýmis oder im Gebiet des Klosters Ájios Sotér (byzantinische Festung nordwestlich) zu suchen sein. Im Nordwesten von Kými befinden sich Braunkohlelager (Fossilien des Tertiär).

Farmakonisi

→ Pharmakonisi

Folegandros

→ Pholegandros

Furni

→ Phurni

Gyaros Γυάρος / Giáros (Jiáros) D 4

Region: Ägäische Inseln
Inselgruppe: Kykladen
Nomos: Kykladen
Inselfläche: 37 km²
Höhe: 0-489 m ü.d.M.
Sperrgebiet; keine Bewohner

Kein Schiffsverkehr

Lage und Allgemeines

Gyaros, ein wasserarmes und ödes Eiland, liegt im Kreis der Kykladen, nordwestlich von Siros. Seit dem Zweiten Weltkrieg, besonders aber zur Zeit der Militärdiktatur, war Gyaros Internierungs- und Gefangeneninsel.

Heptanes

→ Ionische Inseln

Hydra ῞Υδρα / Ídra D 3

Region: Mittelgriechenland
Inselgruppe: Saronische Inseln
Nomos: Attika
Inselfläche: 55 km²
Höhe: 0-590 m ü.d.M.
Bewohnerzahl: 2800
Hauptort: Hýdra

Schiffsverkehr

Linienschiffe von und nach Athen (Piräus) mehrmals täglich in 3¹/₄ Stunden. – Tragflügelboot von Athen (Zéa) in 1¹/₄ Stunden. – Lokale Verbindungen mit Spetses und Ermioni.

Lage und Allgemeines

Die Insel Hydra, im Altertum Hydrea, ist ein 12 km langer und bis 5 km breiter kahler monolithischer Kalkrücken vor der Südostküste der Argolis. Die wasserarme, unfruchtbare Insel lebt vorwiegend von Fremdenverkehr und Kunstgewerbe (Schmuck, Keramik, Stickereien, hangewebte Tuche, Lederarbeiten). – Man versuche den Mandelkuchen 'Amygdalotá'.

Geschichte

Hydra war bereits in mykenischer Zeit besiedelt, blieb jedoch bis ins 18. Jahrhundert bedeutungslos. Im 15. Jahrhundert und abermals 1770, nach der Revolte von Morea, gelangten albanische Flüchtlinge auf die Insel und machten sie durch Handel und Seefahrt, aber auch durch Piraterie, zu einem überaus reichen kulturellen und gesellschaftlichen Zentrum. Im griechischen Freiheitskampf gegen die Türken setzte Hydra seine Handelsschiffe als Kriegsflotte ein und übernahm auch einen großen Teil der Kriegs-

Inselhafen Hydra

Hydra (Fortsetzung)

kosten. Heute ist die Insel in ihre ursprüngliche Bedeutungslosigkeit zurückgefallen.

Sehenswertes

Stadt Hýdra

*Stadtbild

Der Hauptort Hýdra (2500 Einw.) baut sich malerisch um die kleine geschützte Hafenbucht an den Hügeln der Nordküste auf. Er ist Sitz einer Handelsmarineschule und Treffpunkt zahlreicher Künstler, besonders Maler, und Intellektueller, die Stadtbild und Atmosphäre prägen. Am Kai steht die Kirche des ehemaligen Klosters der Panajía (17. Jh.), mit schönem Kreuzgang. Zu beiden Seiten des Hafenbeckens die düsteren Herrschaftssitze reicher Reeder- und Händlerfamilien aus dem Beginn des 19. Jahrhunderts, darunter die Häuser des Admirals Iákovos Tombázis (jetzt Nebeninstitut der Athener Kunstakademie) und von Demétrios Vúlgaris. Die einfachen, kykladisch anmutenden, doch teilweise farbenfrohen Bürgerhäuser steigen dahinter an den Hügeln bergan. Im Westen über der Stadt die Ruine der mittelalterlichen Burg, darunter Festungsanlagen aus dem Befreiungskrieg.

Westlich von Hýdra, bei dem Fischerdorf Vlychós, die Überreste der antiken Stadt Chorisa. – 1½ km südlich der Kaló Pigádi (Aussicht), mit Landhäusern des 18. Jahrhunderts in der Umgebung. – Südlich, reizvoll in den Bergen gelegen (3 Std. Fußweg; auch Maultiere), ist das Kloster des Profíti Elías (15. Jh.). – An der Ostspitze der Insel (3 Std. Fußweg; auch Maultiere) das Kloster Zúrvas (16. Jh.). – Ferner mehrere andere, meist aufgelassene Klöster.

Dokós

Nordwestlich der Insel Hydra liegt die kleine Weideinsel Dokós, das alte Aperopia, mit gleichnamiger Siedlung an einer geschützten Bucht der Nordküste.

Ikaria Ἰκαρία / Ikaría D 5

Region: Ägäische Inseln
Inselgruppe: Südliche Sporaden
Nomos: Sámos
Inselfläche: 255 km²
Höhe: 0-1037 m ü.d.M.
Bewohnerzahl: 7700
Hauptort: Ájios Kírikos

Schiffsverkehr

Der Hafen von Ájios Kírikos auf Ikaria wird vom Linienschiff Athen (Piräus) – Rhodos sechsmal wöchentlich in jeder Richtung angelaufen. – Lokale Verbindungen mit Samos, Phurni und Patmos.

Lage und Allgemeines

Ikaria (türkisch Nikarya), eine 40 km lange und bis zu 8 km breite vegetationsarme Insel der nordöstlichen Ägäis, liegt rund 18 km (10 sm) südwestlich von Samos. In ihrer gesamten Länge wird sie von dem kahlen Gebirgszug Athéras (1037 m ü.d.M.) eingenommen, der zur Südküste hin steil abfällt. Die von Eichen- und Fichtenmacchie bestandene und von fruchtbaren, wasserreichen

Ikaria (Fortsetzung)

Tälern durchzogene Nordabdachung, auf die sich die Besiedlung konzentriert, senkt sich sanfter zur Küste hin, die hier mehrere kleine ungeschützte Buchten bildet. Die Bewohner leben von Landwirtschaft und Fischfang. – Ikaria hat sich bis heute viel von seiner Ursprünglichkeit bewahrt.

Mythos und Geschichte

Der Name Ikaria erinnert an Ikaros, den Sohn des attisch-minoischen Bildhauers und Erfinders Daedalos, der – wie die Sage berichtet – beim Versuch, mit wachsgetränkten Flügeln zu fliegen, in den Gewässern um die Insel ertrunken sein soll. Einheimische Legenden hingegen berichten von seinem weithin sichtbare weiße Segel tragenden Schiff, mit dem er im Sturm versunken sein soll.
Im 8. Jahrhundert wurde Ikaria von Milet aus besiedelt und die Städte Oinoë, Histoi, Thérma und Drákanon gegründet. – In byzantinischer Zeit Verbannungsort, unterstand sie später wechselnden fränkischen und Genueser Herren, seit 1481 den Rhodiserrittern und wurde 1567 türkisch. – Am 17. Juli 1912 wurde nach erfolgreichem Aufstand gegen die Fremdherrschaft der Freistaat Ikaria proklamiert, der sich alsbald dem Königreich Griechenland anschloß.

Sehenswertes auf Ikaria

Der Hauptort und Hafen Ájios Kírikos (2000 Einw.) liegt im östlichen Teil der Südküste; im Gymnasium befindet sich eine sehenswerte archäologische Sammlung. – 3 km nordöstlich liegt das von Griechen besuchte Heilbad Thérma, mit 52,5°C heißen Radium- und Schwefelquellen und überragt von einer antiken Akropolis, zu der ein von Gräbern des 6. vorchristlichen Jahrhunderts gesäumter Pfad von Kataphýgi (3 km nordöstl.) hinaufführt. – 7 km südwestlich von Ájios Kírikos das Kloster Lefkádos Evangelismós. – Auf Kap Phanári (1 Std. Bootsfahrt), der Nordostspitze der Inel, wo Dionysos geboren sein soll, die hellenistische Burgruine Drákanos.

Évdilos

Etwa in der Mitte der Nordküste liegt die malerische alte Inselhauptstadt Évdilos. – 2¹/₂ km westlich, bei dem Dorf Kámpos, die Ruinen der antiken Stadt Oinoë (kleines Museum). In der Umgebung von Kámpos finden sich Kuppelgräber (Tholaria) und kleine mittelalterliche Befestigungsanlagen (Kastraki). – 5 km südlich von Évdilos, bei Kosíkia, die byzantinische Festung von Koskinas.

Im Nordwesten der Insel Ikaria liegt der Hafenflecken Armenistís. – 5 km südwestlich die Reste eines Artemistempels (wohl 5. Jh. v.Chr.).

Ionische Inseln ᾽Ιόνιαι Νῆσοι / Jóni Níssi

C 1 – D 3

Lage und Allgemeines

Die Reihe der Ionischen Inseln, auch Eptánissos (= Sieben Inseln) genannt, begleitet die Küste von der albanischen Grenze im Norden bis weit hinunter in den Süden. Im Westen Griechenlands gelegen und daher regenreicher als die meisten anderen Landesteile, haben die Inseln durchweg ein mildes Klima und eine üppige Vegetation, bis auf Kythira weitab von den anderen an der Südspitze der Peloponnes.

Mythos und Geschichte der Ionischen Inseln

Das Ionische Meer, das von antiken Autoren mit der Adria gleichgesetzt, heute als deren südliche Fortsetzung verstanden wird, und die Ionischen Inseln tragen ihren Namen nach den Irrfahrten der Io (Aischylos), späteren Quellen zufolge nach dem illyrischen Heros Ionios (mit Omikron). Sie hängen also nicht mit den ionischen Griechen zusammen, die sich von Ion (mit Omega) ableiteten, im 11.-10. Jahrhundert v.Chr. Griechenland verließen und die anatolische Küste kolonisierten, so daß dieser ostgriechische Raum dann – bis hin zu Hölderlin – Ionien genannt wurde.

Die antiken Funde reichen bis in mykenische Zeit zurück. Ins Licht der Geschichte traten die Inseln, als Korinth 734 v.Chr. Korkyra, das spätere Kérkyra, gründete. Im 5. Jahrhundert v.Chr. gewann Athen an Einfluß, im 2. Jahrhundert v.Chr. wurden die Inseln einschließlich Kýthira römisch. Nach der byzantinischen Ära, in die die normannische Eroberung des Jahres 1085 fällt, brachte der 4. Kreuzzug 1203/04 den entscheidenden Einschnitt. Überall traten nun Herren aus Italien das Erbe von Byzanz an. Allmählich gelang es Venedig, die Inseln in die Hand zu bekommen: 1363 Kýthira, 1386 Kérkyra, das nun Corfù genannt wurde, 1479 Zákynthos, 1500 Kefallinía (nach 21jähriger Türkenherrschaft) und schließlich als letzte 1684 Lefkás, das seit 1467 türkisch gewesen war.
Die Herrschaft Venedigs dauerte bis zum Untergang der Republik von San Marco 1797. In dieser Zeit waren die Inseln eine Zufluchtsstätte für manchen, der vor den Türken floh, u.a. für Künstler aus Kreta, die hier eine eigene Schule gründeten. Insgesamt können sie auf ein reicheres kulturelles Leben als das übrige Griechenland in diesen Jahrhunderten zurückblicken.
Nach französischem Zwischenspiel wurde die junge 'Republik der Sieben Inseln' 1815 Protektorat Großbritanniens, das sie 1864 an Griechenland übergab.
Die Beschreibungen der einzelnen Inseln findet man über das Register.

Ios Ἴος / Íos — D 4

Region: Ägäische Inseln
Inselgruppe: Kykladen
Nomos: Kykladen
Inselfläche: 105 km²
Höhe: 0-732 m ü.d.M.
Bewohnerzahl: 1100 (im 19. Jh. 3500)
Hauptort: Íos (Chóra)

Schiffsverkehr

Ios liegt an der Route Athen (Piräus) – Paros – Ios – Santorin – Iraklion.

Lage und Allgemeines

Ios ist eine etwa auf halber Strecke zwischen Paros bzw. Naxos und Santorin gelegene Gebirgsinsel mit meist steiler Küste. Terrassenkulturen an den Hängen des wasserreichen Haupttals von Káto Kámpos und seiner Nebentäler bildeten bis vor wenigen Jahren die einzige Einnahmequelle der Bewohner. In jüngster Zeit aber hat ein stürmisch einsetzender Primitivtourismus (Hippies, Camper) die kulturelle und landschaftliche Harmonie der Insel – wenigstens während der Sommermonate – ruiniert.

Der Sage nach soll Homers Mutter Klymene von der Insel gestammt haben, und er selbst soll dort begraben sein.

Ios: Hafenpartie und ... *... Inselkirche*

Sehenswertes auf Ios

Von dem in einer tief eingeschnittenen Bucht der Westküste gelegenen Hafenplatz Órmos Íu, mit der Kuppelkirche Ajía Irína (17. Jh.), gelangt man im fruchtbaren Tal von Káto Kámpos 1 km aufwärts zum weithin sichtbaren, sich reizvoll in Stufen an einem Hang aufbauenden Hauptort Íos (Chóra; 700 Einw.). Er liegt innerhalb der weitgehend zerfallenen mittelalterlichen Festungsanlage und besitzt neben typischen weißen Kykladenhäusern rund 20 Kirchen und Kapellen (weitere 150 Kirchen sind über die Insel verstreut). Über der Chóra, auf einem Bergrücken, stehen in doppelter Reihe zwölf Windmühlen (heute stillgelegt). – Beim Kloster Plakotó, am Nordhang des Pýrgos (732 m ü.d.M.), in einer Höhle die Reste eines vermutlich hellenistischen Heiligtums, das angeblich Homers Grab bergen soll. – Im Norden der Insel die Ruine einer venezianischen Burg.

Ios (Chora)

*Windmühlen

Ithaki / Ithake Ἴθάκη / Itháki C 2

Region: Ionische Inseln
Nomos: Kefallinía
Inselfläche: 93 km²
Höhe: 0-808 m ü.d.M.
Bewohnerzahl: 9000
Hauptort: Vathy (Ithaki)

Fährschiff von Patras über Sami (Kefallinia) mehrmals wöchentlich.

Schiffsverkehr

Lage und Allgemeines

Ithaki (vulgo Thiaki) ist eine von Kefallinia nur durch den etwa 4 km breiten Kanal von Ithaki getrennte Felseninsel, die durch den von Osten eingreifenden Golf von Mólos (600 m breite Landenge bei dem 380 m hohen Berg Aëtós) in zwei Teile geschieden wird: im Norden das Bergland von Ani (im Neritos 808 m ü.d.M.), im Süden der Bergstock Stephani (671 m ü.d.M.). Die teilweise verkarstete Insel läßt in den wenigen fruchtbaren Tälern Landwirtschaft zu.

Ithaki gilt gemeinhin als das im homerischen Epos "Odyssee" geschilderte Reich des Odysseus **Ithaka** (vgl. dagegen W. Dörpfelds Thesen bei → Lefkas!).

Geschichte

Früheste Keramikfunde weisen auf eine erste Besiedlung gegen Ende des 3. Jahrtausends v.Chr. – Aus mykenischer Zeit stammen mehrere Siedlungen, deren Ärmlichkeit sich mit dem in jener Zeit vermuteten reichen homerischen Ithaka nicht vereinbaren läßt. Hingegen ist im 1. Jahrtausend v.Chr. eine gewisse Blüte durch regen Handel mit dem Festland und Italien erwiesen.

Seit der römischen Zeit teilt Ithaki die Geschicke der anderen Ionischen Inseln. Im Mittelalter vertrieben Seeräuber die Bewohner und setzten sich im heutigen Vathý fest. Erst im 17. Jahrhundert ließen sich neuerlich Bauern aus Kefallinia nieder. Eine an verheerenden Überfällen und Erdbeben (zuletzt 1953) reiche Geschichte hat die historischen Bauwerke fast ausnahmslos vernichtet.

Sehenswertes

Vathý

Hauptort ist der geschützte, vermutlich von den Römern gegründete Hafen Vathý (auch Itháki; 2500 Einw.), in reizvoller Lage an der von zwei venezianischen Festungen gesicherten Bucht von Vathý, die allgemein als der Hafen des Phorkys angesehen wird, wo die Phäaken den heimkehrenden Odysseus an Land setzten (Od. XIII, 96ff.). – 2 km westlich, am Abhang des Hügels Ájios Nikólaos, die Mármaro Spília, eine als Nymphengrotte (Od. XIII, 107/8) ausgegebene Tropfsteinhöhle (antike Kultstätte). – 5 km westlich von Vathý, auf dem Berg Aëtós, die von Schliemann freigelegte Akropolis einer prähistorischen Stadt (7. Jh. v.Chr.; vielleicht das Alalkomenai des Strabo), volkstümlich 'Kastro Ulysse' (Odysseus-Burg) genannt. – 6 km südlich von Vathý (großenteils beschwerlicher Fußweg) die 'Arethusa-Quelle' am Fuße des Koraxfelsen (Od. XIII, 408/9), und noch weiter südlich das von Ölbäumen bestandene Hochplateau von Marathiá, mit weitem Rundblick. Hier vermutete man die 'Weideplätze des Eumaios' (Od. XIV, 6). – 3 km südlich von Vathý lag die ehemalige Inselhauptstadt Paläochorá (bis 16. Jh.).

Nymphengrotte

Arethusa-Quelle

Stavrós

Im Nordwesten der Insel, in der Umgebung der Ortschaft Stavrós, sprechen zahlreiche antike Funde für die Vermutung, daß Stadt und Palast des Odysseus am ehesten hier zu lokalisieren seien. – Südwestlich unterhalb von Stavrós die malerische Pólis-Bucht, der einzige größere Hafen an der Westküste Ithakis. Eine Grotte an ihrer Westseite war in mykenischer Zeit ein Athena-Hera-Heiligtum. Vor der Bucht, unweit der Küste von Kefallinia, das winzige Eiland Daskalio, angeblich das antike Asteris (Od. XVI, 365). – 1 km nördlich oberhalb der Pólis-Bucht, bei dem Hügel Pelikata, Spuren einer Siedlung (um 2200 bis um 1500 v.Chr.). – 1 km weiter nördlich die Kapelle Ájios Athanásios.

Polis-Bucht

Hafenbucht von Vathy auf Ithaki

Ithaki, Kloster Panajía Katharà

Im Westen von Stavrós liegen die malerischen Meeresbuchten von Fríkes und Kióni. – 6 km südlich von Stavrós das Kloster Panajía Kathará (prächtige Aussicht; Feierlichkeiten alljährlich am 8. September).

Átokos

Etwa 10 km nordöstlich von Ithaki liegt die unbewohnte Felseninsel Átokos.

Kalamos Κάλαμος / Kálamos C 2

Region: Ionische Inseln
Inselgruppe: Ionische Inseln
Nomos: Kefallinía
Inselfläche: 24 km^2
Höhe: 0-740 m ü.d.M.
Bewohnerzahl: 1500
Hauptort: Kalamos

Schiffsverkehr

Bootsverbindungen mit Astakos und Lefkas.

Lage und Allgemeines

Kalamos ist eine nahe der Küste Akarnaniens gelegene, dünn besiedelte und teils verkarstete Gebirgsinsel (Landwirtschaft) mit steiler Felsküste. Der Hauptort Kálamos liegt an der Südostküste. – Südlich die von wenigen Fischern bewohnte Insel Kastós.

Kalymnos / Kalimnos Κάλυμνος / Kálimnos D 5

Region: Ägäische Inseln
Inselgruppe: Südliche Sporaden
Nomos: Dodekanes
Inselfläche: 109 km^2
Höhe: 0-678 m ü.d.M.
Bewohnerzahl: 13000
Hauptort: Kálymnos (Póthia)

Verkehrswege

Linienverkehr von und nach Athen (Piräus) mehrmals wöchentlich in 14-19 Stunden (Kfz-Transport). – Lokaler Verkehr im Dodekanes: Rhodos – Symi – Tilos – Nissyros – Kos – Kalimnos – Leros – Lipsi – Patmos – Arki – Agathonissi – Samos; ferner Rhodos – Kos – Kalimnos – Astypaläa.

Lage und Allgemeines

Kalimnos ist eine kahle, schluchtenreiche Kalkinsel im Dodekanes, 12 km (6½ sm) nordwestlich von → Kos und durch den schmalen Diaporikanal vom nordwestlich gelegenen → Leros getrennt. Die Küste ist meist schroff, felsig und von zahlreichen Buchten gegliedert.

Die Bewohner leben vom landwirtschaftlichen Ertrag einiger weniger fruchtbarer Täler und Niederungen, besonders aber – wie schon seit Jahrhunderten – von der Schwammfischerei im südöstlichen Mittelmeer und der Schwammaufbereitung für den Export nach Amerika. Das Auslaufen (April/Mai) und die Rückkehr (Sept./Okt.) der Schwammfischerflotte wird von lärmvollen Festen begleitet.

Hafen des Inselhauptortes Kalimnos

Geschichte

Funde aus mehreren Küstenhöhlen, u.a. aus den Grotten von Daskalió bei Vathís und Ájia Varvára belegen die ununterbrochene Besiedlung der Insel seit dem Neolithikum. Kalimnos war in der Geschichte stets ohne Bedeutung.

Sehenswertes

Kalimnos

Ein bis 678 m hoher Kalkrücken trennt den Norden vom Südteil der Insel, wo sich seit dem Altertum die Bevölkerung konzentriert. Von seinem Fuß zieht eine fruchtbare Ebene südwärts zum Hauptort und Hafen Kalimnos (früher Póthia; 9500 Einw.; Radiumquellen), der mit seinen stattlichen, im neoklassischen Inselstil des 19. Jahrhunderts erbauten Häusern an den Hängen um die Hafenbucht sanft ansteigt. Im kleinen Museum u.a. Funde aus der Jungsteinzeit sowie vom Heiligtum des Delischen Apollon (s. unten).
Nordwestlich der Stadt der alte Inselhauptort Chorió (17. Jh.), überragt von der byzantinischen Stadtfestung. Etwa auf halbem Wege von Kalimnos nach Chorió, westlich abseits, das fränkische Péra Kástro.

Christos tis Jerusalim

Westlich von Chorió, im Tal oberhalb der Linari-Bucht, die Ruine der frühchristlichen Basilika Christós tís Jerusalím, die im 6. Jahrhundert aus antiken Bauten über den Fundamenten eines Heiligtums des Delischen Apollon errichtet wurde.

Pánormosbucht

Ferner finden sich zahlreiche antike Spuren um die geschützte Pánormosbucht an der Westküste: Festungsreste um deren südliche Seitenbucht von Arginóntas bei Xirókampos und Vriokástro

Blick von Kalimnos zur Insel Telendos

Kalimnos (Fortsetzung)

sowie die Ruine der vermutlich karischen Festung Kástri hoch über der nördlichen Seitenbucht von Emporió.

Télendos

Auf der die Pánormosbucht nach Westen hin abschließenden Felsinsel Télendos (bis 458 m ü.d.M.) die mittelalterliche Burg auf dem Ájios Konstantínos sowie an dessen Fuß die Klosterruine Ájios Vasíleios.

Karpathos Κάρπαθος / Kárpathos E 5

Region: Ägäische Inseln
Inselgruppe: Dodekanes
Nomos: Dodekanes
Inselfläche: 332 km²
Höhe: 0-1220 m ü.d.M.
Bewohnerzahl: 6000
Hauptort: Kárpathos (Pygádia)

Flugverkehr

Flugplatz 16 km südlich von Karpathos. – Linienflüge Karpathos – Rhodos ein- bis dreimal täglich; Karpathos – Kassos täglich.

Schiffsverkehr

Linienverkehr von und nach Athen (Piräus) wöchentlich in 26 Stunden, ferner mit Kreta. – Lokale Verbindungen im Dodekanes: Rhodos – Chalki – Karpathos – Kassos.

Lage und Allgemeines

Karpathos (italienisch Scarpanto), die schmale, 48 km lange, von Norden nach Süden gestreckte Insel im Dodekanes bildet zusammen mit der südwestlichen Nachbarinsel Kassos den Übergang zwischen Rhodos und Kreta. Ein zerklüfteter und unfruchtbarer, im Kalí Límni bis 1220 m hoher Kalkrücken durchzieht sie in ihrer gesamten Länge. Die Küsten sind meist steil mit kleinen, höhlenreichen Sandbuchten im südlichen Teil, an der Westküste bei Arkása und an der Ostküste bei Pygádia. Die Bewohner leben von Viehzucht, Tischlerei und Schnitzhandwerk sowie von den Webwaren und Stickereien der Frauen.

Geschichte

Im Altertum erst von Kreta, dann von Argos her besiedelt, später Rhodos untertan, trug die Insel Karpathos die vier Städte Arkesia (geringe Spuren) im Süden der Westküste, Poseidion an der südlichen Ostküste, Thoantion an der Westküste sowie Vrykos im Norden und gab dem Meer zwischen Kreta und Rhodos den Namen.

Sehenswertes

Karpathos

Der junge Hauptort Karpathos (1200 Einw.) und wichtigster Hafen der Insel, liegt an der weiten Bucht der südlichen Ostküste an der Stelle des antiken Poseidion. Lohnend ist der Besuch (Autobus oder Taxi; auch von Diafáni aus, an der nördl. Westküste) des

Ólympos

sehr urtümlichen Gebirgsdorfes Ólympos (schöne Aussicht; noch betriebene Mühlen) im Norden der Insel. Seine Einwohner tragen noch die überlieferten reichbestickten Trachten, und die im Dorf nach alter Sitte noch dreitägig gefeierten Hochzeitsfeste

Antike Säulen bei Pygadia auf Karpathos

Karpathos (Fortsetzung)

sind in Griechenland weithin berühmt. Besuchenswert ferner Apérion (nordwestl. von Karpathos).

Sariá

Von der Nordspitze von Karpathos, durch einen 100 m breiten Kanal getrennt, liegt die Insel Sariá (16 km²; bis 565 m ü.d.M.), im Altertum Saros, mit den Ruinen einer byzantinischen Stadt an der Südseite.

Kasos / Kassos Κάσος / Kássos E 5

Region: Ägäische Inseln
Inselgruppe: Dodekanes
Nomos: Dodekanes
Inselfläche: 65 km²
Höhe: 0-583 m ü.d.M.
Bewohnerzahl: 1500
Hauptort: Frí

Flugverkehr

Flugplatz 1 km nordwestlich von Frí. – Linienflüge täglich Rhodos – Karpathos – Kassos.

Schiffsverkehr

Linienverkehr wöchentlich von und nach Athen (Piräus) bzw. Rhodos. – Lokale Verbindungen im Dodekanes: Rhodos – Chalki – Karpathos – Kassos, ferner mit Kreta (Sitía und Ájios Nikólaos).

Uferpartie auf Kasos

Bemerkenswertes auf Kasos

Die Insel Kasos (Kassos; italienisch Caso, türkisch Kaşot), südwestlich von Karpathos gelegen, ist felsig (zahlreiche Grotten), karg und ohne schützende Hafenbuchten. Ihre Bewohner leben von Landwirtschaft im Norden und vom Bootsbau.
Kasos teilte die historischen Geschicke ihrer Nachbarinsel Karpathos. Nach dem Befreiungskrieg ließen sich auf der Insel albanische Schwammfischer nieder.

Der Hauptort Frí liegt südlich oberhalb vom Schiffslandeplatz an der Stelle der alten Stadt.
Nördlich vorgelagert ist die kleine, heute verlassene Insel Armáthia, mit Sandstrand.

Kastellorizo Καστελλόριζο / Kastellóriso D 6

Region: Ägäische Inseln
Inselgruppe: Dodekanes
Nomos: Dodekanes
Inselfläche: 9 km²
Höhe: 0-271 m ü.d.M.
Bewohnerzahl: 200
Hauptort: Megísti

Flug- und Schiffsverkehr

Linienflüge und Linienschiffe ein- bis zweimal wöchentlich von und nach Rhodos; Bootsverbindungen mit Kasos, Chalki und Tilos. – Ausflugsverkehr mit Booten von Kaş (Türkei).

Hafenpartie auf Kastellorizo

Lage und Allgemeines

Kastellorizo (von italienisch Castelrosso = Rote Burg), auch Megiste (spr. 'Mejísti' = die Größte; türkisch Meis) genannt, liegt als östlichster Außenposten Griechenlands ca. 7 km südlich vor der lykischen Küste Kleinasiens. Auf der wasserarmen Felsinsel leben heute nur rund 200, meist ältere Menschen (z.T. Schwammfischer), während es um 1900 noch etwa 15000 gewesen sein sollen. Nach der deutschen Bombardierung (1943) emigrierten viele Bewohner v.a. nach Australien. – Kein Autoverkehr!

Bemerkenswertes auf Kastellorizo

Archäologische Funde zeigen, daß die Insel schon im Neolithikum dicht besiedelt war. Ihr Schicksal war weitgehend mit dem von Rhodos verbunden. – Seit 1986 besteht ein Flugplatz.

Megísti

Den Hauptort Megísti, mit bunten, vielfach verlassenen Häusern über der geschützten Hafenbucht (Inselmuseum bei der Moschee) im Nordosten, beherrscht die Burg (13.-16. Jh.) der Rhodiserritter an der Stelle einer Befestigung des 4. vorchristlichen Jahrhunderts. Am Fuße des Burgberges ein lykisches Kuppelgrab (4. Jh. v.Chr.). – An der südlichen Ostküste der Insel befindet sich die besuchenswerte Blaue Grotte.

Ro und Strongylí

5 km westlich bzw. 4 km südöstlich vor Kastellorizo liegen die verlassenen, als Viehweiden genutzten Eilande Ro und Strongylí.

Kea Κέα / Kéa D 4

Region: Ägäische Inseln
Inselgruppe: Kykladen
Nomos: Kykladen
Inselfläche: 131 km^2
Höhe: 0-560 m ü.d.M.
Bewohnerzahl: 4000
Hauptort: Kea (Chora)

Schiffsverkehr

Linienschiffe von und nach Rafína und Lávrion (Attika) jeweils mehrmals wöchentlich. – Lokale Verbindungen mit Kýthnos und Kárystos (Euböa).

Lage und Allgemeines

Kea, die westlichste der großen Kykladeninseln, ist rund 20 km (11 sm) südöstlich von Kap Sunion gelegen. Landwirtschaft auf Terrassenkulturen und der traditionelle Anbau von Eicheln für die Gerberei ist durch Abwanderung der arbeitsfähigen Bevölkerung eingeschränkt; vom griechischen Festland geht etwas Tourismus aus.

Geschichte

Die ursprünglich von Dryopern aus Euböa und später von Ioniern besiedelte und damals **Keos** genannte Insel galt im Altertum mit ihren vier Städten Iulis, Karthäa, Koresia und Poeessa als Tetrapolis (Vier-Städte-Staat).

Sehenswertes

Kéa (Chóra)

Der Hauptort Kéa (auch Chóra; 1700 Einw.) am Fuße des Profíti Elías (560 m ü.d.M.) nimmt die Stelle des alten Iulis ein, von dem Reste im mittelalterlichen Kastro (von 1210) erhalten sind. Iulis gilt als Heimat der Hymnendichter Simonides und seines Neffen Bakchylides (6./5. Jh. v.Chr.).

Korrissía

Etwa 4 km nordwestlich liegt im Süden der Bucht des Ájios Nikólaos (im 13. Jh. Piratenstützpunkt) der Hafenort Koríssia (auch Livádi), an der Stelle des antiken Koresia, von dem Teile der Stadtmauer und eines Apolloheiligtums erhalten sind; der hier gefundene Kuros von Kea (530 v.Chr.) befindet sich jetzt im Nationalmuseum Athen. 1½ km nördlich, bei dem Badeort Vurkári, das Kirchlein Ajía Iríni inmitten der Reste einer stark befestigten Stadt (3. Jt. v.Chr. bis 3. Jh. n.Chr.); dabei u.a. der älteste in Griechenland gefundene Tempel (15. Jh. v.Chr.).

* Löwe von Kea

1½ km nordöstlich von Chóra am Talhang ein 9 m langer monolithischer Löwe (6. Jh. v.Chr.).

Karthäa

An der südlichen Ostküste die mächtigen Terrassenmauern der alten Stadt Karthäa. Auf der untersten die Fundamente eines dorischen Apollotempels, in der Polygonalmauer der höheren Terrasse eine alte Inschrift auf 6 m langem Block; auf einer anderen Terrasse darüber Fundamente eines weiteren Tempels. Darüber Befestigungsmauern und Gebäudereste der Oberstadt.

Poeessa

Über der Poísses-Bucht der Westküste spärliche Spuren der antiken Stadt Poeessa. Am Weg von hier nach Kea das verlassene Kloster Ajía Marína, dabei ein wohlerhaltener Turm (4. Jh. v.Chr.).

Steinerner Löwe von Kea

Kea (Fortsetzung)

Auf Kap Kephála, an der Nordküste der Insel, neolithische Siedlungsspuren (4000-2800 v.Chr.); östlich davon, bei Otsiás, die Trypospilies, antike Erzgruben.
Im Nordosten der Insel das Kloster Panajía Kastrianí (18. Jh.), mit schönem Ausblick.

Kephallenia / Kefallonia Κεφαλληνία / Kefallinía C 2

Region: Ionische Inseln
Inselgruppe: Ionische Inseln
Nomos: Kefallinía
Inselfläche: 781 km²
Höhe: 0-1628 m ü.d.M.
Bewohnerzahl: 40 000
Hauptort: Argostóli

Flugverkehr

Flughafen 9 km außerhalb von Argostóli. – Linienflüge täglich nach Athen.

Schiffsverkehr

Linienschiffe (auch Kfz-Transport) Patras – Sami täglich.

Lage und Allgemeines

Kefallinía oder Kefallonia (italienisch Cefalonia), die größte der Ionischen Inseln, mit kahlen, von fruchtbaren, üppig subtropisch bewachsenen Tälern durchzogenen Kalkgebirgen (im Énos 1628 m ü.d.M.), wird allgemein als das homerische Same angesehen (vgl. dagegen W. Dörpfelds Thesen bei → Lefkas). Landwirtschaft und Tourismus sind die wichtigsten Erwerbszweige ihrer Bewohner.

Kephallenia

Mythos und Geschichte

In der Odyssee gehört das Inselpaar Same und Dulichion zum Königreich Ithaka, doch werden die Untertanen des Odysseus auch Kephallener genannt. Wie auf Korfu hatten im 6. und 5. Jahrhundert v.Chr. auch hier die Korinther den Haupteinfluß, bis Tolmides im Jahre 456 v.Chr. die Insel zum Anschluß an Athen nötigte. In jener Zeit bestanden auf Kefallonia die vier Stadtstaaten Kranioi, Pale, Pronnoi und Same (von Thukydides als 'Tetrapolis' bezeichnet). Mit dem Äolischen Bunde kämpften die Kephallener zur See gegen Philipp V. von Makedonien (220-217 v.Chr.) und gegen die Römer, unter deren Herrschaft die Insel dann geriet. Seither teilt Kefallonia das Schicksal der übrigen Ionischen Inseln.

Sehenswertes auf Kephallenia

Argostóli

Die Inselhauptstadt Argostóli (10000 Einw.) liegt an der tief in den Südwesten der Insel einschneidenden Bucht von Argostóli (auch Bucht von Livádi) an der Ostküste einer in diese vorspringenden Halbinsel. Die einst ansehnliche Hafenstadt wurde 1953 durch Erdbeben fast völlig zerstört und inzwischen modern wiederaufgebaut. Im Archäologischen Museum Funde aus mykenischer und römischer Zeit. – Im Norden der Stadt, auf der Spitze der Halbinsel, die vom Erdbeben 1953 teilweise verschütteten berühmten Meeresmühlen. Treibende Kraft ist das Meereswasser, das in einer künstlichen Rinne herangeführt durch die Klüfte des kalkigen Felsbodens in verborgene Tiefen stürzt und an der Ostküste der Insel, bei der Melissáni-Höhle, wieder zutage tritt. – 6 km südöstlich von Argostóli die Überreste der antiken Stadt Kranioi (Krane).

Meeresmühlen

Hafenort Fiskardo auf Kephallenia

Etwa 9 km südöstlich von Argostóli, bei dem Dorf Kástro, der einst blühenden Inselhauptstadt, die Festungsanlage Ájios Jeórjios (320 m ü.d.M.; Aussicht) aus dem 13. Jahrhundert. Im Kloster Ájios Andreas (17. Jh.) schöne Fresken (12. Jh.) und Ikonen. In der Nähe vermutet man die antike Stadt Kephallenia. Südlich am Fuße der Anhöhe von Ájios Jeórjios das fruchtbare Hügelland von Liváto. In Metaxáta weilte Lord Byron im Jahre 1823; in der Umgebung drei mykenische Felsengräber.

*Festung Ájios Jeórjios auf Kephallenia

24 km östlich von Argostóli liegt die Stadt Sámi (1200 Einw.), mit dem wichtigsten Hafen der Insel. Die besonders in der Diadochenzeit reiche und blühende Inselhauptstadt Same lag südlich am Hang des über dem Ort ansteigenden Doppelhügels (Stadtmauerreste; röm. Villa des 2. Jh. n.Chr.). – In der Umgebung von Sámi dieTropfsteinhöhlen von Drongaráti (südwestl.) und von Melissáni (nordwestl. Grottensee). – Nördlich des Golfes von Sámi, auf der Halbinsel Erisso, befinden sich bei dem Dorf Ajía Ephimía Teile der samischen Festungsmauer sowie bei Ássos eine venezianische Burgruine (von 1595; Aussicht). Im äußersten Nordosten der Halbinsel der Hafenort Fiskárdo (im Altertum Panormos), benannt nach dem Normannenführer Robert Guiscard, der 1085 hier starb (teilweise als Ferienwohnungen eingerichtete historische Häuser).

Sámi

*Tropfsteinhöhlen

Fiskárdo

Nordwestlich von Argostóli, jenseits der Bucht, auf der Halbinsel Palikí der Hafenort Lixúri (6000 Einw.; Fähre und Straße nach Argostóli). Nördlich davon geringe Reste der antiken Stadt Pale.

Lixúri

Kerkira

→ Korfu

Kimolos Κίμωλος / Kímolos D 4

Region: Ägäische Inseln
Inselgruppe: Kykladen
Nomos: Kykladen
Inselfläche: 35 km²
Höhe: 0-398 m ü.d.M.
Bewohnerzahl: 1500
Hauptort: Kímolos

Schiffsverkehr

Lokale Bootsverbindung mit Milos.

Lage und Allgemeines

Kimolos, die unwirtliche, wasserarme Insel vulkanischen Ursprungs, nordöstlich vor Milos, war schon im Altertum wegen ihrer Kimolia-Erde (Cimolith) bekannt, die gleichermaßen als Waschmittel wie auch für Heilbäder Verwendung fand.

Bemerkenswertes

Der Hauptort Kímolos liegt um die Reste der spätmittelalterlichen Siedlung Kástro, nahe dem geschützten Ankerplatz Psáthi (Strand). Auf der höchsten Erhebung der Insel die mittelalterliche Burgruine Paläókastro.

Ájios Andréas (bei Kimolos)

Im Südwesten vor Kimolos liegt das kleine Eiland Ájios Andréas, das im Altertum durch einen schmalen Landstreifen mit der Insel verbunden war und die älteste geschlossene Siedlung von Kimolos, Ellenikon (ab 1000 v.Chr.; Mauerreste im Wasser) trug.

Polýaigos

Etwa 2 km (1 sm) östlich von Kimolos das unbewohnte Inselchen Polýaigos (Políegos).

Kithira

→ Kythera

Kithnos

→ Kythnos

Korfu / Kerkyra Κέρκυρα / Kérkira C 1/2

Region: Ionische Inseln
Inselgruppe: Ionische Inseln
Nomos: Kérkira
Inselfläche: 592 km^2
Höhe: 0-906 m ü.d.M.
Bewohnerzahl: 100000
Hauptort: Kérkira

Flugverkehr

Flughafen 5 km südlich von Kérkira. – Linienflüge von Athen mehrmals täglich in 50 Minuten; ferner Direktflüge von Frankfurt am Main, Düsseldorf, München, Stuttgart und Wien.

Schiffsverkehr

Fähre Igumenitsa – Korfu 10mal täglich; Patras – Korfu wöchentlich; ferner Fährverbindungen mit Italien (Brindisi, Bari, Ancona und Otranto) und Jugoslawien (Dubrovnik). – Lokale Verbindungen: Korfu – Paxí; Korfu – Erikússa – Mathráki – Othonische Inseln; Korfu – Kefallinia (Sami) – Ithaki – Patras.

Lage und Allgemeines

Korfu bzw. Kérkira, die wichtigste und nördlichste der Ionischen Inseln (Heptanes) liegt nur 2½ bis 20 km (1½-11 sm) vor der Küste Albaniens und der griechischen Landschaft Epirus. Wegen des Liebreizes ihrer Landschaft, mit sanften, grünen Hügeln im südlichen Teil und dem schroffen Kalkgebirge im Norden, das im kahlen Doppelgipfel des Pantokrátor bis zu 906 m ü.d.M. ansteigt, sowie wegen ihres milden Klimas und der verschwenderischen Pracht ihrer südlichen Pflanzenwelt wird Korfu gern zu längerem Aufenthalt gewählt. Wichtigster Wirtschaftszweig ist neben dem noch immer wachsenden Tourismus die Landwirtschaft.

Mythos und Geschichte

Kérkira gilt als das homerische Scheria, das Land der Phäaken und ihres Königs Alkinoos. Die ältesten Siedlungsspuren lassen auf bäuerliche, vielleicht von Italien herkommende Völkerschaften schließen. Schon 734 v.Chr. von Korinth kolonisiert, entwikkelte es sich zu einer der Mutterstadt gefährlichen Macht. Der Seesieg der Korinther über die Korkyräer (432 v.Chr.) bei den Sybota-Inseln (vermutlich im heute verlandeten Mündungsgebiet des Kalamas) trug wesentlich zum Ausbruch des Peloponnesischen Krieges bei. Im Jahre 229 v.Chr. kam die Insel in den Besitz des Römischen Reiches (lat. Corcyra) und wurde bei der endgültigen Trennung in Ost- und Westrom 395 n.Chr. Byzanz zugeschlagen.

Klosterinsel Vlacherna und 'Mäuseinsel' Pontikonissi

Geschichte (Fortsetzung)

Der mittelalterliche Name Korfu scheint aus Koryphi (griechisch 'Gipfel') entstanden zu sein. 1386-1797 war Korfu venezianisch (Corfù), danach vorübergehend napoleonisch und von 1815 an mit den übrigen Ionischen Inseln englisch, bis es 1864 wieder zu Griechenland kam. – Korfu wurde im Verlauf seiner bewegten Geschichte mehrfach verwüstet, so daß die antiken und mittelalterlichen Zeugnisse größtenteils untergingen.

Stadt Korfu (Kérkira)

Inselhauptstadt

Hauptort der Insel ist Kérkira (Korfu; 30000 Einw.), schön auf einem Vorgebirge der Ostküste gelegen und von der Neuen Festung überragt. Die antike Stadt lag weiter südlich auf der Halbinsel Kanóni. Heute ist Kérkira Sitz eines griechisch-orthodoxen sowie eines römisch-katholischen Erzbischofs.

Neue Festung

Am Nordrand der Stadt liegt der Hafen. Südlich oberhalb die mächtige Neue Festung (16. Jh.), nördlich etwa 1 km vorgelagert die Insel Vídos. – Vom Hafen gelangt man entweder östlich auf der etwas erhöhten Uferstraße (Ausblick) am ehemaligen Königlichen Palast vorbei oder südöstlich durch die Nikifórosstraße, die belebte Hauptgeschäftsstraße der Stadt, zur anlagengeschmückten Esplanade, zwischen der Stadt und der Alten Festung. An der Nordseite des Platzes steht der klassizistische ehemalige Königspalast, 1816 für den Lord-Oberkommissar erbaut und jetzt Museum für Byzantinische und Ostasiatische Kunst. – Von der Ostseite der Esplanade, wo ein Standbild des Reichsgrafen Matthias Johann von der Schulenburg (1661-1747) an dessen Verteidigung der Stadt gegen die Türken (1716) erin-

Ehem. Königspalast
*Museum asiatischer Kunst

nert, führt eine Brücke über einen künstlichen Kanal ('contrafossa') zu der auf einer kleinen Insel gelegenen Alten Festung, deren verfallende Werke sich in Absätzen an einer steilen Doppelhöhe über dem Meer hinaufziehen (Leuchtturm; 70 m ü.d.M.); im Sommer 'Licht-und-Ton-Vorführungen').

Alte Festung

Unweit nordwestlich der Esplanade steht die Kirche Ájios Spirídon, mit dem silbernen Sarg des Stadtheiligen (Prozession am Palmsonntag, Sonnabend vor Ostern, 1. August und 1. Sonntag im November). Von hier weiter nördlich erstreckt sich die Altstadt, mit engen Gassen (zahlreiche Silberschmiede) und italienisch-venezianisch geprägten Häusern.

Altstadt

Westlich der Esplanade, am Rathausplatz, das ehemalige Venezianische Theater (1663-1693), seit 1902 Rathaus, und der römisch-katholische Dom (16. Jh.), mit vorgesetzter klassizistischer Fassade, sowie weiterhin westlich das ehemalige katholische Erzbischöfliche Palais (18. Jh.; heute Griechische Nationalbank).

Südlich der Esplanade zieht sich der Vassiléos-Konstantínu-Boulevard am Meer hin. Nach etwa 200 m rechts abseits, beim Hotel Corfu Palace, das Archäologische Museum, mit dem Gorgo-Medusa-Giebel (um 585 v.Chr.) des Artemis-Heiligtums (s. unten). – Nach ½ km rechts etwas abseits, im Garten einer Polizeistation, das 1843 beim Abtragen der ehemaligen Salvator-Bastion aufgefundene Grabmal des Menekrates, ein niedriger brunnenähnlicher Rundbau (7. oder 6. Jh. v.Chr.). – Der Vassiléo-

Archäologisches Museum mit * Gorgo-Medusa-Giebel

1 Touristenpolizei
2 Jachtversorgung
3 Metropolis-Kathedrale
4 Ajios Antonios
5 Panajia Tenedu
6 Ajios Spiridon
7 Adam-Statue
8 Panajia Mandakrina
9 Ajii Peteres
10 Ionische Bank (Volksbank)
11 Ajios Ioannis
12 Panajia Ton Xenon
13 Griechische Nationalbank
14 Guilford-Statue
15 Schulenburg-Statue
16 Enosis-Monument
17 Anglikanische Kirche
18 Deutsches Konsulat
19 Musikpavillon
20 Maitland-Säulengang
21 Douglas-Obelisk
22 EOT, Post, Telegraf
23 Gefängnis

Konstantínu-Boulevard endet am Südostende der Vorstadt Garítsa, beim Strandbad Monrepos.

Villa Monrepos mit *Park

Etwa $^{1}/_{2}$ km südlich liegt in prächtigem Park die Villa Monrepos, Geburtsstätte des englischen Prinzgemahls Philip (geb. 10.6.1921). Nördlich des Parkes, nahe dem heute versandeten antiken Hafen von Anemomylos, die byzantinische Kirche der Heiligen Jason und Sosipater (11./12. Jh.; z.T. aus antiken Quadern). $^{1}/_{2}$ km weiter südwestlich die Ruine der Kirche Ajía Kérkira (urspr. 5. Jh.; mehrfach verwüstet), früher Basilika von Paläopolis, an der Stelle einer späthellenistischen Agorá (2./1. Jh. v.Chr.). Nahebei römische Thermenanlagen. – Etwa 1 km westlich, jenseits des Klosters Ájios Theodóros geringe Reste eines Artemis-Heiligtums (6. Jh. v.Chr.); sein Westgiebel, der sogenannte Gorgo-Medusa-Giebel, befindet sich jetzt im Archäologischen Museum.

*Kanóni

*Pontikoníssi

Von Garítsa führt eine schöne Straße 3 km südlich zur Südspitze einer zwischen dem Meer und dem großenteils verlandeten Chalikiópulos-See gelegenen Landzunge mit dem Rondell Kanóni (Aussicht). Vorn die kleine Klosterkirche Vlachérna (17. Jh.), dahinter das Inselchen Pontikoníssi ('Mäuseinsel'; byzantinische Kapelle), die vielfach für das Vorbild von Böcklins Bild "Die Toteninsel" gehalten wird. Die Griechen sahen in der Insel das versteinerte Schiff der Phäaken, das den Odysseus nach Ithaka gebracht hatte (Od. XIII, 163). Im Westen der Halbinsel Kanoni erstreckt sich der teilweise trockengelegte (Flughafen) oder versumpfte (Wildenten) Chalikiópulos-See, im Altertum der wichtigste Hafen der Insel; das südwestliche Seeufer gilt als die Stelle, wo Odysseus ans Land geworfen wurde und mit Nausikaa zusammentraf.

Straßenszene in der Stadt Korfu

Strand von Glifada

*Villa Achílleion

Ein lohnender Ausflug führt von der Stadt Korfu in südlicher Richtung zu dem 15 km entfernten Dorf Gastúri und noch 1 km weiter zu der Villa Achílleion (145 m ü.d.M.), die 1890/91 für Kaiserin Elisabeth (gen. Sissi) von Österreich (gest. 1898) im italienischen Renaissancestil erbaut und 1907 von Kaiser Wilhelm II. angekauft wurde. Das Gebäude ist seit 1928 griechischer Staatsbesitz und dient heute als Kasino. Im Inneren befinden sich noch Erinnerungsstücke an Elisabeth und Wilhelm II. In dem anschließenden prächtigen Park, der schöne Ausblicke bietet, stehen zahlreiche Statuen und das Heine-Tempelchen.

Benítses

Gut 3 km südlich vom Achílleion, finden sich bei dem reizvollen Fischerdorf Benítses die Reste einer römischen Villa. – Von hier oder vom Achílleion gelangt man auf der Ostküstenstraße zurück zur Stadt (17 bzw. 20 km).

Ájii Déka

Von der Strecke nach Gastúri zweigt nach 13 km rechts eine Straße ab und führt zu dem Dorf Ájii Déka (206 m ü.d.M.), von wo der Aufstieg (Führer; festes Schuhwerk) in 1 Stunde auf den Ájii Déka ('Zehnheiligenberg'; 576 m ü.d.M.) erfolgt. Von oben bietet sich eine prächtige Aussicht.

Von Kérkira nach Paleokastrítsa

Von der Stadt Korfu führt die Strecke zunächst nahe der Küste entlang; links die Anhöhe der ehemaligen Abramo-Festung, später rechts im Meer die Lazarettinsel.
10 km: Guviá, mit venezianischem Arsenal von 1716. Dahinter rechts die Abzweigung einer Straße (20 km) über Ípsos und Pirjí

Badebucht bei Paleokastritsa

Korfu (Fortsetzung)

sowie über Spartílas (424 m ü.d.M.) nach Striníla s; von hier erfolgt dann der Aufstieg in 1 Stunde (auch schlechter Fahrweg) zu einem kleinen Rasthaus, dann noch 10 Minuten auf den Pantokrátor (906 m ü.d.M.; Ausblick), den höchsten Berg der Insel; oben ein verlassenes Kloster von 1347.

* Pantokrátor

Jenseits von Pirjí windet sich die küstennahe Straße am Steilhang des Pantokrátor in nördliche Richtung und gibt dabei Zugang zu mehreren einfachen Fischerdörfern und Badebuchten. Nach 20 km erreicht sie den Küstenort Kassiópi, mit den Resten einer mittelalterlichen Festungsanlage.

Von der obengen. Abzweigung führt die Hauptstrecke weiter zur Bucht von Liapádes hinab und wieder bergauf.

10 km: Abzweigung eines Fahrweges zu dem rechts 3½ km abseits malerisch gelegenen Dorf Lákones und noch 1 km weiter zu dem Aussichtspunkt Bella Vista.

* Bella Vista

Paleokastrítsa

6 km: Paleokastrítsa, ein reizvoller lebhafter Touristenort mit nahegelegenen Meeresgrotten, wird beherrscht von dem auf hohem Felsen gelegenen Kloster Panajía Theotokós (Blick). Von hier gelangt man in 1½ Stunden (Führer; festes Schuhwerk) hinauf zur Ruine von Schloß Angelokástro (13. Jh.; Rundsicht); ein direkter Aufstieg ist von Kríni (10 km nordwestlich von Paleokastrítsa) aus in ½ Stunde möglich.

Kos Κώς / Kos — D 5

Region: Ägäische Inseln
Inselgruppe: Südliche Sporaden
Nomos: Dodekanes
Inselfläche: 295 km²
Höhe: 0-846 m ü.d.M.
Bewohnerzahl: 19000
Hauptort: Kós

Flugverkehr

Flugplatz 27 km südwestlich bei Antimáchia. – Linienflüge Athen – Kos täglich; Rodos – Kos mehrmals wöchentlich.

Schiffsverkehr

Linienschiffe von und nach Athen (Piräus) 6mal wöchentlich in 21 Stunden (auch Kfz-Transport). – Lokale Verbindungen im Dodekanes: Rhodos – Simi – Tilos – Nissiros – Kos – Kalimnos – Leros – Lipsi – Patmos – Arki – Agathonissi – Samos; ferner Rhodos – Kos – Kalimnos – Astypaläa. – Ausflugsfährverkehr von Bodrum (Türkei).

Lage und Allgemeines

Kos (sprich 'Kåß'; italienisch Coo, türkisch İstanköy) liegt vor der tief in die türkische Küste einschneidenden Bucht von Kos. Durch einen pliozänen Einbruch ist die Insel von der 4 km nordöstlich gelegenen Halbinsel von Bodrum (Halikarnassos) abgegliedert. Nach Rhodos ist sie die zweitgrößte Insel im Dodekanes.

Ein im Díkaios (altgriechisch Oromedon) bis 846 m hoher Kreidekalkrücken durchzieht die Insel fast in ihrer gesamten Länge von West nach Ost. Kos weist im Gegensatz zu den meisten der ägäischen Inseln zunehmende Bevölkerungszahlen auf. Wichtigste Wirtschaftsgrundlagen bilden Acker-, Gemüse- und Weinbau, Kleinviehzucht, Fischfang, Salzgewinnung und Kunsthandwerk (Töpferei, Weberei) sowie zunehmend der Tourismus.

Geschichte

Kos war seit dem Neolithikum ohne Unterbrechung dicht besiedelt. – Um 700 v.Chr. war die Insel mit den fünf anderen Städten

der Hexapolis (Kidnos, Halikarnassos, Lindos, Ialysos und Kamiros) Vorposten der kleinasiatischen Doris, des Bundes der dorischen Niederlassungen an der karischen Küste und auf den benachbarten Inseln. Die älteste Inselhauptstadt Astypaläa lag an der großen Bucht im Südwesten; ein weiterer wichtiger Ort, Halasama, lag in der Mitte der Südküste. Als älteste Kultstätte des Heilgottes Asklepios und Sitz einer Arztschule, deren berühmtester Vertreter Hippokrates (5. Jh. v.Chr.) war, genoß die Insel weithin hohes Ansehen. Das Heiligtum wurde 554 n.Chr. durch ein Erdbeben zerstört. Auf seinen Trümmern entstand ein Kloster der Panajía tu Alsús (Erinnerung an den heiligen Hain).
Den Byzantinern folgten 1309-1523 die Johanniter als Herren der von ihnen Lango genannten Insel; sie gründeten im 14. Jahrhundert als Hauptsitz des Ordens die Hauptstadt Narangia, das heutige Kos. – Etwas früher als Rhodos fiel Kos den Osmanen anheim. Seit dem Balkankrieg 1912 von den Italienern besetzt, wurde es 1948 an Griechenland angeschlossen.

Sehenswertes auf Kos

Stadt Kos

Die nach dem Erdbeben von 1933 wiederaufgebaute Hauptstadt Kós (12 000 Einw.) liegt in der tiefen, heute versandeten Bucht der Nordostküste, im östlichen Teil der einzigen größeren Ebene, die sich an der Nordküste der Insel ausbreitet. Im Osten der geschützten Hafenbucht erhebt sich die Johanniterfestung (1450-1480); in ihrem Mauerwerk sind antike Skulpturen und Inschriften verbaut. An der Südseite der Festung die aufgelassene Chatze-Hassan-Moschee (von 1786) und die sog. Hippokrates-Platane, unter der schon der große Mediziner gelehrt haben soll. Der mächtige Baum, dessen abgestorbener Hauptstamm einen Umfang von 12 m hat, ist tatsächlich jedoch nur etwa 500 Jahre alt. Südlich davon erstreckt sich die alte Agora (Markt); an ihrer Westseite steht die reizvolle Defterdar-Moschee (18. Jh.), mit hellenistischen und byzantinischen Säulen, und das Archäologische Museum, in dem u.a. neuere Funde vom Asklepieion gezeigt werden. – Südwestlich der Hafenbucht sind noch Reste hellenistischer und römischer Badeanlagen sichtbar. – Im

**Hippokrates-Platane

*Archäologisches Museum

Stadt Kos (Fortsetzung)

Süden und Südwesten der Stadt finden sich Reste eines Dionysostempels, das Gymnasion und das Stadion (hellenistisch), das römische Odeion, das Theater (hellenistisch-römisch) sowie eine rekonstruierte römische Villa, die sogenannte 'Casa Romana' aus dem 3. Jahrhundert n.Chr., mit schönen Mosaiken. – 8 km südöstlich der Stadt Kos liegt das Heilbad Ájios Fokás.

*Asklepieion

Etwa 4 km südwestlich der Stadt Kós befindet sich in prächtiger Lage 100 m über dem Meer das Asklepieion mit seiner Ärzteschule. Es nahm im Gebiet eines früheren Apollo-Tempels des 5. vorchristlichen Jahrhunderts seit dem beginnenden 3. Jahrhundert v.Chr. drei Terrassen ein. Auf der untersten ein von dorischen Säulen umstandener Platz von etwa 90 m Länge und 45 m Breite. Hinter den Hallen lagen mehrere Kammern und im Norden, links vom Eingang, drei noch erhaltene Privathäuser aus römischer bzw. späthellenistischer Zeit. An der Nordostecke des Platzes wurde später eine Thermalanlage angefügt, die schließlich zur Kirche Panajía tu Alsús umgebaut wurde; daneben ein kleines Museum. Im Süden schließt die Stützmauer der nächst höheren Terrasse den Platz ab; links zwischen dem zweiten und dritten Strebepfeiler der heilige Brunnen. Rechts, vor einer strebenlosen Mauer, ein Naiskos, den C. Stertinius Xenophon dem Nero als 'neuem Asklepios' errichten ließ.
Auf der zweiten Terrasse, der ältesten Kultstätte, gerade vor dem Aufgang, ein Altarbau. Er ist in der erhaltenen Form jünger als der kleine, westlich gelegene ältere Asklepios-Tempel aus Marmor (um 400 v.Chr.); von dem älteren Tempel an dieser Stelle sind nur geringe Spuren erhalten. Östlich vom Altarbau erhob sich ein ionischer Peripteros von 6:9 Säulen, möglicherweise dem Apollo geweiht; im Südwesten stand eine halbrunde Exedra und gegenüber, hinter dem alten Tempel, ein römisches Gebäude auf älteren Fundamenten. Zwischen beiden steigt eine 11 m breite Treppe auf zur 12 m höher gelegenen dritten Terrasse mit dem jüngeren Tempel des Asklepios (2. Jh. v.Chr.), einem dorischen Peripteros von 6:11 Säulen. Die Schwelle aus schwarzem Marmor ist erhalten. – 3/4 Stunde bergauf das Brunnenhaus Burinna, das schon der antiken Stadt Wasser lieferte.

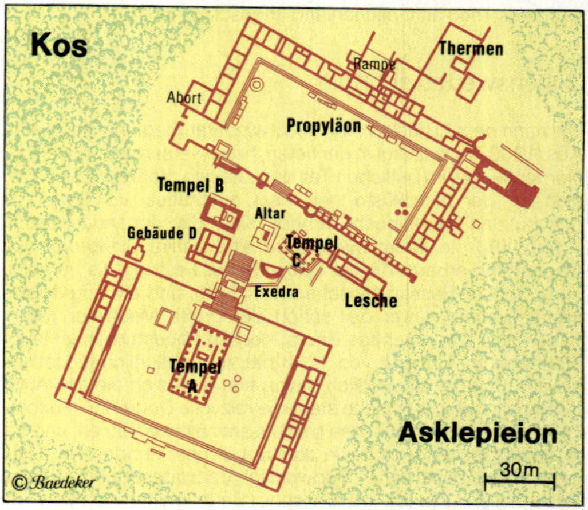

Ruinenfeld des Asklepios-Heiligtums

Im Asklepieion

Bergdorf Kefalos

Von Kos zur Westspitze der Insel

Die Straße führt zunächst an der Nordabdachung des Gebirges entlang.
10 km: Zipári, mit der frühchristlichen Basilika des hl. Paulus. Sie besitzt ein sehenswertes Baptisterium und Mosaiken. 4 km südlich das reizvolle Bergdorf Asfendíu, inmitten eines reichen Gemüseanbaugebietes; von hier erfolgt der Aufstieg zum Díkaios, von dem sich ein schöner Rundblick bietet.
5 km: Abzweigung (4 km südl.) zur Johanniterfestung Paläa Pilí; in dem verlassenen Dorf an ihrem Fuße befindet sich eine Kirche mit byzantinischen Fresken.
13 km: Antimáchia (Windmühle, in Betrieb); von hier 5 km südlich zur weithin sichtbaren Johanniterfestung Paläa Antimáchia. Sie wurde nach dem Erdbeben des Jahres 1493 neu aufgebaut (Ritterwappen). Das Dorf in ihrem Inneren ist verlassen.
1 km: Flugplatz; 6 km südlich das schmucke Küstendorf Kardámena (Obst-, bes. Melonenanbaugebiet, Töpfereihandwerk).
17 km: Kéfalos, ein hochgelegenes Bergdorf (Aussicht) und die wichtigste Siedlung im Westteil der Insel, mit einem antiken Theater. Die Höhlen am Ortseingang lieferten beachtenswerte prähistorische Funde. Nahebei die Ruine der frühchristlichen Basilika Ájios Stéfanos. In der vorgelagerten Bucht der malerische Nikólaos-Felsen, mit kleiner Kapelle, und der Stéfanos-Felsen.

Psérimos

Vor der Nordküste von Kos liegt die Insel Psérimos (17 km^2; bis 268 m ü.d.M.; 100 Bew.), die einen schönen Sandstrand besitzt.

Kreta Κρήτη / Kríti E 3–5

Region: Kreta
Nomi: Chaniá, Réthimnon, Iráklion, Lassíthi
Inselfläche: 8331 km^2
Höhe: 0-2456 m ü.d.M.
Bewohnerzahl: 460000 (ca. 12000 Türken)
Hauptort: Iráklion

Flugverkehr

Flughafen Iráklion, 5 km östlich; Flughafen Chania, 12 km nordöstlich auf der Halbinsel Akrotíri bei Stérnes; Flugplatz Sitía, 5 km nördlich. Linienflüge Athen – Iráklion mehrmals täglich sowie Rhodos – bzw. Saloniki – Iráklion mehrmals wöchentlich; Athen – Chaniá mehrmals täglich; Rhodos – Sitía über Karpathos und Kassos mehrmals wöchentlich. Direktflüge nach Iráklion von Frankfurt am Main.

Schiffsverkehr

Linienschiffe Athen (Piräus) – Iráklion und Athen (Piräus) – Chaniá zweimal täglich (auch Kfz-Transport) in 10-14 Stunden; ferner mehrmals wöchentlich Schiffsverbindungen mit den Kykladen sowie mit Rhodos (über Kassos und Karpathos).

Anreise zu Schiff

Bei der Anfahrt auf Chaniá wird zuerst rechts das Kap Spátha (auf der Nordspitze Reste eines Diktynäon-Heiligtums) und links die

Samaria-Schlucht ▶

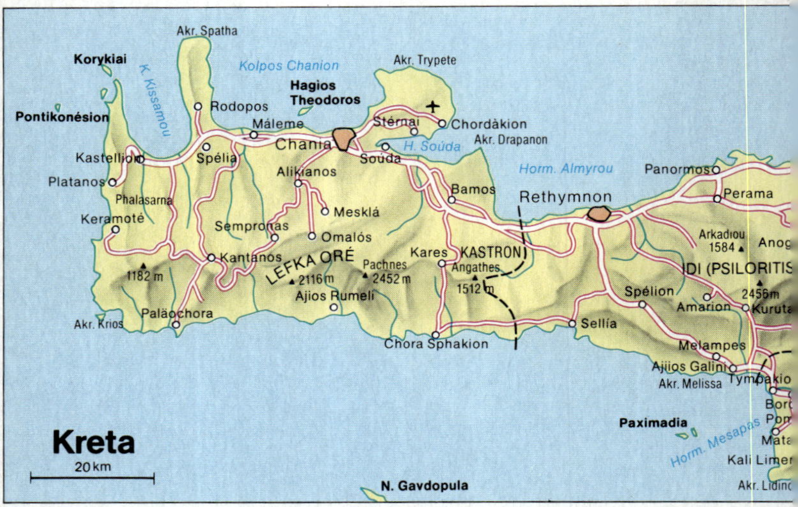

Anreise zu Schiff (Fortsetzung)

Halbinsel Akrotíri (einst Kyamon) sichtbar, zwischen denen sich die weite, oft Nordstürmen ausgesetzte Chaniá-Bucht öffnet; dahinter die Lefká Óri. Die Schiffe ankern in Chaniá auf offener Reede, die großen Fährschiffe jenseits der Halbinsel Akrotíri in der Súda-Bucht, dem einzigen guten Hafen der Insel, der bei jedem Wetter einer ganzen Flotte Schutz bieten kann. – Bei der Anfahrt auf Iráklion erscheint rechts das Kap Stávros, eine wichtige Landmarke; links erblickt man die kahle Insel Día (venezianisch Standia; 265 m ü.d.M.; Wildziegenreservat), den Zufluchtshafen bei Nordsturm; vorn die Bucht von Iráklion, die westlich vom Kap Panajía begrenzt wird.

Lage und Allgemeines

Kreta (Kríti), die größte der griechischen Inseln und fünftgrößte im Mittelmeer, liegt etwa 100 km (54 sm) südöstlich der Peloponnes am Südrand des Ägäischen Meeres und bildet den südlichsten Teil Europas sowie ein Hauptglied des Inselbogens, der Südgriechenland mit Kleinasien verbindet. Die wegen ihrer berühmten minoischen Kulturdenkmäler außerordentlich besuchenswerte Insel ist 12 bis 57 km breit und erstreckt sich auf 260 km Länge annähernd von West nach Ost. Sie ist von drei verkarsteten Bergmassiven gegliedert: im Westen die meist schneebedeckten Lefká Óri ('Weiße Berge'; 2452 m ü.d.M.), im mittleren Teil das ebenfalls schneereiche Psiloritis-Gebirge (Ídi Óros, 2456 m ü.d.M.) und im Osten das Díkti-Gebirge (2148 m ü.d.M.). Die stark zerrissenen und vegatationsarmen Bergzüge sind die Heimat der Bezoarziege (Capra aegagrus), einer Stammform der Hausziege. Nur in den Einbruchswannen (Poljen) kann etwas Landwirtschaft betrieben werden. Zwischen den Gebirgen dehnen sich fruchtbare Ebenen aus (Messará; Omalós, Lassíthi), mit Palmen, Oliven-, Bananen- und Apfelsinenpflanzungen sowie Weinreben, im Süden mit Frühgemüseanbau.

Bergziege

Während die Südküste meist steil ins Meer abfällt, ist die Nordküste flacher und stärker zerklüftet; an letzterer liegen Chaniá, die Inselhauptstadt und größte Stadt Iráklion sowie Réthimnon, die

drittgrößte Stadt der Insel. Das Klima ist mediterran, mit verhältnismäßig milden, niederschlagsreichen Wintern und völlig trokkenen, subtropisch-heißen Sommern (6-7 Sommermonate). Wichtigster Erwerbszweig ist die Landwirtschaft und zunehmend auch der Fremdenverkehr.

Geschichte

Spuren frühester, von Nordafrika ausgehender Besiedlung weisen bis ins 7. Jahrtausend v.Chr. zurück. – Seit dem 3. vorchristlichen Jahrtausend entfaltete sich eine vorgriechische bronzezeitliche Kultur, die um 2000-1600 v.Chr. zu höchster Blüte gelangte und – in der Sage vom mächtigen König Minos besungen – als Minoische Kultur bezeichnet wird. Als erste Seemacht im Mittelmeer reichten kulturelle und wirtschaftliche Ausstrahlung sowie Einfluß des Minoischen Reiches bis zur Iberischen Halbinsel. Noch ungeklärte Ereignisse führten um 1400 v.Chr. zum plötzlichen Untergang der Minoischen Kultur. Möglicherweise hat eine Erdbebenkatastrophe, vielleicht infolge des Berstens der Vulkaninsel Thera (Santorin), die kretischen Städte vernichtet. Möglicherweise wurde die Insel aber auch von brandschatzenden Eindringlingen verwüstet. Seitdem konnte sie sich nicht mehr zu ihrer einstigen Bedeutung aufschwingen.
Gegen Ende des 12. Jahrhunderts v.Chr. eroberten dorische Griechen den größten Teil der Insel. – Im Jahre 66 v.Chr. wurde Kreta als wichtiger Stützpunkt im Mittelmeer durch die Römer eingenommen und fiel nach der Teilung des Römischen Reiches bis 824 n.Chr. an Byzanz; 824-961 von arabischen Sarazenen beherrscht, war es bis 1204 abermals Teil des byzantinischen Kaiserreiches.
Es folgte 1204-1669 die lange und von erbitterten Unabhängigkeitsbestrebungen begleitete Herrschaft der Venezianer, die der Insel dennoch beachtlichen kulturellen Aufschwung brachte. Dieser Epoche entstammte u.a. der bedeutende Maler und Bildhauer Domenikos Theotokopulos, genannt El Greco (geb. 1541 in Fódele bei Iráklion, gest. 1614 in Toledo).

Landschaft bei Archanes

Geschichte (Fortsetzung)

Im Jahre 1669 nahmen die Türken die Insel ein und verließen sie erst 1898 nach kriegerischen Auseinandersetzungen mit Griechenland. – Nach vorübergehender Autonomie wurde am 5. Oktober 1912 dank der Initiative des auf Kreta geborenen Juristen, liberalen Politikers und späteren griechischen Ministerpräsidenten Elephtherios Kyriakos Venizélos (geb. 1864 in Murniés bei Chaniá, gest. 1936 in Paris) der Anschluß Kretas an das Königreich Griechenland verkündet. – Im Frühjahr 1941 besetzten deutsche Luftlandetruppen die Insel, die wegen ihrer Mittlerlage zwichen Südeuropa und Afrika von großer strategischer Bedeutung war, und räumten sie erste im Mai 1945.

Chaniá

Allgemeines

Chaniá (55000 Einw.), die im 13. Jahrhundert von den Venezianern als La Canea an der Stelle des antiken Kydonia gegründete Hauptstadt des gleichnamigen Nomos, liegt an der Nordküste Kretas in der Südostecke der Bucht von Chaniá am Kretischen Meer. Die Stadt wurde von den Geschehnissen des Zweiten Weltkrieges stark und nachhaltig in Mitleidenschaft gezogen.

Altstadt

Die Altstadt ist von einer 3 km langen Stadtmauer des 16. Jahrhunderts umgeben. Im Norden erstreckt sich der venezianische Hafen (Bootshafen; Leuchtturm auf der Molenspitze), mit mehreren Arsenalen (um 1500, heute als Bootshallen genutzt) und Teilen der alten Festung. In der gotischen Kirche San Lorenzo ist jetzt das Archäologische Museum (dorische Funde) untergebracht. Sehenswert sind ferner die Kirche San Salvatore (16. Jh.), die Janitscharenmoschee (von 1645) sowie schöne venezianische Patrizierhäuser und die große Markthalle.

* San Lorenzo
Archäologisches Museum

An der Südküste bei Lentas

Südlich der Altstadt befindet sich das Historische Archiv (Odós I. Sfakianáki 20), mit bemerkenswerten Handschriften, Dokumenten, Waffen und Ikonen.

Historisches Archiv

1½ km östlich der Stadt liegt die Villenvorstadt Chalépa, der Sitz des Präfekten und der Konsulate.

Chalépa

4 km südöstlich der Altstadt erstreckt sich die Bucht von Súda, der größte und am besten geschützte Naturhafen der Insel (Handelshafen von Chaniá und Flottenstützpunkt).

Bucht von Súda

Ausflüge von Chaniá

Profiti Elias

Etwa 8 km östlich von Chaniá, auf dem Berg Profiti Elias, eine Freiheitsstatue und die Gräber der kretischen Freiheitskämpfer Sophokles und Elephtherios Venizélos. – 6 km weiter östlich, bei Maráthi, die Reste der antiken Stadt Minoa. – 17 km nordöstlich, auf der Halbinsel Akrotíri, das Kloster Ajía Triáda (von 1631); 4 km nördlich davon das Kloster Guvernéto (16. Jh.), in dessen Nähe an der Küste neben Grotten die Felshöhle und Höhlenkirche des Eremiten Ioánnis liegt (venezianische Fassade).

Maráthi
Akrotíri

Máleme

Bei Máleme, 16 km westlich von Chaniá, befindet sich ein deutscher Soldatenfriedhof mit 4465 Gräbern von zumeist Fallschirmjägern, die bei dem Luftlandeunternehmen vom 20. 5. - 1. 6. 1941 gefallen sind. 21 km weiter westlich, im Süden der Kíssamos-Bucht, das Städtchen Kastélli (Kissámu). Von hier lohnen Ausflüge nordwestlich zum antiken Hafen Kíssamos (2 km) und zur Insel Gramvúsa (etwa 20 km) vor der gleichnamigen Halbinsel, im äußersten Nordwesten von Kreta, wo sich in 135 m Höhe über der westlichen Steilküste eine venezianische Festung aus dem

Kastélli

Hafenstadt Rethimnon

Ausflüge von Chania (Fortsetzung)

17. Jahrhundert erhebt. Ferner lohnender Ausflug zur antiken Hafenstadt Phalasarna (9 km westl.), mit Resten von Gebäuden und Hafenanlagen, Gräbern und Felsskulpturen, sowie zu den Ruinen der Dorerstadt Polirheneia (6 km südlich).

Kándanos

60 km südwestlich von Chaniá liegt der Ort Kándanos, dessen Einwohner im Zweiten Weltkrieg bei einer Vergeltungsaktion der deutschen Wehrmacht erschossen wurden.

** Samaria-Schlucht

Etwa 42 km südlich von Chaniá liegt das Dorf Omálos am Rande der gleichnamigen fruchtbaren Hochebene. Hier beginnt die Wanderung (7 Std.) durch die Samaria-Schlucht (Farági Samariás), eine 18 km lange, bis 300 m tiefe und beim 'Eisernen Tor' (Síderoportes) nur 2-3 m breite Klamm, in deren Gebiet noch heute die kretische Wildziege ('Kri Kri') lebt. Für das Unternehmen sind festes Schuhwerk, ausreichend Proviant (Wasser!) und gute Kondition unerläßlich. Am Südausgang der Schlucht liegt das Dorf Ajía Ruméli, von wo Boote (auch Fußweg) nach Chóra Sfakíon (10 km westlich) verkehren, wo die Venezianerfestung Frangokástello oder Castelfranco (14. Jh.) steht. Die Rückfahrt nach Chaniá (75 km) ist im Autobus möglich.

Réthimnon

Allgemeines

Réthimnon (Rethymnon; 15000 Einw.), die drittgrößte Stadt auf Kreta, wird im Südosten vom Psiloritis-Gebirge überragt. Von der venezianischen wie auch von der türkischen Herrschaft geprägt, weist die Stadt eine besonders reizvolle Kulturmischung auf.

Altstadt

In der Altstadt stehen zahlreiche venezianische Adelspalais, türkische Häuser mit überdachten Holzgitterbalkonen, mehrere kleine Moscheen (18. Jh.) und die venezianische Akropolis

('Fortezza'; 14. Jh., im 16. Jh. erweitert), mit einer von gewaltiger Kuppel überspannten Moschee. In der Loggia (17. Jh.) ist das Städtische Museum untergebracht.

Ausflüge von Réthimnon

Etwa 10 km östlich von Réthimnon befindet sich im Gebiet von Pijí der ausgedehnteste Olivenhain im Mittelmeerraum, mit 1,5 Millionen Bäumen.

*Arkadi

23 km südöstlich der Stadt steht die Ruine des frühbyzantinischen Klosters Arkádi, 1866 Schauplatz eines blutigen Aufstandes gegen die Türkenherrschaft. – Etwa 30-40 km südöstlich von Réthimnon liegen im Gebiet der Ortschaft Amári mehrere typische Dörfer, teils mit sehenswerten alten Kirchen, besonders Apóstoli, Méronas, Gerakárion, Vríses, Áno Méros und Furfurás sowie das Kloster Asomáton (17. Jh.), in dessen Nähe ein minoischer Gutshof freigelegt wurde. – Noch weiter südöstlich (62 km von Réthimnon) das reizvolle Fischerdorf Ajía Galíni ('Heilige Ruhe'), mit schönem Strand. – 36 km südlich von Réthimnon das Kloster Préveli (17. Jh.); in der Nähe schöner Strand.

Iráklion

Inselhauptstadt

Iráklion (Herakleion; 85000 Einw.), die etwa in der Mitte der Nordküste gelegene größte Stadt Kretas, und Verwaltungssitz der

Hafen von Iraklion

Kunstwerke aus Knossos: 'Schlangengöttin' und Stierkopf-Rhyton

Iráklion (Fortsetzung)

Insel und deren wichtigster Handelshafen, ist Sitz eines orthodoxen Erzbischofs. Iráklion war im Altertum Hafenplatz von Knossos, verfiel in römischer Zeit und wurde nach 824 n.Chr. von den Sarazenen als 'Chandak' wiederbelebt. Die Venezianer ließen die von Ihnen Cándia genannte Stadt seit 1538 durch den Baumeister Michele Sammicheli mit einer gewaltigen, 5 km langen, festungsartig ausgebauten Mauer umgeben und machten sie zur Inselhauptstadt. Im 16. und 17. Jahrhundert war Iráklion Sitz einer bedeutenden Malerschule, aus der auch der berühmte griechisch-spanische Maler El Greco hervorging.

**Archäologisches Museum

Bedeutende Sehenswürdigkeiten der Stadt und eine der größten von Kreta ist das in der östlichen Altstadt gelegene Archäologische Museum (Kretikón Museion), das die großartigen Funde aus den Palästen und Wohnbauten von Knossós, Festós, Ajía Triáda und anderen Ausgrabungsstätten der Insel enthält und damit ein Bild ihrer reichen vorgriechischen Blütezeit vom 5. Jahrtausend an wiedergibt.

Erdgeschoß. – Abteilung A, Raum 1: Jungsteinzeit (5000-2600 v.Chr.) und frühminoische Zeit (2600-2000 v.Chr.); Steingefäße von der Insel Móchlos (nordöstlich von Kreta) und Petschaften. – Abteilung B, Räume 2 und 3: Funde der mittelminoischen Epoche (Zeit der alten Paläste; 2000-1700 v.Chr.), besonders Gefäße im Kamáres-Stil (nach dem Dorf Kamáres), aus Knossós, Mália und Festós. – Abteilung Γ, Räume 4 und 5, 7 und 8: Funde der mittel-

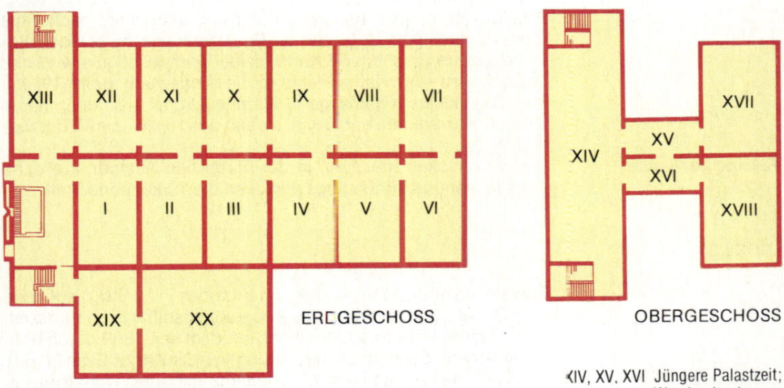

- I Neolithikum, Vorpalastzeit (2500-2000 v. Chr.)
- II Alte Palastzeit; Knossos, Mallia (2000-1700 v. Chr.)
- III Alte Palastzeit; Phästos (2000-1700 v. Chr.)
- IV Jüngere Palastzeit; Knossos, Phästos, Mallia (1700-1450 v. Chr.)
- V Späte Jüngere Palastzeit; Knossos (1450-1400 v. Chr.)
- VI Jüngere Palastzeit, Nachpalastzeit; Knossos, Phästos (1400-1350 v. Chr.)
- VII Jüngere Palastzeit; Mittelkreta
- VIII Jüngere Palastzeit; Kato Zakros (1700-1450 v. Chr.)
- IX Jüngere Palastzeit; Ostkreta
- X Nachpalastzeit (1400-1100 v. Chr.)
- XI Subminoische und frühgeometrische Zeit (1100-800 v. Chr.)
- XII Reifgeometrische und orientalisierende Zeit (800-650 v. Chr.)
- XIII Sarkophage
- XIX Archaische Zeit (7.-6. Jh. v. Chr.)
- XX Klassische und spätantike Zeit (5. Jh. v. Chr.- 4. Jh. n. Chr.)

- XIV, XV, XVI Jüngere Palastzeit; Wandmalereien
- XVII Sammlung Giamalakis
- XVIII Archaische bis römische Zeit; Kleinkunst (7. Jh. v. Chr.-4. Jh. n. Chr.)

Archäologisches Museum Iraklion

Iraklion
Archäologisches Museum
(Fortsetzung)

minoischen Epoche (Zeit der neuen Paläste; 1700-1450 v.Chr.); Opfergefäße, Schrifttafeln; Statuetten, Satirikon-Spiel aus Elfenbein; Schmuck. – Abteilung Δ, Raum 6: Schmuck und andere kostbare Grabbeigaben der spätminoischen Epoche (Postpalatiale Zeit; 1400-1250 v.Chr.). – Abteilung Z, Raum 9: Mittelminoische Funde von Ostkreta. – Abteilung H, Raum 10: Spätminoisch-helladische Stilrichtung (1400-1100 v.Chr.). Abteilung Θ, Räume 11 und 12: Spätminoisch-geometrische Epoche (dorisch; 1100 bis 650 v.Chr.) und Weiterentwicklung. – Abteilung I, Raum 13: Minoische Sarkophage u.a. aus Ajía Triáda, Tílissos und Gurniá. – Abteilung N, Raum 19: Hellenistische Zeit (7./6. Jh. v.Chr.). – Abteilung Ξ, Raum 20: Plastik der hellenistisch-römischen Zeit (5. Jh. v.Chr. - 4. Jh. n.Chr.).

** Fresken
** Prunksarkophag

Obergeschoß. – Abteilung K, Räume 14 (Halle) – 16: Fresken und Reliefs aus minoischen Palästen, steinerner Prunksarkophag von Ajía Triáda. – Abteilung Λ, Raum 17: 'Jamalaki-Sammlung' dorischer Plastik (700-500 v.Chr.). – Abteilung M, Raum 18: Gegenstände aus hellenistischer und römischer Zeit (700 v.Chr. - 400 n.Chr.).

* Morosini-Brunnen

Nördlich vor der Altstadt liegt der reizvolle Venezianische Hafen, mit Festung auf der nördlichen Hafenmole. Auf dem Venizélos-Platz der Morosini-Brunnen (von 1628), mit Löwen aus dem 14. Jahrhundert, und die ehemalige Markos-Kirche (1303), heute Museum für byzantinische Malerei. An der von hier nördlich zum Hafen führenden Odós 25. Avgústu, unweit der Markos-Kirche, die ehemalige venezianische Loggia (1627; heute Rathaus). Nordöstlich anschließend die Titos-Kirche, benannt nach Titus dem Apostel, dem Begleiter des Paulus und, nach der Überlieferung, ersten Bischof von Kreta; seine Schädelreliquie wird hier aufbewahrt. – Am Katharinenplatz die Minás-Kathedrale (19. Jh.) und die kleine ehemalige Katharinenkirche (18. Jh.), heute Museum für sakrale Kunst (v.a. Ikonen des 16. Jh. von M. Damaskinos).

* Historisches Museum

Im Historischen Museum, in der nördlichen Altstadt, kretische Volkskunst und Erinnerungsstücke an die Türkenherrschaft.

Knossós

Etwa 5 km südöstlich von Iráklion (Autobus in 1/4 Std.) liegt nahe der Ortschaft Makritíchos die Ausgrabungsstätte von Knossós, der ältesten Hauptstadt der Insel, mit dem seit 1899 durch britische Archäologen unter der Leitung von Sir Arthur Evans (1851 bis 1941) freigelegten und z.T. wiederaufgebauten Königspalast.

** Königspalast

Die ausgedehnte, in vier Ebenen am Hang vom Kefála-Hügel ansteigende, einst 2-3stöckige Anlage, die mehrfach – vermutlich durch Erdbeben – zerstört und demzufolge in drei Phasen erneuert wurde, bestand von etwa 2000 bis 1400 v.Chr.: Erster Palast um 2000-1800, Zweiter Palast um 1800-1700, Dritter Palast um 1700-1400 v.Chr. Die heute freiliegenden Teile stammen hauptsächlich vom Dritten Palast, der nach 1700 v.Chr. entstand und, obwohl in den folgenden Jahrhunderten in einzelnen Teilen verändert und erweitert, im wesentlichen dem Zustand im 16. Jahrhundert v.Chr. entspricht. Der komplizierte Grundriß gab den Anlaß zu der Vermutung, daß es sich bei dem Palast um das sagenhafte Labyrinth des Königs Minos handele, zumal hier mehrfach das Symbol der Doppelaxt (griechisch 'labrys'), ein Wahrzeichen des minoischen Kreta, gefunden wurde.

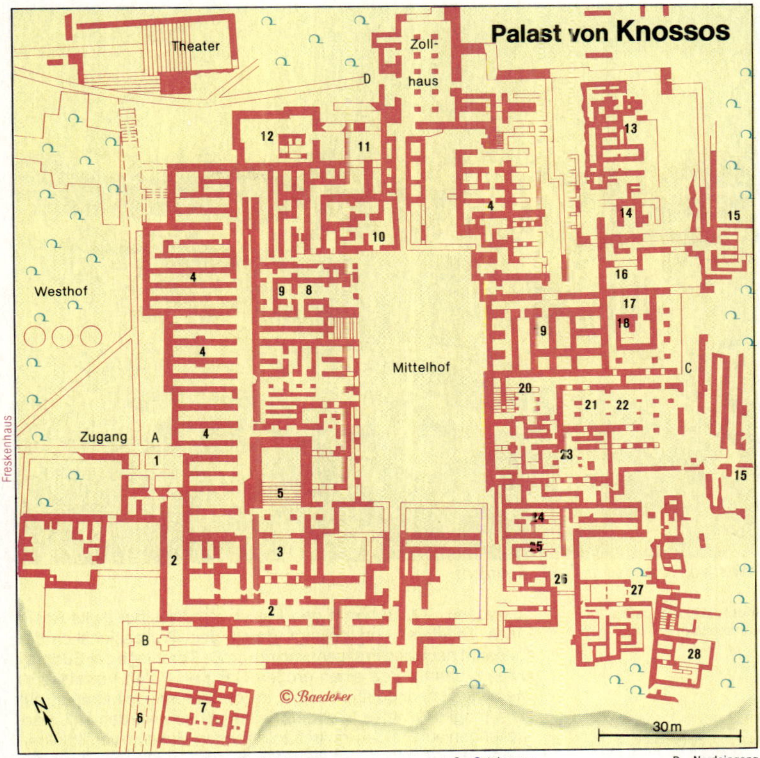

A Westeingang
B Südeingang
C Osteingang
D Nordeingang

1 Westpropyläen
2 Prozessionskorridor
3 Südpropyläen
4 Vorratskammern
5 Propyläentreppe
6 Säulentreppe
7 Südgebäude
8 Thronsaal
9 Innenheiligtum
10 Gefängnis
11 nordwestliche Säulenhalle
12 nördliches Reinigungsbecken
13 Keramik-Lagerräume
14 Lagerräume der Riesenkrüge
15 Bastionen
16 Werkstätten
17 Töpferei
18 Steinmetz-Werkstatt
19 Wasserleitung
20 großes Treppenhaus
21 Halle der Doppeläxte
22 Megaron des Königs
23 Megaron der Königin
24 Sanitäre Anlagen
25 Heiligtum der Doppelaxt
26 Reinigungsbecken
27 Hochaltar
28 Südostgebäude

'Halle der Doppeläxte'
im Palast von Knossos
(Rekonstruktionsversuch)

Palast von Knossos (z.T. rekonstruiert)

Knossos, Königspalast (Fortsetzung)

Rundgang. – Man betritt den Palast vom Westhof (links Reste eines Theaters) und gelangt durch den Prozessionskorridor (benannt nach den Fresken) und die große Toranlage der Südpropyläen, dann durch einen großen Gang an vielen Vorratskammern mit Tonnengefäßen vorbei, in den geräumigen Mittelhof, auf dem möglicherweise Stierkämpfe abgehalten wurden (vgl. Darstellungen auf Funden im Archäologischen Museum von Iráklion). – An der Westseite des Hofes u.a. die Haupttreppe und der Thronsaal (mit steinernem Stuhl; um 2000 v.Chr.); an der Ostseite des Hofes die Wirtschafts- und Wohnräume mit Bädern und Toiletten (Wasserspülung). Neben der nach dem in die Pfeiler eingehauenen Zeichen benannten Halle der Doppeläxte u.a. die Gemächer des Königs und die Gemächer der Königin. Die zahlreichen Fresken sind Kopien der im Archäologischen Museum von Iráklion befindlichen Originale. – Um den Palast herum liegen im Gebiet der größtenteils noch nicht ausgegrabenen minoischen Stadt Knossós, die vielleicht bis zu 100000 Einwohner zählte, die Reste einiger Villen und des Kleines Palastes (200 m nordwestl.).

Von Iráklion über Górtis, Festós und Ajía Triáda nach Mátala

Man verläßt Iráklion in westlicher Richtung auf der Straße nach Réthimnon.
2 km: Abzweigung nach links (südwärts).
31 km: Ajía Varvára, ein stattliches Dorf. Dahinter bergan zum Askífu-Paß (700 m ü.d.M.) und mit prächtigen Ausblicken hinab in die fruchtbare, reichlich mit Oliven, Orangen, Zuckerrohr, Bananen u.a. angebaute Messará-Ebene.

Ausgrabungen der antiken Stadt Gortis

16 km: Ajía Déka; 1 km südöstlich abseits ein kleines archäologisches Museum.

*Gortís

1 km: die Reste der Stadt Gortís (Gortyn), der ehemaligen Rivalin von Knossós und späteren Hauptstadt der römischen Provinz Creta-Cyrenaica, die bis zum Einbruch der Sarazenen im Jahre 826 n.Chr. bestand. Links der Straße im Olivenhain u.a. die Fundamente des Tempels des Apollon Pythios, eines römischen Statthalterpalastes mit Thermen (2. Jh. n.Chr.), eines Theaters und eines Amphitheaters sowie eines 374 m langen Circus. ½ km weiter liegen rechts der Straße unter der Akropolis die Ruinen der Basilika Ájios Títos (6. Jh. n.Chr.), eines antiken Theaters sowie eines in römischer Zeit in ein Odeon (Konzerthaus) verwandelten Gebäudes, an dem der Rechtskodex der Stadt Gortís aus archaischer Zeit eingehauen ist (um 450 v.Chr.; bustrophedon, d.h. der Zeilenverlauf wechselt von links nach rechts und von rechts nach links).

*Festós

14 km hinter Gortís folgt die Abzweigung nach links über den Hieropótamos (Brücke) zu den auf einem Höhenrücken gelegenen Ruinen der von König Minos gegründeten und im 2. Jahrtausend v.Chr. zerstörten Stadt Festós (Phaistos, Phästos). Am Ostende des Höhenzuges der auf Terrassen angelegte Palast in der Art von Knossós, der anstelle eines um 1800 v.Chr. erbauten und um 1700 v.Chr. durch ein Erdbeben vernichteten ersten Palastes nach 1650 v.Chr. errichtet und um 1450 v.Chr. ebenfalls durch Erdbeben (vgl. Palast von Knossós) zerstört wurde. Von den ursprünglich um einen Mittelhof gruppierten Palasttrakten sind nur die Ruinen des westlichen und nördlichen Flügels erhalten, während der südliche und östliche Flügel bei dem Erdbeben

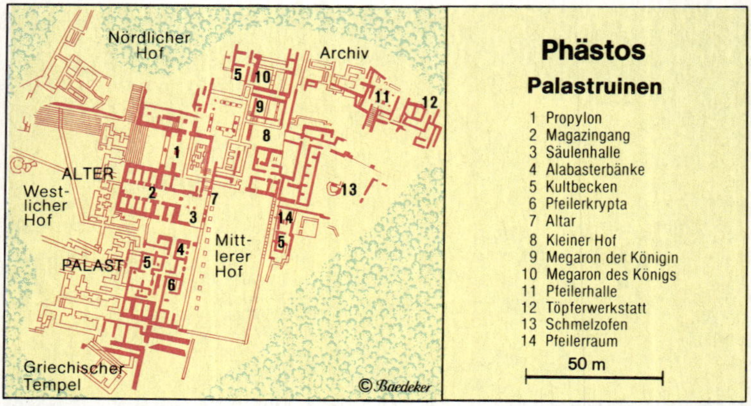

Festós (Fortsetzung)

abgestürzt sind. An der West- und Nordseite des noch vorhandenen Teils sieht man Reste des ersten Baues. Den Palast betritt man von der Westseite auf einer 13,75 m breiten monumentalen Propyläentreppe; links davor die Stufen eines Theaters. Von einer balkonartigen Bastion auf der höchsten Terrasse bietet sich eine prächtige Aussicht auf die Messará-Ebene mit ihrer Gebirgsumrahmung.

*Ajía Triáda

Etwa 2 km westlich der Ausgrabungsstätte von Festós, am Nordrand des Höhenrückens und mit dem Palast einst durch eine gepflasterte Straße verbunden, liegen die Reste des ebenfalls minoischen Sommerpalastes Ajía Triáda, der nach einer auf einem Nachbarhügel stehenden byzantinischen Kapelle benannt ist (antiker Name nicht überliefert). Er stammt wie Festós hauptsächlich aus dem 16. Jahrhundert v.Chr., wurde allerdings nach dem Erdbeben um 1450 v.Chr. erneuert und blieb bis in dorische Zeit bewohnt. Die hier gefundenen Fresken und Tongefäße befinden sich jetzt größtenteils im Archäologischen Museum von Iráklion. Von der Westseite des Palastes hat man eine herrliche Aussicht auf das 3 km entfernte Meer und die Südküste von Kreta. Oberhalb des Palastes steht die venezianische Kapelle Ájios Jeórjios (14. Jh.; Fresken und Inschriften). Nordöstlich unterhalb des Palastes sind Teile einer spätminoischen Siedlung (14.-11. Jh. v.Chr.) freigelegt. Am Fuße des Hügels eine Nekropole, u.a. mit einem großen runden Kuppelgrab.

Mátala

10 km hinter Festós erreicht man das Meer bei Mátala, das in minoischer Zeit Hafen von Festós, in römischer Zeit von Górtis war. In die Felswände der Hafenbucht sind Grab- und Wohnhöhlen aus frühchristlicher Zeit eingehauen. Mátala besitzt einen feinen Sandstrand.

Weitere Ausflüge von Iráklion

Amnisós

7 km östlich von Iráklion, bei Amnisós, die Reste einer zweistöckigen minoischen Villa mit Fresken sowie eines Hafengebäudes (beide um 1660 v.Chr.). 3 km weiter östlich die Reste eines minoi-

Tílisos
Slavokampos
Vathípetron

schen Herrenhauses bei dem antiken Hafen Níru Cháni, mit Doppelaxtheiligtum. – Spuren weiterer minoischer Villen bei Tílisos (14 km südwestl.), Slavókampos (22 km südwestl.) und Vathípetron (20 km südl.).

* Ídi Óros

Sehr lohnend ist die Besteigung des Ídi (Psiloritis, 2456 m ü.d.M.; beschwerlich! Warme Ausrüstung und Proviant unerläßlich, Führer ratsam), entweder von Kamáres zur Kamáreshöhle, wo zahlreiche Tongefäße der mittelminoischen Zeit aus polychromer Keramik (Kamáres-Ware) gefunden wurden, und weiter zum Gipfel (ca. 9 Std.), oder von Anógia (8 Std.).
An der Nordflanke des Ídi in 1280 m ü.d.M. die minoische Kulthöhle Idéon Ántron.

Etwa 15 km südlich von Iráklion liegt die Ortschaft Archánes (4000 Einw.), das Zentrum des kretischen Weinanbaus (v.a. 'Rosaki'-Tafeltrauben). Die Ergebnisse sporadischer Grabungen weisen auf eine größere Bedeutung des Ortes in minoischer Zeit hin.

Ájios Nikólaos

Das reizvoll über dem Golf von Mirabéllo am Hang ansteigende Städtchen Ájios Nikólaos (5200 Einw.) wird wegen der guten Strände in der Umgebung und zahlreicher Ausflugsmöglichkeiten von Touristen besonders zu längerem Aufenthalt geschätzt. Am Hafen der Vulisméni-See (Süßwasser), in dem nach der Sage die Göttin Athene gebadet haben soll. – Der Stadt vorgelagert ist die Insel Ajía Pántes, ein Reservat für Wildziegen.

Ajios Nikolaos (im Vordergrund der Vulismeni-See)

Ausflüge von Ájios Nikólaos

*Elúnda

6 km nördlich von Ájios Nikólaos liegen bei der Touristensiedlung Elúnda (Elunta) die Reste der dorischen Stadt Olús (teilweise unter dem Meeresspiegel).

An der Nordspitze der Elúnta vorgelagerten Insel Spinalonga (urspr. Halbinsel), die durch einen künstlichen Graben von dieser getrennt die Insel Kalidóna bildet, eine venezianische Festung von 1571 (1585 erweitert; nach 1897 griechische Leprastation).

Psíra

Auf der Insel Psíra, im Osten des Golfes von Mirabéllo, die Reste einer mittel- bis spätminoischen Siedlung.

Mochlós

Auf dem östlich dem Festland vorgelagerten und im Altertum mit diesem verbundenen Eiland Mochlós wurden in zahlreichen Grabkammern Geräte und Grabbeigaben aus frühminoischer Zeit (heute im Museum von Iráklion) gefunden.

Dréros

22 km nordwestlich von Ájios Nikólaos und 2 km nordöstlich abseits der Ortschaft Neápolis liegt die Fundstätte der minoischen Siedlung Dréros, mit Apolloheiligtum (8./7. Jh. v.Chr.; bronzene Kultbilder).

*Mália

34 km nordwestlich von Ájios Nikólaos, bei dem Dorf Mália (Strand) nahe der Küste inmitten einer fruchtbaren von Windrädern bewässerten Niederung, die Reste des um 1800 v.Chr. errichteten, nach dem Erdbeben um 1700 v.Chr. erneuerten und später verfallenen Palastes von Mália, der den Palästen von Knossós und Festós ähnlich, jedoch kleiner als diese war. Nahebei Teile der minoischen Stadt Mália sowie einer Nekropole.

*Lassíthi-Ebene

Etwa 30-40 km westlich von Ájios Nikólaos das fruchtbare runde Karstplateau Lassíthi (850 m ü.d.M.), mit ca. 12000 heute zu-

Venezianisches Kastell auf Spinalonga

Byzantinische Kirche in Kritsa

nehmend stillgelegten Windrädern ('Tal der Windmühlen') zur Bewässerung der Ebene; am Südwestrand, bei dem Dorf Psichrón, die Tropfsteinhöhle Diktéon Ántron, in der die Sage den Geburtsort des Zeus sieht.

*Kritsá

11 km südwestlich von Ájios Nikólaos, inmitten alter Olivenhaine, das malerische Bergdorf Kritsá; in der Umgebung mehrere schöne byzantinische Kirchen, besonders die Kapelle Panajía tis Kerás (12.-14. Jh.; Fresken) und die Kirche Ájios Jeórjios (14. Jh.) 4 km weiter nordwestlich die von Gestrüpp überwucherten Ruinen der Stadt Lató, die wahrscheinlich zwischen dem 7. und 4. Jahrhundert v.Chr. angelegt wurde und von ihren Terrassen oder den beiden sie überragenden Akropoliskuppen eine herrliche Aussicht auf den umliegenden Bergkranz und den Golf von Mirabéllo bietet. – 30 km südwestlich von Ájios Nikólaos liegt über einem nach Süden geöffneten Tal des Díkti-Gebirges das Dorf Máles, mit Resten der dorischen Siedlung Málla. 15 km weiter südlich der Ort Mírtos (Strand), mit römischen Ruinen.

Máles

Ierápetra

An der Südküste Kretas liegt 36 km südlich von Ájios Nikólaos inmitten eines reichen Gemüseanbaugebietes als südlichste Stadt Europas, Ierápetra, an der Stelle des antiken Hafens Hierapydna, mit venezianischer Hafenfestung. Im Rathaus befindet sich ein kleines Museum mit Fundstücken aus römischer und venezianischer Zeit. – Ierápetra rund 18 km (10 sm) südwestlich vorgelagert sind die Inseln Gaiduronísi und weiter östlich, etwa 5 km vor Kap Gudúra die Insel Kufonísi.

*Gurniá

Etwa 20 km südöstlich von Ájios Nikólaos liegt das Ruinenfeld der nur teilweise freigelegten Siedlung Gurniá, die in ihrer typischen

Gurniá
(Fortsetzung)

Anlage mit ihren engen gepflasterten Gassen, kleinen Wohnhäusern sowie erhöht gelegenem Palast und Heiligtum einen guten Eindruck vom Aussehen einer spätminoischen Ortschaft (1600-1400 v.Chr.) vermittelt.

Sitía

Die ostkretische Stadt Sitía, das antike Eteia, ist ein von venezianischem Kastell überragtes malerisch gelegenes Hafenstädtchen (Strand), mit überwiegend neuerer Bebauung. Entlang dem Hafenkai zieht sich eine lange Kette typisch griechischer Speisegaststätten.

Ausflüge von Sitía

Ajía Fotiá
Moní Toplú

Etwa 5 km östlich von Sitía, bei Ajía Fotiá, eine minoische Totenstadt. 16 km weiter östlich das Festungskloster Moní Toplú aus dem 17. Jahrhundert, Stützpunkt des Widerstandes gegen die Türken und Zufluchtstätte vor den Deutschen im Zweiten Weltkrieg, mit sehenswerter Bibel- und Ikonensammlung.

Palékastro

23 km östlich von Sitía liegen die minoischen Ruinen von Palékastro.

*Vái-Bucht

Bei dem bescheidenen Flecken Vái, 26 km nordöstlich von Sitía, findet sich um die gleichnamige schöne Sandbucht der einzige Palmenhain auf Kreta. 3 km weiter nördlich die minoischen Reste von Ithanós bei Ermúpolis.

Itanós

Ausgrabungsstätte Gurnia

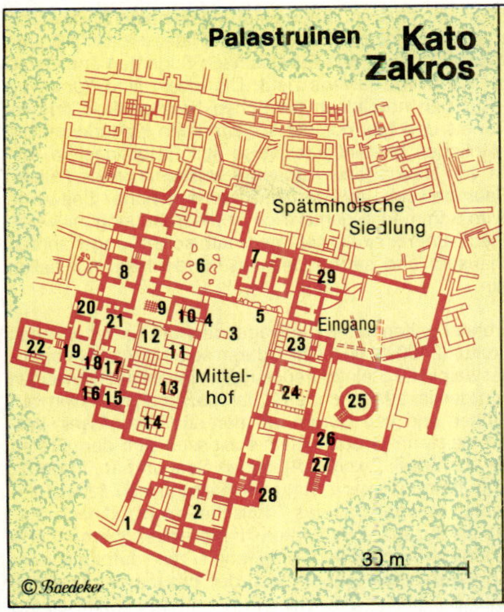

1 Südzugang
2 Werkstätten
3 Quadratische Einfassung (Altar?)
4 Zugänge zum Westflügel
5 Säulenportikus
6 Küche und Speisesaal
7 Raum mit Küchengerät
8 Vorratskammern
9 Raum mit Ziegelfußboden
10 Vorhalle
11 Großer Säulensaal
12 Lichthof
13 Quadratischer Raum
14 Bankettsaal
15 Werkstatt
16 Schatzkammer
17 Reinigungsbecken
18 Palastheiligtum
19 Archiv
20/21 Fundstätten der Talente und Elefantenzähne
22 Färberei
23 Megaron der Königin
24 Megaron des Königs
25 Großes rundes Wasserbecken
26 Quadratischer Brunnen
27 Quadratisches Becken
28 Runder Brunnen
29 Reinigungsbecken

Kreta (Fortsetzung)

Von Sitía gelangt man auf gut ausgebauter, in ihrem letzten Abschnitt prächtiger Panoramastraße hoch über dem Meer zu den 46 km südöstlich gelegenen, teilweise freigelegten Ruinen von Kato Sakros. Die Stadt bestand 1600-1450 v.Chr. und war Ausgangspunkt für den Handel mit Ägypten und dem übrigen Nordafrika.

*Kato Sakros

Etwa 15 km südlich von Sitía liegen das minoische Landhaus und die hellenistische Nekropole von Presós. – Ferner zahlreiche archäologische Fundstätten in der näheren Umgebung von Sitía, besonders die minoischen Landhäuser von Piskokéfalon, Zú und Ríza (alle südöstl.) sowie das mykenische Kuppelgrab bei Achládia (südl.).

Presós

Gávdos

Kretas westlicher Südküste etwa 37 km (20 sm) vorgelagert ist als Europas südlichster Punkt die flache bewaldete Insel Gávdos, das mythologische Ogygia (Od. VII, 244), mit 'Kalypsos gewölbter Grotte'.

Kykladen Κυκλάδες / Kikládes (Kikládhes) D 4/5

Allgemeines und Mythos

Kykladen ist eine im Altertum entstandene Benennung der im Kreis (griechisch 'kyklos') um den religiösen Mittelpunkt Delos gelegenen, meist von Ioniern bewohnten Inseln. Nach der Legende soll Poseidon einst die Berge mit seinem Dreizack ins Meer gestoßen haben, wo sie in der Tiefe Wurzeln schlugen.

Kykladen (Fortsetzung)

Der aus 23 großen und rund 200 kleinen Inseln bestehende Archipel erhebt sich auf einem unterseeischen Plateau, das im Bogen von den Spitzen Attikas und Euböas nach Südosten und Osten hin bis zur Küste Kleinasiens zieht. Die Inseln sind durchweg gebirgig. Auf den nördlichen herrschen Kreidekalk, Glimmerschiefer, Gneis und Marmor der sogenannten Kykladenmasse vor, die südlichen bestehen teilweise aus Eruptivgestein. Mit Ausnahme von Naxos fehlen dauernd wasserführende Flüsse, ebenso Baumbewuchs infolge fortwährend scharfer Seewinde ('Meltemi' im Sommer). Eigentümlich ist die Bebauung mit weißgestrichenen, übereinandergefügten kubischen sogenannten Kykladenhäusern und strohgedeckten Windmühlen mit hellen Tuchflügeln.

Geschichte und Kultur

Als Urbewohner gelten Karer, die Träger der frühbronzezeitlichen Kykladenkultur (2400-1200 v.Chr.), deren sogenannte Kykladenidole, meist weibliche Steinfiguren, auf allen Inseln nachzuweisen sind. Sie wurden im ausgehenden 2. Jahrtausend von Ioniern auf den nördlichen und von Dorern auf den südlichen Inseln verdrängt. Die meisten Kykladeninseln schlossen sich dem Ersten und später auch dem Zweiten Attischen Seebund an. In der 2. Hälfte des 1. Jahrtausends v.Chr. teils makedonisch, teils ptolemäisch, kamen sie später an das Römische Reich und nach dessen Teilung an Byzanz. – Es folgten im Mittelalter Jahrhunderte der venezianisch-fränkischen Herrschaft mit aufblühendem Kunst- und Geistesleben. Auch nach der Besetzung durch die Türken (1579) bewahrten die Kykladen ihre religiöse (vorwiegend römisch-katholische Bevölkerung) und kulturelle Eigenheit weitgehend. – Seit 1834 gehören die Inseln zu Griechenland. – Die Beschreibungen der einzelnen Inseln findet man über das Register.

Hinweis

Der sehr eigenständigen Kykladenkultur des 4. und 3. vorchristlichen Jahrtausends ist das neueröffnete 'Museum für Kykladische und Antike Kunst' in → Athen gewidmet.

Kythera / Kithira Κύθηρα / Kíthira **D 3**

Region: Peloponnes
Inselgruppe: Ionische Inseln
Nomos: Attika
Inselfläche: 285 km²
Höhe: 0-506 m ü.d.M.
Bewohnerzahl: 5000
Hauptort: Kíthira (Chóra)

Flugverkehr

Flugplatz 10 km nordwestlich von Kíthira. – Linienflüge täglich von Athen.

Schiffsverkehr

Linienschiffe zwischen Athen (Piräus) und Ajía Pelajía mehrmals wöchentlich in 10 Stunden; Athen (Piräus) – Kapsáli wöchentlich in 5 Stunden; Athen (Piräus) – Antikíthira wöchentlich in 22 Stunden. – Lokale Verbindungen mit Pórto Kágio, Gíthion, Néapoli, Monemavassía, Elafónissos, Antikíthira und Kíssamos (Kreta).

Lage und Allgemeines

Kythera, das antike Kythera, liegt rund 15 km (8 sm) südlich der Ostspitze Lakoniens. Sie ist die südlichste der Ionischen Inseln (Heptanes), mit verkarstetem, schluchtenreichem Gebirge und steil abfallender Küste. Karge landwirtschaftliche Erträge zwingen jüngere Bewohner zur Auswanderung v.a. nach Australien.

Hafenplatz Kapsali auf Kythera

Geschichte

Wegen des Reichtums an Pupurschnecken war Kíthira schon früh von Phönikern besiedelt und kam später in den Besitz Spartas; aus der phönikischen Astarte-Verehrung entstand der Kult der Aphrodite, die hier auf einer Muschel dem Meer entstiegen sein soll. Als Stützpunkt vor der Küste Lakedaimons war die Insel im Altertum von großer strategischer Bedeutung. – Seit der Venezianerherrschaft (1207) hieß sie Cerigo und teilte als spätes Mitglied des Heptanes die Geschicke der Ionischen Inseln. 1864 kam Kythera an Griechenland.

Sehenswertes

* Kíthira (Chóra)

An der Südspitze liegt hoch über Bucht und Hafenort Kapsáli der reizvolle Hauptort Kíthira (Chóra; 750 Einw.). Er wird überragt von der mächtigen venezianischen Festung (16. Jh.).

Paläóchora
Ajía Pelajía

In prächtiger Lage über der Nordostküste erheben sich die Ruinen der mittelalterlichen Festung und ehemaligen Inselhauptstadt Paläóchora, die 1536 von den Türken zerstört wurde; nördlich davon, in einer weiten Bucht der Nordostküste, der zweite Hafenort Ajía Pelajía, wo während der Militärdiktatur politische Gegner in Verbannung lebten.

Kastell Milopótamos

Über einer Bucht der Westküste das mittelalterliche Kastell Milopótamos; nahebei eine Tropfsteinhöhle.

Kloster Panajía Mirtidiótissa

10 km nordwestlich von Kapsáli liegt das Kloster Panajía Mirtidiótissa (17. Jh.) mit einer als wundertätig verehrten schwarzen Ikone.

Kythera (Fortsetzung), Avlémona

Vor der Bucht von Avlémona (auch Ájios Nikólaos), an der Ostküste, lief 1802 die britische "Mentor" mit einer Ladung für England bestimmter griechischer Kunstschätze auf Grund.

Eilande

Zahlreiche Klippen und Felseilande sind Kythera vorgelagert: Im Süden Avgó, mit der Blauen Grotte, im Osten die beiden Dragonéra (bewirtschaftet).

Antikíthira

Südöstlich von Kíthira, etwa auf halber Strecke nach Kreta, liegt die kleine Kalkinsel Antikíthira (Antikythera; 22 km²; bis 360 m ü.d.M.; ital. Cerigotto), das antike Aigila oder Aigilla. Die Bewohner leben hauptsächlich von der Landwirtschaft und vom Fischfang. In dem Kanal zwischen beiden Inseln wurde im Jahre 1900 das Wrack eines römischen Schiffes geborgen, dessen Ladung, bestehend aus Bronze- und Marmorstatuen des 5.-2. Jahrhunderts v.Chr., darunter auch der 'Ephebe von Antikythera', Keramiken, Glaswaren und einer astronomischen Uhr, heute im Athener Nationalmuseum steht.

Kythnos / Kithnos Κύθνος / Kíthnos D 4

Region: Ägäische Inseln
Inselgruppe: Kykladen
Nomos: Kykladen
Inselfläche: 101 km²
Höhe: 0-326 m ü.d.M.
Bewohnerzahl: 1200
Hauptort: Kíthnos (Chóra bzw. Messariá)

Schiffsverkehr

Linienschiffe (auch Kfz-Transport) von und nach Athen (Piräus) 5mal wöchentlich in 4 Stunden. – Lokale Verbindungen mit Kea und Serifos.

Lage und Allgemeines

Kithnos ist eine herbe, stark verkarstete und felsige Kykladeninsel südöstlich von Kea. Die Küste ist meist steil und stark gegliedert. Ihre Bewohner leben von Landwirtschaft und Fischfang, im Altertum auch vom Eisenbergbau.

Geschichte

Die ersten Siedler waren Dryoper (vgl. Ortschaft Driopís) von Euböa. Sie wurden später von Ioniern verdrängt. In der Geschichte war Kithnos stets ohne Bedeutung.

Sehenswertes

Kíthnos (Chóra)

Der Hauptort Kíthnos (Chóra bzw. Messariá) liegt 6 km südlich der Hafenbucht von Ajía Iríni im Nordosten der Insel. An der Nordseite der Bucht befinden sich die schon zur römischen Kaiserzeit bekannten heißen Mineralquellen (40-55°C) von Lutrá, nach denen die Insel in venezianischer Zeit Thermiá (italienisch Fermenia) genannt wurde. Die Badeeinrichtungen wurden für den ersten Griechen-König Otto von Bayern geschaffen.

Thermalquellen

Kástro Oriás

Weiter nördlich, hoch über dem Meer, das mittelalterliche Kástro Oriás.

Hafenort Merichas auf Kythnos

Kythnos, Mérichas

Etwa 7 km südwestlich von Kíthnos liegt der Haupthafen Mérichas. Nördlich davon, auf hohem Strandfelsen (150 m ü.d.M.) über den Buchten von Apókrusis und Episkopí, die Ruinen der alten Inselhauptstadt Vryókastro (Evräokastro). Auf dem vorgelagerten, ursprünglich mit dem Festland verbundenen Eiland sind noch Spuren einer Agora sowie Grabstätten in ihrer Umgebung zu erkennen.

Vryókastro

Driopís

6 km südlich von Kíthnos liegt der lebhafte Ort Driopís (auch Syllakas bzw. Chorió) zu beiden Seiten der Schlucht. Beim Ort zahlreiche Windmühlen und die Kataphaki-Grotte (Zufluchthöhle). – Im Südosten der Insel die Kirche der Panajía in Kanála, mit als wundertätig verehrter Ikone.

Lefkas / Leukas Λευκάς / Lefkás C 2

Region: Ionische Inseln
Inselgruppe: Ionische Inseln
Nomos: Lefkás
Inselfläche: 302 km^2
Höhe: 0-1158 m ü.d.M.
Bewohnerzahl: 25000
Hauptort: Lefkás

Flugverkehr

Flughafen Áktion, 18 km nördlich, auf dem Festland. – Linienflüge von Athen täglich.

Anreise per Autobus

Linienverkehr Athen – Lefkas mehrmals täglich.

Lage und Allgemeines

Lefkas bzw. Leukas (italienisch Santa Maura), die teilweise verkarstete Gebirgsinsel im Ionischen Meer vor der arkananischen Halbinsel Plagiá gelegen und von dieser durch eine 600 m bis 5 km breite seichte Lagune getrennt, ist heute über einen Damm und zuletzt eine Pendelfähre mit dem Festland verbunden.

Die Insel nimmt größtenteils ein Gebirgszug ein, der sich im Stavrotás bis zu 1158 m ü.d.M. erhebt und gegen Südwesten hin, an der Spitze der Halbinsel Lefkas im Kap Dukáto oder Kap Leukádas (72 m ü.d.M.; Leuchtturm) ausläuft. Von dieser als 'Leukadischer Felsen' bezeichneten weißleuchtenden Klippe soll sich der Sage nach die Dichterin Sappho aus unglücklicher Liebe zu dem schönen Phaon hinabgestürzt haben. Wichtigste Erwerbsquellen der Bewohner sind Landwirtschaft auf kargen Böden, Fischfang, Salzgewinnung und Kunstgewerbe, besonders die Erzeugung von Spitzen und Strickwaren.

Zwischen Lefkas und dem Festland bestand nie eine feste natürliche Landverbindung. Die Kieselnehrung an der Nordspitze wurde bereits von den Korinthern für die Schiffahrt durchstochen und ließ ebenso wie die südlich der Stadt Lefkás gelegene, im Mittelalter durch die Anlage von Salinen entstandene Nehrung die Passage selbst größerer Schiffe zu.

Geschichte und Archäologie

Zeugnisse frühester Besiedlung weisen ins Neolithikum. – Im 7. Jahrhundert v.Chr. gründeten die Korinther die Stadt Leukas und schlossen die Lagune im Süden auf der Höhe des Forts Ájios Jeórgios durch eine 600 m lange Mole, von der noch Reste im Wasser sichtbar sind. Im Norden durchstachen sie die Kieselnehrung auf der Höhe des Forts Maura; dieser Kanal war jedoch im

Hafeneinfahrt des Inselhauptortes Lefkas

Peloponnesischen Krieg, als Leukas auf der Seite Spartas stand, wieder versandet. In der Zeit des Achäischen Bundes war Alt-Leukas Hauptstadt Arkananiens und unterstützte Philipp II. von Makedonien gegen die Römer, die es 197 v.Chr. eroberten. Sie spannten eine feste Brücke von Leukas zur westlichen Spitze des Festlandes.
Im Mittelalter gehörte die Insel den Herren von Kephallenia und Zante und anderen fränkischen Dynasten, wurde 1479 als einzige der Ionischen Inseln von den Türken, 1684 von Morosini für die Venezianer erobert und kam 1815 nach vorübergehender napoleonischer Verwaltung an England. Nach der Staatsgründung erfolgte 1864 der Anschluß an Griechenland.

Infolge der bewegten Geschichte, aber auch infolge mehrerer Erdbeben – zuletzt 1953 – sind die meisten Baudenkmäler der Insel vernichtet worden.

Dörpfelds Theorie

Auf Lefkas lebte und wirkte der deutsche Archäologe Wilhelm Dörpfeld (1853-1940), der die Insel – und nicht Itháki – für das homerische Ithaka, die Heimat des Odysseus, hielt (vgl. Dörpfeld "Alt Ithaka", 1927), wobei er sich besonders auf topographische Gegebenheiten stützte. Seine Grabungsergebnisse indes brachten keine hinreichenden Beweise für seine umstrittenen Thesen.

Nach Dörpfeld soll Homers Zakynthos dem heutigen Zakinthos, Dulichion dem heutigen Kefallonia, Same dem heutigen Ithaki und Ithaka dem heutigen Lefkas entsprechen. Odysseus' Stadt vermutete er im westlichen Teil der Ebene von Nídri. Bei Nachgrabungen wurden dort in der Tat an vielen Stellen in 4-6 m Tiefe Hausmauern und Keramikscherben (monochrom mit Ritzornamenten) gefunden, die Dörpfelds Thesen stützen könnten.

Am Fuß des Gebirges dringen zwei Buchten ins Land, südwestlich die Skýdi-Bucht, südöstlich die schmale Sýbota-Bucht, mit Grotten an den Uferhängen. Letztere – so Dörpfeld – ist der Phorkys-Hafen, wo Odysseus von den Phäaken an Land gesetzt wurde und seine Schätze in der Nymphengrotte barg (Od. XIII, 345ff.), um dann zu dem 'hoch', 'fernab der Stadt' bei der Arethusa-Quelle (dem Brunnen beim Dorf Évgiros) gelegenen Gehöft des Schweinehirten Eumäos hinanzustei gen (Od. XIII, 404ff.; XIV, 6, 399; XXIV, 150). Die Skýdi-Bucht ist dann die Landestelle des Telemachos (Od. XV, 495). Durch Athenas Warnung war er auf der Rückfahrt von Pylos dem Hinterhalt entgangen, den ihm die Freier auf dem Inselchen Asteris, vielleicht Arkúdi (bis 135 m ü.d.M.) südlich von Lefkás, gelegt hatten.

Sehenswertes

Lefkás

Inselhauptort ist Lefkás (6500 Einw.), an der Nordspitze der Insel. Seine Häuser sind zum Schutz gegen Erdbeben in eigentümlicher Weise z.T. aus Holz erbaut. – 3 km nördlich der Stadt erhebt sich auf der nördlichen Nehrung die venezianische Festung Santa Maura (13. Jh.). – 3 km westlich bietet sich beim Kloster Faneroméni ein prächtiger Rundblick. – 3 km südlich liegen auf einem Hügel die Reste er antiken Stadt Leukas, mit der Akropolis, einer Wasserleitung, Teilen der Stadtmauern und einem Theater.

Santa Maura

Leukas

Nídri

Etwa 14 km südlich der Stadt Lefkás liegt die sich weit ins Land vorschiebende Nídri-Bucht. Beim östlich gegenüber dem Hafen-

Meeresgrotte am felsigen Ufer der Insel Meganisi

Nidri-Bucht (Fortsetzung)

ort Nídri gelegenen Kap Kiriáki, mit einer Kapelle, befindet sich Dörpfelds ehemaliges Wohnhaus und die Grabstätte des Archäologen. – Der Bucht östlich vorgelagert sind die kleinen malerischen Inseln Spárti mit Meeresgrotten, Madurí, die Insel des griechischen Dichters Aristotelis Valaoritis, und Skorpiós, das im Eigentum der Erben des Reeders Onassis steht.

Meganísi

Vor der südlichen Ostküste von Lefkas liegt die freundliche Insel Meganísi (18 km^2; bis 267 m ü.d.m.; 2500 Einw.), das antike Thaphos (Sandbuchten, Meeresgrotten). Im flacheren Westen wird Landwirtschaft betrieben, den Osten nimmt ein bewaldeter Höhenzug mit Steinbrüchen ein. Hauptort ist der Hafenplatz Vathí, zu dem Linienboote von Lefkas verkehren. Westlich davon der Hafen für den Ort Spartochóri.

Leipsoi

→ Lipsi

Lemnos

→ Limnos

Leros Λέρος / Léros D 5

Region: Ägäische Inseln
Inselgruppe: Südliche Sporaden
Nomos: Dodekanes
Inselfläche: 53 km²
Höhe: 0-327 m ü.d.M.
Bewohnerzahl: 6000
Hauptort: Ajía Marína

Flugverkehr

Linienflüge Athen – Leros täglich; Kos – Leros mehrmals wöchentlich.

Schiffsverkehr

Linienschiffe von und nach Athen (Piräus) mehrmals wöchentlich in 11-12 Stunden (auch Kfz-Transport); von und nach Kavála wöchentlich. – Lokaler Verkehr im Dodekanes: Rhodos – Simi – Tilos – Kos – Kalimnos – Leros – Lipsi – Patmos – Arki – Agathonissi – Samos.

Lage und Allgemeines

Die bergige, wasserreiche und fruchtbare Insel Leros besitzt eine buchtenreiche Küste. Ihre Bewohner leben von Landwirtschaft und Fischfang.

Geschichte

Im Altertum war Leros von Milet abhängig. Wenngleich bis in heutige Zeit ohne Unterbrechung besiedelt, war die Insel stets ohne Bedeutung. Im 14. Jahrhundert kamen Ritter des Johanniterordens auf die Insel, die sie bis ins 16. Jahrhundert gegen die Türken zu verteidigen wußten. Im Zweiten Weltkrieg war Leros umkämpfter deutscher Flottenstützpunkt.

Johanniterfestung Kastro oberhalb von Ajia Marina

Bemerkenswertes auf Leros

Ajía Marína

Der Hauptort Ajía Marína (2500 Einw.) liegt an der Ostküste, im Süden der Bucht von Álinda. Darüber, auf dem Álinda-Bucht (nördl.) und Plátanos-Bucht (südl.) trennenden Bergkamm, die Johanniterfestung Kástro (14. Jh.) an der Stelle der antiken Akropolis.

Lakkí

Südlich von Ajía Marína greift die geschützte Hafenbucht von Lakkí (1500 Einw., britischer Soldatenfriedhof) tief in die Westküste der Insel ein. Im Ort die mittelalterliche Johanneskirche.

Paläokastro

Südöstlich von Lakkí liegt in der Ebene das Dorf Xerókambos; darüber die antike Ruinenstätte Paläokastro, eine Festung aus dem 4. vorchristlichen Jahrhundert.
Im Norden der Insel befindet sich die nach Nordwesten hin von dem Eiland Archángelos abgeschlossene Bucht von Parthéni (militär. Sperrgebiet).

Lesbos Λέσβος / Lésbos (Lésvos) C 4/5

Region: Ägäische Inseln
Nomos: Lesbos
Inselfläche: 1630 km²
Höhe: 0-967 m ü.d.M.
Bewohnerzahl: 97 000
Hauptort: Mitilíni

Flugverkehr

Flughafen 8 km südöstlich von Mitilíni. – Linienflüge von Athen 4mal täglich; von Saloniki täglich; von Limnos mehrmals wöchentlich.

Schiffsverkehr

Linienschiffe von und nach Athen (Piräus) mehrmals wöchentlich (auch Kfz-Transport); von und nach Saloniki, Rhodos und Kími jeweils wöchentlich. – Fährverbindung mit Dikili (Türkei).

Lage und Allgemeines

Lesbos (volkstümlich Mitilíni, türkisch Midilli, italienisch Metelino), nach Kreta und Euböa die drittgrößte griechische Insel, gehört zu den nord- und ostägäischen Inseln und liegt in einem Winkel der anatolischen Küste, von der es im Norden 10 km (5½ sm), im Osten 15 km (8 sm) entfernt ist. Lesbos gehört zu den fruchtbarsten Gebieten Griechenlands und zeichnet sich durch seine landschaftliche Schönheit aus. Gegliedert wird es durch den Golf von Kalloní und den Golf von Jéra, die von Südwest bzw. Südost tief in die Insel einschneiden. Für die Geschichte war oft die Nähe zum kleinasiatischen Festland bestimmend.

Geschichte

In Thermí, 12 km nördlich von Mitilíni, wurde eine vorgriechische Siedlung freigelegt, die um 2700 v.Chr. entstand und zu einem auch die Troas und die vorgelagerten Inseln bis Limnos umfassenden Kulturkreis gehörte. Um 1000 v.Chr. kamen äolische Griechen aus Thessalien auf die Insel. Es entstanden die Städte Mytilene und Methymna, deren Adelsgeschlechter miteinander rivalisierten. Um 600 v.Chr. gelang es dem Tyrannen Pittakos, in Mytilene Parteienhader und Gewaltherrschaft zu beseitigen. Nach zehnjähriger Herrschaft legte er die Macht nieder und wurde später zu den sieben Weisen gerechnet. 546-479 v.Chr. gehörte Lesbos zum persischen Herrschaftsbereich, anschließend zum Attischen Seebund. In dieser Zeit wie auch in der helle-

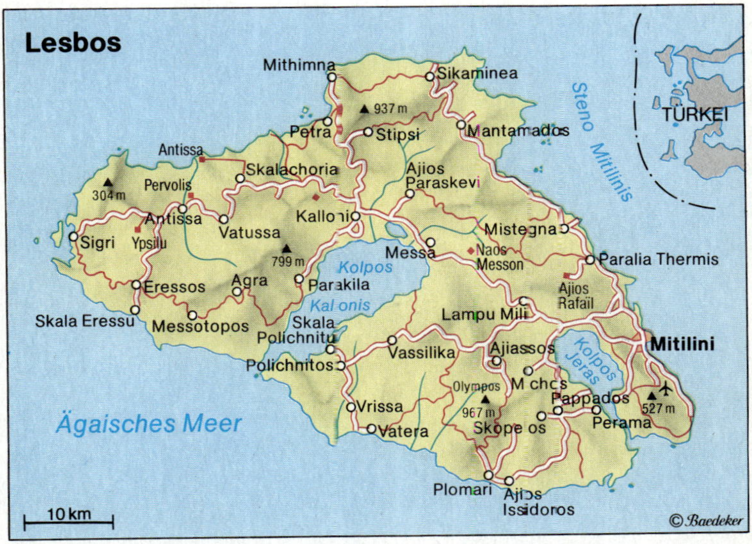

Geschichte (Fortsetzung)

nistischen und römischen Ära konnte es – ähnlich wie Chios – seine Unabhängigkeit bewahren.

Lesbos ist nicht nur Heimat des Dichters Terpandros (7. Jh. v.Chr.), dem man die Erfindung der siebensaitigen Lyra zuschrieb; um 600 v.Chr. wurden in Methymna der Sänger Arion, in Mytilene Alkaios und in Eressos Sappho, die größte griechische Dichterin, geboren. Fern von der späteren Bedeutung 'lesbisch' erzog sie junge Mädchen in musischem Geist. Der Philosoph Theophrast (322-287 v.Chr.) ging als Leiter der Schule des Aristoteles nach Athen.

Sappho

Im Mittelalter heiratete der Genuese Francesco Gattelusi 1355 eine byzantinische Kaisertochter, die Lesbos als Mitgift erhielt. Damit begann das Inselreich der Gattelusi, das sich als byzantinisches Lehen bis 1462 gegen die Türken hielt. In der Türkenzeit (bis 1913) wanderten zahlreiche Einwohner auf das Festland aus, insbesondere ins nahe Kydonia (heute Ayvalık, Türkei). Nach der kleinasiatischen Katastrophe (1922/23) kehrten ihre Nachkommen zurück auf die Insel, für deren Wirtschaft der Verlust des anatolischen Hinterlandes Probleme aufwarf.

Mitilíni (Mytilene)

Allgemeines

Die Hauptstadt Mitilíni (Kástro; 26000 Einw.) liegt an einer Hafenbucht der Ostküste an der Stelle des antiken Mytilene. Eine gern auch als Flanierweg benutzte Mole schützt den Hafen, um den sich das Geschäftsleben konzentriert. Über die Ziegeldächer der meist niedrigen, gelegentlich mit Kolonnaden versehenen Häuser ragt die charakteristische Kuppel der Therapón-Kirche, die westliche Stileinflüsse erkennen läßt. Zwischen dem heutigen Süd-

Panorama von Mitilini

Mitilini
(Fortsetzung)

hafen und dem antiken Nordhafen erstreckt sich eine Senke, die einst von einem Kanal durchzogen wurde. Sie trennt den Hauptteil der Stadt vom Burghügel, der nach Osten ins Meer vorspringt und die mächtige Burg der Gattelusi trägt. Man steigt durch einen Kiefernhain zur stark bewehrten südöstlichen Eingangsseite hinauf. Antike Spolien in Mauern und Türmen erinnern daran, daß die weiträumige Anlage das Gebiet der antiken Akropolis umschließt. Aus türkischer Zeit stammen einige Moscheebauten. Über einem Seitentor im Nordwesten ist das Doppelwappen des Francesco I. Gattelusi (1355-1385) und der mit ihm verheirateten byzantinischen Prinzessin mit einer Inschrift von 1377 zu sehen. Vom Nordende hat man einen schönen Blick über den antiken Nordhafen und seine Molenreste.

Burg der Gattelusi

Antikes Theater

Westlich oberhalb dieses Hafens befindet sich das antike Theater (3. Jh. v.Chr.), unter dessen Eindruck Pompeius das erste steinerne Theater in Rom errichten ließ.

* Archäologisches Museum

Am Südende des Burghügels erhebt sich ein Denkmal für die Toten der griechisch-türkischen Auseinandersetzungen 1821 bis 1923. Unweit davon ist ein Schwimmbad. – Das kleine Archäologische Museum bewahrt u.a. mehrere der seltenen äolischen Kapitelle und spätantike Mosaiken.

Der Norden der Insel (Rundfahrt 125 km)

Erste Station einer Fahrt von Mitilíni nach Norden ist das kleine Heilbad Paralía Thermís (12 km). Die vorgeschichtliche Siedlung Thermí in seiner Nähe geht auf das Jahr 2700 v.Chr. zurück. –

Über Mantamádos (38 km), einen Wallfahrtsort mit als wundertätig verehrter Marienikone (Wallfahrten am 8. November) und Sikaminéa (50 km), den Geburtsort des zeitgenössischen Schriftstellers Stratis Mirivillis, erreicht man nach 63 km das an der Nordküste gelegene Míthimna (oder Mólivos, altgriechisch Methymna, 1800 Einw.), ein Hafenstädtchen unterhalb eines Gattelusi-Kastells, von dem man bis nach Kleinasien blickt. H.G. Buchholz hat in seiner Methymna-Monographie dargelegt, daß in der heutigen Flur Paläa Míthimna unweit östlich bereits im 3. Jahrtausend eine erste Siedlung bestand; im späteren 2. Jahrtausend wurde sie an die heutige Stelle verlegt, im 1. Jahrtausend entwickelte die Stadt weitgespannte Handelsbeziehungen, die in hellenistischer Zeit bis Ägypten reichten.

Míthimna (Mólivos)

Die Rundfahrt führt von Míthimna weiter südwärts über den kleinen Hafen Pétra (72 km) am Fuß eines Felsklotzes nach Kalloní (87 km; 2000 Einw.), das 4 km nördlich des nach ihm benannten, 21 km tief in die Küste eingreifenden Golfes liegt. In der Umgebung befindet sich das Kloster Límonos, das in der nur für Männer zugänglichen Hauptkirche eine reich geschnitzte Bilderwand und komplett erhaltene Ausmalungen aufweist. In neuen Räumen außerdem die bedeutende Bibliothek, das Archiv und ein Museum.

Kalloní

* Kloster Límonos

Bei der Weiterfahrt nach Südosten wendet sich die Route bei Méssa (94 km) vom Golf ab; in der Nähe die Reste eines Tempels, in den später eine Kirche eingebaut wurde. Bei Lápu Mílli (Mória; 109 km) die Überreste eines römischen Aquäduktes. – Die Rundfahrt endet in Mitilíni (125 km).

Lápu Mílli

Der Westen der Insel (Rundfahrt 177 km)

Mitilíni verläßt man in westlicher Richtung und erreicht bei Skalachorió (54 km) die Abzweigung eines Weges zu den Ruinen der antiken Stadt Antissa.

Antissa

Hinter Vatússa (61 km) liegt rechts das Kloster Perivólis (Fresken des 17. Jh.), hinter der neuen Stadt Ántissa (69 km) das Kloster Ypsilú am Ordímnos-Berg (Handschriften; prächtige Aussicht).

Die Route erreicht das Meer bei Sígri (84 km; 550 Einw.), einem Ferien- und Badeort an der Westküste. Südöstlich davon die versteinerten Bäume, die vor mindestens 700000 Jahren unter Vulkanfluß versintert sind.

Sígri

* Versteinerte Bäume

Von Eressós (98 km; Museum) empfiehlt sich ein Abstecher nach Skála Eressú (101 km) an der Südküste, mit schönem Sandstrand. Es ist die Stelle des antiken Eressos, aus dem Sappho und Theophrast stammen. Westlich, unweit des Strandes, die Ruine einer frühchristlichen Basilika, 'Scholí Theophrástu' (Schule des Theophrast) genannt.

Eressós

Von Eressós weiter über Ágra (118 km) und Kalloní (147 km) und zurück nach Mitilíni (177 km).

Der Süden der Insel

Ein lohnendes Ziel im Süden der Insel ist Agiássos (30 km; 5000 Einw.) am Nordhang des Ólympos (967 m ü.d.M.). Zentrum des Ortes ist die zuletzt 1816 erneuerte Wallfahrtskirche, zu der am Marienfest (15. August) Tausende von Pilgern strömen. Man findet hier schöne Töpferei und Spinnereien.

Agiássos

Auf Lesbos: Mithimna (Molivos) und ... ... Lapu Milli (Moria)

Lesbos (Fortsetzung), Polichnitos,

Von Agiássos lohnt die Weiterfahrt nach Polichnitos (24 km; 5100 Einw.), seinem Hafen Skála Polichnítu und dem Kloster Damándri, mit Fresken von 1580, sowie von Polichnitos weiter zum Strand von Vaterá im Süden.

Plomárion

Eine andere Route hält sich wenige Kilometer nach der Ausfahrt aus Mitilíni dicht am Nord- und Westufer des Golfes von Jéra und führt zum Strand von Ájios Issídoros und zur Stadt Plomárion (5200 Einw.) an der Südküste (42 km).

Leukas

→ Lefkas

Limnos / Lemnos Λῆμνος / Límnos B/C 4

Region: Ägäische Inseln
Nomos: Lesbos
Inselfläche: 476 km²
Höhe: 0-470 m ü.d.M.
Bewohnerzahl: 17 000
Hauptort: Mírina

Flugverkehr

Flugplatz 25 km nordöstlich von Mírina. – Linienflüge von Athen mehrmals täglich; von Saloniki täglich; von Mitilíni (Lesbos) mehrmals wöchentlich.

Linienschiffe Athen (Piräus) – Limnos – Samothraki – Alexandrúpolis.

Schiffsverkehr

Die Insel Limnos, in der nördlichen Ägäis gelegen, besteht aus einem Hügelland, dessen höchste Erhebung nicht über 470 m ü.d.M. hinausreicht. Sie ist fruchtbar und fast baumlos. Angebaut werden Korn und verstärkt auch Baumwolle. Die Küste ist reich gegliedert. Zwei Buchten – die von Purniás im Norden und die von Múdros im Süden – schneiden so tief ein, daß Ost- und Westteil der Insel durch einen nur 4 km breiten Landstreifen zusammenhängen. Das Vulkangestein im Osten erinnert an die antike Überlieferung, wonach Hephaistos hier nach dem Sturz aus dem Olymp seine Schmiede eingerichtet und Aphrodite geheiratet hat. Nicht weniger bekannt waren im Altertum die von Herodot überlieferten Geschichten von den 'Lemnischen Freveln' (Lémnia kaká), auf die sich der Athener Miltiades bei der Eroberung der Insel stützte.

Lage und Allgemeines

Bis an den Anfang des 3. Jahrtausends v.Chr. reicht die ummauerte Stadt Polióchni zurück, die zur selben vorgriechischen Kultur wie Troja und Thermí auf Lesbos gehört. Die ersten Griechen kamen um 800 v.Chr. nach Lemnos, wichen aber um 700 v.Chr. den kleinasiatischen Tyrsenern, deren Sprache nach Ausweis der Schriftfunde von Kamínia eng mit dem Etruskischen verwandt ist. Dies stützt die schon von Herodot vertretene These, die Etrusker seien aus Kleinasien (Lydien) nach Italien ausgewandert. Endgültig griechisch besiedelt wurde die Insel nach der Eroberung durch Athen am Ende des 6. Jahrhunderts v Chr. Berühmt war der Hephaistoskult, der mit einem 'Erdfeuer' nahe der Stadt Hephaisteia im Norden der Insel zusammenhing. Hephaisteia wurde im 4. Jahrhundert n.Chr. Bischofssitz, der später nach Mírina an der Westküste verlegt wurde.

Geschichte

Nach dem 4. Kreuzzug wurde die Insel für 100 Jahre venezianisch, kam dann wieder an Byzanz, das sie 1414 den Gattelusi von Lesbos zu Lehen gab. Die Türkenzeit dauerte auf Limnos von 1479 bis 1912. Beim Orlow-Aufstand von 1770 war Mírina russischer Flottenstützpunkt; im Ersten Weltkrieg war die Bucht von Múdros Stützpunkt der britischen Flotte beim Gallipoliunternehmen.

Sehenswertes

Mírina

Hauptstadt und -hafen ist Mírina (Mýrina; 3400 Einw.), meist Kástro genannt. Es liegt an der Stelle der gleichnamigen antiken Stadt an der Westküste, unterhalb eines Felsens, dessen antike Befestigung von einem venezianischen Kastell überbaut wurde. Der Burgfelsen, von dessen Höhe man die Stadt mit ihrer Umgebung überschaut und an sehr klaren Nachmittagen den 60 km entfernten Berg Athos sehen kann, trennt zwei Buchten voneinander: Die südliche Bucht ist der Hafen, die nördliche ist von einem langen, sehr guten Sandstrand gesäumt. An letzterer steht auch das Museum, das gut geordnete Funde aus dem prähistorischen Polióchni, aus Hephaisteia und dem Kabirenheiligtum von Chloe enthält.

*Museum

Schön gelegen ist der Ort Kontiás an einer Bucht 10 km östlich von Mírina (Sandstrand).

Kontiás

Limnos (Fortsetzung), Múdros

Der zweite Inselhafen Múdros (1200 Einw.) liegt am Ostrand des nach ihm benannten Golfes 28 km östlich von Mírina. Von hier aus fährt man über das Dorf Kamínia, in dessen Nähe die oben erwähnten tyrsenischen Schriften gefunden wurden, nach Polióchni (34 km), wo eine italienische Grabung Stadt- und Hausmauern sowie das mit einer an Troja II erinnernden Rampe versehene Tor der prähistorischen Siedlung an der Ostküste freilegte. Die Ursprünge dieser Siedlung reichen bis ins 3./4. Jahrtausend v.Chr. zurück.

Hephaisteia

Über Kontopúli (30 km; 1100 Einw.) gelangt man in den Nordosten der Insel zur Ausgrabungsstätte von Hephaisteia am Golf von Purniás (Nekropole des 8. bis 6. Jh. v.Chr.; hellenistisches Theater) und zu dem antiken Hafen Chloe (neugriechisch Chlói). Hier wurde im Verlauf einer nicht abgeschlossenen Grabung von italienischen Archäologen ein Kabirenheiligtum zutage gefördert. Man sieht u.a. die Reste zweier Kultbauten des 6. und des 5. bis 4. vorchristlichen Jahrhunderts.

Lipsi / Leipsoi Λειψοί / Lipsí — D 5

Region: Ägäische Inseln
Inselgruppe: Südliche Sporaden
Nomos: Lipsí
Inselfläche: 18 km²
Höhe: 0-275 m ü.d.M.
Bewohnerzahl: 500
Hauptort: Lipsí

Schiffsverkehr

Lokale Verbindungen mit Patmos und Leros.

Lage und Allgemeines

Lipsi, ehemals Lepsia, ist eine seit dem 19. Jahrhundert neu besiedelte unbedeutende Insel, die zu den Südlichen Sporaden zählt. Sie liegt 12 km (6½ sm) östlich von Patmos und besitzt einen bescheidenen Hafen- und Hauptort gleichen Namens an der Südküste. Im griechischen Befreiungskampf gegen die Türken diente Lipsi als Flottenstützpunkt. Die Bewohner leben von Landwirtschaft und Fischfang.

Makronisos / Makronesos Μακρόνησος / Makrónissos — D 4

Region: Ägäische Inseln
Inselgruppe: Kykladen
Nomos: Kykladen
Inselfläche: 18 km²
Höhe: 0-281 m ü.d.M.

Lage und Allgemeines

Makronisos, die 'lange Insel' im Osten von Kap Súnion, ist der attischen Küste 5 km (3 sm) vorgelagert. Im Altertum trug sie den Namen der schönen Helena, die – wie Pausanias berichtet – hier gerastet haben soll.
Archäologische Funde weisen auf bescheidene Besiedlung seit dem Neolithikum hin. In der jüngsten Geschichte wurde die heute von wenigen Hirten bewohnte Insel mehrfach zum Internierungslager.

Milos / Melos Μῆλος / Mílos

D 4

Region: Ägäische Inseln
Inselgruppe: Kykladen
Nomos: Kykladen
Inselfläche: 147 km²
Höhe: 0-751 m ü.d.M.
Bewohnerzahl: 4500
Hauptort: Mílos

Flugverkehr

Flughafen 5 km außerhalb von Mílos. – Linienflüge Athen – Milos täglich.

Schiffsverkehr

Linienverkehr von und nach Athen (Piräus) mehrmals wöchentlich. – Lokale Verbindungen zu den Nachbarinseln.

Lage und Allgemeines

Die Insel Milos (oder Melos; von 'Apfel'; italienisch Milo), die westlichste der größeren Kykladen, ist die Caldera eines pliozänen Vulkans. Dieser Entstehung, von der noch heute schwefelhaltige Thermen im Nordosten und Südosten zeugen, verdankt die Insel ihre landschaftliche und wirtschaftliche Besonderheit. Das Meer hat durch einen Einschnitt im Nordwesten Zugang zum Kraterkessel und bildet darin einen der besten Häfen des Mittelmeeres. Die nordöstliche Hälfte der Insel ist flacher und fruchtbarer als der bergige Südwesten, der im Profíti Elías bis zu 751 m ü.d.M. ansteigt. Wichtigste Wirtschaftsgrundlage bilden die reichen Mineralvorkommen, darunter Bimsstein, Alaun, Schwefel und Ton, daneben aber auch etwas Fremdenverkehr.

Geschichte

Bereits im 3. Jahrtausend v.Chr. war die Insel dicht besiedelt. Die Bewohner fertigten in jener Zeit aus dem hier vorkommenden Obsidian Steinwerkzeuge, die sie in den ägäischen Raum sowie nach Kleinasien und Ägypten ausführten. – Um 1200 v.Chr. ließen sich dorische Siedler auf Milos nieder und gründeten an der Stelle des heutigen Kástro auf einer Anhöhe im Norden der Bucht die von Ringmauern und Türmen gesicherte Stadt Melos mit ihrem Hafen Klima. Ihr Wohlstand gründete sich schon damals auf die Ausfuhr von Schwefel, Bimsstein, Ton und Alaun, aber auch von Öl, Wein und Honig. – In römischer und frühchristlicher Zeit erreichte das Kunstschaffen auf der Insel seinen Höhepunkt: Venus von Milo (2. Jh. v.Chr.; heute im Pariser Louvre).

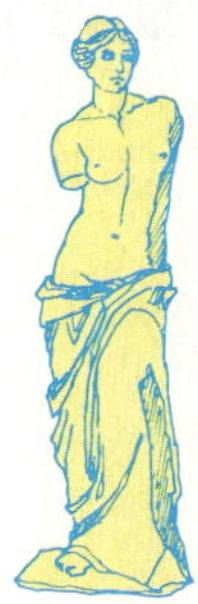

Venus von Milo

Nach dem Untergang des Römischen Reiches byzantinisch, im Mittelalter zum venezianischen Herzogtum Naxos gehörend, fiel Milos später unter türkische Herrschaft und kam nach der Staatsgründung an Griechenland.

Sehenswertes

Adámas

Der Hafenplatz Adámas (750 Einw.) an der Nordseite der großen Bucht ist ein charakteristischer Kykladenort. Von hier sind es 4 km nach Nordwesten zum Hauptort Mílos (Pláka; 200 m ü.d.M.; 900 Einw.), der ein interessantes kleines Museum besitzt. Auf dem Weg zur venezianischen Gipfelfestung passiert man die sehenswerte Kirche der Panajía Thalassa.

* Mílos (Pláka)

* Katakomben

1 km unterhalb der Pláka liegt das Dorf Tripití (= die Durchlöcherte), von dem eine Betonstraße zu den frühchristlichen

Hafenort Adamas

Katakomben (Fortsetzung)

Katakomben führt. Diese Anlage des 2. Jahrhunderts mit einem Heiligengrab in der Mitte des Hauptraumes und rund 2000 Grabnischen ist für Griechenland einmalig.

Melos

Von der Betonstraße zweigt rechts der Weg zu den Resten der antiken dorischen Stadt Melos ab. Ein Hinweisschild macht auf die Stelle aufmerksam, an der die Venus von Milo (Aphrodite von Milo), ein hellenistisches Werk aus der Zeit um 150 v.Chr., gefunden wurde (links). Rechts sind Teile der Stadtmauer und eines Turmes sichtbar. Nicht weit davon entfernt befindet sich das in schöner Lage oberhalb der Bucht in den Hang gebaute kleine römische Theater.

Filakopí

Von Tripití ostwärts gelangt man nach Filakopí, unmittelbar über dem Steilabfall der Nordküste, wo Grundrisse aus dem 3. und 2. Jahrtausend v.Chr. und mykenische Mauern aus der Zeit um 1500 v.Chr. freigelegt wurden, sowie zu dem hübschen Hafenort Apollónia (11 km), mit Sandstrand.

Apollónia

Zefiriá
Paläochorá

Ein weiterer Ausflug führt von Adámas in südöstlicher Richtung nach Zefiriá (6 km) und zu den Ruinen des im 8. Jahrhundert gegründeten und 1793 aufgegebenen Paläochóra.

Antímilos

Von Adámas kann man mit dem Boot zu dem von Wildziegen bewohnten felsigen Antímilos (8 km^2; bis 643 m ü.d.M.) übersetzen.

Glaronísia (bei Milos)

Der Nordküste von Milos vorgelagert sind die 'Möveninseln' Glaronísia, vier bizarre Basaltstöcke im Meer (Sykia-Grotten).

Mykonos / Mikonos Μύκονος, Míkonos D 4

Region: Ägäische Inseln
Inselgruppe: Kykladen
Nomos: Kykladen
Inselfläche: 75 km²
Höhe: 0-364 m ü.d.M.
Bewohnerzahl: 4000
Hauptort: Míkonos (Chóra)

Flugverkehr

Flugplatz 3 km vom Hauptort Míkonos. – Linienflüge von Athen mehrmals täglich.

Schiffsverkehr

Linienschiffe von und nach Athen (Piräus) mehrmals täglich in 6-7 Stunden (auch Kfz-Transport). – Lokaler Verkehr mit Delos je nach Wetterlage; ferner mit den anderen Nachbarinseln.

Lage und Allgemeines

Mykonos, die kahle Felseninsel und Endglied der östlichen Kykladenreihe, war einst einer der wichtigsten Handelsplätze in der westlichen Ägäis. Auf wasserarmen, mäßig fruchtbaren Böden wird bescheidene Landwirtschaft betrieben. Als Ausgangspunkt für den Besuch der Nachbarinseln Delos und Rinia, aber auch

Inselhauptort Mykonos

Kirche Paraportiani

Allgemeines (Fortsetzung)

wegen seiner schönen Strände ist Mykonos heute eine der meistbesuchten Inseln der Ägäis; am Ort blüht ein reges Kunstgewerbe.

Mythos und Geschichte

Der Sage nach soll Mykonos der Felsen sein, mit dem Poseidon die Giganten erschlug. Die Geschichte der Insel war mit jener von Tinos eng verbunden, sie stand jedoch – anders als dieses – fast drei Jahrhunderte unter türkischer Herrschaft, bewahrte sich aber weitgehende Autonomie.

Sehenswertes

*Míkonos (Chóra)

Der reizvolle Hauptort Míkonos (Chóra; 2500 Einw.) zieht sich mit seinen weißen, kubischen Häusern, zahlreichen Kirchen und mehreren Windmühlen im Halbrund um eine molengeschützte Bucht der Westküste, und nimmt dort die Stelle der antiken Stadt ein. Einen Besuch verdient das Museum, in dem Grabungsfunde aus Rinia und Delos gezeigt werden, sowie die Kirche Paraportianí, die in vier Bauebenen angelegt ist.

Als eine Art Wahrzeichen von Míkonos galt über drei Jahrzehnte lang ein zahmer Pelikan namens 'Pétros'. Nach seinem allseits betrauerten Tod im Dezember 1985 wurde seine sterbliche Hülle ausgestopft und im Ortsmuseum aufgestellt.

Etwa 10 km östlich der Chóra liegt bei dem ruhigen Dorf Áno Merá das Kloster Turlianí; unweit nördlich davon die venezianische Festungsruine Paläokástro, auf antiken Siedlungsspuren. – Von beiden Gipfeln des Profíti Elías im Nordwesten (364 m ü.d.M.) und im Osten (351 m ü.d.M.; militär. Sperrgebiet) hat man einen vortrefflichen Rundblick.

Mikonos (Fortsetzung)

Dragonissi

Etwa 2 km (1 sm) östlich von Mykonos liegt die Felseninsel Dragonissi, mit Seehundgrotten.

Naxos Νάξος / Náxos D 4

Region: Ägäische Inseln
Inselgruppe: Kykladen
Nomos: Kykladen
Inselfläche: 445 km²
Höhe: 0-1003 m ü.d.M.
Bewohnerzahl: 14000
Hauptort: Náxos

Schiffsverkehr

Linienschiffe von und nach Athen (Piräus) mehrmals täglich in 8 Stunden (auch Kfz-Transport). – Lokale Verbindungen zu den größeren Nachbarinseln.

Lage und Allgemeines

Naxos, die größte und landschaftlich reizvollste der Kykladeninseln, wird von Norden nach Süden von einem Gebirgsriegel durchzogen, der nach Osten hin steil abfällt, an seiner Westflanke hingegen in ein sanftes, fruchtbares Hügelland und wasserreiche Ebenen übergeht. Er erhebt sich im Zás, dem antiken Drios, bis zu 1003 m ü.d.M. und wird von zwei Pässen durchschnitten. Seit der Antike bilden die Landwirtschaft, der Marmor- und Schmirgelabbau sowie die Meersalzgewinnung die Grundlage eines beachtlichen Wohlstandes; in jüngster Zeit gewinnt auch der Tourismus an Bedeutung.

Aufgrund der begrenzten Hotelkapazitäten ist Naxos noch kein Ziel des Massentourismus, aber es bietet dem Freund der griechischen Inselwelt vielerlei: ein ausgeglichenes Klima, eine Landschaft voller Gegensätze – von den Sandstränden der Westküste über die grünen Felder bis zur Strenge der Bergregion – dazu Denkmäler aus Antike und Mittelalter.

Mythos und Geschichte

Naxos gilt als Kultstätte des Dionysos. Der Sage nach soll hier Theseus die Ariadne verlassen haben. – Zahlreiche Funde belegen eine erste Besiedlung durch Karer und Kreter und das Bestehen einer blühenden Kykladenkultur im 3.-2. Jahrtausend v.Chr. Im 1. Jahrtausend v.Chr. folgten ionische Griechen, die im 6. Jahrhundert v.Chr. ihre Herrschaft über Paros, Andros und andere Nachbarinseln ausweiteten. Zugleich entfaltete sich eine berühmte Bildhauerschule (vgl. Apollo von Delos). Während des Ersten Attischen Seebundes mit Athen verbündet, geriet Naxos nach einer mißlungenen Erhebung in dessen Abhängigkeit und mußte attische Kleruchen aufnehmen; ebenso gehörte es dem Zweiten Seebund an. Aus dem Erbe der Makedonier kam es an Ägypten, durch Mark Anton zeitweilig an Rhodos, danach an Byzanz.
Im Jahre 1207 besetzte der venezianische Edelmann Marco Sanudo die Insel und machte sie zum Mittelpunkt des Herzog-

tums der Zwölf Inseln des Ägäischen Meeres (Herzogtum Naxos), das bis 1566 bestand und zu beträchtlicher Blüte aufstieg. 1579 kam es unter die Herrschaft der Türken, von 1770-1774 unter russische Verwaltung, behielt jedoch wie die anderen Kykladen eine gewisse Autonomie. 1830 schloß sich die Insel dem neugegründeten griechischen Königreich an.

Geschichte (Fortsetzung)

Stadt Náxos

Inselhauptort

Die in einem fruchtbaren Wein- und Gartenbaugebiet gelegene Hauptstadt Náxos (2500 Einw.) steigt malerisch an den Hängen eines Felskegels bergan, auf dessen Gipfel die venezianische Schloßruine Kástro (von 1260; heute Klosterschule der Ursulinen; Rundsicht) steht. Im Ort mehrere verfallene venezianische Adelspaläste, besonders der Barozzi-Palast und der Sommaripa-Palast, ferner die katholische Marienkirche (13 Jh.) und auf einer Hafenmole die St.-Antonius-Kapelle (15. Jh.). – Das sehenswerte Museum zeigt Funde aus allen Epochen, darunter eine schöne Sammlung von Steingefäßen und Kykladenidolen des 3. Jahrhunderts, ferner Keramik aus geometrischer, archaischer und späterer Zeit, Statuen und Kapitelle, außerdem im Hof venezianische Wappensteine und ein großes Mosaik 'Europa auf dem Stier'.

*Museum

An der Stelle des heutigen Naxos lag die antike Inselhauptstadt, von der u.a. ein 6 m hohes Marmortor sowie die Fundamente eines unvollendet gebliebenen Apollo- oder Dionysosheiligtums (6. Jh. v.Chr.) auf dem kleinen vorgelagerten Felseiland (Steindamm) Stó Paláti erhalten sind.

*Marmortor

Nordöstlich der Stadt steht das ehemalige Festungskloster St. Johannes Chrysóstomos. – 10 km nordöstlich von Náxos das weiße Faneroméni-Kloster, mit Kirche von 1603.

Ausflug zu den Marmorbrüchen

Gut 40 km nördlich von Náxos und südöstlich vom Kap Stávros, der Nordspitze der Insel, befinden sich oberhalb der Apollónia-Bucht mehrere antike Brüche des in Plastik, Architektur und auch zu Dachplatten verwendeten naxischen Marmors. In dem Ston Apollona genannten Bruch liegt noch ein infolge Materialschwäche des Gesteins unvollendet gebliebener 10,40 m hoher Kuros (Jüngling). Über dem Steinbruch die venezianische Festung Kalógero. Der charakteristische grobkörnige naxische Marmor steht weiter südlich zwischen Mélanes und Potamiá an, wo ebenfalls unvollendete Kuroi sowie ein vermutlich für den Tempel auf Stó Paláti bestimmter Torpfeiler liegen. – An den Hängen des Vóthri-Tals bedeutende, schon im Altertum bekannte Schmirgelgruben.

*Ston Apollona

Weitere Sehenswürdigkeiten auf Naxos

Am Südostfuß des Zás der hellenistische Marmorturm von Kimáro; an der Westseite des Berges die Zeus-Grotte, eine antike Kultstätte.

Turm von Kimáro

◄ *Windmühle auf Mykonos*

Naxos auf der gleichnamigen Insel

Kraterrand auf Nisyros

Venezianische Kastelle auf Naxos

Besuchenswert sind ferner auf Naxos die venezianischen Festungen Ápano Kástro (2 km von Chalki; 13. Jh.), Áno Potamiá (südöstl. der Hauptstadt; Führer!), Apaliros, im Südwesten und Kap Panerimos, im Südosten der Insel.

Wohntürme

Eigentümlich sind die Pyrgi, befestigte Wohntürme in Chalkí, 15 km östlich von Náxos, sowie im Drimália-Tal.

Inselkirchen

Zahlreiche Inselkirchen besitzen byzantinische Wandmalereien, u.a. die Kirchen Ájios Kiriakí in Apíranthos und Ájios Artemios in Sangrí (Fresken des 9. Jh. n.Chr.).

Nisyros / Nisiros Νίσυρος / Níssiros D 5

Region: Ägäische Inseln
Inselgruppe: Südliche Sporaden
Nomos: Dodekanes
Inselfläche: 41 km^2
Höhe: 0-698 m ü.d.M.
Bewohnerzahl: 2000
Hauptort: Mandráki

Schiffsverkehr

Linienschiffe von und nach Athen (Piräus) bzw. Rhodos wöchentlich. – Lokale Verbindungen im Dodekanes: Rhodos – Simi – Tilos – Nisiros – Kos – Kalimnos – Leros – Lipsi – Patmos – Arki – Agathonissi – Samos.

Lage und Allgemeines

Nisiros entstand aus dem im Mittelalter zeitweilig tätigen, 1522 geborstenen und heute auf Solfatarentätigkeit beschränkten Vulkan Diabates im Dodekanes, etwa auf halber Strecke zwischen

Paläokastro

Kos und Tilos, 18 km (10 sm) südwestlich der kleinasiatischen Halbinsel von Knidos (Reşadiye, Türkei). Nisiros ist wasserreich und grün. Auf den fruchtbaren Bimstuffen der Außenhänge werden mühevoll angelegte Terrassenkulturen angebaut. Export von Bimsstein. – Biologische Forschungsstation im Aufbau.

Geschichte

Im Altertum war Nisiros von dorischen Siedlern aus Kos und Kameiros besiedelt. 1312 fiel es an die Johanniter, später als Lehen an die Assanti. 1533 wurde es türkisch.

Sehenswertes auf Nisyros

Mandráki

Der Hauptort und Haupthafen Mandráki (1200 Einw.; Thermalquellen) liegt an der Nordküste der Insel; westlich darüber die Festung der Rhodiserritter, die heute als Kloster dient. Innerhalb der Anlage die spätbyzantinische Höhlenkirche der Panajía Spilianí, südlich das Paläokástro, mit eindrucksvollen, wohlerhaltenen Mauer- und Treppenresten der hellenistischen Stadt (4.-3. Jh. v.Chr.).

Páli

3 km östlich von Mandráki befindet sich der Hafen Páli (auch Thérma), mit heißen Schwefelquellen (antike Thermenreste). Von hier gelangt man in einer Stunde aufwärts zu dem hochgelegenen

Emporió

Dorf Emporió, mit mittelalterlicher Burg (prächtiger Blick) sowie in einer weiteren Stunde am Kraterrand (410-570 m ü.d.M.; 2700 bis 3800 m Durchmesser) entlang nach Nikiá.

Nikiá

Caldera

Die kleine Ebene Lakkí in der Caldera (139 m ü.d.M.) ist im nördlichen Teil angebaut, während in der Südhälfte heiße Quelltöpfe und Schlammseen, grellfarbige Sinterhügel und röhrende Fuma-

Nisyros
(Fortsetzung)

rolen verstreut liegen. Ein kleiner Krater an der Westseite bildet mit 698 m die höchste Erhebung der Insel.
Eine Stunde südlich vom Krater befindet sich das ebenfalls hoch und reizvoll gelegene Dorf Nikiá, mit mittelalterlicher Festung. – Weitere mittelalterliche Burgen sind Stó Stavró im Süden und Parkettiá im Südosten der Insel.

Gialí (Yalí)

In Richtung Kos zu ist Nisiros die kleine Obsidianinsel Gialí (Yalí; 6 km²; bis 177 m ü.d.M.; Bimssteinbruch) vorgelagert; im Westen liegen die Eilande Pasikiá und Perúsa, beide mit antiken Wachtürmen, sowie Kandeliúsa (2 km²; bis 103 m ü.d.M.; Leuchtturm).

Önussä-Inseln Οἰνοῦσαι Νῆσοι / Inússä Níssi D 2

Region: Peloponnes
Nomos: Messenien

Sapientza
Schiza

Die Önussä-Inseln sind eine sturmberüchtigte Inselgruppe südlich vor Messenien, mit den beiden größeren Inseln Sapientza (bis 226 m ü.d.M.) vor der Bucht von Methóni (geschützter Anlegeplatz beim Leuchtturm) und Schiza (oder Cabrera; bis 196 m ü.d.M.) sowie mehreren Felseilanden und zahlreichen Klippen. Mehrere Wracks alter Schiffe liegen hier auf Grund (gutes Gebiet

Blick von Methoni auf Sapientza

Othonische Insel Erikusa

für geschulte Taucher, die allerdings – wie überall in griechischen Gewässern – keine technischen Hilfsgeräte benutzen dürfen!).

Onussä-Inseln (Fortsetzung)

Othonische Inseln

C 1

Region: Ionische Inseln
Nomos: Kérkira

Lage und Allgemeines

Die Othonischen Inseln sind ein Archipel im nördlichen Ionischen Meer nordwestlich von Kérkira (Korfu), mit den nur zeitweise oder gar nicht bewohnten Eilanden Othoni (italienisch Faro; Leuchtturm), Erikusa (italienisch Merlera), Mathraki und Diaplo, unter denen man die Insel der Kalypso vermutete.

Paros Πάρος / Páros

D 4

Region: Ägäische Inseln
Inselgruppe: Kykladen
Nomos: Kykladen
Inselfläche: 186 km²
Höhe: 0-771 m ü.d.M.
Bewohnerzahl: 8000
Hauptort: Páros (Parikía)

Flugverkehr

Linienflüge von Athen mehrmals täglich.

Schiffsverkehr

Linienschiffe von und nach Athen (Piräus) mehrmals täglich (auch Kfz-Transport). – Lokale Verbindungen täglich mit den Nachbarinseln Naxos, Ios, Santorin, Siros und Antiparos.

Lage und Allgemeines

Die Kykladeninsel Paros, rund 8 km (4¹/₂ sm) westlich von Naxos gelegen, wird von einem mäßig gewellten Gebirgskamm mit dem Profíti Elías (771 m ü.d.M.; lohnende Besteigung mit Führer; prächtige Rundsicht) als höchster Erhebung eingenommen. Drei tiefe Buchten schneiden in die Küste ein: im Westen die windgeschützte Parikía-Bucht bei der Inselhauptstadt, im Norden die noch bessere bei dem Städtchen Náusa (1400 Einw.; in römischer Zeit Hauptverladehafen für den Lychnites-Marmor) und die flache Mármare-Bucht im Osten. Die ganze Insel ist von einer mächtigen Decke grobkörnigen kristallinen Kalkes überzogen, in der reiche Bänke reinweißen Marmors liegen.

Die Landwirtschaft auf wasserreichen, fruchtbaren Verwitterungsböden war schon im Altertum die Grundlage eines beachtlichen Wohlstandes; außerdem wird auch heute noch in geringem Umfang Marmor gebrochen. In jüngster Zeit bringt ein rasch anwachsender Tourismus im landschaftlichen, ökonomischen und sozialen Gefüge spürbare Veränderungen.

Geschichte

Grabungen auf dem Eiland Saliangos, das einst mit Paros verbunden war, brachten Zeugnisse einer spätneolithischen Besiedlung (5./4. Jt. v.Chr.) zutage. – Die Insel Paros, die ihren antiken Namen bewahrt hat, war bereits in der Zeit der Kykladenkultur (3. Jt. v.Chr.) dicht bewohnt. – Die im 1. Jahrtausend v. Chr. zugewanderten Ionier machten die Insel zur Seemacht (Münzprägung), die im 7. Jahrhundert v.Chr. Kolonien in Thasos und

Fischerboote im Hafen von Paros

Geschichte (Fortsetzung)

Thrakien gründete. Im 6. und 5. Jahrhundert v.Chr. entfaltete sich die berühmte parische Bildhauerschule. Dem ersten Attischen Seebund gehörten die Parier an; die ungewöhnliche Höhe ihrer Beiträge (425 v.Chr. 30 Talente) gibt Zeugnis von dem Reichtum der Insel im fünften vorchristlichen Jahrhundert.

In hellenistischer, römischer und byzantinischer Zeit war Paros ohne Bedeutung. Es wird berichtet, daß die Insel im 9. Jahrhundert durch brandschatzende und plündernde arabische Piratenhorden entvölkert wurde. Von 1207 bis 1389 gehörte sie zum Herzogtum Naxos, unterstand danach verschiedenen Dynasten, fiel 1537 in die Hände der Türken und kam nach der Staatsgründung an Griechenland.

Sehenswertes

Stadt Páros (Parikía)

Die Hauptstadt Páros oder Parikía (3000 Einw.) nimmt die Stelle der antiken Hauptstadt an der Westküste ein. Den Mittelpunkt der Stadt bildete stets ein 15 m hoher Gneisfelsen an der Südostküste der Hafenbucht, das heutige Kástro. Auf ihm erhebt sich die Ruine eines Frankenschlosses (um 1260), in das Teile des ionischen Tempels 'Hekatompeto Naos' (= der Hundertfüßige) verbaut sind. Der Turm umschließt einen antiken Rundbau (4. Jh. v.Chr.; in fränkischer Zeit ummauert), von dem ein Teil als Apsis der Burgkapelle dient. Unweit westlich, an der höchsten Stelle des Kástro, die Fundamente eines unvollendet gebliebenen Tempels (um 530 v.Chr.). Darunter Reste prähistorischer Häuser (3. Jt. v.Chr.). Die Marmorwand des Tempels diente der Kirche Ájios Konstantínos (südl.) als Mauer. Im Osten des Hügels befand sich in der Antike ein weiterer Hafen, dessen Anlagen z.T. noch im Wasser sichtbar sind.

*Kathedrale

Am Westende der modernen Unterstadt steht die in drei Phasen vom 5. bis zum 7. nachchristlichen Jahrhundert erbaute Kathedralkirche Hekatontapyliani (= 'die Hunderttorige'), eigentlich Katapolianí ('die in der Unterstadt gelegene'). In der Hauptkirche (2. Bauphase um 600 n.Chr.), einer zweigeschossigen Kreuzkuppelkirche mit tonnengewölbter Empore für die Frauen (ältester Teil; Basilika des 5. Jh.s n.Chr.), wurden antike Bauglieder verwendet: Der Hauptaltar wird von zwei dorischen Säulentrommeln gestützt und von einem Eierstab (6. Jh. v.Chr.) geschmückt. In der Apsis dahinter drei im Halbkreis ansteigende Sitzstufen für die Geistlichkeit, mit der Kathedra des Erzpriesters in der Mitte. Rechts das Baptisterium (Kuppelbasilika; 7. Jh. n.Chr.), mit tiefergelegenem kreuzförmigem Taufbecken.

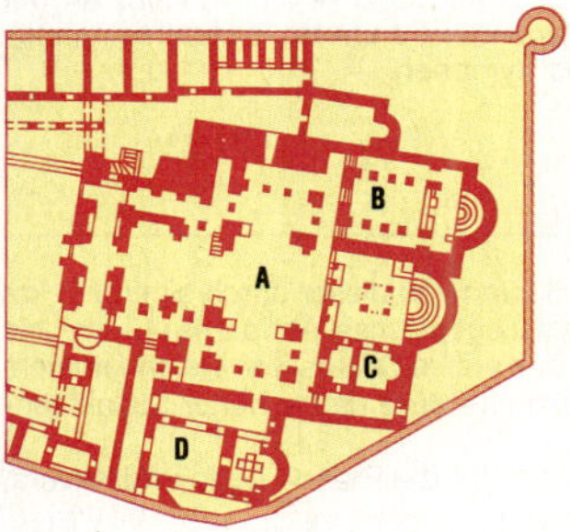

Paros
Kathedrale Katapoliani

A Hauptkirche
B Nebenkirche des hl. Nikolaus
C Nebenkirche der hll. Anargyroi (Diakonikon/Sakristei)
D Taufkriche (Baptisterium)

20 m

© Baedeker

*Museum

Links von der Kirche einige hellenistische, in byzantinischer Zeit wiederverwendete Sarkophage. – In den Nebenräumen ein Museum, u.a. mit Inschriften, von denen eine auf den Jambendichter Archilochos, der im 7. Jh. v.Chr. hier lebte, Bezug nimmt; ferner Grabreliefs, kleinere Skulpturen, Idole und ein Bruchstück (Jahre 336-299 v.Chr.) des "Marmor Parium", einer 1627 hier gefundenen Marmortafel mit einer Tabelle griechischer Geschichtsdaten.

Östlich hinter der Rückmauer der Kathedrale eine guterhaltene hellenistische Grabanlage. – Auf den Hügeln außerhalb der antiken Stadt, die sich weiter als die moderne ausdehnte (Ummauerung teilweise freigelegt), lagen weitere Heiligtümer.

Asklepieion

Auf der im Nordwesten der Stadt nahe dem Meer gelegenen Terrasse, unterhalb des Windmühlenberges, das dorische Asklepieion (4. Jh. v.Chr.) mit Mauerzügen und einem Quellenbassin (6. Jh. v.Chr.). Ein Hallenbau um einen viereckigen Hof, mit zentralem Altar, stammt aus späterer Zeit; dahinter das neue Quellenbassin. Auf der Terrasse oberhalb des Asklepieions lag das Pythion, die eigentliche Kultstätte des Apollon Pythios und des mit ihm verbundenen Asklepios, zu dem der untere Hallenbau als Kurhaus gehörte.

Aphrodite-Heiligtum

Auf dem Kunadosberg östlich der Stadt lag der Heilige Bezirk der Aphrodite, mit einem Felsaltar in der Mitte; 40 m tiefer am Südhang die Quellengrotte der Eileithyia.

Paros (Fortsetzung)

Delion

Auf der höchsten südwestlichen Erhebung des Taxiarchisberges, jenseits der Bucht von Parikía im Nordwesten der Insel (ca. 45 Minuten von der Stadt entfernt), von wo man den Halbkreis der Kykladen erblickt, lag das ummauerte Delion, das Heiligtum der drei delischen Gottheiten Apollon, Leto und Artemis. – Rund 1 1/2 km östlich von Parikía wurden bei Trís Ekklisiés, an der Stelle des ehemaligen Heroon des Archilochos, die Grundmauern einer dreischiffigen Basilika (7. Jh. n.Chr.) freigelegt.

*Lychnites-Marmorbrüche

Der berühmte parische Statuenmarmor, der Lychnites (= der bei Lampenlicht, d.h. unter Tage gebrochene), der reiner und durchscheinender (bis zu einer Stärke von 3,5 mm) ist als alle anderen Marmorarten und im Altertum hochgeschätzt in Delos, Epidauros, Delphi sowie im kaiserlichen Rom Verwendung fand und seit der Zeit der Kykladenkultur (3./2. Jt. v.Chr.; Gefäße, Idole) bis ins 15. Jahrhundert n.Chr. abgebaut wurde, steht nördlich unweit vom Kloster Ájios Minás (1 Std. nordöstl. von Parikía) im Tal von Maráthi an; die antiken Schächte sind noch erhalten. An der westlichen Bank die sogenannte Pangrotte (Schachteingang), mit einem Weihrelief an die Nymphen.

Antíparos

Südwestlich der Insel Paros und von dieser durch einen 1-8 km breiten Meeresarm getrennt, liegt die Insel Antíparos (46 km²; bis 299 m ü.d.M.; 600 Bew.), das antike Oliaros, mit gleichnamigem Hauptort um eine venezianische Burg und schöner Stalaktitenhöhle.
Vor der Nordspitze von Antiparos die Eilande Diplo und Kavura, beide vulkanischen Ursprungs.
Etwa 1/2 km weiter südwestlich von Antiparos die kleinere Insel Despotiki (8 km²), mit geschütztem Hafen, und noch weiter südwestlich das Inselchen Strongili.

Patmos Πάτμος / Pátmos **D 5**

Region: Ägäische Inseln
Inselgruppe: Südliche Sporaden
Nomos: Dodekanes
Inselfläche: 34 km²
Höhe: 0-269 m ü.d.M.
Bewohnerzahl: 2500
Hauptort: Pátmos (Chóra)

Schiffsverkehr

Linienschiffe von und nach Athen (Piräus) mehrmals wöchentlich in 10 Stunden (auch Kfz-Transport); von und nach Saloniki bzw. Rhodos wöchentlich. – Lokale Verbindungen im Dodekanes sowie nach Ikaria und Arki.

Lage und Allgemeines

Patmos, die felsig zerklüftete nördlichste Insel im Dodekanes, ist vulkanischen Ursprungs – vielleicht der Kraterrand eines erloschenen Vulkans – mit reich gegliederter Küste. Sie liegt südlich von Samos und südöstlich von Ikaria in der östlichen Ägäis. Patmos gilt seit dem Mittelalter als Insel des Evangelisten Johannes, der hier im Jahre 95 n.Chr. als Verbannter gelebt und die Apokalypse geschrieben haben soll.

Johannesklosterburg

Geschichte

Das antike Patmos war zunächst dorisch, später ionisch besiedelt und trug ein Heiligtum der Artemis. Wirtschaftlich und politisch bedeutungslos, blieb die frühe Geschichte der Insel weitgehend unbekannt. Wie die kargen Nachbarinseln war Patmos den Römern Verbannungsort und dürfte im Mittelalter verlassen und öde gewesen sein.

Mit der Flucht des Abtes Christodulos aus Kleinasien und der Verlegung seines Klosters vom Latmos-Berg bei Milet nach Patmos im Jahre 1088 n.Chr. begann für die Insel eine neue, von Kirche und Geistesleben geprägte, de facto autonome Geschichte durch Schenkungen zu Reichtum und Einfluß gelangt, überstand die mit weitreichenden Privilegien und eigenen strengen Gesetzen (Typikon) ausgestattete Klosterinsel die 250 Jahre währende Türkenherrschaft, die sich für sie auf die jährliche Tributpflicht beschränkte.

Die Insel Patmos steht seit 1946 unter Denkmalschutz. Der Erwerb von Grund und Boden durch Ausländer wie auch die Ausfuhr von Antiquitäten sind nur in wenigen Ausnahmefällen möglich.

Sehenswertes

Stadt Pátmos (Chóra)

Die Insel besteht aus drei durch schmale Isthmen verbundenen Teilen. Der lebhafte Hafenplatz Skála befindet sich in der tiefsten Bucht der Ostseite. Von hier steigt man in 1 Stunde (3 km; auch Autobus) südwestlich aufwärts zu dem weißen, stillen Hauptort Chóra (130 m ü.d.M.; 1000 Einw.) mit seinen Klöstern, Kirchen

Muttergottes (Eleusa)

Christodulos

Stadt (Fortsetzung)

und Kapellen, allen voran das dem ökumenischen Patriarchat von Konstantinopel unterstehende Johanneskloster (Ájios Ioánnis Theológos), das die Stadt mit mächtigen Wehrmauern des 15. und Zinnen des 17. Jahrhunderts überragt.

** Johanneskloster

Eine Rampe führt durch den Eingang der burgartigen Anlage in den von Loggien umgebenen Hof. Links liegt die Hauptkirche (Katholikón), deren offene Vorhalle vier antike Säulen und mäßige Malereien des 18. und 19. Jahrhunderts aufweist. Die Kirche selbst wurde im 19. Jahrhundert durch Stiftungen des russischen Zaren ausgestattet (Ikonostasis von 1820 mit reicher Schnitzerei). Die Malereien zeigen vielfach Johannes und seine apokalyptischen Visionen. In der ersten rechten Seitenkapelle steht der silberverkleidete Sarkophag des Klostergründers, des Óssios Christódulos (Óssios = Seliger). In der zweiten, der Panajía geweihten Kapelle findet man Fresken von 1745, unter denen ältere Fresken sichtbar wurden: u.a. 'thronende Muttergottes', 'die drei Engel bei Abraham', 'Christus und die Samariterin' (12. Jh.). Fresken

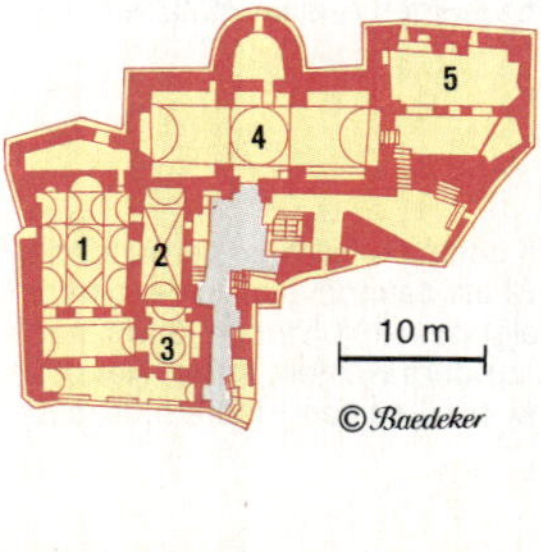

Patmos

Johanneskloster

1 Katholikon
2 Kapelle der Gottesmutter
3 Kapelle des seligen Christodulos
4 Refektorium
5 Küche

des 14. Jahrhunderts haben sich in der Trápeza, dem alten Speisesaal der Mönche, erhalten.

Patmos, Johanneskloster (Fortsetzung)

Schatzkammer
Bibliothek

In der Schatzkammer sind Mitren, liturgische Gewänder, Kelche, Kreuze u.a. aufbewahrt, ferner wertvolle Ikonen. Einzigartige Bestände birgt die Bibliothek, die an Handschriften 890 Codices und 35 Pergamentrollen, ferner gut 2000 alte Druckwerke und ein Archiv von 13083 Urkunden besitzt. Davon sind einige Stücke ausgestellt, so die 1,42 m lange Übereignungsurkunde von Alexios I. an Christódulos aus dem Jahre 1088, ferner 33 Seiten eines Markus-Evangeliums (6. Jh.), eine Handschrift des Buches Hiob mit 42 Miniaturen (8. Jh.) und eine im Jahre 941 geschriebene Predigtsammlung des Gregor von Nazianz. Von den einst reichen Beständen an antiker Literatur ist eine Handschrift des Geschichtswerkes des Diodor in Patmos verblieben. Insgesamt sind Bibliothek und Schatzkammer wohl die bedeutendste Sammlung außerhalb des Heiligen Berges Athos.
Von den Dachterrassen des Klosters (jetzt für Touristen gesperrt!) bietet sich ein herrlicher Rundblick über Patmos und die umliegenden Inseln.

Apokalypse-Kloster

* Bilderwand

Auf halbem Wege zur Chóra liegt links das Apokalypse-Kloster (Moní Apokalípseos) mit der Grotte, in der Johannes der Überlieferung zufolge die Apokalyse geschrieben hat. Die Bilderwand der rechten Kapelle, die in die Grotte gebaut wurde, schildert Visionen des Johannes; auf dem Boden und an der Wand werden die Stellen gezeigt, an denen er ruhte, die Posaunenstimme hörte und seine Visionen aufschrieb. Unmittelbar oberhalb des Klosters sehen wir die Ruine der alten Patmiás-Schule des 18. Jahrhunderts, weiter oben den Terrassenbau der die alte Tradition fortsetzenden modernen theologischen Schule.

Paxi / Paxoi Παξοί / Paxí

C 2

Region: Ionische Inseln
Inselgruppe: Ionische Inseln
Nomos: Kérkira
Inselfläche: 19 km²
Höhe: 0-247 m ü.d.M.
Bewohnerzahl: 3000
Hauptort: Paxí (Gáios)

Schiffsverkehr

Linienschiffe von und nach Pátras wöchentlich (auch Kfz-Transport); von und nach Kérkira (Korfu) mehrmals täglich in 2½ Stunden .

Lage und Allgemeines

Paxi ist eine reizvolle, von subtropischer Vegetation bedeckte Ionische Insel südlich von Kérkira (Korfu). Sie besitzt schöne Badebuchten und bietet vorzügliche Tauchbedingungen. Wichtigster Erwerbszweig der Bewohner sind Landwirtschaft (sehr geschätztes Olivenöl!) und Fischfang. Auf Inseln vor dem Haupthafen Paxí (Gáios; 500 Einw.) eine venezianische Festung sowie das ehemalige Kloster der Panajía (Pilgerfahrten am 15. August). – Besuchenswert ist an der Südküste die Meeresgrotte Ipapantí (Seelöwen).

Paxi im Südosten vorgelagert sind die Eilande Mongonisi (Dammweg) und Kaltsonisi.

Paxi: Inselhauptstadt Gaios

Antípaxi (bei Paxi)

Südöstlich von Paxi liegt die kleinere felsige 'Schwesterinsel' Antípaxi (6 km²; 0-107 m ü.d.M.). Die etwa 100 Bewohner betreiben Schafzucht und Fischfang. Antípaxi besitzt schöne einsame Strände.

Im Sommer gibt es eine Bootsverbindung von Paxi nach Antipaxi; es bestehen aber keine Unterkunftsmöglichkeiten.

Pharmakonisi / Pharmakonesi Φαρμακονήσι / Farmakoníssi D 5

Region: Ägäische Inseln
Inselgruppe: Südliche Sporaden
Nomos: Dodekanes
Inselfläche: 4 km²
Höhe: 0-106 m ü.d.M.
Bewohnerzahl: 5

Lage und Bemerkenswertes

Die kleine, kaum besiedelte Insel Pharmakonisi ist ein dem türkischen Kap Tekağaç Burun (bei Didyma) 12 km (6 sm) südwestlich vorgelagertes Eiland mit sanften, teils begrünten Hügeln. Auf ihr wurde Caesar im Jahre 77 v.Chr. von Piraten gefangengehalten und erst gegen ein Lösegeld von 50 Talenten wieder freigelassen.
Zu sehen sind noch Reste mehrerer römischer Villen sowie, teils unter Wasser, antike Hafenanlagen.

Pholegandros Φολέγανδρος / Folégandros (Folégandhros) D 4

Region: Ägäische Inseln
Inselgruppe: Kykladen
Nomos: Kykladen
Inselfläche: 34 km²
Höhe: 0-411 m ü.d.M.
Bewohnerzahl: 700
Hauptort: Pholégandros (Chóra)

Schiffsverkehr

Pholegandros wird von der Schiffahrtslinie Piräus – Paros – Santorin – Pholegandros – Sikinos – Ios – Naxos – Piräus angelaufen.

Lage und Allgemeines

Die schmale, langgestreckte Kykladeninsel Pholegandros, zwischen Milos und Santorin gelegen, ist vom modernen Tourismus noch wenig berührt. Der bis 411 m hohe Ostteil mit seiner Steilküste ist karg und wasserarm, der Westteil dagegen besitzt Quellen, ist insgesamt milder und weist bescheidene Terrassenkulturen auf.

Durch Armut und Fehlen geschützter Häfen war Pholegandros stets bedeutungslos. Die Geschicke der Insel waren mit denen von Naxos eng verbunden. In römischer Zeit diente Pholegandros als Verbannungsort.

Bemerkenswertes

Vom Anlegeplatz Karavostáso im Osten steigt man in einer Stunde (3 km Straße; auch Maultiere) empor zum Hauptort Pholégandros (Chóra), mit typischen Kykladenhäusern und mittelalterlichem Kástro. Östlich davon der Hügel Paläókastro, mit geringen Resten der antiken Stadt.
Nordwestlich der Chóra liegt die größte Inselsiedlung Áno Meriá.
An der Ostküste die schwer zugänglichen Höhlen Chrisospilia und Jeorjítsi, mit antiken Schriftzeichen

Phurni / Phurnoi Φοῦρνοι / Fúrni D 5

Region: Ägäische Inseln
Inselgruppe: Südliche Sporaden
Nomos: Sámos

Schiffsverkehr

Motorboote von und nach Ikaria und Samos.

Lage und Allgemeines

Die Phurni-Inseln sind schroffelsige Eilande mit zerklüfteter buchtenreicher Küste im Dreieck Samos – Ikaria – Patmos. Zur Gruppe gehören außer der Hauptinsel Phurni (30 km²; 1000 Bew.; 0-486 m ü.d.M.), mit gleichnamiger Ortschaft an der Westseite, die kleineren Eilande Thimena (westl.; 12 km²; bis 483 m ü.d.M.) und Ájios Minás (östl.; 5 km²; bis 250 m ü.d.M.) sowie die Felsklippen Andro, Makronisi und Diapori.

Im Mittelalter galten die Inseln als Schlupfwinkel von Piraten, die hier von hoher Warte aus die Passage zwischen Samos und Ikaria überschauten und vorbeikommende Schiffe ausraubten. Heute leben die Bewohner von der Landwirtschaft und vom Fischfang.

Piräus Πειραιεύς / Piräéfs D 3

Region: Mittelgriechenland
Nomos: Attika
Höhe: 0-15 m ü.d.M.
Einwohnerzahl: 200 000

Der Piräus (neugriechisch Pireás), der gemeinsam mit Athen ein Ballungszentrum bildet, ist als größter Hafen Griechenlands Ausgangspunkt für Schiffsrouten nach Europa und Nahost, ferner für die meisten innergriechischen Linien.
Themistokles war es, der 482 v.Chr. den Piräus zum Athener Handels- und Kriegshafen ausbaute. Die Stadt wurde durch die 'langen Mauern' mit Athen verbunden und in Perikleischer Zeit nach dem rechtwinkligen System des Hippodamos von Milet angelegt. Mit der Zerstörung durch Sulla 86 v.Chr. verlor der Piräus seine Bedeutung. Im Mittelalter hieß er Porto Leone nach einem marmornen antiken Löwen an der Hafeneinfahrt, der sich seit 1682 vor dem Arsenal in Venedig befindet. Der erneute Aufschwung des Piräus bergann nach dem Freiheitskampf im 19. Jahrhundert, als Schaubert den modernen Stadtplan – rechtwinklig wie den antiken – entwarf.

Hafenanlagen

Heute werden außer dem Haupthafen Kantharos auch die kleineren antiken Häfen an der Ostseite mitbenutzt: Bassalimáni (antik Zéa) und Turkolímano, neuerdings Mikrolímano (antik Munychia). Neue Hafenanlagen zur Entlastung des Piräus entstehen an der Reede von Pháliron, wo schon – vor der Anlage des Piräus – der älteste Hafen Athens gelegen hatte.
Die moderne Stadt präsentiert sich mit dem Akkord von betriebsamem Hafen, urbanem Leben und spezifischer Atmosphäre, die man am Haupthafen, am Mikrolímano mit seinen Tavernen oder am Kóraisplatz (auf der Höhe dazwischen) erleben kann.

Piräus: Jachthafen Zea

Piräus, Antike Überreste

Aus der Antike haben sich Reste von Schiffshallen erhalten, die man im Wasser der Hafenbecken der Ostseite sehen kann; ferner das hellenistische Theater (2. Jh. v.Chr.) hinter dem Archäologischen Museum. Die Stadtmauer Konons (394-39 v.Chr.) ist in Teilen noch an der Südwestspitze erhalten.

*Schiffahrtsmuseum

Sehenswert ist auch das Schiffahrtsmuseum, ein Halbkreisbau am südlichsten Ende von Zéa, wo die alte Hafenbucht in die neue Marína Zéa übergeht. Übersichtlich ist hier die Entwicklung der griechischen Seefahrt seit der Antike dargestellt.

Poros Πόρος / Póros — D 3

Region: Mittelgriechenland
Inselgruppe: Saronische Inseln
Nomos: Attika
Höhe: 0-345 m ü.d.M.
Bewohnerzahl: 4500
Hauptort: Póros

Schiffsverkehr

Linienschiffe von und nach Athen (Piräus) 6-10mal täglich in $2\frac{1}{2}$ Stunden. – Tragflügelboot von Athen (Zéa) mehrmals täglich in 65 Minuten. – Regelmäßiger Pendelverkehr zum Festland nach Galatas. – Lokale Verbindung mit Hydra/Spetsä, Äjina sowie mit der Halbinsel Methana.

Lage und Allgemeines

Poros, das antike Kalaureia, liegt im Südwesten der Halbinsel Methana (Peloponnes) und ist durch einen $\frac{1}{4}$ bis 1 km breiten,

Poros, Hauptort der gleichnamigen Insel

Allgemeines (Fortsetzung)

1½ km langen und bis zu 4 m tiefen Sund von der Nordküste der Argolis getrennt. Sie trägt größtenteils schütteren Wald und Macchie. Die Bewohner, teils albanischer Abstammung, leben von den landwirtschaftlichen Erträgen der zu Poros gehörenden fruchtbaren Küstenstriche auf dem Festland sowie zunehmend vom Fremdenverkehr.

Geschichte

Bereits in mykenischer Zeit gab es eine Stadt im Gelände des späteren Poseidontempels. Die antike Stadt wurde nach der römischen Zeit verlassen, die heutige entstand erst im späteren Mittelalter. Hölderlin pries in seinem "Hyperion" 'die Wälder und geheimen Tale' von Kalaureia, der Heimat seiner Diotima.

Sehenswertes auf Poros

Póros

Der Hauptort Póros (4300 Einw.; Marineschule) liegt reizvoll auf dem antiken Sphäria, dem südlichsten, durch die schmale Landzunge Bísti mit der Hauptinsel verbundenen Teil vulkanischen Ursprungs. Es war im 18./19. Jahrhundert Hauptkriegshafen an der Südostküste Griechenlands.

5 km nordöstlich der Stadt findet man geringe Spuren des Poseidonheiligtums (6. Jh. v.Chr.), welches den Mittelpunkt der 'kalaurischen Amphiktyonie' (Kultgemeinschaft) der Seestädte am Saronischen und Argolischen Golf bildete. In diesem Heiligtum gab sich der vor den Schergen des Reichsverwesers Antiparos von Makedonien fliehende Demosthenes durch Gift den Tod (322 v.Chr.). Zahlreiche Gebäudereste in der Umgebung lassen hier die alte Stadt Kalaureia vermuten.

Etwa 4 km östlich der Stadt Póros liegt das Kloster Zoodóchos Pijí (18. Jh.).

Poros, Kloster Zoodóchos Pijí

Gegenüber der Insel, auf dem Festland, erstreckt sich der zu Poros gehörende Zitronenhain Lemonodásos (30000 Bäume). – Etwa 10 km westlich davon liegen bei dem Dorf Damalás die geringen Überreste der uralten Stadt Troizén, die Schauplatz der Sage von Hippolytos und Phaidra war.

*Zitronenhain

Psara Ψαρά / Psará C 4

Region: Ägäische Inseln
Nomos: Chíos
Inselfläche: 40 km^2
Höhe: 0-564 m ü.d.M.
Bewohnerzahl: 500
Hauptort: Psará

Schiffsverkehr

Lokale Verbindung mit Chios.

Lage und Allgemeines

Die karge Felsinsel Psara, das antike Psyra (mykenische Grabfunde), erstreckt sich 18 km (10 sm) nordwestlich von Chios. Der gleichnamige Hauptort liegt unterhalb der mittelalterlichen Festung an der Südküste, das Kloster Kimýseos Theotóku im Nordosten.
Die heute ärmliche Insel war im 18. Jahrhundert zu beachtlichem Wohlstand gelangt, als die Nachkommen der im 16. und 17. Jahrhundert eingewanderten Albaner sie nach Hydra und Spetsä zur

Hafenbucht von Psara

Psara (Fortsetzung)

dritten Seemacht der Ägäis machten. Verfallene Herrenhäuser und Windmühlenstümpfe auf den Anhöhen zeugen von dieser Zeit, da Psara rund 20000 Bewohner zählte. Den erbitterten Widerstand der Patrioten gegen die Türken vergalten diese durch eine blutige Invasion und völlige Entvölkerung der Insel. Seit der Angliederung an Griechenland wurde Psara von Chios aus neuerlich besiedelt. Die Bevölkerung lebt von Landwirtschaft und Seefahrt.

Antipsara

Südwestlich von Psara liegt das kleinere Eiland Antipasara.

Rhodos / Rodos Ρόδος / Rhódos (Ródhos) D/E 5/6

Region: Ägäische Inseln

Nomos: Dodekanes
Inselfläche: 1398 km²
Höhe: 0-1215 m ü.d.M.
Bewohnerzahl: 60000
Hauptstadt: Rhódos

Flugverkehr

Flughafen 16 km südwestlich der Stadt Rhódos. – Linienflüge von und nach Athen mehrmals täglich in 55 Minuten; von und nach Saloniki zweimal wöchentlich in 70 Minuten; von und nach Kreta (Iráklion bzw. Sitía) mehrmals wöchentlich in 40 Minuten; von und nach Karpathos zweimal täglich in 45 Minuten; von und nach Kassos täglich in 80 Minuten; von und nach Kos mehrmals wöchentlich in 30 Minuten. Ferner Direktflüge von Frankfurt am Main.

Schiffsverkehr

Linienverkehr von und nach Athen (Piräus) mehrmals täglich in 16-22 Stunden (auch Kfz-Transport); ferner von Venedig oder Ancona über Brindisi (seltener über Dubrovnik), Korfu, Pátras (seltener) und Athen (Piräus). – Lokale Verbindungen im Dodekanes: Rhodos – Simi – Tilos – Nisiros – Kos – Kalimnos – Leros – Lipsi – Patmos – Arki – Agathonissi – Samos; Rhodos – Kos – Kalimnos – Astipaläa; Rhodos – Kastelorizo; Rhodos – Chálki – Diáfani – Karpathos – Kassos.

Lage und Allgemeines

Rhodos, die 'Roseninsel' (eigentl. Hibiskus), die größte Dodekanesinsel und nach Kreta, Euböa und Lesbos die viertgrößte Insel Griechenlands, gehört zu der Inselbrücke, die von der Peloponnes über Kreta und Karpathos nach Kleinasien hinüberführt. Diesem nähert es sich bis auf 18 km (10 sm). 78 km lang und bis zu 30 km breit, wird Rhodos von einem langen Gebirgsrücken durchzogen, der im Atáviros 1215 m ü.d.M. erreicht. Das zu den Küsten hin allmählich abfallende Gelände ist wasser- und waldreich und wird vor allem in Küstennähe landwirtschaftlich genutzt.

Wegen seiner reizvollen Landschaft, der guten Badestrände und der vorzüglich wiederhergestellten Bauten aus der Johanniterzeit, die ein eindrucksvolles Bild abendländischer Kultur im östlichen Mittelmeerraum bieten, ist Rhodos außerordentlich besuchenswert und daher auch schon seit langem vom Tourismus erobert. In und um die Stadt Rhódos hat sich eine der größten Hotelkonzentrationen Griechenlands entwickelt. Abseits der großen Touristenattraktionen ist die Insel aber auch heute noch relativ unberührt, besonders im Süden.

Geschichte

Die Insel Rhodos war bereits in der Jungsteinzeit besiedelt, die kulturelle Blüte begann jedoch erst mit der Kolonisierung durch dorische Griechen; ihre drei Städte Líndos, Ialysós und Kámei-

Koloß von Rhodos

Hirsch und Hirschkuh

Geschichte (Fortsetzung)

ros, gehörten der Hexapolis (dorischer Sechsstädtebund) an, die im 6. Jahrhundert v.Chr. den Persern untertan wurde. – Im 5. Jahrhundert v.Chr. war Rhodos dem Attischen Seebund angeschlossen. Um 408 v.Chr. wurde nach dem Plan des berühmten Städtebauers Hippodamos von Milet die neue Hauptstadt Rhodos angelegt, die im 4. Jahrhundert v.Chr. als Handelsplatz selbst Athen überflügelte. Wahrzeichen des reichen, unabhängigen Inselstaates war der zu den Sieben Weltwundern gezählte Koloß von Rhodos, eine etwa 32 m hohe Bronzestatue des Sonnengottes Helios, die zwischen 304 und 292 v.Chr. von Chares von Lindos gegossen und auf einem 10 m hohen Steinsockel vermutlich am Hafen von Rhodos als Leuchtturm aufgerichtet wurde, aber schon um 225 v.Chr. bei einem Erdbeben umstürzte.

Koloß von Rhodos

Nach Ausbreitung der Herrschaft der Römer im Orient ging die Bedeutung des Handels von Rhodos (lat. Rhodus) zurück, doch blieb die Stadt weiterhin ein Kulturzentrum mit bekannten Rhetorenschulen (von Cicero und Caesar besucht) und einer bedeutenden Bildhauerschule, in der u.a. um 50 v.Chr. die berühmte Laokoongruppe (heute im Vatikanischen Museum, Rom) entstand. – Im Mittelalter war Rhodos Zankapfel zwischen Arabern, Byzantinern, Venezianern und Genuesen, bis es 1309 vom Orden der Johanniter erobert wurde. Die 'Rhodiser Ritter' bauten die Stadt zu einer großen Festung aus und verteidigten sie und die ganze Insel im 15. Jahrhundert gegen Ägypter und Türken, mußten sie aber 1522 dem türkischen Sultan Suleiman dem Prächtigen überlassen. Nach fast 400jähriger Herrschaft der Türken besetzte 1912 Italien während des Tripoliskrieges die Insel (italienisch Rodi), bis sie nach dem Zweiten Weltkrieg 1947 an Griechenland kam.

Stadt Rhódos

Inselhauptstadt

Die Stadt Rhódos (33000 Einw.), seit der Gründung im Jahre 408 v.Chr. Hauptstadt der Insel, an deren Nordspitze sie liegt, und heute auch Verwaltungssitz des Nomos Dodekaníssu, wurde einst großzügig in rechtwinkligem Straßensystem nach dem Prinzip des Hippodamos von Milet angelegt und reichte von der Akropolishöhe im Westen bis zur Ostküste. Die wesentlich kleinere mittelalterliche Stadt folgt in einigen Straßenzügen (Ritter-, Homer-, Hippodamos- und Pythagorasstraße) noch dem antiken Straßenraster. Das Collachium der Ritter nahm den etwa rechtwinkligen nördlichen Teil ein. Der größere Südteil der ummauerten Stadt war das Wohngebiet der Griechen, der Westteil wurde zum Türken- und der kleinere Ostteil zum Judenviertel, das bis in den Zweiten Weltkrieg hinein bestand.

**Stadtmauer

Um die Altstadt, in der während der Türkenherrschaft von 1523 bis 1912 kein Christ wohnen durfte, zieht sich die prächtige 4 km lange Stadtmauer (15./16. Jh.), mit Türmen, Bastionen und Wallgraben, die zu den gelungensten Beispielen mittelalterlichen Festungsbaus gehört. Besonders schön ist das 1512 unter dem Großmeister Emery d'Amboise errichtete Amboise-Tor (dabei Parkanlagen und Rehgehege) im Nordwesten sowie das Hafentor (von 1468; Marienrelief) im Nordosten am Handelshafen. Sehr lohnend ist die Umwanderung der Altstadt auf der Stadtmauer vom Vorplatz des Großmeisterpalastes aus (Zugang beim Kanonentor; nur kurzzeitig an bestimmten Tagen), aber auch der Rundgang außerhalb der Stadtmauer ist empfehlenswert.

*Amboise-Tor
*Hafen-Tor

Handelshafen und Mandráki-Hafen

Der Handelshafen (Emborikó Limáni; Haupthafen und Anlegestelle der Schiffe von und nach Piräus) sowie nördlich von diesem der alte Mandráki-Hafen, seit Gründung der Stadt im Jahre 408 v.Chr. betrieben und heute vorwiegend Jachthafen sowie Anlegestelle für Ausflugs- und Vergnügungsboote, werden von langen Molen geschützt. Auf der Mandráki-Mole drei aufgelassene Windmühlen; auf der nördlichen Molenspitze das von den Ordensrittern errichtete runde Fort Nikólaos (um 1400; 1460 verstärkt) und ein Leuchtturm. Zu beiden Seiten der Hafeneinfahrt stehen auf Steinsäulen Hirsch und Hirschkuh, die Wappentiere der Stadt (Rotwild ist daher auf Rhodos geschützt; überzählige Tiere werden von der Stadt kostenlos an zoologische Gärten in aller Welt vergeben). – Im Osten der Altstadt liegt der Akándia-Hafen, mit Werft.

Hirsch und Hirschkuh

Durch das Freiheitstor gelangt man in die mauerumzogene, geschäftige Altstadt mit ihrem Gewirr an Gäßchen, ihren Kuppeln und Minaretten zwischen Palmen und Platanen. Am Simi-Platz befinden sich die Reste von einem Aphrodite-Tempel (3. Jh. v.Chr.) und die Städtische Pinakothek (moderne Kunst). Südlich anschließend der malerische Arjirokástron-Platz; in seiner Mitte ein kleiner Brunnen aus Teilen eines byzantinischen Baptisteriums. An der Westseite das ehemalige Arsenal (14. Jh.), heute Archäologisches Institut und Museum für Dekorative Kunst. Ein Durchgang führt zu der Ordenskirche (links; heute Museum altchristlich-byzantinischer Kunst).

*Ordenshospital mit Archäologischem Museum

Schräg gegenüber der Ordenskirche steht das mächtige ehemalige Ordenshospital (15. Jh.; wiederhergestellt), in dem sich das Archäologische Museum befindet. – Vom Innenhof steigt man zum großen Krankensaal im Obergeschoß (kleine Kapellennische gegenüber dem Eingang, Grabsteine von Rittern). Ein Durchgang

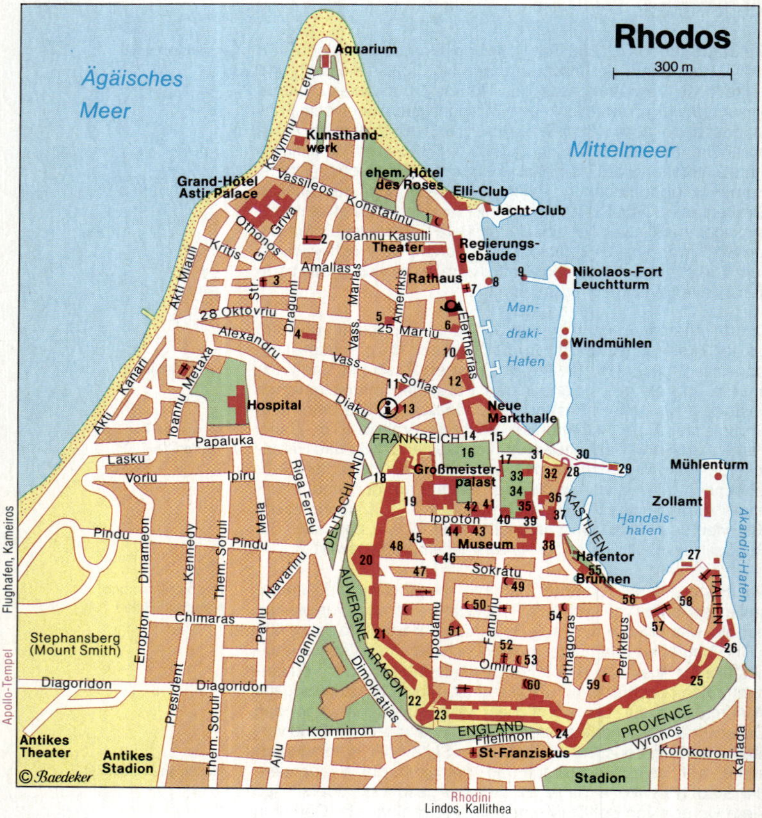

1 Murad-Reis-Moschee
2 Marienkirche (kath.)
3 Mariä-Himmelfahrt-Kirche
4 Deutsches Konsulat
5 Telefon, Telegraf
6 Hafenmeisterei
7 Evangelismos-Kirche
8 Hirsch
9 Hirschkuh
10 Justizpalast
11 Griechische Nationalbank
12 Bank von Griechenland
13 Fremdenverkehrsamt Touristenpolizei
14 Autobushof
15 Taxistandplatz
16 Son et Lumière
17 Petersturm
18 Amboise-Tor
19 Kanonentor
20 Georgsturm
21 Spanien-Turm
22 Marienturm
23 Athanasios-Tor
24 Koskinu-(Johannes-)Tor
25 Italien-Turm
26 Italien-Tor
27 Katharinentor
28 Arsenaltor
29 Naillac-(Araber-)Turm
30 Paulstor
31 Freiheitstor

ALTSTADT

32 Aphrodite-Tempel (Rest)
33 Städtische Pinakothek
34 Archäologisches Institut
35 Museum für dekorative Kunst
36 Auvergne-Herberge
37 Ordenskirche (Museum)
38 England-Herberge
39 Italien-Herberge
40 Palast Villiers de l'Ile Adam
41 Frankreich-Herberge
42 Provence-Herberge
43 Spanien-Herberge
44 Türkisches Seminar (Loggia)
45 Uhrturm
46 Suleiman-Moschee
47 Türkische Bibliothek
48 Hurmale-Medresse
49 Aga-Moschee
50 Sultan-Mustafa-Moschee
51 Suleiman-Bad
52 Phanurios-Kirche
53 Redschap-Pascha-Moschee
54 Ibrahim-Pascha-Moschee
55 Handelsgericht
56 Erzbischofspalast
57 Marienburgkirche
58 Katharinenhospiz
59 Dolapli-Moschee
60 Burusan-Moschee

Ritterstraße: Torbogen und ...

... Straßenflucht

Archäologisches Museum (Fortsetzung)

rechts führt zu den Funden aus Ialysós, Kámeiros und anderen Orten, darunter zwei archaische Kuroi (6. Jh. v.Chr.) und im selben Saal die Grabstele von Krito und Tamariste (Ende 5. Jh. v.Chr.), in einem anderen Raum eine lebensgroße Aphrodite und ein expressiver hellenistischer Helioskopf, wieder in einem anderen Raum die kleine kauernde Aphrodite (Rhodisische Venus; 1 Jh. v.Chr.). Außerdem verdienen die reichen Keramikfunde in den an die Galerie rings um den Innenhof angrenzenden kleinen Räume Beachtung; sie umfassen alle Epochen von der mykenischen Zeit an und bieten besonders schöne Beispiele rhodisischer Keramik.

*Ritterstraße

Nördlich vom Ordenshospital beginnt die Ritterstraße (Ódos Ippotón), mit wohlerhaltenem Straßenbild des 15.-16. Jahrhunderts eine Hauptsehenswürdigkeit von Rhódos. An ihr lagen die meisten 'Herbergen', d.h. die Versammlungshäuser der einzelnen Landsmannschaften des Johanniterordens; am schönsten rechts die Auberge de France (1492-1503). Am Westende der Straße rechts auf dem höchsten Punkt der Stadt, der Großmeisterpalast, ursprünglich ein Kastell mit dreifachem Mauerring, der nach schwerer Beschädigung durch die Türkenbelagerung und 1856 infolge einer Explosion fast völlig vernichtet war und während der italienischen Besetzung (1912-1943) nach alten Plänen wiederaufgebaut wurde (faschistische Gedenktafel am Eingang). Die Ausstattung der Innenräume entspricht nicht dem ursprünglichen Zustand. Besonders beachtenswert sind zahlreiche Kieselmosaikfußböden von der Insel Kos. An der Nordostseite des Palastes ein schöner Park (Zugang von der Papagos-Straße; im Sommer Licht- und Klangveranstaltungen). An der Südwestecke des Großmeisterpalastes das Kanonentor (Antoniustor), von wo man auf die Stadtmauer gelangen kann.

*Großmeisterpalast

Großmeisterpalast: Innenhof ...

... und Türme

Suleiman-Moschee

Südlich vom Großmeisterpalast der markante Uhrturm (19. Jh.). Noch weiter südlich die Suleiman-Moschee (schönes Renaissanceportal), die größte Moschee der Insel. Südlich gegenüber die Türkische Bibliothek (1794), mit kostbaren Koranhandschriften. – Von hier führt die von Basaren gesäumte, stets belebte Sokrates-Straße (Odós Sokrátus) östlich hinab durch das Zentrum der Altstadt wieder in Richtung Handelshafen. Südöstlich vom Hafentor das Handelsgericht (1507) und der Erzbischofspalast (15. Jh.) an der Nordseite des Erzbischofsplatzes, mit dem hübschen Seepferdchenbrunnen. – Südlich der Sokrates-Straße ein malerisches Straßengewirr um die Fanúrios-Straße, die Homer-Straße (beide mit Schwibbögen überspannt) und die Pythagoras-Straße, mit zahlreichen Moscheen, u.a. der Ibrahim-Pascha-Moschee, der ältesten der Stadt (von 1531) und, gegenüber dem prächtigen, von mehreren Kuppeln überdachten Suleiman-Bad (Besichtigung und Benutzung möglich), die Sultan-Mustafa-Moschee (von 1765). Ferner besuchenswert in der oben genannten Fanúrios-Straße die kleine, teils unterirdisch angelegte orthodoxe Fanúrios-Kirche, ursprünglich 1335 als byzantinisches Kirchlein gegründet und unter den Türken als Moschee benutzt. – Im Westen der Altstadt, nahe dem St.-Georg-Turm die Hurmale-Medrese, die einstige byzantinische Erlöserkirche, mit malerischem Innenhof.

Neustadt

Die Neustadt, in der die Behörden und vor allem die zahlreichen Hotels und Restaurants liegen, erstreckt sich nördlich bis nahe an die sandige Nordspitze der Insel. Am Mandráki-Hafen steht die mächtige Neue Markthalle (Néa Agorá) mit großem Innenhof. Von hier nördlich durch die Freiheitsallee (Eleftherías) am Justizpalast und der Hauptpost vorbei zur Evangelismós-Kirche (urspr. katho-

Neustadt (Fortsetzung)

lisch, jetzt orthodox), einer 1925 errichteten Nachbildung der alten Klosterkirche St. Johannes der Ritter, die beim Großmeisterpalast stand und der Explosion von 1856 zum Opfer fiel. Weiter nördlich das Regierungsgebäude (Nomarchia) im venezianischen Stil, das Rathaus sowie das Theater. Nördlich dahinter die reizvolle Murat-Reis-Moschee, umgeben von dem alten Türkenfriedhof, mit Gräbern und Mausoleen mohammedanischer Großer, die hier in der Verbannung starben.
An der von Stränden umzogenen Nordspitze der Neustadt ein Aquarium, mit kleinem naturgeschichtlichem Museum; 500 m südlich das Spielkasino.

Etwa 2 km südlich der Altstadt, an der Straße nach Kallithéa, ein großer orthodoxer sowie ein katholischer, ein jüdischer und ein neuer türkischer Friedhof. – Weiter südlich, stadtauswärts das malerische Rodíni-Tal, mit Park, kleinem Zoo, Folklore-Theater und schönen Wanderwegen.

Rodíni-Tal

Etwa 3 km südlich der Neustadt befinden sich auf dem Stephansberg (Monte Smith, 111 m ü.d.M.; Aussicht) die Reste der antiken Akropolis, mit den Trümmern von Tempeln; am Hang ein Stadion und ein Theater (restauriert).

Ialissós

Rund 15 km südwestlich von Rhódos (Autobus) erhebt sich der Hügel Filérimos (267 m ü.d.M.; Aussicht), auf dem die Akropolis der alten Stadt Ialysos, einer der drei alten Städte der Insel, stand. Der Berg wurde seit der mykenischen Zeit um 1400 v.Chr. mehrfach als Burg ausgebaut. Er war 1308 Stützpunkt der angreifenden Johanniter und 1522 derjenige der Türken. Zur Akropolis führte ein schöner, breiter Treppenweg. Auf dem Plateau sieht man die Fundamente eines Athenatempels, der im 3. Jahrhundert v.Chr. an die Stelle eines älteren Tempels trat und in frühchristlicher Zeit von einer Kirche abgelöst wurde, an die noch ein kreuzförmiges, in den Boden eingelassenes Taufbecken erinnert. Außerdem gibt es eine kleine Kapelle mit Fresken des 15. Jahrhunderts sowie, in italienischer Zeit neu angebaut, Kirche und Kreuzgang vom Kloster Filérimos. Ein beschwerlicher Treppenweg führt zu einem am Hang gelegenen dorischen Brunnenhaus (4. Jh. v.Chr.) hinunter.

Von Rhódos über Kámeiros nach Líndos (111 bzw. 131 km)

Man verläßt Rhódos zunächst südwestwärts und folgt der Küste. – Nach 16 km jenseits vom Flughafen links eine Abzweigung (7 km) über Kalamónas ins Tal der Schmetterlinge (Petalúdes), wo im Hochsommer Tausende von braun-roten Schmetterlingen schwärmen. – 12 km Abzweigung eines lohnenden Umweges über Émbonas. – 4 km Abzweigung (1½ km) zu der teilweise ausgegrabenen antiken Stadt Kámeiros (6. Jh. v.Chr. – 6. Jh. n.Chr.), u.a. mit Tempelbezirk, Agora, Zisternen, Bädern und Wohnvierteln. – Weiter auf teils prächtiger Panoramastraße über der Küste erreicht man nach 32 km Monólithos (280 m ü.d.M.), mit imposanter Johanniterburg südwestlich des Ortes. – Von dort noch 47 km in östlicher Richtung quer durch die Insel nach Líndos (s. S. 190).

Kámeiros

Monólithos

Folgt man der oben genannten Abzweigung in Richtung Émbonas, so erreicht man nach 16 km links die Seitenstraße zum Profíti Elías (798 m ü.d.M.), mit prächtigem Rundblick.

Von Rhódos über Archángelos nach Líndos (62 km)

Die Route verläßt Rhódos zunächst in südlicher Richtung und bleibt großenteils abseits der Ostküste der Insel. – 7 km Abzweigung links (3 km) zu dem schön inmitten prächtiger Gärten gelegenen ehemaligen See- und Thermalbad Kallithéa. Die schon im Altertum bekannten und geschätzten Thermen sind in jüngster Zeit versiegt. Die höchst sehenswerten, verfallenen Badehäuser und Kureinrichtungern wurden in den Dreißigerjahren von italienischen Architekten geschaffen. – 2 km Koskinú, ein malerisch auf einer Anhöhe gelegenes Dorf mit bunten, regelmäßig zu Ostern oder Weihnachten frisch gestrichenen Häusern. – 7 km Straßenteilung links (3 km) nach Faliráki (schöner Sandstrand; Keramikfabrik). – 9 km Afándu (Sandstrand; große Teppichknüpferei). – 6 km Kolímbia, ein Dorf mit schöner Badebucht. – 6 km Archángelos, großer malerischer Ort, südlich überragt von einer Burgruine. – 7 km Malóna, ein bescheidenes Dorf inmitten prächtiger Orangen- und Zitronenhaine. – 18 km Líndos.

**Líndos

Líndos ist neben Ialysós und Kámeiros eine der drei alten Städte der Insel Rhodos, und es ist dank seiner Lage an zwei Hafenbuchten und der Verbindung von Sandstrand und bizarren Kalksteinfelsen, von weißen Wohnhäusern, mittelalterlicher Burg und antiker Akropolis die eindrucksvollste von ihnen.

Funde aus neolithischer Zeit und aus mykenischen Nekropolen bezeugen die uralte Besiedlung dieses Platzes an dem einzigen Naturhafen der Insel Rhodos. Líndos, das von Homer erwähnt wird, besaß in dorischer Zeit über die Hälfte der Insel. Um 700 v.Chr. gründete es die Kolonie Gela auf Sizilien. Seine Blüte erlebte es im 7. und 6. Jahrhundert v.Chr. unter dem zu den Sieben Weisen gezählten Tyrannen Kleobulos, der auf der Akropolishöhe einen Tempel für die Göttin von Lindos aufführen ließ. Eine wichtige historische Quelle ist die 'lindische Tempelchronik', ebenso das die Jahre 375-327 v.Chr. umfassende Priesterverzeichnis. Der Ort wurde noch im Hellenismus und bis in die spätere Römerzeit gepflegt und ausgebaut. In byzantinischer Zeit entstand auf der Akropolis eine Burg, die im 15. Jahrhundert von den Johannitern zu einem mächtigen Bollwerk ausgebaut wurde. Im 15.-17. Jahrhundert kamen lindische Reeder und Kapitäne zu Wohlstand, woran ihre Häuser erinnern.

Fährt man von der Stadt Rhódos nach Líndos, so passiert man kurz vor dieser einen Bergsattel, hinter dem sich ein faszinierender Blick auf Bucht, Stadt und Akropolis bietet. Fahrzeuge müssen am Eingang des Ortes Halt machen; Líndos ist Fußgängern und Eselreitern vorbehalten.
Beim Gang durch die engen Gassen der Stadt sieht man außer zahllosen Verkäufern von Handarbeiten und Keramik die typischen kubischen, weißgekalkten Häuser, dazwischen einige Kapitänshäuser, deren Natursteinfassaden mit charakteristischen Reliefdekorationen versehen sind. Links des Hauptweges zur Akropolis steht in einem Hof hinter hoher Mauer eine schöne

*Marienkirche

Marienkirche, die Pierre d'Aubusson, 1476 bis 1503 Großmeister der Johanniter, für die orthodoxe Bevölkerung erbauen ließ. Sie besitzt eine reiche Bilderwand und einen der in Líndos beliebten Kieselsteinmosaikböden. Tonnengewölbe und Kuppel sind mit Wandmalereien von 1779 versehen. – Unterhalb der Stadt liegt der geschützte Hafen, an dessen Sandstrand es jetzt Tavernen und Badekabinen gibt.

Lindos: Akropolis und ...

... Aufgang zur Zitadelle

Auf dem Weg zum Burgberg (zu Fuß oder auf dem Esel) hat man links einen schönen Blick auf den Hafen und das nördlich von ihm auf einem Hügel gelegene Rundgrab, das als Grab des Kleobulos (6. Jh. v.Chr.) gilt.

Grab des Kleobulos

Die Akropolis selbst umschließt antike und mittelalterliche Bauten. Hinter dem äußeren Eingang kommt man zu einem über Zisternen angelegten Platz unterhalb der senkrecht aufsteigenden Felswand, an der um 180 v.Chr. zur Feier des rhodischen Seesieges ein Schiffsrelief geschaffen wurde. Auf einer langen Treppe steigt man zum Torbau hinauf, der ebenso wie die anschließenden Gebäude – Kommandantenhaus und Burgkapelle – zur Hinterlassenschaft der Johanniter gehört und von den Ausgräbern erhalten wurde.

*Akropolis

Dann gelangt man zur großen Terrasse am Aufgang zum Heiligtum. Sie wird beherrscht von einer 80 m breiten, z.T. wiederaufgerichteten Säulenhalle mit vorspringenden Flügelbauten. Die Halle wurde um 200 v.Chr. vor die Akropolisbauten des 4. Jahrhunderts v.Chr. gelegt. Diese Anlage besteht aus einer 21 m breiten Monumentaltreppe, den Propyläen, die nach Athener Vorbild fünf Durchgänge hatten, und der Tempelterrasse. Dieser oberste Platz war an allen vier Seiten von Säulenhallen umgeben, von denen noch die Fundamente erhalten sind. In seiner linken hinteren Ecke steht der Tempel der Athena Lindia, das kleine kultische Zentrum inmitten der großräumigen Gesamtkomposition. Der Tempel mißt 8 x 23 m und hat vor den beiden Schmalseiten je vier dorische Säulen (Prostylos Tetrastylos). Er wurde nach 330 v.Chr. an der Stelle des Kleobulos-Tempels des 6. Jahrhunderts v.Chr. errichtet. Die ungewöhnliche Lage des Heiligtums unmit-

*Tempel der Athena Lindia

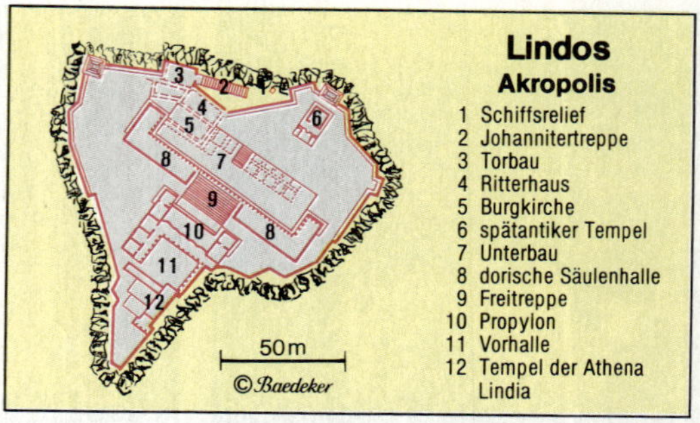

Lindos (Fortsetzung)

telbar am senkrechten Absturz des Burgfelsens deutet darauf hin, daß die Göttin ursprünglich in der Höhle unter dem Tempel verehrt worden ist.

Vom spitz zulaufenden Gelände hinter dem Tempel blickt man einerseits auf diese Kulthöhle, die man auch vom Ostende der großen Säulenhalle aus sehen kann, andererseits auf den kleinen, fast kreisrunden Hafen, den einzigen geschützten Naturhafen auf der Insel Rhodos. Er war im Altertum der Heimathafen der lindischen Flotte und soll der lokalen Tradition zufolge im Jahre 51 n.Chr. dem Apostel Paulus auf der Reise von Ephesus nach Syrien Zuflucht vor einem Sturm geboten haben; seinen Ehren dient eine kleine Kapelle. Schließlich erblickt man in der Felswand hinter dem Ort ein Grab aus hellenistischer Zeit.

Lindos: Strandbucht am Fuße der Akropolis

Alimnia und Chalki (bei Rhodos)

Rhodos im Westen bis zu 65 km (35 sm) vorgelagert sind die Inseln Alimnia (25 Bew.), mit der Ruine einer Genueser Burg, sowie Chalki (3000 Bew.; Hauptort Nimborió), eine Felsinsel, die beherrscht wird von einer mittelalterlichen Burg und den Resten eines Apollo-Tempels.

Sakinthos

→ Zakynthos

Salamis Σαλαμίς / Salamís D 3

Region: Mittelgriechenland
Inselgruppe: Saronische Inseln
Nomos: Attika
Inselfläche: 93 km²
Höhe: 0-365 m ü.d.M.
Bewohnerzahl: 18000
Hauptstadt: Salámina (Kulúri)

Schiffsverkehr

Fährverkehr (auch Kfz-Transport) von Pérama (5 km westl. von Piräus) bzw. Megálo Péfko (Mégara).

Lage und Allgemeines

Salamis (neugriechisch Salamína), die größte Insel im Saronischen Golf, mit reich gegliederter Küste, schließt mit ihrem nördlichen Teil die Bucht von Eleusis nach Süden hin ab. Die teils verkarsteten Hügel und Kalkkuppen tragen schütteren Wald; bescheidene Landwirtschaft und etwas Fremdenverkehr, besonders im Südosten und Nordwesten, können die Bewohner, meist Nachkommen albanischer Einwanderer, nicht mehr ernähren. Sie finden heute ihren Lebensunterhalt in den Industrieunternehmen (Raffinierien, Werften), die sich um den Marinestützpunkt im Nordosten der Insel und im Osten der Bucht von Eleusis angesiedelt haben.

Geschichte

Die Insel verdankt ihren Namen ('schalâm' = Ruhe, Friede) phönikischen Siedlern aus Zypern. Lange Zeit Zankapfel zwischen Athen und Megara, wurde sie im Jahre 598 v.Chr. durch Solon und Peisistratos für Athen gewonnen. Die alte Hauptstadt lag auf einer Landzunge zwischen Kamateró- und Ambeláki-Bucht an der Ostküste, seit dem 6. Jahrhundert v.Chr. weiter südwestlich bei Ambeláki (Reste der Akropolis; Hafenanlagen unter Wasser sichtbar).

Schlacht bei Salamis

Salamis ging in die Geschichte ein, als im September des Jahres 480 v.Chr. die kampfgeschwächten Athener unter Themistokles in der berühmten Schlacht bei Salamis mit 378 Trieren der an Stärke weit überlegenen persischen Flotte eine verheerende Niederlage bereiteten und damit die Pläne des Perserkönigs Xerxes zur Machtausweitung nach Westen endgültig zunichte machten. Schauplatz der Ereignisse, der Aischylos als Augenzeuge in seinem Trauerspiel "Die Perser" gedachte waren die Gewässer östlich von Salamís zwischen den Inseln Ájios Jeórjios im Norden

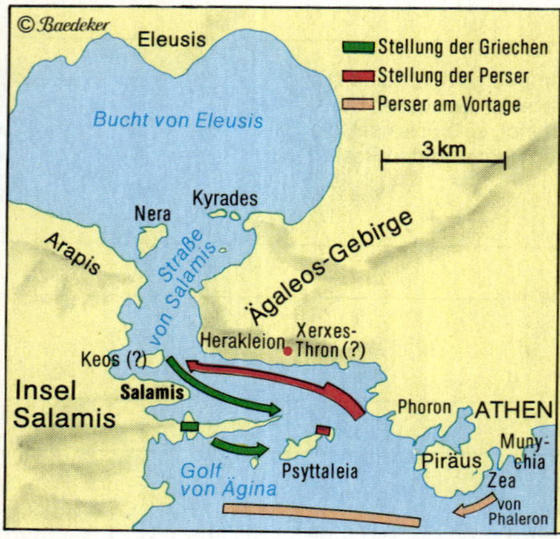

Seeschlacht bei Salamis

27./28. September 480 v. Chr.

Mit nur 378 Trieren konnte der Athener Staatsmann **Themistokles** dank der Wendigkeit der griechischen Dreiruderer und der guten Ortskenntnis ihrer für den Nahkampf ausgerüsteten Besatzung die über 1200 schwere, in der Enge kaum manövrierbare Kriegsschiffe zählende Flotte des persischen Königs **Xerxes,** der das Geschehen von einem küstennahen Hügel auf seinem goldenen Thron sitzend verfolgte, vernichtend schlagen (vgl. Bericht in dem 472 v. Chr. entstandenen Drama "Die Perser" des Dichters *Aischylos,* der an der Schlacht selbst teilgenommen hatte).

Salamis (Fortsetzung)

und Psytaleia sowie der Halbinsel Kynosura (Hundeschwanz) im Süden. Xerxes soll vom Berg Agaleos (über Perama) aus das Schlachtgeschehen verfolgt haben.

Bemerkenswertes auf Salamis

Salamína

Der Inselhauptort Salamína (auch Kulúri = die Brezel; 17000 Einw.; Heimatmuseum) liegt im Norden der gleichnamigen Bucht. – 3 km östlich liegt der Haupthafen Palúkia, mit Werften.

Kloster Phaneroméni

Etwa 6 km westlich von Salamína erreicht man auf landschaftlich sehr reizvoller Straße das Kloster Phaneroméni, das wegen seiner Marienerscheinungen verehrt wird und bemerkenswerte Fresken besitzt. Es wurde 1661 an der Stelle eines alten Heiligtums unter Einbeziehung antiker Bauteile errichtet. Unweit südlich die Reste der kleinen Festung Budorón (6. Jh. v.Chr.). Am Fuße des Klosterhügels befindet sich die Anlegestelle für die Fähre nach Megálo Péfko (Megára).

6 km südwestlich von Salamína liegt das Dorf Ajántio (auch Múlki), mit zwei Kirchen des 12. und 13. Jahrhunderts; weiter südwestlich das Kloster Ájios Nikólaos aus dem 18. Jahrhundert.

Außerdem finden sich noch zahlreiche geringe Spuren mykenischer Besiedlung auf der Insel.

Saloniki / Thessaloniki   Θεσσαλονίκη / Thessaloníki   B 3

Region: Makedonien
Nomos: Thessaloníki
Höhe: 0-15 m ü.d.M.
Einwohnerzahl: 700000

Lage und Bedeutung

Saloniki, griechisch Thessaloniki, die zweitgrößte Stadt Griechenlands, Hauptstadt von Makedonien, Sitz einer Universität und eines Metropoliten, liegt am Nordende des Thermäischen Golfs, der nordwestlichsten Bucht des Ägäischen Meeres, an den Ausläufern der Chortiatis-Berge. Wirtschaftlich hat Saloniki Bedeutung als Hafen und internationaler Messeplatz, kulturell durch seine Kirchenbauten.

Geschichte

Die Stadt wurde 315 v.Chr. von Kassandros an der Stelle der alten Siedlung Thermai gegründet und nach seiner Frau Thessalonike, einer Schwester Alexanders d.Gr., benannt. Im Mittelalter war sie die zweite Stadt des Byzantinischen Reiches, erlebte aber harte Schicksale bei der Eroberung durch Normannen (1185) und Türken (1430), welche die Griechen vertrieben. Um 1600 siedelten sich spanische Juden an, deren Nachkommen während der deutschen Besetzung im Zweiten Weltkrieg ausgerottet wurden; im 18. Jahrhundert kehrten die Griechen wieder in die Stadt zurück, die 1912 an Griechenland kam und durch die Umsiedlung der Türken und den Flüchtlingsstrom aus Kleinasien ihr heutiges Bevölkerungsbild erhielt. Der nach alliierter Besetzung 1917 ausgebrannte Stadtkern wurde modern wiederaufgebaut.

*Galeriusbogen

Der Galeriusbogen an der Egnatíastraße mit Reliefdarstellungen von Kämpfen des Kaisers Galerius gegen die Perser (297 n.Chr.) bestand ursprünglich aus zwei Reihen von je vier Pfeilern; der Raum über den mittleren vier Pfeilern war überkuppelt. Im Süden lagen der Palastbezirk und der Hippodrom, in dem 391 n.Chr. ein großes Blutbad angerichtet wurde, für das Kaiser Theodosius I. sich vor dem Mailänder Bischof Ambrosius verantworten mußte.

Rotunde

Vom Galeriusbogen führte eine Kolonnadenstraße nordwärts zur 100 m entfernten Rotunde, die als Mausoleum für Galerius erbaut

Galeriusbogen und Rotunde

Rotunde (Fortsetzung)

wurde. Gegen 400 n.Chr. in eine mosaikengeschmückte christliche Georgskirche umgewandelt, wurde sie in türkischer Zeit als Moschee verwendet und ist heute Museum. Der Rundbau (Durchmesser 24 m) weist in der Kuppel sowie in den seitlichen Nischen Reste schöner Mosaiken auf. Das Mittelfeld der Kuppel ist zwar verloren, doch erkennt man noch Engel, die es trugen und darunter Architekturdarstellungen auf Goldgrund.

*Archäologisches Museum

Südöstlich vom Galeriusbogen, von Parkanlagen umgeben, liegt das Archäologische Museum. Zahlreiche Funde aus Saloniki selbst, Makedonien und Thrakien sind hier ausgestellt. Zu den bedeutendsten Exponaten des Museums gehört ein Torbogen vom Oktagon des Galerius sowie Kaiserstatuen und -porträts aus römischer Zeit. Seit 1978 erstmals Funde aus den makedonischen Königsgräbern von Vérginia zugänglich gemacht wurden, sind sie Hauptanziehungspunkt.

Weißer Turm

Etwa 500 m weiter westlich, am Südostende des Kais (Leoforos Vasileos Konstantinu) erhebt sich als Wahrzeichen der Stadt der Weiße Turm. Dieses türkische Bauwerk aus dem 16. Jh. diente als Wachtturm und wurde früher 'Bluttur m' genannt.

Ajía Sophía

Vom Weißen Turm kommt man durch die Pávlu-Méla-Straße zur Kirche Ajía Sophía. Diese Frühform der Kreuzkuppelkirche stammt aus dem 8. Jahrhundert und erhielt im 9. Jahrhundert, nach der Beendigung des Streites um die Verehrung der kultischen Bilder, neue figürliche Mosaiken, so an der Stelle eines

Hafenpromenade und Weißer Turm

Kreuzes in der Apsis die Muttergottes Platytéra und in der Kuppel eine großartige Darstellung von Christi Himmelfahrt.

Ajía Paraskevi

Nördlich dieser Kirche, jenseits der Egnátia, finden wir die frühchristliche Basilika Ajía Paraskeví (5. Jh.) an der Stelle einer römischen Villa, deren Mosaikfußboden im nördlichen Seitenschiff aufgedeckt ist.

Panajía Chalkéon

Der Egnatía folgend, gelangt man zur (vor einigen Jahren restaurierten) Panajía Chalkéon (1028) im einstigen Schmiedeviertel.

*Ájios Dimítrios

Etwa 500 m weiter nordwestlich befindet sich die Hauptkirche der Stadt, die Ájios Dimítrios. Diese fünfschiffige Basilika steht über einer römischen Thermenanlage, deren Reste nördlich der Kirche zu sehen sind, und einer römischen Straße, die man von der Krypta aus erkennt. Nach dem nahen antiken Stadion hieß sie bis ins 9. Jahrhundert 'Kirche beim Stadion'. Untersuchungen nach 1917 haben die Überlieferung bestätigt, daß Kaiser Galerius den Offizier Demetrius im Jahre 306 in den Thermen gefangen setzte und töten ließ. Demetrius stieg bald zum Hauptheiligen und Patron der Stadt auf. Im 5. Jahrhundert wurde die Basilika errichtet, deren Grundzüge bei einer nach einem Brand erforderlichen Erneuerung im 7. Jahrhundert ebenso wie beim Wiederaufbau nach 1917 beibehalten wurden.
In der Südostecke hat man 1303 noch die dreischiffige Euthymioskapelle angefügt. Hier sind Wandmalerien aus der Erbauungszeit erhalten.

Oberstadt

Weitere Kirchen befinden sich in der malerischen Oberstadt, in deren Gassengewirr auch das Geburtshaus von Atatürk steht; es

Saloniki, Oberstadt (Fortsetzung)

sind u.a. Ajía Ekateríni (13. Jh.), Prophítis Ilias (14. Jh.), der kleine quadratische Kuppelbau von Óssios David (5. Jh.) mit einem Mosaik, und die Vision des Propheten Ezechiel zeigt, und das Kloster Vlatádon unmittelbar neben der Zitadelle (Aussicht über Stadt und Golf).
Die Zitadelle ist mit ihren sieben Türmen und ihren 10,50 m hohen Mauern eine eindruckvolle Anlage. Ihr mittlerer höchster Turm wurde von den Türken 1431, ein Jahr nach der Einnahme der Stadt, aufgeführt.
Auch von der Stadtmauer, die beiderseits an die Zitadelle anschließt, sind große Teile erhalten, eine Wanderung entlang dieser Mauern führt durch interessante Viertel.

Lokfriedhof

Eine Kuriosität stellt der ausgedehnte 'Lokfriedhof' des alten Eisenbahndepots am Westrand der Stadt dar. Das gänzlich überwucherte Gelände (Achtung Schlangen!) ist allerdings nur mit besonderer Genehmigung der Eisenbahnverwaltung zugänglich. Man findet hier ausgediente und weitgehend verrostete Lokomotiven aus vielen Ländern Europas; die älteste stammt aus dem Jahr 1887.

Hinweis

Saloniki ist Ausgangspunkt zum Besuch der Halbinsel Chalkidike (schöne Badestrände) und des Mönchsstaates auf dem Heiligen Berg Athos (für Frauen unzugänglich; Empfehlungsschreiben des deutschen Konsulates in Saloniki Voraussetzung).

Samos Σάμος / Sámos D 5

Region: Ägäische Inseln

Nomos: Sámos
Inselfläche: 476 km²
Höhe: 0-1440 m ü.d.M.
Bewohnerzahl: 33 000
Hauptort: Sámos

Flugverkehr

Flugplatz 5 km südwestlich von Sámos. – Linienflüge von und nach Athen zweimal täglich.

Schiffsverkehr

Linienschiffe von Athen (Piräus) bzw. Rhodos mehrmals wöchentlich (auch Kfz-Transport). – Fähre von Kuşadası (Türkei).

Lage und Allgemeines

Die Insel Samos (türkisch Sisam), hat außer ihren bekannten Weinen noch andere Vorzüge. Es ist eine grüne, bewaldete Insel, die erst in jüngster Zeit vom Massentourismus erfaßt wird, und ihr Name verbindet sich mit einer der bedeutendsten Kult- und Kulturstätten des Altertums, dem Heraion. Geographisch ein Vorgebirge Kleinasiens, von dem es durch eine 1900 m breite Meerenge getrennt ist, steigt Samos im Zentrum bis auf 1140 m ü.d.M. (Ámpelos) und im Westen auf 1440 m ü.d.M. (Kérkis) an. Landwirtschaft, Schiffbau und Fischfang bilden von altersher die Lebensgrundlage der Bevölkerung.

Geschichte

Die ersten, wohl karischen Bewohner von Samos wurden schon früh von Ioniern verdrängt. Ihnen diente die Insel als wichtiger Stützpunkt für die Eroberung und Kolonisierung der nahen kleinasiatischen Küste. Unter dem Tyrannen Polykrates gelangte die Insel in der zweiten Hälfte des 6. Jahrhunderts v.Chr. zu höchster politischer und wirtschaftlicher Macht. Wie andere Tyrannen

seiner Zeit ließ er großartige Bauten aufführen und die Künste fördern. Nachdem er trotz seines Bündnisses mit den Persern von dem Satrapen Oroites um 522 v.Chr. hingerichtet worden war, herrschte unter persischer Hoheit sein Bruder Syloson, danach andere Tyrannen. Die Insel nahm am Ionischen Aufstand teil, wurde befreit und trat als bevorzugtes Mitglied dem Ersten Attischen Seebund bei. Nach einem Aufstand (440 v.Chr.) durch Perikles unterworfen, war sie bis Ende des Peloponnesischen Krieges Stützpunkt für Athens Flotte, danach wechselnd unter spartanischem, attischem und persischem Einfluß. Vom Zweiten Attischen Seebund hielt sich Samos fern. Die Geschichte der Insel in der Zeit nach Alexander d.Gr. liegt weitgehend im Dunkeln; im 3. Jahrhundert v.Chr. scheint sie dem Reich der Ptolemäer angehört zu haben. Zum Römischen Reich stand sie in feindlicher Abhängigkeit, bis sie unter Augustus und Tiberius die Freiheit erlangte (17 n.Chr.).

Byzantiner, Araber (seit 824 n.Chr.), Venezianer und Genuesen haben sie später besessen. Im ausgehenden 15. Jahrhundert von Türken geplündert, wurde sie 1509 menschenleer und verwüstet von ihnen erobert, seit 1562 neu besiedelt und später mit wichtigen Vorrechten ausgestattet. Im neugriechischen Befreiungskrieg von 1821 gelang es den Türken nicht, die Insel einzunehmen. Das Londoner Protokoll von 1832 erklärte Samos zum dem Osmanischen Reich tributpflichtigen Fürstentum, das in der Flagge das griechische Kreuz führte. Der Fürst wurde vom Sultan ernannt, mußte aber Christ sein. – Im Verlauf des Tripoliskrieges vertrieben italienische Truppen 1912 die türkischen Besatzer. Nach weiteren kriegerischen Verwicklungen erfolgte im gleichen Jahr der Anschluß der Insel an Griechenland.
Samos ist die Heimat des griechischen Mathematikers und Philosophen Pythagoras.

Sehenswertes

Stadt Sámos

Inselhauptstadt ist seit 1832 die damals neu gegründete Stadt Sámos (8000 Einw.). Sie liegt im Halbkreis um die geschützte innere Hafenbucht von Vathí, von wo sie malerisch an den von Reben und Ölbäumen bestandenen Berghängen zur Oberstadt Apáno Vathí emporsteigt. Die Stadt besitzt eine hübsche Platia und malerische Gassen.

*Museum

Im Museum werden die Funde gezeigt, die bei den deutschen Ausgrabungen seit 1910 im Heraion zutage kamen.

Bergdorf auf Samos

Museum (Fortsetzung)

Der Hauptsaal des Museums mußte eigens vergrößert werden, um den sensationellsten Grabungsfund aus dem Bereich des Heraions aufzustellen: die 4,80 m hohe archaische Kolossalfigur eines marmornen Jünglings (Kuros; um 580-570 v.Chr.), deren Torso 1980 und deren etwa 70 cm hoher Kopf 1984 in einem dem Heraion benachbarten Weinfeld gefunden wurden; das Knie dieser Statue (vielleicht eine Weihefigur vom Rand der Heiligen Straße) hatte man bereits 1912 entdeckt. Ebendort befindet sich eine 1984 ausgegrabene überlebensgroße Frauenstatue aus archaischer Zeit (um 570 v.Chr.), ein Gegenstück zu der sogenannten Hera des Cheramyes, die 1879 im Hera-Heiligtum entdeckt worden war und heute zu den berühmtesten Exponaten der Antikensammlung im Pariser Louvre zählt.
Von der archaischen Gruppe des Bildhauers Geneleos (um 560 v.Chr.) enthält der linke Saal die Basis und drei der ursprünglich sechs Statuen. Plastik hellenistischer und römischer Zeit im Erdgeschoß rechts. Das Obergeschoß birgt Prähistorisches, beginnend um 220 v.Chr., Keramik, Elfenbeinarbeiten und Bronzen.

Pythagórion (Tigáni)

Der kleine anheimelnde Hafenort Pythagórion oder Tigáni (11 km südwestl. von Sámos), an der Südküste der Insel, nimmt die Stelle der antiken Stadt Sámos ein. Auf antike Zeit gehen der Unterbau der Mole ebenso wie die Stadtmauer des 4. Jahrhundert v.Chr. zurück. Auf dem Burghügel stehen beim Friedhof die Metamórphosis-Kirche und die Burg des Lykúrgos Logothétis (1822-1824). Daneben wurde eine hellenistische Villa ausgegraben, die im 5. Jahrhundert von einer christlichen Basilika überbaut wurde. Von der antiken Akropolis hat man keine Bauten gefunden. Im Ostteil des antiken Stadtbereiches liegt das Kloster Panajía Spilianí, unterhalb davon an beschildertem Weg eine

Stadtmauer

Theatermulde. Weiter im Westen der Eingang des von Eupalinos im 6. Jahrhundert v.Chr. angelegten 1 km langen Wasserleitungstunnels. Er ist rund 1,75 m hoch und breit und jetzt wieder begehbar. 425 m vom Südeingang erkennt man die Stelle, an der die von beiden Richtungen gleichzeitig vorgetriebenen Stollen fast genau aufeinanderstießen.

*Wasserleitung

In westlicher Richtung erreicht man das Heraion (8 km von Pythagórion; 19 km von Sámos). Hier, an der Mündung des Imbrassos, fanden die von Prokles geführten ionischen Einwanderer der Überlieferung zufolge ein hölzernes Gebilde, das von den Zweigen eines Lygosstrauches umwunden war. Sie erkannten in ihm das Kultbild der Göttin Hera. Neben dem Strauch entstand der erste Altar, dem weitere folgen sollten. Der siebte ist der Altar des Rhoikos (um 550 v.Chr.), der erst durch den Pergamonaltar an Größe und Pracht übertroffen werden sollte (er ist teilweise wiederaufgebaut).

*Heraion

*Altar des Rhoikos

Westlich dieses Altars errichteten die Samier den Heratempel. Nach den bescheidenen Holztempeln I (1. Hälfte des 8. Jh. v.Chr.) und II (nach 670 v.Chr.) schufen Rhoikos und Theodoros 570-550 v.Chr. einen steinernen Kolossalbau (Tempel III) mit einer Fläche von 105 x 52,50 m, dessen doppelte Ringhalle aus 104 je 18 m hohen ionischen Säulen bestand. Er ging bald zugrunde, doch ordnete Polykrates einen Neubau an, den Tempel IV. Dieser wurde mit einer Fläche von 112,20 x 55,16 m der größte Tempel, den Griechen je entworfen haben, blieb jedoch – wie andere ionische Riesentempel – unvollendet. Heute ist er bis auf mächtige Fundamente und eine einzige Säule verschwunden. Später folgte noch, dicht an den Altar herangerückt, ein kleiner Ringhallentempel (Tempel V) mit 4 x 6 Säulen, in den das Kultbild übersiedelte.

Heratempel

Bootsplatz

Samos, Heratempel (Fortsetzung)

Das Grundwasser erschwerte die Grabungen, doch ist es E. Buschor und seinen Nachfolgern gelungen, die Entwicklung des Heiligtums minutiös zu klären. 1963 fand man im Altarbereich sogar die Reste des uralten Lygosstrauches. In der Nähe sieht man die Apsis einer frühchristlichen Kirche. Zum Auffinden weiterer Anlagen – etwa des Bassins, in dem das Herabild alljährlich gebadet wurde – braucht man sachkundige Führung bzw. gutes Kartenmaterial.

Vom Heraion gelangt man entweder über Pythagórion oder über den mittelalterlichen Hauptort Chóra (7,5 km) und Mitilíni (10,5 km; 5000 Einw.) nach Sámos zurück.

Inselrundfahrt

Die von der Stadt Sámos an der meist steilen Nordküste entlangführende Straße berührt den kleinen Hafen Kokkári (10,5 km). Auf halbem Wege rechts der Straße bei der Paraskeví-Kapelle ein bescheidenes frühchristliches Baptisterium. – Hinter Avlákia (20 km) zweigt links die Straße nach Vurliótes (3 km) ab; von dort 2 km bis zum 1566 gegründeten Kloster Vrontianí am Nordabhang des Ampelos. – Die Küstenstraße erreicht Ájios Konstantínos (26 km) und Karlóvassi (32 km; 5000 Einw.), das von den Linienschiffen neben Vathí angelaufen wird.
Lohnend ist die Rückfahrt nach Sámos durch das bergige, landschaftlich reizvolle Inselinnere, über Pírgos, Kumaradéi und Chóra.

Sehenswert sind auf der Insel einige Klöster, besonders Zoodóchos Pijí (gegr. 1756; 8 km östl. der Hauptstadt; Rundblick), Profíti Elías (gegr. 1625; 4 km südl. von Karlóvassi) und Stavrós (gegr. 1586; 3 km östl. von Chóra).

Samothraki / Samothrake Σαμοθράκη / Samothráki B 4

Region: Ägäische Inseln
Nomos: Évros
Inselfläche: 178 km²
Höhe: 0-1640 m ü.d.M.
Bewohnerzahl: 3000
Hauptort: Samothráki (Chóra)

Schiffsverkehr

Samothraki liegt an der Schiffahrtslinie Athen (Piräus) – Limnos – Samothraki – Alexandrúpolis. – Fährverbindung mit Alexandrúpolis täglich.

Lage und Allgemeines

Samothraki, 40 km (22 sm) vor der thrakischen Küste gelegen, ist der nordöstlichste Vorposten der griechischen Inselwelt. Vom Gipfel des 1640 m hohen Fengári aus soll Poseidon – Homer zufolge – den Kämpfen um Troja zugesehen haben. Von großer landschaftlicher Schönheit inmitten eines inselarmen Meeresgebietes, besitzt Samothraki eine wenig gegliederte Küste ohne geschützte Hafenbuchten. Die Bewohner leben vom Ackerbau (v.a. Zwiebeln), besonders vom Anbau von Obst und Gemüse.

Geschichte

Ursprünglich war Samothrake – wie der Name 'trakisches Samos' erkennen läßt – von Thrakern bewohnt, auf die auch das

Heiligtum der Großen Götter zurückgeht. Um 700 v.Chr. kamen Griechen auf die Insel und bauten in der Folgezeit das Heiligtum aus, doch blieb das Thrakische bis ins 1. Jahrhundert v.Chr. die Kultsprache. Im 4. Jahrhundert v.Chr. wurde Philipp II. von Makedonien in die Mysterien eingeweiht, er soll hier seine Frau Olympias kennengelernt haben. Vom frühen 3. Jahrhundert v.Chr. an, als Ptolemaios II. und seine Schwester Arsinoë das Heiligtum mit großen Bauten ausstatteten, verbreitete sich der Kult weit in der hellenistischen Welt. Unter den Römern (seit 168 v.Chr.) verband sich der kleinasiatische Kybelekult mit dem der Großen Götter. Erst das Christentum brachte um 400 das Ende des Kultes, doch blieb die unmittelbar östlich liegende Stadt Paläópolis bis ins 15. Jahrhundert hinein bewohnt.
Ausgrabungen im 19. Jahrhundert durch Franzosen und Österreicher, 1939 und nach 1948 durch Amerikaner (Karl und Phyllis Lehmann) haben die Stätte gründlich durchforscht und auch Kenntnisse über den Kult selbst erbracht. Daß diese Kenntnis unvollkommen bleibt, hat seine Gründe in der Geheimhaltung der Eingeweihten, aber auch in der Überlagerung von verschiedenen Kultkreisen im Laufe der Jahrhunderte.

Die Kabiren, denen man früher das Heiligtum zugesprochen hat, sind nur ein Teil der dort verehrten Gottheiten. Im Mittelpunkt der Gruppe Großer Götter, die inschriftlich nachgewiesen sind, stand die thrakische Muttergottheit Axieros als Herrin der Natur. Zu ihr gesellten sich Axiersos und Axiersa, ein Paar von Unterweltsgottheiten (von den Griechen mit Pluto und Persephone gleichgestellt), der jugendliche Vegetationsgott Kadmilos und die beiden Kabiren. Man verehrte sie als Schutzgötter der Natur, später zunehmend speziell als Patrone der Schiffahrt und Retter in Seenot. Die Einweihung in die Mysterien erfolgte in zwei Stufen und erstreckte sich auf Griechen und Nichtgriechen, Männer und Frauen, Freie und Sklaven – ein Aspekt, der der späteren Ausbreitung des Kultes den Weg gebahnt haben dürfte.

Seit dem Untergang des Römischen Reiches stand Samothrake in mehrfachem Wechsel unter byzantinischer, venezianischer und genuesischer Herrschaft, kam 1457 in die Hand der Türken und wurde 1912 im Gefolge des Balkankrieges griechisch.
Während des Zweiten Weltkrieges war Samothraki bulgarisch besetzt.

Sehenswertes

Der mittelalterliche Hauptort Samothráki (Chóra; 1500 Einw.) liegt im Gebirge, etwa 3 km östlich vom Hafenplatz Kamariótissa (Burgruine). – 6 km nordöstlich liegen oberhalb der antiken Inselhauptstadt Paläópolis die Trümmer des erst in jüngster Zeit völlig freigelegten Heiligtums der Großen Götter (Kabirenheiligtum). Eine Kapelle der Ajía Paraskeví und Trümmer eines Gattelusi-Kastells am Berghang bezeichnen die Stelle des antiken Hafens (Kieselstrand). Trotz wiederholter Zerstörung durch Piraten, Kriege und Erdbeben blieb das Heiligtum bis ins 4. Jahrhundert n.Chr. bestehen. Im Mittelalter lieferten die verfallenen Baulichkeiten Quader zum Festungsbau.

Samothráki (Chóra)

*Kabirenheiligtum

Der Grabungsbezirk liegt 500 m landeinwärts. Ein beschilderter Rundweg führt von dem Museum (hinter dem Rast- und Gasthaus Xenia) nach Südosten, passiert ein Eisentor, überquert den

Grabungsbezirk (Fortsetzung)

Anaktoron

mittleren der drei Bäche, die das hügelige Gelände durchziehen, und gelangt schließlich über einen Aussichtspunkt zum ersten großen Gebäude, dem rechteckigen Anaktoron, d.h. 'Haus der Herren' oder 'Haus der Götter' (um 550 v.Chr.). Hier erhielten die Gläubigen den ersten Grad der Weihe (Myesis). Der Nordteil war als Allerheiligstes abgetrennt, in der Südostecke ist eine aufgemauerte Opferstätte. Unmittelbar südlich schließt auf höherem Niveau die 'Sakristei' an, in der man die Namenslisten der Eingeweihten aufbewahrte.

Arsinoeion

Dann folgte das Arsinoeion, zwischen 289 und 281 v.Chr. von der späteren ägyptischen Königin Arsinoë II. gestiftet und mit über 20 m Durchmesser der größte überdachte Rundbau der griechischen Antike. Es entstand an der Stelle einer alten Kultstätte, von der im Inneren Mauern und ein Felsaltar freigelegt sind.

Am Hang oberhalb des Arsinoeions Reste einer antiken Straße und eines Rundbaus. Altäre aus der Frühzeit des Kultes finden wir auch auf dem Platz zwischen Arsinoeion und dem südlich anschließenden Temenos.

Temenos

Dieses, 350-340 v.Chr. als erster Marmorbau errichtet, hatte ein ionisches Propylon mit archaisierendem Tänzerinnenfries (Teile im Museum).

Hieron

Auf der Mittelterrasse an einem archaischen Altar vorbei, gelangt man zu der wiederaufgerichteten Säulenfront des Hierons. Dieser Bau des späten 4. Jahrhunderts v.Chr., dessen Säulenvorhalle erst im 2. Jahrhundert v.Chr. angefügt wurde, hat eine in römischer Zeit mit einer Krypta versehene Apsis und erinnert dadurch an den Grundriß einer christlichen Kirche. Hier erhielten die Mysten den zweiten Grad der Weihe (Epopteia), vermutlich nachdem sie an zwei Marmorsteinen vor der östlichen Langseite ein Sündenbekenntnis abgelegt hatten (Lehmann). Parellel zum Hieron liegen die Halle der Weihgeschenke (6. Jh. v.Chr.) und der zwischen 340 und 330 v.Chr. errichtete Altarhof, dessen Säulenvorhalle vermutlich als Bühnenwand für das um 200 v.Chr. angelegte (stark zerstörte) Theater diente.

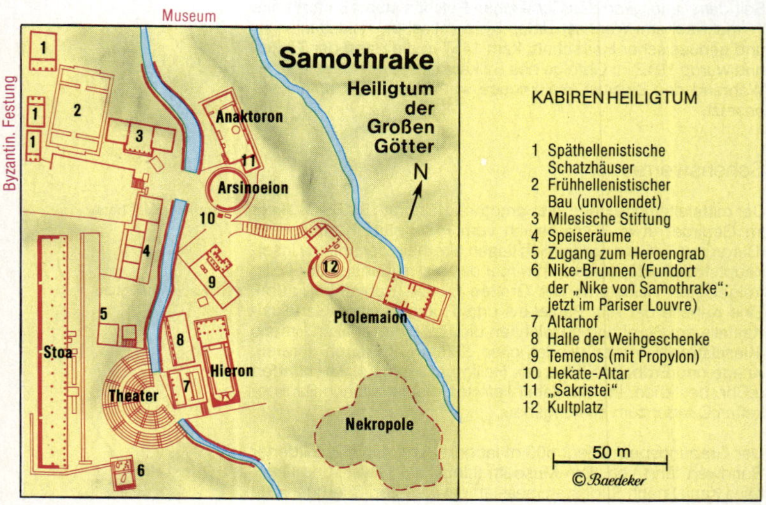

Antike Säulen auf Samothraki

Im Südosten des Heiligtums ein antiker Friedhof (7.-2. Jh. v.Chr.) und das Archäologische Museum.

*Archäologisches Museum auf Samothraki

Nordöstlich über dem heiligen Bezirk die alte Stadt Paläópolis der äolischen Kolonisten (seit 7. Jh. v.Chr.). Bis hoch auf den Grat des Gebirges zieht sich die kolossale Mauer (6. Jh. v.Chr.). Im Innern ist wenig erhalten; auf der Anhöhe der antiken Akropolis die Ruine des Kastells (1431-1444) der Genueser Familie Gattelusi. – Östlich von Paläópolis entspringt bei Therma aus einem 10 m hohen Sinterkegel eine 55°C heiße Quelle.

Paläópolis

Sehr lohnend ist die Besteigung des Fengári (Fengan; 1640 m ü.d.M.), der höchsten Erhebung der Insel. Sie erfolgt am besten in Begleitung eines Führers in etwa 6 Stunden und wird als besonderes Bergerlebnis gerühmt.

Fengári

Santorin / Santorini Σαντορίνη / Santoríni D 4

Region: Ägäische Inseln
Inselgruppe: Kykladen
Nomos: Kykladen
Inselfläche: 73 km²
Höhe: 0-584 m ü.d.M.
Bewohnerzahl: 6000
Hauptort: Thíra (Firá)

Flugplatz 6 km südöstlich von Firá. – Linienflüge täglich von und nach Athen in 1½ Stunden.

Flugverkehr

Christiana, Askania

Schiffsverkehr

Linienschiffe von und nach Athen (Piräus) bzw. Kreta mehrmals wöchentlich in 12 (auch Kfz-Transport) bzw. 7 Stunden.

Lage und Allgemeines

Santorin bzw. Thíra (Thera = die Wilde; italienisch Santorino bzw. Santorini, nach der Schutzheiligen Santa Irene), die südlichste der größeren Kykladen, ist mit ihren Nebeninseln Thirasia (9 km^2; bis 295 m ü.d.M.) und Aspronisi (2 km^2; bis 71 m ü.d.M.) Teil eines im Meer versunkenen Vulkankraters. Der aus dem Meer ragende Rand der Caldera bildet heute einen im Nordwesten und Südwesten offenen Ring um ein bis zu 400 m tiefes Becken, aus dessen Mitte in historischer Zeit die Gipfel eines neuen Vulkans, die Kaimeni-Inseln, emporgewachsen sind. Heiße Quellen und Gasausströmungen bezeugen fortdauernde vulkanische Tätigkeit (letzter Ausbruch 1956).

Die mächtigen vulkanischen Schichten liegen einem Gebirge aus Tonschiefer und Grauwacke auf, das von halbkristalliner Kalksteinmasse überlagert ist. Es bildet im Südosten als höchste Inselerhebung den Profíti Elías (584 m ü.d.M.), an der Nordspitze den Megaló Vunó und an der Ostspitze den Monólithos aus. Der Kraterrand selbst bricht nach dem Inneren Becken hin in 200 bis 400 m hohen Felswänden aus grauschwarzer Lava ab, in den Schichten von weißem Bimsstein und rötlichem Tuff sichtbar werden. Nach außen senkt er sich sanft zum Meer hin und bildet mit seiner hohen Bimssteindecke ein fruchtbares Weinland. Baumbewuchs fehlt wegen des Wassermangels. Die Bewohner haben durch die Ausfuhr von Wein, Hülsenfrüchten, Pistazien und Tomatenmark sowie von Santorinerde (Pozzulan), einer Bimssteinerde, die als natürlicher Zement für Wasserbauten (Hafenanlagen; Suezkanal) geschätzt wird, einen bescheidenen Wohlstand erreicht. In jüngster Zeit gewinnt der Tourismus wegen der landschaftlichen Eigenheit und der antiken Ausgrabungsstätten, die zu den wichtigsten in Griechenland zählen, an Bedeutung.

Für reine Badeferien – insbesondere mit Kindern – ist Santorin wenig geeignet.

Geschichte

In der Antike trug Thera den Namen 'Kalliste' (= die Schönste) oder 'Strongyle' (= die Runde). – Im 3. Jahrtausend v.Chr. (Kykladenkultur) wohl von Karern bewohnt, ließen sich um 1900 v.Chr. frühgriechische Achäer auf ihr nieder, die später von phönikischen Kolonisten bedrängt wurden. Die Ausgrabungen bei Akrotíri haben gezeigt, daß Santorin in der ersten Hälfte des 2. Jahrtausends v.Chr. eine hohe Blüte erlebte. Es war eine Welt, die in Verbindung mit dem minoischen Kreta stand und dennoch eine eigenständige theräische Kultur entwickelte. Es kann vermutet werden, daß wenigstens die Stadt Akrotíri nicht durch eine Zentralmacht regiert sondern plutokratisch von Kaufherren und Reedern verwaltet wurde, die mit ihren Flotten bis nach Libyen kamen. Dies und vielleicht auch eine ethnische Beziehung zu Nordafrika läßt sich aus den künstlerisch hervorragenden, heute im Nationalmuseum von Athen ausgestellten Wandmalereien entnehmen.

Das goldene Zeitalter endete mit dem Ausbruch des Vulkans, der nach ersten Vorwarnungen im 16. Jahrhundert v.Chr. in der Mitte des 15. Jahrhunderts v.Chr. anzusetzen ist. Seine Gewalt muß diejenige der Krakatau-Explosion von 1883 um ein Vielfaches übertroffen haben. Verschiedene Archäologen, besonders aber Marinatos, vertraten die Ansicht, daß er auch das plötzliche Ende der minoischen Stätten auf Kreta gebracht habe. – Die Katastrophe von Thera legt Spekulationen nahe, daß mit dem Vulkan auch das sagenumwobene Inselreich Atlantis im Meer versunken sei.

Kraterwand

Neuer Hafen

Geschichte (Fortsetzung)

Nach dem Bersten des Vulkankraters blieb die Insel ein halbes Jahrtausend unbewohnt. Erst zu Beginn des 1. Jahrtausends v.Chr. wurde die Insel von Kreta ausgehend neu besiedelt: es waren minoisch-dorische Einwanderer, die sich auf einem Kalksteinrücken südöstlich des Profíti Elías niederließen. Ihr König Grinos gründete 630 v.Chr. die nordafrikanische Kolonie Kyrene, die größte Kolonie der Griechen in Afrika überhaupt. Zu Beginn des Peloponnesischen Krieges mit Sparta verbunden, mußte die Insel seit 427/426 Tribut an Athen zahlen. Eine gewisse Blüte bestand noch unter den ägyptischen Ptolemäern, die dort als Stütze ihrer Macht in der Ägäis eine Garnison unterhielten. Dann wurde die Insel römisch.

Im Jahre 1207, nach dem 4. Kreuzzug, eroberte Marco Sanudo, der Herr von Naxos, Santorin, das nun drei Jahrhunderte unter italienischer Herrschaft stand. 1539 wurde Santorin türkisch, 1830 griechisch.

Der Vulkanismus, der einst die Insel neben dem alten Kalksteinkegel des Profíti Elías aufbaute und sie kurz nach 1500 v.Chr. zerstörte, blieb auch in späteren Zeiten ein bestimmender Faktor. Die letzten starken vulkanischen Erscheinungen, verbunden mit erheblichen Erdbebenschäden, waren 1956 zu verzeichnen.

Sehenswertes

*Anfahrt zu Schiff

Wenngleich heute ein großer Teil der Touristen die Anreise per Flugzeug wählen wird, so bleibt doch die Einfahrt in den Krater von Nordwesten her ein großartiger Eindruck. Nach den sanften,

Ia über dem Kraterrand

grünen Außenhängen der Insel öffnet sich plötzlich der riesige, fast ringsum geschlossene Kessel. An der Nordspitze der Hauptinsel klebt am Rande des Absturzes das weiße, schmucke Städtchen Ía (Oía), bis zum Zweiten Weltkrieg das Wirtschafts- und Handelszentrum der Insel. Steile Zickzackwege führen von der Ammúdi-Bucht im Westen und der kleinen Hafenbucht Ájios Nikólaos im Süden in der Kraterwand empor zum Ort. Bei der Weiterfahrt schließen die Nebeninsel Thirasía (rechts) und das in der Ferne hinter den Kaiméni-Inseln sichtbare südliche Horn von Thíra das Becken vollständig ab. Der Inselhauptort Firá erscheint jenseits eines Vorsprungs hoch oben am Rand des Kraters. *Ía

Den Hauptort Firá (oder Thíra; 1500 Einw.) erreicht man nach der Ausbootung von dem kleinen Hafenplatz Skála aus entweder auf steilem gewundenem Treppenweg (587 Stufen; Maultiere und Esel) oder mit der neu angelegten Kabinenbahn. Die großen Passagierschiffe legen heute regelmäßig auch in dem weiter südlich gelegenen neuen Hafen Athiniós an, der durch eine 17 km lange Fahrstraße mit Firá verbunden ist. *Firá

Firá ist mit seinen z.T. in den Kraterrand gebauten weißen Häusern, den winkeligen Gassen und Plätzen, die immer neue Ein- und Ausblicke gewähren, und den türkisblauen Kuppeln seiner Kirchen und Kapellen äußerst reizvoll. Das archäologische Museum im Norden der Stadt zeigt Funde aus der kykladischen und minoischen Zeit vor der großen Explosion, sowie aus der dorischen und schließlich aus der hellenistischen und römischen Zeit. Ein neues Museum für die Funde aus Akrotíri ist bei der Metrópolis-Kirche, einem Neubau von 1956, geplant.

Von Firá gelangt man über das Dorf Pírgos (6 km) zum Gipfel des Profíti Elías (584 m ü.d.M.), der höchsten Erhebung von Santorin.

Treppenweg am steilen Kraterrand

* Kloster Profíti Elías

Der Besuch lohnt sich wegen der umfassenden Rundsicht und der sehenswerten Anlage des Klosters Profíti Elías. Die Hauptkirche besitzt eine reichgeschnitzte Ikonostase und eine kretische Elias-Krone (15. Jh.). Im Klostermuseum Mitra und Stab des 1821 in Konstantinopel gehenkten Patriarchen Gregorios V. Ferner beachtenswert die Bibliothek, das Archiv und die Küche. Das Kloster war Sitz einer 'geheimen Schule', wie sie in der Türkenzeit verbreitet waren.

Vom Profíti Elías führt östlich ein Weg hinab zum Bergsattel Selláda, an dessen beiden Flanken die Nekropolen von Thera liegen. Von hier zweigen Wege ab: links nach Kamári hinab, wo am Strand die alte Stadt Oia lag, und rechts (südl.) nach Períssa. Geradeaus zum Mésa Vunó in Windungen bergauf, an der z.T. mit antiken Baugliedern über einer altchristlichen Basilika des 5. Jahrhunderts erbauten Kirche Ájios Stéfanos vorüber zum Evangelismós (297 m ü.d.M.), einer Kapelle mit anstoßendem Heroon (2. Jh. v.Chr.).

* Thera

Die Ruinen der antiken Inselhauptstadt Thera ziehen sich von der Selláda über den nach drei Seiten steil abfallenden Felsrücken des Mésa Vunó hin. Die Anlage der bis in byzantinischer Zeit bewohnten Stadt entspricht dem Zustand zur Zeit ihrer Gründung in der hellenistischen Epoche.

Vom Evangelismós gelangt man südlich am Hang in Windungen bergan zur Stützmauer einer Terrasse, mit den Resten des Tempels des Apollon Karneios (6. Jh. v.Chr.). Der nordwestlich anstoßende Tempel besteht aus Pronaos, Naos und zwei an dessen Südwestwand angebauten Kammern. Die durch Aufschüttung vergrößerte Terrasse (6. Jh. v.Chr.) im Süden diente als Festplatz. Zwischen Tempel und Mauerecke das Fundament eines rechteckigen Gebäudes; im Innern sind Götternamen (Nordwestseite; z.T. 8. Jh. v.Chr.) und Namen von Theräern (Südostseite) in den Felsen gehauen. – Am Südostende des Felsgrates das Epheben-Gymnasion (2. Jh. v.Chr.), mit der Grotte des Hermes und des Herakles an der Nordostseite eines großen Hofes, einem Saal und Rundbau am Ostende. Darüber Felsinschriften z.T. erotischen Inhalts.

An der Hauptstraße sind die Fundamente einiger hellenistischer Privathäuser von delischem Grundrißtypus und das Theater mit der Bühne aus römischer Zeit sichtbar; darunter Spuren des ptolemäischen Proskenions, an das der Kreis der Orchestra stieß. Beim Theaterportal zweigt von der Hauptstraße ein Weg ab, aufwärts zum Felsenheiligtum der ägyptischen Gottheiten Isis, Serapis und Anubis. – Jenseits des Theaters an der Hauptstraße die offene Kaufhalle; dahinter römische Thermen. Es folgen die Agora (Markt), ein unregelmäßiger, länglicher Platz, in den verschiedene Straßen münden. An seiner Südostseite die Stoa Basiliko (1. Jh. v.Chr.) mit zwei Kleithosthenes-Inschriften gegenüber dem Eingang. Die Innenhalle teilt eine dorische Säulenreihe in der Längsachse; Wandpfeiler und Aufbau im Norden (Tribunal?) sind später angefügt. – Weiter links, über dem mittleren Markt, eine Terrasse mit dem Tempel des Dionysos, später der Ptolemäer (2. Jh. v.Chr.), in dem zuletzt auch die römischen Kaiser verehrt wurden. Ihm gegenüber der Tempel der Göttin Tyche.

Nördlich jenseits des Marktes führt die Hauptstraße weiter. Von ihr zweigt westlich aufwärts eine Straße ab zur Kaserne und dem Gymnasion (südl.) der ptolemäischen Garnison, auf der Höhe des Mésa Vunó. – Am unteren Ende der Hauptstraße, nahe der Selláda, der mit Felsenreliefs geschmückte Tempel des Artemidoros (3. Jh. v.Chr.).

Von der Sellada südlich abwärts gelangt man in 1/2 Stunde zu der malerischen Kirchenanlage von Perísa (19. Jh.). Südwestlich hinter der Kirche, rechts vom Friedhof, das Fundament eines Rundbaues aus der ersten Kaiserzeit, mit Katasterinschriften (2./4. Jh. n.Chr.). – Von Perísa kehrt man nach Thíra zurück über Emperío und unweit am Tempel der Thea Baseleia (1. Jh. v.Chr.) vorbei, der als Kapelle des Ájios Nikólaos Marmarénius mit dem antiken Dach, schönen Türrahmen und einer Nische im Innern vorzüglich erhalten ist.

** Akrotíri

Bei dem Dorf Akrotíri, 12 km südwestlich von Fíra, legte der griechische Archäologe Spyridon Marinatos von 1967 bis zu seinem Tod am 1.10.1974 größere Teile einer bedeutenden, durch den großen Ausbruch zerstörten Stadt frei. Die Gebäude stammen aus dem 16. Jahrhundert v.Chr. und zeigen Spuren von der Katastrophe vorangegangenen Erdbebenschäden, z.B. schräg stehende Mauern, die dann vom alles überdeckenden Bimssand in dieser Lage festgehalten wurden. Daraus wie aus der Mehrstökkigkeit der Gebäude ergeben sich schwierige Konservierungsprobleme für die Ausgräber. Marinatos selbst kam bei den Ausgrabungen zu Tode und ist in einem Haus gegenüber der Unglücksstelle beigesetzt.

Man betritt die zum Schutz vor der Witterung überdachte Ausgrabung von Süden her und befindet sich zwischen Häusern, die bis

Typische Inselkirche

Jüngling mit Fischen

Überdachte Ausgrabungsstätte von Akrotiri

Santorin, Akrotiri (Fortsetzung)

ins erste und zweite Obergeschoß erhalten sind. Durch die 'Telchinenstraße' nach Norden gehend, gelangt man zu einem dreieckigen Platz mit dem 'Westhaus', in dem eine Vielzahl von Fresken (jetzt im Nationalmuseum Athen) gefunden wurde, darunter die Darstellung einer Flottenexpedition und das wohlerhaltene Tafelbild eines nackten Jünglings, der Fischbündel in den Händen trägt. Im nördlichsten Haus gibt es eine Reihe von einst dort zusammengetragenen Vorratsgefäßen. Wieder nach Süden gehend, passiert man u.a. ein Haus mit Treppe zum Obergeschoß, deren Stufen bei dem Erdbeben gebrochen sind, und den mächtigen Komplex mit dem kleinen Raum 2, in dem sich das 'Frühlingsfresko' fand.

Die wichtigsten Gebäude dieses 'zweiten Pompeji', das 1600 Jahre älter ist als jenes und den Archäologen noch auf Jahrzehnte Arbeit gibt, sind mit Grundrissen und Erläuterungen versehen. – Entsprechende Siedlungsfunde wurden auch an der Südküste von Thirasía gemacht.

Auf dem Rückweg von Akrotíri kann man nach etwa 2 km rechts (südl.) abbiegen und gelangt dann zu der von Bäumen umstandenen Kapelle Ájios Stéfanos Marmarítis, die auf einen antiken Tempel zurückgeht, und weiter zum kleinen Küstenort Períssa (Badestrand).

Kaiméni-Inseln

Die Kaiméni-Inseln (Boot von Skála) sind der noch aktive Kegel des geborstenen Vulkans. Der Besuch ist mühsam und wenig spektakulär. – Aus dem Altertum wird vom Entstehen und Vergehen von Inselchen an dieser Stelle in den Jahren 197 v.Chr., 19-46 n.Chr. berichtet; 726 fanden dort, wohl an Paläa Kaiméni (südwestl.), vulkanische Veränderungen statt, 1457 ein nicht vulkanischer Felssturz. 1570-1573 entstand Mikrá Kaiméni (nordöstl.); 1650 fand eine Eruption im Nordosten von Thera statt (Kolumbusbank); 1707-1711 entstand Néa Kaiméni, wo sich 1866-1870 neuerliche heftige Eruptionen ereigneten. An ihrem Südwestufer wuchs aus aufquellenden Lavamassen die später mit Néa Kaiméni verbundene Insel Afroéssa. Den am Südostufer befindlichen Georgskrater (128 m ü.d.M.), benannt nach König Georg von Griechenland, der noch an einigen Stellen schwefelhaltige Dämpfe ausströmt (letzter Ausbruch 1956), besteigt man auf der Nordseite in etwa 1/2 Stunde von der Bucht zwischen Néa und Mikrá Kaiméni aus.

Bootseigner legen gern für ein bis zwei Tage bei Néa Kaimeni an, um den Schiffsrumpf dem warmen und schwefelhaltigen Wasser auszusetzen und dadurch von Algenbewuchs und Tierbesatz zu reinigen.

Etwa 18 km (10 sm) südwestlich von Santorin liegen die Eilande Christiana (bis 279 m ü.d.M.) und Askania (bis 143 m ü.d.M.), die südlichsten der Kykladeninseln.

Saronische Inseln Σαρωνικαὶ Νῆσοι / Saronikí Níssi D 3

Die Saronischen Inseln sind die Gesamtheit der Inseln im Saronischen Golf mit → Salamis, → Äjina, Ankistri und → Poros, sowie zahlreichen Eilanden und Felsklippen. Zu den Saronischen rechnet man auch die → Argolischen Inseln.

Seriphos / Serifos Σέριφος / Sérifos D 4

Region: Ägäische Inseln
Inselgruppe: Kykladen
Nomos: Kykladen
Inselfläche: 66 km^2
Höhe: 0-486 m ü.d.M.
Bewohnerzahl: 1800
Hauptort: Sérifos (Chóra)

Schiffsverkehr

Linienschiffe von und nach Athen (Piräus) täglich in 5-6 Stunden (auch Kfz-Transport).

Lage und Allgemeines

Serifos, die kahle, von Schluchten durchzogene felsige Kykladeninsel nordwestlich von Sifnos, steigt im Túrlos bis zu 486 m ü.d.M. an. Neben bescheidener Landwirtschaft hat seit dem Altertum der Eisenerztagebau Bedeutung. Ausfuhrhafen für das Erz ist Kutalás, an der Südküste.

Geschichte

Erstmals von Ioniern besiedelt, teilte die Insel im wesentlichen das Schicksal der anderen Kykladen. Serifos ist der Sage nach der Ort, wo Danaë mit dem jungen Perseus an Land gezogen wurde.

Bemerkenswertes

Sérifos (Chóra)

Beim Hauptort Sérifos (Chóra), über dem geschützten Hafen Livádi, die Ruine eines venezianischen Kastells (Aussicht).

Panorama des Inselhauptortes Serifos

Im Norden der Insel befindet sich das Kloster der Taxiárches (Erzengel; von 1600), mit beachtlicher Bibliothek; nordwestlich davon liegt das hübsche Dorf Panajía, mit der Kirche Xiló Panajía (Marienkirche) von 950.

Seriphos, Erzengelkloster

* Marienkirche

Sfakteria

→ Sphakteria

Sifnos

→ Siphnos

Sikinos Σίκινος / Síkinos

D 4

Region: Ägäische Inseln
Inselgruppe: Kykladen
Nomos: Kykladen
Inselfläche: 41 km²
Höhe: 0-600 m ü.d.M.
Bewohnerzahl: 350
Hauptort: Síkinos

Schiffsverkehr

Linienschiffe von und nach Athen (Piräus) 2mal wöchentlich in 10 Stunden. – Lokale Verbindungen mit Ios und anderen Nachbarinseln.

Lage und Allgemeines

Sikinos ist eine etwa 6 km (3 sm) südwestlich von Ios gelegene kahlfelsige Kykladeninsel mit überaus steiler Kliffküste und rauhem Gebirge im Norden und Nordwesten. Im sanfteren Südosten findet man Terrassenkulturen.

Geschichte

Die kulturelle und politische Bedeutung der Insel war infolge ihrer Unwirtlichkeit und des Fehlens geschützter Hafenplätze stets gering, ihr geschichtliches Geschick mit dem von Naxos eng verbunden. In römischer Zeit diente Sikinos als Verbannungsort.

Bemerkenswertes

Ort Síkinos

Vom Ankerplatz Aloprónia (Sandbucht) im Südosten der Insel steigt man in knapp einer Stunde (2½ km; Maultiere) in einer waldreichen Schlucht aufwärts zum Hauptort Síkinos (350 Einw.), einem typischen Kykladenstädtchen mit dem malerischen Ortsteil Kástro in der mittelalterlichen Festung; darüber, am Hang, der eigentliche Ort Chorió. Über der Ortschaft die Ruine des ehemaligen Nonnenklosters Zoodóchos Pijí.

1½ Stunden westlich liegt die Panajía-Kapelle des Episkopí-Klosters (5.-7. Jh. v.Chr.), das aus einer antiken Kultstätte des 2. vorchristlichen Jahrhunderts entstand.

Auf der steilen Anhöhe bei dem Kirchlein Ajía Marína sieht man noch die spärlichen Reste der antiken Stadt.

Simi

→ Symi

Siphnos / Sifnos Σίφνος / Sífnos D 4

Region: Ägäische Inseln
Inselgruppe: Kykladen
Nomos: Kykladen
Inselfläche: 73 km²
Höhe: 0-680 m ü.d.M.
Bewohnerzahl: 2000
Hauptort: Apollonía

Schiffsverkehr

Linienschiffe von und nach Athen (Piräus) mehrmals täglich in 5½ Stunden (auch Kfz-Transport). – Lokale Verbindungen mit Serifos, Kimolos und anderen Nachbarinseln.

Lage und Allgemeines

Die Insel Sifnos, eine der südlichen Kykladen, liegt etwa in der Mitte des Dreiecks Milos – Serifos – Paros. Sie wird im Norden und Nordwesten von kargen, kahlen Gebirgszügen, im Osten und Süden von sanfteren Hügeln eingenommen. Die Küste ist stark gegliedert und vielfach steil abfallend. Auf fruchtbaren Verwitterungsböden wird Landwirtschaft (bes. Zwiebelanbau) betrieben. Daneben sorgen ein traditionsreiches Keramikhandwerk sowie die Weberei für bescheidenen Wohlstand der Bewohner.

Geschichte

Bereits zur Zeit der Kykladenkultur (3./2. Jt. v.Chr.) dicht bewohnt, gelangte die Insel im klassischen Altertum durch den Abbau eines silberhaltigen Bleiglanzes zu so großem Reichtum, daß die Sifnier in Delphi ein Schatzhaus bauen ließen. Als Wassereinbruch den Abbau unmöglich machte – die ehemaligen Stolleneingänge sind noch bei Ájios Sóstis und Ájios Minás im Meer sichtbar – verfiel Sifnos zur Bedeutungslosigkeit.

Sehenswertes

Kamáres
Apollonía

Vom Haupthafen Kamáres (Strand; Keramikwerkstätten) gelangt man an der Westküste 5 km aufwärts zum Hauptort Apollonía. In der Kirche Ájios Sóson sowie in den Kirchen Panajía Gurniá im nördlichen Nachbarort Artemón und Panajía im südlich gelegenen Ort Katavatí schöne Wandmalereien.

Kástro

5 km östlich liegt über einer geschützten Bucht das malerische Städtchen Kástro, mit mittelalterlicher Festung. Hier befand sich nach Herodot die antike Inselhauptstadt Asty, von der noch Reste der Ummauerung (4. Jh. v.Chr.) zu erkennen sind.

Entlang der Küste stehen noch zahlreiche hellenistische, römische und mittelalterliche Wachtürme. – Reste einer vorgriechischen Siedlung finden sich auf dem Hügel Ájios Andréas, südwestlich von Apollonía, sowie Gräber aus derselben Zeit bei Vathí und Mávro Chorió.

Klöster

Auf Sifnos sind mehrere Klöster (z.T. mit Übernachtungsmöglichkeit) besuchenswert, besonders das Festungskloster auf dem Profíti Elías (680 m ü.d.M.; Wallfahrten); ferner Chrisóstomos

Siphnos

(Fliederbaum und Palme von 1653), Panajía tis Vrísis, auf der Südostspitze der Insel (Bibliothek), Taxiárchis, über der Vathí-Bucht, Panajía tu Vunú (Aussicht) und Panajía Chrisopijí, an der Südküste, mit als wundertätig verehrter Ikone (17. Jh.). – Überall auf der Insel stehen venezianische Taubentürme, besonders aber im Osten.

Siphnos (Fortsetzung)

Südöstlich vor der Südspitze der Insel Sifnos, dem Kap Kontú, liegt die kleine Marmorinsel Kitrianí, mit Kapelle.

Kitrianí

Siros

→ Syros

Skiathos Σκίαθος / Skíathos

C 3

Region: Thessalien
Inselgruppe: Nördliche Sporaden
Nomos: Magnesia
Inselfläche: 48 km²
Höhe: 0-438 m ü.d.M.
Bewohnerzahl: 3900
Hauptort: Skíathos

Flughafen 4 km nordöstlich von Skíathos. – Linienflüge von und nach Athen im Sommer täglich in 55 Minuten.

Flugverkehr

Hafen von Skiathos

Schiffsverkehr

Linienschiffe von Ájios Konstantínos täglich, von Vólos zweimal täglich in 3-3½ Stunden; von Kími (Euböa) 3mal wöchentlich in 5 Stunden. – Schiffsverbindung mit den Nachbarinseln.

Lage und Allgemeines

Skiathos, eine sanfthügelige, waldreiche Insel der Nördlichen Sporaden, liegt rund 4 km östlich der Halbinsel Magnesia. Sie ist wegen ihres ausgeglichenen Klimas und besonders schöner Sandbuchten eine vor allem von Griechen geschätzte Sommerfrische. Neben Tourismus bilden die rund 600 000 Olivenbäume die wichtigste Erwerbsquelle der Bewohner.

Geschichte

Skiathos war stets ohne Bedeutung. Herodot erwähnte die Insel in Verbindung mit der Seeschlacht beim Kap Artemision (480 v.Chr.), als von hier Nachrichten über Truppenbewegungen der Perser durch Lichtzeichen weitergegeben wurden.

Sehenswertes

Ort Skíathos

Hauptort und gleichzeitig einzige geschlossene Siedlung der Insel ist Skíathos (3000 Einw.) an der Südostküste. Es entstand nach 1830 an der Stelle der antiken Stadt auf zwei niedrigen Felsrücken zu beiden Seiten einer kleinen geschützten Hafenbucht. Von der Kirche Ájios Fanúrios (nordwestl. außerhalb) bietet sich ein schöner Ausblick. – Die Stadt Skíathos ist die Heimat des griechischen Novellisten A. Papadiamántis (1851-1911; Museum in seinem ehem. Wohnhaus).

Nach 2½stündigem Fußmarsch (auch Boot) in nördliche Richtung erreicht man die auf hohem Felssporn gelegene Ruine der mittelalterlichen Hauptstadt Kástro (Aussicht). Von ihr sind Teile der Festungsmauer mit Zugbrücke, türkische Bäder und drei der einstmals 22 Kirchen erhalten, darunter die Kirche Christós sto Kástro (17. Jh.; Fresken). – Etwa auf halbem Wege kommt man am Kloster Evangelístria (18. Jh.; byzantinische Kapelle) vorbei, das im Freiheitskrieg den Aufständischen als Unterschlupf diente.

Skiathos, Kástro

Weitere hübsche Wanderungen führen von Skiathos zu den aufgelassenen Klöstern Charalámpos (8 km nördl.), Kechriá (7 km nordwestl.; Fresken des 18. Jh.), Panajía Kunístria (9 km westl.; 17. Jh.) sowie Ajía Sofía bei Túrlos.

Klöster

Etwa 9 km westlich von Skíathos (Bus oder Motorboot) erstreckt sich die prächtige Sandbucht von Kukinariés, die von schattigen Schirmpinien gesäumt ist und zu den schönsten Badestränden der Ägäis zählt. – Besuchenswert sind ferner die Meeresgrotten.

Kukinariés

Der Insel Skiathos sind im Südosten neun kleinere Inselchen vorgelagert. Die größte Tsúngrias (6 km^2; bewirtschaftet), und die kleineren Eilande Tsungriáki, Daskalonísi (Leuchtturm), Mirmingonísi (Ameiseninsel) und Marangós liegen gegenüber dem Hafen; nördlich vor der Ostküste die Felsklippen Répi, Árki und Aspronísi, im Süden Prasonísi (Leuchtturm).

Tsúngrias

Skopelos Σκόπελος / Skópelos C 3

Region: Thessalien
Inselgruppe: Nördliche Sporaden
Nomos: Magnesia
Inselfläche: 96 km^2
Höhe: 0-680 m ü.d.M.
Bewohnerzahl: 4500
Hauptort: Skópelos

Linienschiffe von Ájios Konstantínos bzw. von Vólos mehrmals täglich in jeweils 4½ Stunden; von Kími (Euböa) 3mal wöchentlich in 3½ Stunden.

Schiffsverkehr

Skopelos, im Altertum bis ins 3. Jahrhundert n.Chr. Peparethos, ist eine reichlich bewachsene Gebirgsinsel der Nördlichen Sporaden. Die steile Nordostküste ist abweisend und, abgesehen von der weiten Bucht von Skópelos in ihrem östlichen Teil, ohne nennenswerte Einschnitte. Die sanftere Südwestküste ist ebenfalls wenig gegliedert. Auf teilweise fruchtbaren Verwitterungsböden werden heute vorwiegend Mandeln und Obst (bes. Pflaumen; Abpackung von Trockenobst in Skópelos) angebaut. In zahlreichen Klöstern erzeugen Nonnen Webwaren und kunstgewerbliche Artikel. Von einiger Bedeutung ist außerdem der Fremdenverkehr.

Lage und Allgemeines

Älteste Besiedlungsspuren reichen bis ins Neolithikum. Die antike Stadt Peparethos soll der Sage zufolge von dem kretischen Helden Staphylos, einem Sohn des Dionysos und der Ariadne, gegründet worden sein. Im sogenannten Staphylosgrab wurden neben Goldschmuck, Idolen und allerlei Geräten auch minoische Doppeläxte (heute im Museum von Vólos) gefunden. Schon früh scheinen sich – wie Funde belegen – die Bewohner

Mythos und Geschichte

Badebucht

Geschichte (Fortsetzung)

kulturell eher dem mykenischen als dem minoischen Kreis zugewandt zu haben.

Nach dem 7. Jahrhundert v.Chr. gelangte die Insel zu vorübergehender Blüte; sie schloß sich dem Ersten Attischen Seebund an, dem sie Tribut in beachtlicher Höhe leisten konnte. – Der Peloponnesische Krieg brachte den raschen und endgültigen Niedergang. Die Insel stand von nun an unter stets wechselnder Hoheit: Makedonier, Römer, Byzantiner, Venezianer und zuletzt Türken gewährten der wirtschaftlich bedeutungslosen, abseits gelegenen Insel weitgehende Autonomie. Seit 1830 gehört Skopelos zu Griechenland.

Sehenswertes

Stadt Skópelos

Die Inselhauptstadt Skópelos (3000 Einw.) liegt an der Stelle des antiken und byzantinischen Hauptortes an einer weiten, ungeschützten Hafenbucht. Sie steigt mit ihren engen Gassen und weißen schiefergedeckten Häusern im Halbrund am Burghügel empor. Auf ihm die Festungsruine und Fundamente eines Asklepios-Heiligtums aus dem 5./4. Jahrhundert v.Chr. Auf der Anhöhe stehen schöne Olivenhaine. Die Stadt besitzt etwa 120 teils byzantinische Kirchen und Kapellen, von denen besonders die Kirche des Ájios Athanássios (9.-11. Jh.), auf den Fundamenten eines Tempels errichtet, und des Hl. Michael, mit schönem Schnitzwerk, Ikonen und antiken Grabplattenverkleidungen, einen Besuch lohnen.
Geringe Siedlungsreste finden sich bei Pánormos an der Südküste und um Glóssa, wo das antike Selinus (Nordwestküste) lag.

Hafen des Inselhauptortes Skopelos

Auf der Insel liegen etwa 360 Kirchen, Kapellen und Klöster. Von ihnen sind besuchenswert: Kloster Evangelístrias (1712; westl. über der Stadt; Ausblick), mit silbergefaßter Marienikone (10. Jh. n.Chr.); Kloster Metamorphósis (südöstl. von Skópelos; 16. Jh. n.Chr.), das älteste der Insel; Kloster Ájios Taxiárchos, mit frühchristlicher Kirche (672 n.Chr.) im Vorhof; Klöster Panajía Livadiótissa (17. Jh. n.Chr.) mit Ikone (von 1671) des kretischen Malers A. Aghorastos, und Prodrómos (von 1721), beide im Osten der Insel; Kloster Ajía Varvára (von 1648; aufgegeben); Klosterruine Epískopi (südwestl. der Stadt) mit Kirche von 1078; Kirche des Inselheiligen und ersten Bischofs Regínos (südl. der Stadt; Mitte 4. Jh.); Kirche Zoodóchos Pijí, mit als wundertätig verehrter Ikone, angeblich von Lukas dem Evangelisten gemalt. Um die Nordwestspitze der Insel vier historische Wachtürme.

* Kirchen und Klöster auf Skopelos

An der Südküste, in der Agnóntas-Bucht, die Tripití-Meeresgrotte.

Skyros / Skiros Σκῦρος / Skíros C 4

Region: Mittelgriechenland
Inselgruppe: Nördliche Sporaden
Nomos: Euböa
Inselfläche: 209 km²
Höhe: 0-814 m ü.d.M.
Bewohnerzahl: 2900
Hauptort: Skíros (Chóra)

Linienflüge von Athen merhmals wöchentlich in 50 Minuten.

Flugverkehr

Skyros

Schiffsverkehr

Linienschiffe von und nach Kími (Euböa) 4mal wöchentlich in 2 Stunden; von und nach Vólos 2mal wöchentlich in 12 Stunden.

Lage und Allgemeines

Skyros, die größte und östlichste Insel der Nördlichen Sporaden, ist reich gegliedert und zerklüftet, teils schütter bewaldet und sichtbar zweigeteilt: Den Südosten nimmt der wasserarme, schroffe Gebirgsstock Kóchilas ein, der bis zu 814 m ü.d.M. ansteigt. Hier liegen die Brüche des in römischer Zeit hochgeschätzten grobkörnigen bunten Marmors. Der Nordwesten, im Ólympos bis zu 403 m ü.d.M. hoch, ist sanfter, wasserreicher und fruchtbarer. Hier liegen die seit dem Altertum bis in unsere Tage abgebauten Marmorbrüche 'Mármara'. Beide Inselteile trennt eine versandete Senke, die von der weit ins Land greifenden westlichen Kalamítsa-Bucht zur Achílli-Bucht der Ostküste reicht. Am Fuße der allgemein steilen, abweisenden Küstenfelsen liegen schöne Sandstrände.

In jüngster Zeit verdrängt Ziegenzucht die seit dem Altertum gepflegten Terrassenkulturen. Die einst besonders im kargen Südosten wild lebenden kleinen ponyartigen Pferdchen sind heute stark dezimiert. Neben Landwirtschaft und etwas Fremdenverkehr leben die Bewohner vom Ertrag ihrer vorzüglichen Volkskunst (Stickerei, Möbelschnitzerei, Ton- und Kupfergefäße).

Mythos und Geschichte

Auf Skyros soll der Sage nach Thetis ihren Sohn Achilles als Mädchen verkleidet haben, damit er dem Trojanischen Krieg entgehe. – Im Nordosten des Kástro fanden sich Spuren neolithischer Besiedlung (5. Jt. v.Chr.). – Im 2. Jahrtausend v.Chr. siedelten karische und pelasgische Bauern und Seefahrer (Inselname 'Pelasgia') auf der Insel. Sie wurden im 1. Jahrtausend v.Chr. von dorischen Dolopern (Inselname 'Dolopia') verdrängt, die Skyros zum Ausgangspunkt ihrer Raubzüge in die Ägäis machten. 469 v.Chr. nahm Athen den Piratenstützpunkt ein und besiedelte ihn mit attischen Bauern. In römischer Zeit erlangten die Bauern durch die Ausfuhr ihres begehrten bunten Marmors bescheidenen Wohlstand, gleichwohl blieb die abgelegene Insel stets ohne politische Bedeutung. – Nach 1821 kam sie zu Griechenland.

Sehenswertes

Skíros (Chóra)

Der Hauptort Skíros (Chóra; 2400 Einw.), im östlichen Teil der Insel, zieht sich mit seinen kykladisch anmutenden, im Innern kunstvoll ausgestatteten Häusern im Halbrund um einen Hügel, dessen Felsspitze die antike Akropolis des 4. vorchristlichen Jahrhunderts (Mauerreste), später die byzantinische und die venezianische Festung Kástro trug (Aussicht). Von diesem Felsen soll Theseus hinabgestürzt worden sein; seine angeblich später aufgefundenen Gebeine wurden ins Theseion nach Athen verbracht. Beachtenswert ist im Kástro die ehemalige Klosterkirche Ájios Jeórjios (Museum).

Linariá

Etwa 10 km südlich der Chóra liegt im westlichen Seitenarm der nach Nordwesten durch die Insel Baláxa geschützten Linariá-Bucht der Haupthafen Linariá, weiter südöstlich die durch die vorgelagerten Inseln Platí und Sarakíniko zur offenen See hin fast vollständig abgeschlossene Hafenbucht Trís Búkes.
Im Westen vor Skyros die unbewohnten Eilande Rínia und Skíropula.

Spetsä / Spetsai Σπέτσαι / Spétsä **D 3**

Region: Mittelgriechenland
Inselgruppe: Saronische Inseln
Nomos: Attika
Inselfläche: 22 km²
Höhe: 0-244 m ü.d.M.
Bewohnerzahl: 3500
Hauptort: Spétses

Schiffsverkehr

Linienschiffe von und nach Athen (Piräus) mehrmals täglich in 4½ Stunden. – Tragflügelboote von Piräus bzw. Zéa in 1½ Stunden. – Lokale Verbindung mit Kósta in 20 Minuten.

Lage und Allgemeines

Spetsä (neugriechisch auch Spétses; italienisch Spezzia), das antike Pityusa (= die Kiefernbestandene), ist eine hügelige, waldreiche Insel vor der Südwestküste der Argolis. Noch vor der Landwirtschaft bildet der Fremdenverkehr, begünstigt durch ein mildes Klima, die wichtigste Einnahmequelle ihrer Bewohner, die zumeist von albanischen Einwanderern abstammen. – Auf der Insel besteht Verkehrsverbot für Autos ohne öffentlichen Versorgungsauftrag.

Geschichte

Im Altertum war Spetsä ohne Bedeutung. Nach einer gescheiterten Erhebung gegen die Türken, dem durch die russische Zarin Katharina d.Gr. gestützten Orlow-Aufstand, wurde die Bevölkerung 1760 vertrieben und der Hauptort verwüstet. Handel und Seefahrt brachten die bald zurückkehrenden Spetsioten schnell zu großem Wohlstand. Spetsä nahm 1821 als erste Insel am

Boote im Hafen von Spetses

Spetsä, Geschichte (Fortsetzung)

Freiheitskampf teil. Aus diesem Anlaß finden alljährlich Gedenkfeiern in der Kapelle Armada-Madonna bei Ajía Marína statt.

Spétses

Der Inselhauptort Spétses (3000 Einw.) zieht sich von den weiten Hafenbuchten an sanften Hängen aufwärts. Das heutige Stadtbild, mit stattlichen Herrenhäusern und drei sehenswerten Kirchen in Kastélli (= Oberstadt), stammt aus dem 19. Jahrhundert. In einem schönen Herrenhaus des ausgehenden 19. Jahrhunderts befindet sich das Heimatmuseum.

*Inselrundgang

Der Inselrundgang (12 km; etwa 1 Tag Fußmarsch oder Fahrt im Einspänner) führt von Spétses südöstlich über das Kloster Ájios Nikólaos (19. Jh.) nach Ajía Marína, wo noch geringe Spuren einer prähistorischen Besiedlung zu finden sind. – Vor dem südöstlichen Kap Bísti liegt das Eiland Spetsopúla, das im Privatbesitz des Reeders Stavros Niarchos steht. – Danach westlich zum Kap Kuzuna, mit Resten einer frühchristlichen Basilika des 5. Jahrhunderts, und weiter in nördlicher Richtung. – Bei der Badebucht von Anárgiri die Bekiri-Meeresgrotte (Skulpturenreste). – Von hier entweder direkt nach Spétses oder weiter um die Insel, über Ájii Paraskeví (Pilgerkirche) nach Brelú in waldreicher Gegend. Nun entweder über den höchsten Punkt der Insel, den Profíti Elías (244 m ü.d.M.) und das Kloster Ájii Pentés nach Ajía Marína oder auf prächtiger Küstenstrecke zurück nach Spétses.

Sphakteria / Sfaktiria Σφακτηρία / Sfaktiría D 2

Region: Peloponnes
Nomos: Messenien
Inselfläche: 5 km²
Höhe: 0-137 m ü.d.M.

Lage und Allgemeines

Sfakteria, im Altertum Sphagia, ist eine 4600 m lange, 500 bis 1000 m breite, im Norden durch den nur 200 m breiten Sikiá-Kanal vom Festland getrennte Insel im Südwesten der Peloponnes, rundum mit Steilküste. Sie liegt gleich einem natürlichen Schutzwall im Westen der Bucht von Navarino (Bucht von Pylos), in der am 20. Oktober 1827 die türkische Flotte mit 82 Kriegsschiffen von den zahlenmäßig unterlegenen russischen und französischen Seestreitkräften vernichtend geschlagen wurde. Aus jener Zeit liegen noch Schiffswracks auf dem Meeresgrund.

Gedenkstätten

Auf dem Sattel zwischen den beiden höchsten Erhebungen befindet sich eine Quelle sowie östlich davon die Panagula-Kapelle (alljährlich Kirchweihfest) und das Denkmal für die russischen Seeleute. – An der östlichen Steilküste, südlich der kleinen Panagula-Bucht, die Tsamados-Grotte und das Grab des piemontesischen Generals und Philhellenen Graf Santa Rosa, der hier 1825 zugleich mit dem griechischen Hauptmann Tsamados im Kampf gegen die Ägypter des Ibrahim Pascha fiel. – Auf der südlichen Anhöhe das Grabmal des Prinzen Paul Marie Bonaparte, der 1827 in den Gewässern um Spetsä fiel. Östlich gegenüber am Festland die venezianisch-türkische Festung Neo-Kastro (von 1573).

Südlich vor dem Südkap Kípri liegt die Leuchtturminsel Pílos, mit dem Denkmal für die französischen Seeleute. – Im Nordostteil der Navarino-Bucht steht auf dem flachen Felseiland Chelonáki (Marathonísi) das Denkmal für die britischen Seeleute.

Schakteria (Fortsetzung)

Sporaden Σποράδες / Sporádes (Sporadhes)

Nördliche Sporaden

Als Sporaden (= die Zerstreuten) wurden im Altertum alle um die Kykladen liegenden Inseln bezeichnet. Heute unterscheidet man Nördliche Sporaden oder Magnesische Inseln (nordöstlich von Euböa), mit → Skopelos, → Skiathos, → Alonissos und → Skiros sowie rund 75 kleinere Inseln und Eilanden, und Südliche Sporaden, vor der Südwestküste Kleinasiens (Türkei), zu denen → Patmos, → Lipsi, → Leros, → Kalimnos, → Kos, → Nisiros, → Tilos, Chalki, → Simi, → Furni und → Ikaria, gelegentlich auch → Lesbos, → Chios und → Samos gezählt werden.

Südliche Sporaden

Symi / Simi Σύμη / Sími D 5

Region: Ägäische Inseln
Inselgruppe: Südliche Sporaden
Nomos: Dodekanes
Inselfläche: 64 km²
Höhe: 0-616 m ü.d.M.
Bewohnerzahl: 2500
Hauptort: Sími (Gialós)

Schiffsverkehr

Linienschiffe von und nach Athen (Piräus) zweimal wöchentlich in 27 Stunden. – Lokale Verbindungen mit Rhodos und Tilos.

Lage und Allgemeines

Die Dodekanesinsel Simi (Syme; italienisch Simi, türkisch Sömbeki) liegt 44 km (24 sm) nordwestlich von Rhodos vor der im Norden durch die kleinasiatische Halbinsel von Knidos (Reşadiye), im Osten durch die Halbinsel Daraçya gebildete Bucht von Sími (Sömbeki Körfezi). Sie besitzt eine buchtenreiche Küste; Homer erwähnt dort acht gute Häfen. Seit dem Altertum leben die Bewohner von Schwammfischerei und Bootsbau. Heute befindet sich auf der Insel eine Versuchsstation zur Gewinnung von Trinkwasser aus dem Meer.

Geschichte

Das Schicksal von Simi war seit dem Altertum fest mit dem von Rhodos verbunden. Seit 1523 unter türkischer, nach dem Balkankrieg 1912 unter italienischer Herrschaft, fand es nach 1947 den Anschluß an Griechenland.

Sehenswertes

Sími (Gialós)

Im Norden, um die von der kleinen vorgelagerten Insel Nimos (bis 360 m ü.d.M.) geschützte Hafenbucht, liegt der Hauptort Sími (auch Gialós; 2200 Einw.), mit seinen stattlichen Herrenhäusern des 18. und 19. Jahrhunderts. Hier lag auch das antike Syme; seine Akropolis erhob sich auf zackigem Felsgipfel an der Stelle des mittelalterlichen Kastro, das über 500 Stufen zu erreichen ist.

Symi

Symi (Fortsetzung)

Von oben hat man einen weiten Ausblick auf die südliche Nachbarbucht von Pédi. – 1 km östlich ein mächtiger antiker Tumulus.

Kloster Panormítis

Im Süden der Insel, an tief eingeschnittener Bucht, das wuchtige, dem Erzengel Michael geweihte Wallfahrtskloster Panormítis, mit reizvollem Glockenturm und schöner Kirche (12. Jh.).

Nimborió

Nordwestlich von Sími, an der Hafebucht von Nimborió, die Reste einer frühchristlichen Basilika mit schönen Mosaikböden; südlich davon Katakomben, in denen im 5. Jahrhundert n.Chr. eine Schule für Ikonenmaler und Bildhauer bestanden haben soll. Auf Simi stehen ferner über 100 Kirchen, Kapellen, Klöster und zahlreiche, zumeist abgetakelte Windmühlen.

Vor der Südspitze der Insel das Leuchtturmeiland Sesklia.

Syros / Siros Σῦρος / Síros D 4

Region: Ägäische Inseln
Inselgruppe: Kykladen
Nomos: Kykladen
Inselfläche: 82 km^2
Höhe: 0-415 m ü.d.M.
Bewohnerzahl: 30000
Hauptort: Ermúpolis (Néa Síros)

Schiffsverkehr

Linienschiffe von und nach Athen (Piräus) mehrmals täglich in 4½ Stunden (auch Kfz-Transport). – Lokale Verbindungen mit den benachbarten Kykladeninseln.

Lage und Allgemeines

Die bergige Kykladeninsel Siros liegt etwa auf halber Strecke zwischen Kithnos und Mykonos und ist aufgrund ihrer zentralen Lage das wichtigste Verwaltungs-, Fischerei- und Handelszentrum der Kykladen sowie ein wichtiger Verkehrsknotenpunkt der Schiffahrt in der zentralen Ägäis. Neben der Landwirtschaft spielt in jüngster Zeit auch zunehmend der Tourismus eine Rolle im Wirtschaftsleben.

Geschichte

Die Insel gehörte nach dem 4. Kreuzzug bis 1566 zum Herzogtum Naxos und hat seitdem eine starke katholische Minderheit, die in der Türkenzeit unter dem Schutz Frankreichs stand. Im Freiheitskampf war die Insel neutral, weshalb die dem Massaker von Chios und Psara Entronnenen sich hier niederließen. Sie gründeten neben dem im 13. Jahrhundert entstandenen und seitdem vorwiegend katholischen Anó Síros die Stadt Ermúpolis (Hermesstadt) am Hafen. Dieser entwickelte sich im 19. Jahrhundert zum größten griechischen Hafen, bis er von Piräus überflügelt wurde.

Sehenswertes

Ermúpolis (Néa Síros)

Der Hauptort Ermúpolis (auch Néa Síros; 14000 Einw.), nach Hermes, dem Gott des Handels benannt, liegt an der Stelle einer verschwundenen antiken Siedlung. Sie ist Sitz des Präfekten der Kykladen, eines römisch-katholischen Bischofs sowie eines orthodoxen Erzbischofs. Der Ort verdankt seine heutige Ausdehnung griechischen Flüchtlingen von Chios, Psara, Kreta, Hydra und anderen Inseln, die sich in der Folge des Befreiungskrieges gegen die Türken 1821 hier niederließen und den Hafen zu einem wichtigen Stützpunkt zwischen Kleinasien und Westeuropa machten. Erst im ausgehenden 19. Jahrhundert wurde die wirtschaftliche Bedeutung der Stadt durch die Konkurrenz des Piräus beeinträchtigt.

Die Stadt zieht sich mit ihren stattlichen klassizistischen Häusern vom Hafenviertel Ermúpolis, dem eigentlichen Verwaltungsbezirk mit Rathaus (Heimatmuseum) und Theater (Kopie der Mailänder Scala), über die Hänge zweier Hügel. Im Süden der Vrontado mit dem seit 1834 entstandenen orthodoxen Griechenviertel, beherrscht von der Kuppelkirche Ájios Nikólaos (19. Jh.).

Auf dem nördlichen Hügel die seit der Venezianerherrschaft (13. Jh.) bestehende Katholikenstadt Áno Síros, mit mehreren Klöstern. Auf der Anhöhe die katholische Kathedrale St. Georg (19. Jh.; Rundblick).

Pírgos

Von Áno Síros lohnt die Besteigung (nordwestl.) des höchsten Inselberges Pírgos (415 m ü.d.M.), von dem sich ein schöner Rundblick bietet.

Poseidonía

15 km südwestlich von Ermúpolis liegt das beliebte Seebad Poseidonía (Possidonía), ehemals Santa Maria della Grazia. Nahebei eine antike Nekropole.

Kastrí
Grammatá-Bucht

12 km nördlich von Ermúpolis, bei der Ortschaft Chalandrianí, die befestigte Kykladensiedlung Kastrí (um 1800 v.Chr.). Weiter westlich, an der einst als geschützter Zufluchthafen aufgesuchten Grammatá-Bucht, Dank- und Gebetsinschriften aus römischer und mittelalterlicher Zeit.

Ermupolis auf Syros

Thasos

Telos

→ Tilos

Tenos

→ Tinos

Thasos / Thassos Θάσος / Thássos B 4

Region: Makedonien
Nomos: Kavála
Inselfläche: 379 km²
Höhe: 0-1203 m ü.d.M.
Bewohnerzahl: 16000
Hauptort: Thásos (Liménas)

Schiffsverkehr

Fährschiffe Kavála – Thásos 15mal täglich in 30 Minuten; Keramotí – Thásos 12mal täglich in 40 Minuten.

Lage und Allgemeines

Thasos, eine liebliche, im Norden und Osten wasserreiche, fruchtbare Insel, liegt im äußersten Norden der Ägäis, hier Thrakisches Meer genannt (Erdölvorkommen), unweit südlich der ostmakedonischen Küste. Sie wird von einem waldreichen, von tiefen Tälern durchzogenen Rundgebirge eingenommen, das im Hipsárion bis 1203 m ü.d.M. ansteigt. Seine Nord- und Ostflanke fällt steil, der Süden und Westen sanfter zum Meer hin ab und bildet dort zahlreiche tiefe Sandbuchten. Die Bevölkerung lebt von Landwirtschaft, Bergbau (Kupfer, Zink) und zunehmend vom Fremdenverkehr.

Geschichte

Früheste Siedlungsspuren weisen ins ausgehende Neolithikum. Um die Mitte des 2. Jahrtausends v.Chr. ließen sich Phönikier auf der Insel nieder, die später von Thrakern verdrängt wurden. Im 7. Jahrhundert v.Chr. entrissen ionische Parier Thasos den Thrakern und wurden durch Gold- und Silberbergbau sowie durch Handel sehr wohlhabend. 464-404 v.Chr. war Thasos nach erbittertem Widerstand Athen, später Philipp II. von Makedonien untertan.

Den Römern, Byzantinern, Venezianern und Bulgaren folgten 1455 die Türken als Herren; durch Schenkung des Sultans Mahmud gehörte die Insel 1841-1902 zur Apanage des Khediven von Ägypten. Während des Balkankrieges wurde sie am 19. Oktober 1912 von den Griechen besetzt.

Thásos (Liménas)

Hauptort

Der moderne Inselhaupt- und Hafenort Thásos (Liménas; 2000 Einw.) bedeckt den westlichen Teil der antiken Hauptstadt Thasos, von deren Größe die noch erhaltenen Umfassungsmauern des antiken Kriegshafens (heute Fischereihafen), Teile der einst 3515 m langen Stadtmauer (7.-5. Jh. v.Chr.) sowie Grundmauern von Wohnhäusern und Heiligtümern zeugen, die sich im Halbkreis vom Strand südöstlich zur Anhöhe der antiken Akropolis mit der mittelalterlichen Burgruine Kástro (von 1431) aufwärts ziehen. An seiner Südwestspitze das antike Relief eines Trauermahls.

Kástro

Beim nördlichen Tor, südöstlich vom alten Kriegshafen, liegt das Museum (antike Funde), ferner die Agorá (4. Jh. v.Chr.), mit Säulenhalle; vor ihrer Ostecke das Thereon, das Haus des Stadtobersten, und weiter südöstlich das Heiligtum der Artemis Polo (6. Jh. v.Chr.).

*Museum
Agorá

Vor der Südecke der Agora das Odeion (2. Jh. n.Chr.) sowie jenseits der alten römischen Straße ein Pflasterhof; weiter südwestlich die Reste eines 213-217 n.Chr. für die römischen Kaiser Caracalla und Septimius Severus errichteten Triumphbogens sowie eines Heraklestempels (6. Jh. v.Chr.).

Odeion

Im nördlichen Teil der antiken Stadt die Heiligtümer des Poseidon und des Dionysos (beide 4. Jh. v.Chr.) das Theater (3./2. Jh. v.Chr.), ein Heiligtum der fremdländischen Gottheiten sowie an der Nordspitze ein Heiligtum der 'Patrooi Theoi' (6. Jh. v.Chr.); nördlich davor im Meer die Molenreste des alten Handelshafens. Südwestlich über dem Kástro, auf einem zweiten Hügel, die Fundamente eines Athenatempels (5. Jh. v.Chr.; Rundblick); am Felshang des dritten Hügels die Nische eines Panheiligtums.

Heiligtümer

Inselrundfahrt

Lohnend ist eine Inselrundfahrt (92 km) auf guter, durchweg küstennaher Straße. Von Thásos in südlicher Richtung über Panajía (9 km) nach Potamiá (12 km) am Osthang des Ipsári, hat man einen schönen Blick über das baumbestandene Tal zum Meer und dem 4 km langen Strand Chrissoammúdio, an dem Potamiá Skála mit seinen Tavernen liegt (14 km). – Über Kínira

Thasos, Inselrundfahrt (Fortsetzung)

(23 km) und die Halbinsel Alikí, wo antike Marmorbrüche, Reste eines Dioskurenheiligtums und zweier frühchristlicher Basiliken liegen, erreicht man Potós (45 km), wo rechts eine Straße durch ein romantisches Tal bis zum Bergdorf Theológos (8 km; 240 m ü.d.M.) abzweigt. – Dann gelangt man zu dem Bergwerkszentrum Limenariá (50 km; 2000 Einw.; oberhalb des Hafens ein ehemaliges Kruppsches Verwaltungsgebäude) und über Prínos (78 km) und Rachóni (82 km) nach Thásos zurück (92 km).

Thera

→ Santorin

Thessaloniki

→ Saloniki

Thira

→ Santorin

Tilos / Telos Τῆλος / Tílos D 5

Region: Ägäische Inseln
Inselgruppe: Südliche Sporaden
Nomos: Dodekanes
Inselfläche: 60 km²
Höhe: 0-651 m ü.d.M.
Bewohnerzahl: 800
Hauptort: Megalochorió

Schiffsverkehr

Linienschiffe von und nach Athen (Piräus) zweimal wöchentlich in 25 Stunden. – Lokale Verbindungen im Dodekanes: Rhodos – Simi – Tilos – Nissiros – Kos – Kalimnos – Leros – Lipsi – Patmos – Arki – Agathonissi – Samos.

Lage und Allgemeines

Tilos (Telos; italienisch Piscopi) ist eine zerklüftete kahle Felseninsel im Dodekanes (Südliche Sporaden), auf halbem Wege zwischen Rhodos und Kos gelegen. Die Bewohner leben bescheiden von Landwirtschaft auf mühevoll angelegten Terrassen und vom Fischfang. Die Geschichte der Insel war zu allen Zeiten eng mit dem Schicksal von Rhodos verbunden.

Bemerkenswertes

Megalochorió

Der Inselhauptort Megalochorió (350 Einw.) liegt unweit oberhalb der im Norden einschneidenden Bucht von Ájios Antónios, an der Stelle der antiken Hauptsiedlung Telos, von der noch Mauerreste sichtbar sind. Nördlich darüber, auf dem Hügel Ájios Stéfanos, über antiken Fundamenten, das mittelalterliche Kástro mit stattlicher Kirche (Fresken des 16. Jh.s).

Felseninsel Tilos

Südlich von Megalochorió, auf dem Weg nach Livádia, dem Hafenplatz der Insel, liegen die Ruinen der Venezianerfestung Mesariá; dabei die Charkadió-Grotte, in der Knochenreste urzeitlicher Zwergelefanten entdeckt wurden.

Livádia auf Tilos

Etwa in der Inselmitte die aufgegebene Stadt Mikrochorió.
Bei der Nordwestspitze der Insel das Kloster Ájios Panteleímon aus dem frühen 18. Jahrhundert.

Mikrochorió
Kloster Ájios Panteleímon

Auf Tilos gibt es ferner mehrere mittelalterliche Festungsruinen sowie rund 25 größtenteils verfallende Kirchen, Kapellen und Klöster des 13.-18. Jahrhunderts.

1½ km nordwestlich vor Tilos liegt das Eiland Gaiduronísi (Leuchtturm); 3 km südöstlich die Insel Antítilos.

Tinos / Tenos Τῆνος / Tínos D 4

Region: Ägäische Inseln
Inselgruppe: Kykladen
Nomos: Kykladen
Inselfläche: 195 km²
Höhe: 0-713 m ü.d.M.
Bewohnerzahl: 9000
Hauptort: Tínos

Linienschiffe von und nach Athen (Piräus) mehrmals täglich in 5 Stunden (auch Kfz-Transport); von und nach Rafína zweimal

Schiffsverkehr

Schiffsverkehr (Fortsetzung)

täglich in 5 Stunden. – Lokale Verbindungen mit den benachbarten Kykladeninseln.

Lage und Allgemeines

Tinos (Ténos) bildet die südöstliche Fortsetzung des von Euböa über Andros reichenden Gebirgsmassivs. Höchste Erhebung ist der Tsiknías (713 m ü.d.M.) an der Ostspitze der Insel. Die Bewohner leben von Landwirtschaft auf Terrassenkulturen. Typisch sind die überall auf der Insel anzutreffenden turmartigen Taubenhäuser (etwa 1300) in venezianischem Stil, zahlreich auch die Windmühlen.

Geschichte

So wie im Altertum – seit dem dritten vorchristlichen Jahrhundert – das Heiligtum von Poseidon und Amphitrite ein religiöser Mittelpunkt der Kykladen war, ist die Insel seit dem frühen 19. Jahrhundert ein Zentrum der griechischen Orthodoxie. 1207 bis 1712 venezianisch, erlebte sie die längste 'Franken'-Zeit von ganz Griechenland und hat dadurch beträchtlichen katholischen Bevölkerungsanteil. Der Aufschwung der orthodoxen Bewohner setzte ein, als 1822 – während des Freiheitskampfes der Griechen gegen die Türken – die Nonne Pelagia in einer Vision eine wundertätig geglaubte Marienikone fand, die bald zum Ziel alljährlicher Wallfahrten zu den Marienfesten am 25. März und 15. August wurde, so daß sich Tinos zu einem 'griechischen Lourdes' entwickelte. Die zugleich kirchliche wie nationale Bedeutung verstärkte sich, als ein italienisches U-Boot am 15.8.1940 – zwei Monate vor Mussolinis Kriegserklärung – den anläßlich des Marienfestes im Hafen von Tinos liegenden griechischen Kreuzer "Elli" torpedierte.

Taubenhaus

Sehenswertes

Tínos

Der Inselhauptort Tínos (3000 Einw.) liegt mit seinen weißgetünchten kubischen Kykladenhäusern weithin sichtbar an einer offenen Bucht der Südküste. Sie entwickelte sich nach der Zerstörung der Festung Exómburgo (s. S. 234) durch die Türken zu Beginn des 18. Jahrhunderts aus einer bescheidenen Küstensiedlung zum Hauptort der Insel. Vom Hafen führt die breite Prozessionsstraße in 1/4 Stunde aufwärts zur orthodoxen Wallfahrtskirche Panajía Evangelístria. Der Prachtbau entstand in den Jahren 1823-1830 teilweise aus Baugliedern des Poseidonions und des delischen Apollon-Tempels. Das Innere ist mit unzähligen Kostbarkeiten orthodoxer Sakralkunst ausgeschmückt, darunter besonders die als wundertätig verehrter Ikone der Panajía Megalochóri, der gnadenreichen Jungfrau Maria. Von der Marmorterrasse schöne Aussicht. – Im kleinen Archäologischen Museum etwas unterhalb der Kirche sieht man Funde aus dem Poseidon- und Amphitrite-Heiligtum, so im Innenhof Architekturteile und im Obergeschoß große Gefäße, darunter einen Reliefpithos, dessen Hauptbild als Geburt der Athena aus dem Haupt des (hier geflügelten) Zeus gedeutet wird (7. Jh. v.Chr.).

* Panajía Evangelístria

* Archäologisches Museum

Die heutige Stadt nimmt die Stelle der antiken Hauptsiedlung Asty (5. Jh. v.Chr.) ein. 4 km westlich, in der Strandebene Kiónia an der Stávrosbucht (antike Hafenanlagen), die Reste vom Poseidonion, eines Tempels für Poseidon und Amphitrite, die hellenistische oder noch spätere Erneuerung eines früheren Heiligtums (5. Jh. v.Chr.), mit marmorner Exedra der Ostfront; von Andronikos gefertigte Sonnenuhr.

Wallfahrtskirche Panajia Evangelistria auf Tinos ▶

Tinos (Fortsetzung), Exómburgo

13 km nördlich von Tínos, am Süd- und Osthang des steilen Granitkegels Exómburgo (553 m ü.d.M.; Rundsicht; venezianische Zitadellenruine) die Trümmer der von den Türken verwüsteten mittelalterlichen Hauptstadt, von der nur noch drei Kirchen und ein Quellhaus erhalten sind.

Im Nordwesten der Insel, südlich der Pánormos-Bucht (Strand), gibt es etliche Marmorbrüche; das hier abgebaute Gestein wird allenthalben beim Hausbau verwendet. In Panormos wurde im ehemaligen Wohnhaus des Bildhauers Chalepas ein Museum eingerichtet. Im nahen Ort Pyrgos eine Bildhauerschule. Südlich davon, in Istérnia, eine Kirche mit fayenceverkleideten Kuppeln.

Zakynthos / Zakinthos Ζάκυνθος / Zákinthos (Sákinthos) D 2

Region: Ionische Inseln
Inselgruppe: Ionische Inseln
Nomos: Zákinthos
Inselfläche: 406 km²
Höhe: 0-758 m ü.d.M.
Bewohnerzahl: 30000
Hauptort: Zákinthos

Flugverkehr

Flughafen 6 km südlich von Zákinthos. – Linienflüge von Athen bzw. von Kefallinía täglich.

Schiffsverkehr

Fähre Killíni – Zákinthos mehrmals täglich in 1¹/₄ Stunden.

Lage und Allgemeines

Zakynthos (Zakinthos, Sakinthos; italienisch Zante), eine der Ionischen Inseln (Heptanes), liegt nur 16 km (9 sm) von der Westküste der Peloponnes entfernt im Ionischen Meer. Den westlichen Teil nimmt ein bis zu 758 m ü.d.M. hohes Karstplateau ein, den üppig bewachsenen Ostteil eine fruchtbare, intensiv angebaute Alluvialebene. Wegen der lieblichen Landschaft und der schönen Badestrände wird Zakynthos gern zu längerem Sommeraufenthalt besucht.

Geschichte

Schon seit Homers Zeiten trägt die Insel ihren Namen, der sich von der wilden Hyazinthe (Hyacinthus orientalis L.) herleiten soll. Früh von Achäern und Arkadiern besiedelt, entwickelte sich Zakynthos rasch zu einem Schwerpunkt des Handels und der Seefahrt, das seinen Einfluß im westlichen Mittelmeer bis zur Iberischen Halbinsel ausdehnen konnte, wo sie die Kolonie Sagunt gründete. 455 v.Chr. zwang der Athener Admiral Tolmides die bis dahin unabhängige Insel zum Anschluß an Athen. Nach dem Peloponnesischen Krieg schloß sie sich dem Attischen Seebund an, wurde 217 v.Chr. von den Makedoniern und 191 v.Chr. von den Römern erobert. Durch die Vandalen verheert, im 12. Jahrhundert den Normannen, dann fränkischen Dynasten zugefallen, wurde sie 1479 von den Türken, aber schon 1481 von den Venezianern besetzt, die sie bis 1797 behielten. Danach teilte sie als Mitglied des Heptanes das Schicksal der anderen Ionischen Inseln.

Da die Insel dem türkischen Einfluß entzogen war, konnte sie ihre italienisch-venezianische Prägung bewahren. Zakynthos ist die Heimat des italienischen Dichters Ugo Foscolo (1778-1827) sowie der griechischen Dichter Dionysios Solomos (1798-1857),

Hafenbucht der Inselhauptstadt Zakynthos

des Schöpfers der griechischen Nationalhymne, und Andreas Kalvos (1792-1869).

Die Verheerungen einer bewegten Vergangenheit und schwere Erdbebenkatastrophen (u.a. 1515 und 1953) haben den größten Teil der historischen Denkmäler auf der Insel vernichtet.

Sehenswertes

Stadt Zákinthos

Die Hauptstadt Zákinthos (12000 Einw.), im Südosten der Insel, dehnt sich seit der Antike in weitem Bogen an dem sanft ansteigenden Ufer der Hafenbucht aus und wird von der Ruine eines venezianischen Kastells (Aussicht) überragt, das während des Erdbebens von 1515 geborsten sein soll.

Von den prächtigen venezianischen Herrschaftshäusern hat allein das Haus der Familie Roma, mit der reizvollen Kapelle Kiria ton Angelon, das Erdbeben von 1953 überstanden. Sehenswert sind ferner die Kirchen Ájios Nikólaos, am Hafen, und Ájios Dionísios, mit den Reliquien des Schutzheiligen der Insel. Im Städtischen Museum byzantinische Malerei und sakrale Kunst (Ikonen, Ikonostasen), im Solomos-Museum die Mausoleen der Lyriker Solomos und Kalvos sowie Erinnerungsstücke an Geschichte und Kultur der Insel.

* Museum

Pechbrunnen

Etwa 14 km südwestlich von Zákinthos liegen bei dem Dorf Kerí die schon von Herodot erwähnten Pechbrunnen, die bereits im Altertum Pech zum Abdichten der Schiffe lieferten; heute ist die Ausbeute nur noch gering.

Bucht von Laganás

Im Südosten der Insel erstreckt sich die weite Bucht von Laganás (8 km südlich von Zákinthos), deren Sandstrände von Badeurlaubern stark besucht werden, so daß sie während der Hauptsaison bereits überlaufen sind.
Diese Bucht ist jedoch von alters her der wohl wichtigste Brutplatz der unechten Karettschildkröte im gesamten Mittelmeerraum. Bis vor kurzem legten hier alljährlich noch über 1300 der bis zu 150 kg schweren und über 1 m langen Reptilien ihre etwa tennisballgroßen Eier in den Strandsand. Infolge des überhandnehmenden Touristenbetriebes ist die Zahl der hierher kommenden Schildkröten rapid gesunken; ihr Nachwuchs hat immer geringere Überlebenschancen.
Um dieser für die Tiere artbedrohenden Entwicklung Einhalt zu gebieten, hat das griechische Umweltministerium zwar einen Stufenplan zur Einführung abgesperrter Brutzonen angekündigt, doch stößt dieses Vorhaben bei den Einheimischen auf heftigen Widerstand, da sie den Rückgang des jüngst entwickelten Fremdenverkehrs befürchten. Die Errichtung eines gänzlich geschützten Nationalparkes an der Laganásbucht wird von Naturschützern aus aller Welt dringend gefordert, dürfte jedoch vorerst ein Wunschtraum bleiben.

Kirche Ajía Mávra

11 km westlich von Zákinthos, in der Ortschaft Machäadron, die Kirche Ajía Mávra, mit stark rekonstruierter, doch typischer Ausstattung und schönem Glockengeläut.

Kloster Anafonítria

35 km nordwestlich von Zákinthos das Kloster Anafonítria (15. Jh.; Ikonen des 15. Jh.s und Fresken des 17. Jh.s), wo der heilige Dionysos lebte.

An der Nordspitze der Insel befindet sich die nur mit einem Boot zu erreichende Blaue Grotte.

Wichtiger Hinweis für Charterflugreisende

Die griechischen Behörden tendieren dazu, Charterflugtouristen, die einen Abstecher in die benachbarte Türkei unternommen haben (z.B. von der Insel Kos nach Bodrum/ Halikarnassos), bei der Heimreise von Griechenland den Zutritt zum Charterflugzeug zu verwehren. Es empfiehlt sich daher, anstatt des Reisepasses, der beim Grenzübertritt abgestempelt wird, lediglich den Personalausweis zu benutzen.

Praktische Informationen von A bis Z

Warnung

Das Mitnehmen von antiken Gegenständen, selbst kleinsten Scherben und Steinen aus Ruinenstätten, sowie die Ausfuhr von Antiquitäten ohne entsprechende Genehmigung ist verboten und wird streng bestraft.

Andenken

→ Einkäufe, Souvenirs

Anreise

Für die Anreise von Mitteleuropa nach Griechenland hat man die Wahl zwischen der Auto- oder Bahnreise durch Jugoslawien, dem direkten Flug nach Athen, Saloniki, Korfu, Iraklion (Kreta) oder Rhodos und der Auto- bzw. Bahnreise zu einem der italienischen Adriahäfen und von dort mit dem Fährschiff nach Korfu, Igumenitsa, Patras oder Athen (Piräus). Verkehrsverbindungen vom griechischen Festland zu den Inseln bzw. von einer Insel zur anderen → Verkehrsmittel interinsular.

Mit dem Auto

Wer die griechischen Inseln besuchen will, wird nur dann die zeitraubende und anstrengende Straßenverbindung durch Jugoslawien wählen, wenn Größe und Straßennetz der jeweiligen Insel und die Transportmöglichkeiten dorthin die Mitnahme des eigenen Fahrzeuges rechtfertigen.
Die kürzeste Verbindung ist die Autobahn (Autoput) durch Jugoslawien, vom Loiblpaß (Grenzübergang Österreich/Jugoslawien) über Belgrad, Skopje, Gevgelija/Evzoni (Grenzübergang Jugoslawien/Griechenland), dann über Saloniki nach Athen (ca. 2500 km; in Griechenland teilweise gebührenpflichtig).
Die jugoslawische Autobahn (gut ausgebaut, jedoch keine Autobahn im eigentlichen Sinne; zahlreiche Niveaukreuzungen, keine getrennten Fahrtrichtungsstreifen) ist besonders zur Urlaubs- und Werksferienzeit durch Fahrzeuge von Gastarbeitern meist völlig überlastet und entsprechend unfallgefährlich, so daß sich eine besonders defensive Fahrweise dringend empfiehlt (keine Nachtfahrten!).
Landschaftlich reizvoller, aber noch zeitraubender ist die Adriatische Küstenstraße (Jadranska Magistrala), die in ihrem südlichen Teil nahe der albanischen Grenze ins Landesinnere führt und bei Skopje in die genannte Autobahn einmündet.

Mit der Eisenbahn

Von Dortmund erreicht der Hellas-Expreß die griechische Hafenstadt Saloniki in rund 43 Stunden und Athen in etwa 52 Stunden (Zusteigemöglichkeiten u.a. in Stuttgart, von dort ca. 45 Std.).
Der von München ausgehende Akropolis-Expreß benötigt bis Saloniki rund 32 Stunden, bis Athen rund 40 Stunden; Verspätungen sind nicht ausgeschlossen, auch entspricht der Service nicht dem mitteleuropäischen Standard, weshalb die Bahnreise nur bedingt ratsam erscheint.

Anreise mit dem Flugzeug

Griechenland ist über die Flughäfen Athen und Saloniki an das internationale Flugliniennetz angeschlossen. Von Frankfurt/Main, Wien, Genf und Zürich bestehen tägliche Direktverbindungen (z.T. mit Zwischenlandung) nach Athen; Saloniki wird mehrmals wöchentlich angeflogen. Von München, Düsseldorf und Stuttgart gibt es ein- bis mehrmals wöchentlich Flugverbindungen nach Athen und Saloniki. Direktflüge von Frankfurt/Main auch nach Korfu, Iraklion (Kreta) und Rhodos.

Verschiedene Veranstalter bieten preisgünstige IT-Flüge (Inclusive Tours) nach einer Reihe von Inseln an. Die Leistungen umfassen in der Regel Hin- und Rückflug mit Linienmaschinen (Touristenklasse), Autotransfer zum Hotel und zurück, Halbpension sowie Betreuung durch örtliche Reiseleiter.

Wichtiger Hinweis für Charterflugreisende s. S. 236

In der Saison herrscht ein vielseitiges Angebot an Charterflügen; Auskünfte erteilen die Reiseveranstalter und Reisebüros.

Autofähren

→ dort

Antiquitäten

Vor dem Kauf von Antiquitäten sollte man bedenken, daß in Griechenland die Ausfuhr von Antiquitäten und Kunstgegenständen strikt untersagt ist.

Unproblematisch sind Erwerb und Ausfuhr von Kopien antiker Museumsstücke, wie sie z.B. beim Archäologischen Nationalmuseum in Athen und beim Archäologischen Museum in Iraklion (Kreta) zu bekommen sind.

Apotheken

Man erkennt die Apotheken an dem runden Schild mit Kreuz über dem Eingang sowie an der Aufschrift ΦΑΡΜΑΚΕΙΟΝ. Meist sind auch deutsche pharmazeutische Erzeugnisse vorrätig.

Öffnungszeiten

Mo., Mi., Sa. 8.30-14.30 Uhr, Di., Do., Fr. 8.30-13.30 und 17.00 bis 20.00 Uhr.

Auskunft

Griechische Zentrale für Fremdenverkehr (GZF)

In der Bundesrepublik Deutschland

Neue Mainzer Str. 22, D-6000 Frankfurt/M.; Tel. (069) 236561-3
Pacellistr. 2, D-8000 München 2; Tel. (089) 222035-6
Abteistr. 33, D-2000 Hamburg 13; Tel. (040) 454498

In Österreich

Kärntnerring 5
A-1015 Wien
Tel. (0222) 525317

In der Schweiz

Gottfried-Keller-Str. 7
CH-8001 Zürich
Tel. (01) 2518487

Inlandsvertretungen der Griechischen Zentrale für Fremdenverkehr

In Athen

Odos Karageorgi Servias 1
Athen
Tel. (01) 3222545

Flughafen Elleniko
Athen
Tel. (01) 9799500

In Piräus

Marina Zeas
Pireas (Piräus)
Tel. (01) 4135716 und 4135730

Auf Kephallenia

Informationsbüro Argostoli
Tel. (0671) 22847

Auf Korfu

Verwaltungsgebäude
Kerkyra (Stadt)
Tel. (0661) 30520, 39730 und 30360

Auf Kos

Informationsbüro
Akti Koundourioti
Tel. (0242) 28724

Auf Kreta

Odos Akti Tombasi 6
Chania
Tel. (0821) 26426

Odos Xanthoudidou 1
Iraklion
Tel. (081) 222487-88

Auf Rhodos

Odos Archiepiskopou Makariou 5
und Odos Papagou
Rhodos (Stadt)
Tel. (0241) 23655 und 23255

In Saloniki

Odos Mitropoleos 34
Thessaloniki
Tel. (031) 271888 und 222935

Hinweis

In Orten ohne touristisches Informationsbüro erteilt die Fremdenpolizei (Astynomia Allodapon) Auskunft.

N.B.: Auf zwölf Kykladeninseln sind neuerdings Auskunftsbüros für touristische Informationen eingerichtet worden. Sie befinden sich direkt an den jeweiligen Häfen in den Gebäuden der Gemeindeverwaltungen.

Autofähren

Wer die → Anreise durch Jugoslawien vermeiden will, aber auf die Mitnahme des eigenen Kraftfahrzeuges nicht verzichten möchte, kann eine der zahlreichen Fährverbindungen zwischen Italien und Griechenland wählen. Von den italienischen Adriahäfen Venedig und Ancona verkehren Fährschiffe nach Athen (Piräus), dem Ausgangshafen für den Verkehr zu den Inseln der Ägäis. Die von Ancona, Bari und Brindisi auslaufenden Schiffe legen meist auch in Korfu an. Die zwischen Ancona und Piräus verkehrenden Fähren der Med. Sun Lines fahren weiter nach Heraklion (Kreta) und Rhodos, z.T. mit Zwischenstop in Santorin (Thera).

Fährverbindungen (in der Hauptreisezeit)

ITALIEN – GRIECHENLAND	TURNUS	REEDEREI
Ancona – Katakolon – Iraklion – Santorin – Rhodos	1x wöchentlich	Med. Sun Lines
Ancona – Igumenitsa – Patras	mehrmals wöchentlich	Marlines
Ancona – Igumenitsa – Patras	2x wöchentlich	Minoan Lines
Ancona – Korfu – Igumenitsa – Patras	mehrmals wöchentlich	Strintzis Lines
Ancona – Patras	4x wöchentlich	Karageorgis
Bari – Korfu – Igumenitsa – Patras	mehrmals wöchentlich	Ventouris Ferries
Brindisi – Korfu – Igumenitsa – Patras	täglich	Adriatica / Hellenic Mediterranean Lines
Brindisi – Korfu – Igumenitsa – Kephallenia – Patras	täglich	Strintzis Lines
Brindisi – Korfu – Igumenitsa – Patras	täglich	Fragline
Brindisi – Patras	täglich	Anco-Ferries
Otranto – Korfu – Igumenitsa	mehrmals wöchentlich	R Line
Venedig – Piräus – Iraklion	1x wöchentlich	Adriatica
Venedig – Piräus	1x wöchentlich	British Ferries

Hinweis

Caravan- und Wohnmobilfahrer sollten sich wegen der maximal zulässigen Fahrzeugabmessungen auf den einzelnen Autofähren bei der jeweiligen Reederei bzw. den vermittelnden Reisebüros erkundigen.

Die Fährverbindungen zu und zwischen den einzelnen Inseln sowie mit türkischen Häfen in Kleinasien sind im Teil "Sehenswürdigkeiten von A bis Z" dieses Reiseführers bei den einzelnen Hauptstichworten erwähnt. Allgemeine Informationen → Verkehrsmittel interinsular.

Allgemeine Auskünfte

Seepassage-Komitee Deutschland
Esplanade 6
D-2000 Hamburg 36
Tel. (040) 342150

Reedereivertretungen, Buchungsagenturen (Auswahl)

Adriatica / Hellenic Mediterranean Lines:
Seetours International
Weißfrauenstr. 3
D-6000 Frankfurt/Main 1
Tel. (069) 1333210

British Ferries:
J. A. Reinecke GmbH & Co.
Hohe Bleichen 11
D-2000 Hamburg 36
Tel. (040) 351951

Fragline:
Viamare GmbH
Apostelnstr. 14-18
D-5000 Köln 1
Tel. (0221) 234911-14
Seefa-Reisen
Brackenheimer Str. 29
D-7000 Stuttgart 40
Tel. (0711) 874848
Ikon-Reisen
Schwanthalerstr. 31
D-8000 München 2
Tel. (089) 595985-86

Karageorgis:
Hellas-Orient-Seereisen GmbH
Kaiserstr. 11
D-6000 Frankfurt/Main
Tel. (069) 2980911
Sonnenstr. 27
D-8000 München 2
Tel. (089) 555053

Marlines:
Viamare GmbH
Apostelnstr. 14-18
D-5000 Köln 1
Tel. (0221) 234911-14
Seefa-Reisen
Brackenheimer Str. 29
D-7000 Stuttgart 40
Tel. (0771) 874848

Marlines (Fortsetzung):
Ikon-Reisen
Schwanthalerstr. 31
D-8000 München 2
Tel. (089) 595985-86

Med. Sun Lines:
Weinstr. 6
D-8000 München 2
Tel. (089) 222715

Minoan Lines:
Seetours International
Weißfrauenstr. 3
D-6000 Frankfurt/Main 1
Tel. (069) 1333262

R Line:
Isaria-Reisen
Neuhauser Str. 47
D-8000 München 2
Tel. (089) 237230

Sol Lines
Viamare GmbH
Apostelnstr. 14-18
D-5000 Köln 1
Tel. (0221) 234911-14
Schützenstr. 8
D-8000 München 2
Tel. (089) 555765-68

Strintzis Lines:
Viamare GmbH
Apostelnstr. 14-18
D-5000 Köln 1
Tel. (0221) 234911-14
Schützenstr. 8
D-8000 München 2
Tel. (089) 555765-68

Badestrände

Hinweise auf besonders gute Bademöglichkeiten finden sich im Teil "Sehenswürdigkeiten von A bis Z" dieses Reiseführers bei den einzelnen Hauptstichworten.

Sandstrände gibt es u.a. auf Thasos, Lesbos, Chios, Samos und Santorin.

Felsküsten, teils mit schönen Badebuchten, besitzen die Kykladen, Santorin, Kreta (Südküste) und Korfu (Nordküste).

Banken

Öffnungszeiten

Die Banken sind montags bis freitags von 8.00 bis 14.00 Uhr geöffnet.

Bankschalter mit verlängerten Öffnungszeiten findet man an den Flughäfen, großen Schiffshäfen und Bahnhöfen. Auch die Wechselstuben an den Grenzübergängen sind meist ganztägig geöffnet.

Bootscharter

→ Sportschiffahrt

Camping

Während es auf dem griechischen Festland inzwischen eine ganze Anzahl von Campingplätzen gibt, sind sie auf den Inseln noch relativ selten.
Geeignete Terrains findet man auf Andros, Ios, Kefalonia, Kerkyra (Korfu), Kos, Kreta, Lefkada, Leros, Paros, Pholegandros, Syros, Thasos, Tinos und Zakynthos.
Freies Camping ist in Griechenland nicht gestattet.

Charterboote

→ Sportschiffahrt

Devisenbestimmungen

→ Geld und Devisenbestimmungen

Diplomatische und konsularische Vertretungen

Bundesrepublik Deutschland

Botschaft:
Odos Karaoli kai Dimitriou 3
Athen
Tel. (01) 36941

Generalkonsulat:
Odos Karolou Diehl 4a
Thessaloniki
Tel. (031) 236315, 236349 und 236359

Konsulate:
Odos Daskalogianni 64
Chania/Kreta
Tel. (0821) 57944

Bundesrepublik Deutschland, Konsulate (Fortsetzung)

Odos Papalexandrou 16
Iraklion/Kreta
Tel. (081) 285400

Leoforos Alexandras 11
Kerkyra/Korfu
Tel. (0661) 31453

Odos Kennedy 43
Rhodos
Tel. (0241) 41437

Odos Themistoklis Sofoulis 36
Samos
Tel. (0273) 27257

Deutsche Demokratische Republik

Botschaft:
Odos Vassileos Pavlou
Athen
Tel. (01) 672 5160 und 672 5163

Republik Österreich

Botschaft:
Leoforos Alexandras 26
Athen
Tel. (01) 8211036, 8216800 und 8827520

Generalkonsulat:
Odos Egnatia 81
Thessaloniki
Tel. (031) 236500 und 228184

Konsulat:
Platia Eleftherias u Dedalou
Rhodos
Tel. (0241) 24757, 22470 und 22393

Schweizerische Eidgenossenschaft

Botschaft:
Odos Iassiou 2
Athen
Tel. (01) 7230364-66 und 7249208-09

Einkäufe, Souvenirs

Griechenland bietet dem Besucher eine Fülle von Möglichkeiten, Andenken zu erwerben. Allerdings hat sich eine Massenfabrikation derartiger Artikel entwickelt, so daß man Gegenstände von Geschmack und Qualität nicht immer auf den ersten Blick findet. Keramik wird in allen Preislagen angeboten, von schlechten Nachahmungen antiker Vasen über gute Kopien bis zu den schönsten Produkten der Insel Paros. Bekannt sind die Teller von Lindos auf Rhodos oder die Tongefäße von Archangelos auf derselben Insel; charakteristische Ware findet man auch auf der Insel Siphnos und andernorts.

Unter den Webarbeiten sind die Volkskunst von Skyros, Karpathos und Rhodos zu nennen. Arbeiten mit antiken Mustern wie Mäander oder Parthenon werden ausschließlich für Touristen gemacht. Großer Beliebtheit erfreuen sich die aus Wolle geknüpf-

Einkäufe, Souvenirs (Fortsetzung)

ten, einem langhaarigen Schaffell ähnelnden Flokati-Teppiche, die es naturfarbig oder eingefärbt in reicher Auswahl gibt.
Gern gekauft werden auch griechische Trachten, Stickereien und Spitze sowie Lederwaren (besonders Taschen), ferner Olivenholzschnitzereien.
Wer genügend Platz im Reisegepäck hat, wird vielleicht auch Freude an den niederen geschnitzten Sitzmöbeln von der Insel Skyros haben.

Reichhaltig ist die Auswahl an Süßigkeiten (würziger Honig, ouzogetränkter Feigenkuchen, Schokolade, Nußpaste u.a.) sowie an Nüssen, Mandeln und Pistazien.

Eine sehr informative Ausstellung griechischer Volkskunst wird von der Nationalen Organisation des Griechischen Handwerks unterhalten (Athen, Mitropoleos 9). Der Veranstalter vermittelt direkte Kontakte zu den jeweiligen Handwerkern. Eine ähnliche Ausstellung gibt es auch auf Korfu.
Eine Beratungsstelle des griechischen Kunstgewerbeverbandes befindet sich gleichfalls in Athen (Amalias 56).

Antiquitäten

→ dort

Elektrizität

Das Stromnetz führt in der Regel 220 Volt, auf den Schiffen oft 110 Volt Wechselspannung.
Europanorm-Gerätestecker sind normalerweise verwendbar.

Essen und Trinken

Speisen

Essen

In den Hotels findet man vorwiegend die internationale Küche, die durch griechischen Einschlag mehr Farbe erhält. In den → Restaurants dominiert die Küche des Landes, die orientalischen (meist türkischen) Einfluß zeigt – mit viel Olivenöl, Knoblauch und Würzkräutern.

Als Gedeck gehören auf den Tisch Brot (psomi), Salz (alati), Pfeffer (piper) und Zucker (sachari).

Vorspeisen (orektika)

Die Auswahl an Vorspeisen ist groß. Neben den zum Aperitif gereichten kleinen Appetithappen (mese) sind Garnelen- und Muschelgerichte, Meeresfrüchte oder mit Reis gefüllte Weinblätter (dolmades) sowie Salate (salates) zu nennen.

Suppen

Die Suppen sind meist recht gehaltvoll und werden oft mit Ei und Zitronensaft zubereitet. Beliebt ist die Fasolada (dicke Bohnensuppe), aber auch die Pfeffersuppe (piperi supa) mit Gemüse- und Fleischeinlage und die klare Fleischbrühe (somos kreatos). Zu nennen sind auch Fischsuppen (psarosupes).

Fleisch (kreas)

Bevorzugt werden Lammfleisch (arnaki) oder Hammel (arni), die meist gebraten oder gegrillt auf den Tisch kommen. Verbreitet

Eben erst gefangen: Kraken

sind Spießbraten (suvlaki) und Gyros (am senkrechten Drehspieß gegrilltes Fleisch). Kokoretsi sind Innereien am Spieß.

Gemüse, Salate

Typische Gemüsearten sind Artischocken (anginares), Auberginen (melitsanes), kleine Kürbisse (kolokitakia) und Paprikaschoten (piperes), die meist gefüllt oder in Öl gegart werden. Bei Salaten hat man die Auswahl zwischen Kopfsalat (marulli), Tomatensalat (tomato salata), Spargelsalat (sparanga salata) und dem aus Kopf-, Tomatensalat, Oliven, Schafskäse gemischten "Landsalat" (choriatiki).

Fisch (psari)

Fische und Meeresfrüchte spielen eine große Rolle in der griechischen Küche, darunter vor allem Brassen (sinagrida, tsipura), Seezungen (glossa), Meerbarben (barbuni) und Thunfisch (tonos). Daneben finden sich Hummer (astakos), Muscheln (midia), Tintenfisch (kalamaria), Kraken (oktopodi) und andere.

Nachspeisen (desser)

Neben Eis (pagoto) gibt es viele einheimische Früchte, je nach Jahreszeit Wassermelonen (karpusi), Zuckermelonen (peponi), Pfirsiche (rodakino), Birnen (achladi), Äpfel (milo), Apfelsinen (portokali), Weintrauben (stafili) und Feigen (sika).

Käse (tyri)

Griechische Käse sind meist aus Schaf- oder Ziegenmilch hergestellt, aus der auch der Joghurt (jaurti) gewonnen wird.

Kaffeehaus

Eine wichtige Rolle im täglichen Leben der Griechen spielt das Kaffeehaus (kafenion). Seine Aufgabe besteht nicht nur im Ausschank von Getränken; vielmehr hat es weithin die Funktion der antiken Agora übernommen und dient als Ort der Begegnung, des Gespräches, des Spieles und der Geschäfte.

Essen und Trinken, Speisen (Fortsetzung)

Zum Kaffee wird ein Glas Wasser (nero) serviert, zum Ouzo, dem landesüblichen Anisschnaps, oft etwas Käse, Oliven und ähnliches (mese).
Daneben gibt es in den Städten die Konditorei (sacharoplastio), wo man neben französischem Kaffee und anderen Getränken auch Gebäck und Konfekt, meist wesentlich süßer als in Mitteleuropa, findet.

Getränke

Wein (krassi)

Das verbreitetste Getränk ist der Wein (krassi). Es werden Rebsorten für Rotwein (mavro krassi) und Weißwein (aspro krassi) angebaut; man keltert trockene und süße Sorten. Die Landweine sind zur Verbesserung der Haltbarkeit geharzt (krassi retsinato) und erhalten dadurch einen eigentümlichen, herben Geschmack, an den man sich erst gewöhnen muß; sie sind aber appetitanregend und sehr bekömmlich.
Schon in der Antike bestand in Griechenland eine Vorliebe für retsinierten, d.h. geharzten Wein. Reste von Baumharz (griechisch 'retsina') fanden sich in ältesten Amphoren. Das Harz wird dem Wein während des Gärungsprozesses zugesetzt.
Daneben gibt es eine Reihe ungeharzter Weiß- und Rotweine, die den EG-Richtlinien entsprechen und mit den Kennbuchstaben 'V.Q.P.R.D.' bezeichnet werden. Am bekanntesten sind außerhalb des Landes der Weißwein von Samos und der süße rote Mavrodaphni.

Bier (bira)

Die Tradition des griechischen Brauwesens geht auf die Regierungszeit des aus Bayern stammenden ersten Königs Otto zurück. Die überwiegend nach bayerischem Rezept gebrauten Biere sind meist qualitätvoll. Der Bierumsatz hat sich auch unter den Einheimischen in den letzten Jahrzehnten erheblich gesteigert.

Spirituosen (pnevmatodi pota)

Als Aperitif wird meist der Ouzo getrunken, ein Anisschnaps, den man gewöhnlich mit Wasser verdünnt, wobei er ein milchiges Aussehen annimmt. Ebenfalls Anis enthält der kräftigere Raki. Die Rinde des Mastixbaumes (Pistacia lentiscus) wird zur Herstellung von Mastixschnaps (masticha) verwendet. Griechischer Kognak (koniak) ist fruchtig und relativ süß.

Alkoholfreie Getränke

Hier gibt es neben Wasser (nero), Mineralwasser (metalliko nero, soda) vor allem Orangen- und Zitronenlimonade (portokalada, lemonada) sowie frische Säfte (portokalada freska).

Kaffee (kafes, kafedaki)

Man unterscheidet eine ganze Skala von Kaffeesorten, je nach Stärke und Süße, z.B. kafes glikis vrastos (mit viel Zucker gekocht), kafes varis glikos (stark und süß), kafes elafros (leicht). Eine beliebte Sorte ist der metrios (mittelstark, mittelsüß).

Tee (tsai)

Neben schwarzem Tee (mavro tsai) gibt es Kräutertees, z.B. tsai menda (Pfefferminztee), kamumillo (Kamillentee) und tsai tu vunu (Tee aus Bergkräutern).

Fähren

→ Autofähren

Feier- und Gedenktage

Gesetzliche Feiertage

Gesetzliche Feiertage sind:
Neujahrstag (1. Januar); Heilige Drei Könige (6. Januar); Tag der Unabhängigkeit (25. März); Ochi-Tag (28. Oktober), Gedenktag an das 'Nein' (= ochi) zum Ultimatum Italiens im Jahre 1940; Weihnachten (25. und 26. Dezember).

Kirchliche Feiertage

Hinzu kommt noch eine Reihe von kirchlichen Feiertagen, darunter: das griechische Osterfest (später als in Mitteleuropa; mit einer liturgischen Feier, die im allgemeinen die Nacht hindurch bis in die Morgenstunden des Ostersonntags dauert); Pfingsten; Mariae Verkündigung; Mariae Himmelfahrt.
An diesen Tagen bleiben die Geschäfte geschlossen.

Filmen

→ Fotografieren und Filmen

Fluggesellschaften

Olympic Airways

Büro Deutschland:
Friedrich-Ebert-Anlage 2-4
D-6000 Frankfurt/Main
Tel. (069) 75340

Büro Österreich:
Opernring 9
A-1010 Wien
Tel. (0222) 577623-26

Büro Schweiz:
Talstr. 66
CH-8001 Zürich
Tel. (01) 2113737

Die staatliche griechische Fluggesellschaft Olympic Airways besitzt an allen griechischen Verkehrsflughäfen Niederlassungen.

Lufthansa

Odos Karageorgi Servias 4
Athen
Tel. (01) 3294141

c/o Creta Travel Bureau
Odos Epimenidou 20-22
Iraklion/Kreta
Tel. (081) 227002-03

Odos Nikis 3
Thessaloniki
Tel. (031) 235723/26/29

Austrian Airlines

Odos Othonos 8
Athen
Tel. (01) 3230844-46

Fluggesellschaften, Austrian Airlines (Fortsetzung)

c/o Zanettos Tourism and Travel
Odos 25. Martiu 17
Rhodos
Tel. (0241) 20832

Odos Vassileos Konstantinu 1
Thessaloniki
Tel. (031) 239421-22, 265401 und 281950

Swissair

Odos Othonos 4
Athen
Tel. (01) 3231817 und 3235810

Odos Komninon 1
Thessaloniki
Tel. (031) 267552

Flugverkehr

Internationale Flüge

Der wichtigste Verkehrsflugplatz Griechenlands ist der internationale Flughafen Ellenikon bei Athen. Daneben gibt es auch internationale Flüge von und nach Saloniki.

Griechenland verfügt über ein sehr enges Netz von Inlandflügen; so ist Athen mit allen bedeutenden Ägäis-Inseln verbunden. Allerdings ist auf innergriechische Flugpläne kein absoluter Verlaß, und es empfiehlt sich daher, vor der Abreise unbedingt zu erkunden, ob die in den Fluplänen angegebenen Strecken auch wirklich zu den genannten Zeiten beflogen werden.

Mit direkten Linienflügen (z.T. Zwischenlandung) sind aus dem mitteleuropäischen Raum (Bundesrepublik Deutschland, Österreich, Schweiz) folgende Inselflughäfen zu erreichen: Iraklion (Kreta), Kerkyra/Korfu, Rhodos und Santorin.

Innergriechische Flüge

Der Athener Flughafen ist zugleich Drehscheibe des innergriechischen Luftverkehrs. Angeflogen werden die Inseln Limnos, Lesbos, Chios, Samos, Kos, Leros, Rhodos, Karpathos, Mykonos, Paros, Santorin, Milos, Kreta (Flughäfen Iraklion und Chania), Zakynthos, Kephallenia und Korfu/Kerkyra.

Folklore

Die griechischen Volkstrachten sind in den letzten Jahren seltener geworden, doch sind sie in einigen Gegenden durchaus noch Bestandteil des Volkslebens. So tragen z.B. auf Kreta die Männer gelegentlich noch die charakteristische Hose (vraka) und ein schwarzes Kopftuch. Auch auf Karpathos, im Südteil von Rhodos und auf Kerkyra/Korfu sieht man bisweilen noch Trachten. Bekannt sind die malerischen, aus der albanischen Tracht hervorgegangenen Uniformen der Evzonen (ehem. königliche Leibgarde), die u.a. am Athener Nationaldenkmal Wache halten.

Reich entwickelt und immer noch stark in der Tradition verankert ist das Brauchtum, das sich besonders bei den zahlreichen Kirchenfesten (vor allem Ostern und Patronatsfeste) und ländlichen Familienfeiern manifestiert.

In den letzten Jahren ist die griechische Volksmusik auch in Mitteleuropa bekannt geworden, die mit ihrer eigentümlichen Rhythmik und den für unser Ohr recht ungewohnten Tonschritten auch die zeitgenössische griechische Unterhaltungsmusik in hohem Maße beeinflußt. Neben der weitverbreiteten mandolinenähnlichen Buzuki spielen Santuri und verschiedene Holzblasinstrumente eine große Rolle.

Der bekannteste Volkstanz ist der Sirtaki, ein reigenähnlicher Gruppentanz, der von einem Vortänzer angeführt wird.

Fotografieren und Filmen

Wer an archäologischen Stätten, in Ausgrabungs- und Ruinenbezirken fotografieren oder filmen möchte, muß zu diesem Zweck eine zweite Eintrittskarte lösen. Bei Verwendung eines Stativs ist eine Sondergenehmigung erforderlich; die anfallenden Kosten sind für Amateure und Berufsfotografen unterschiedlich hoch und richten sich auch nach Art und Umfang der Aufnahmen. Antragstellung für die Sondergenehmigung und Bezahlung der Gebühren müssen rechtzeitig vor Reiseantritt erfolgen; Auskünfte erteilt die Griechische Zentrale für Fremdenverkehr (→ Auskunft).

Das Fotografieren und Filmen militärischer Anlagen ist prinzipiell untersagt.

Geld und Devisenbestimmungen

Währung

Die griechische Währungseinheit ist die Drachme (Dr., Mehrzahl Drs.) zu je 100 Lepta. Es gibt Banknoten zu 50, 100, 500, 1000 und 5000 Drs., Münzen im Wert von 1, 2, 5, 10, 20 und 50 Drs. sowie 5, 10, 20 und 50 Lepta.

Wechselkurse (veränderlich)

100 Drs. = 1,45 DM	1 DM = 68,97 Drs.
100 Drs. = 10,18 öS	1 öS = 9,83 Drs.
100 Drs. = 1,15 sfr	1 sfr = 84,27 Drs.

Einfuhr von Geld und Devisen

Pro Person dürfen in griechischer Währung bis zu 3000 Drs. eingeführt werden; ausländisches Bargeld und Reiseschecks unterliegen keinen Beschränkungen. Fremdwährungen im Gegenwert von mehr als 500 US-$ pro Person sollten bei der Einreise deklariert werden, damit nichtverbrauchte Beträge problemlos wieder ausgeführt werden können.

Ausfuhr von Geld und Devisen

Die Ausfuhr von Landeswährung ist gleichfalls auf 3000 Drs. pro Person begrenzt. Eingeführte Fremdwährung darf bis zur Höhe des bei der Einfuhr deklarierten Betrages wieder ausgeführt werden, sonst bis zum Gegenwert von 500 US-$.

Schecks
Kreditkarten

Die Mitnahme von Eurocheques und/oder Reiseschecks ist zu empfehlen. Gängige Kreditkarten werden akzeptiert.

Tip

Wie generell in Ländern mit schwächerer Währung ist es auch in Griechenland vorteilhafter, den Geldwechsel erst im Lande vorzunehmen.

Getränke

→ Essen und Trinken

Golf

→ Sport

Häfen

→ Sportschiffart

Hotels

Preiskategorien

Die Hotels sind offiziell in sechs Kategorien gegliedert (L = Luxus, A, B, C, D, E), von denen in der Regel die ersten vier in Betracht kommen. In diesem Reiseführer sind die Luxushotels zusätzlich mit einem * gekennzeichnet.

Hotels auf Ägina

In Ajia Marina:
Apollo, B, 203 B.
Argo, B, 116 B.
Motel Aegli, C, 14 B.
Akti, C, 44 B.
Ammoudia, C, 26 B.
Aphaea, C, 32 B.
Blue Horizon, C, 28 B.
Galini, C, 67 B.
Hermes, C, 25 B.
Isidora, C, 33 B.
Kalliopi, C, 25 B.
Karras, C, 52 B.
Karyatides, C, 58 B.
Kyriakakis, C, 57 B.
Liberty, C, 40 B.
Magda, C, 40 B.
Marina, C, 55 B.
Nuremberg, C, 24 B.
Oasis, C, 35 B.
Panorama, C, 49 B.
Pantelaros, C, 106 B.
Possidon, C, 48 B.
Saronis, C, 20 B.
Sole, C, 24 B.
Ta Tria Adelfia, C, 32 B.

in Agistri:
Kekryfalia, C, 16 B.
Dina, D, 28 B.
Galini, D, 44 B.
Manaras, D, 48 B.
Mylos, D, 23 B.
Saronis, D, 34 B.

in Ägina (Stadt):
Danae, B, 100 B.
Nafsika, B, 66 B.
Areti, C, 39 B.
Avra, C, 57 B.
Brown, C, 48 B.
Faros, C, 72 B.
Klonos, C, 84 B.
Artemis, D, 44 B.
Marmarinos, D, 43 B.
Miranda, D, 37 B.

in Perdika:
Aegina Maris, B, 310 B.
Moondy Bay, B, 144 B.
Hippocampus, D, 28 B.

in Souvala:
Ephi, C, 59 B.
Galaxy, C, 28 B.
Saronikos, D, 33 B.

Auf Alonnissos

in Alonnissos (Stadt):
Alkyon, B, 21 B.
Galaxy, C, 103 B.

Auf Amorgos

Mike, C, 19 B.

Auf Andros

in Andros (Stadt):
Paradissos, B, 76 B.
Xenia, B, 44 B.
Aegli, C, 26 B.

Auf Astypaläa

Aegeon, D, 31 B.
Astynea, D, 39 B.
Paradissos, D, 46 B.

In Athen
(Auswahl)

beim Syntagmaplatz:
* Amalia, Leoforos Amalias 10, L, 188 B.
* Athenée Palace, Odos Kolokotroni 1, L, 176 B.
* Athens Hilton, Leoforos Vasilissis Sofias, L, 960 B.
* Caravel, Leoforos Vasileos Alexandru 2, L 841 B.
* Grande Bretagne, Platia Syntagmatos, L, 662 B.
* King George, Platia Syntagmatos, L, 223 B.
* Kings Palace, Odos Panepistimiu 4, L, 396 B.
* Saint George Lycabettus, Platia Dexamen s, L, 278 B.
Astor, Odos Karageorgi Servias 16, A, 234 B.
Attika Palace, Odos Karageorgi Servias 6, A, 147 B.
Electra, Odos Ermu 5, A, 180 B.
Electra Palace, Odos Nikodimu 18, A, 196 B.
Esperia Palace, Odos Stadiu 22, A, 338 B.
Olympic Palace, Odos Philellinon 16, A, 168 B.
Arethusa, Odos Mitropoleos 6-8, B, 158 B.
Athens Gate, Leoforos Syngru 10, B, 202 B
Athinas, Odos Vasilissis Sofias 99, B, 162 B.
Christina, Odos Kallirois 15, B, 173 B.
Galaxy, Odos Akadimias 22, B, 192 B.
Metropol, Odos Stadiu 55, B, 100 B.
Palladion, Odos Epistimiu 54, B, 115 B.
Plaka, Odos Kapnikareas 7, B, 123 B.
Titania, Odos Panepistimiu 52-54, B, 754 B

beim Omoniaplatz:
Ambassadeurs, Odos Sokratus 67, A, 370 B.
King Minos, Odos Pireos 1, A, 287 B.
Academos, Odos Akadimias 58, B, 220 B.
Achillion, Odos Agiu Konstantinu 32, B, 980 B.
Alfa, Odos Chalkokondyli 17, B, 167 B.
Arkadia, Odos Marni 46, B, 154 B.
Athens Center, Odos Sophokleus 26, B, 259 B.
Cairo City, Odos Marni 42, B, 140 B.
Candia, Odos Deliyanni 40, B, 252 B.
Dorian Inn, Odos Pireos 15-19, B, 287 B.
El Greco, Odos Athinas 65, B, 167 B.
Eretria, Odos Chalkokondyli 12, B, 119 B.
Grand Hotel, Odos Veranzeru 10, B, 190 B.
Ilion, Odos Agiu Konstantinu 7, B, 166 B.
Ionis, Odos Chalkokondyli 41, B, 194 B.
Marathon, Odos Karolu 23, B, 174 B.
Marmara, Odos Chalkokondyli 14, B, 252 B

Hotels in Athen (Fortsetzung)

beim Nationalmuseum:
*Acropole Palace, Odos 28. Oktovriu 51, L, 173 B.
*Park, Leoforos Alexandras 10, L, 279 B.
Divani-Zafolia, Leoforos Alexandras 87-89, A, 353 B.
Atlantic, Odos Solomu 60, B, 275 B.
Plaza, Odos Acharnon 73, B, 239 B.
Xenophon, Odos Acharnon 340, B, 310 B.

Auf Chios

In Chios (Stadt):
Chios Chandris, B, 294 B.
Perivoli, B, 29 B.
Xenia, B, 50 B.
Aktaeon, C, 53 B.
Diana, C, 98 B.
Kyma, C, 82 B.
Pelineon, D, 36 B.

Auf Delos

Xenia, B, 7 B.

Auf Elaphonisos

Elaphonissos, B, 21 B.

Auf Euböa

in Lutra Ädipsu:
Aegli, A, 150 B.
Avra, A, 133 B.
Alex, B, 50 B.
Efstratios, B, 51 B.
Heracleion, B, 69 B.
Electra, B, 56 B.
Galaxias, B, 56 B.
Georgios, B, 51 B.
Goudas, B, 62 B.
Hara, B, 65 B.
Hermes, B, 78 B.
Kekrops, B, 50 B.
Kentrikon, B, 56 B.
Star, B, 62 B.
Taenaron, B, 54 B.
Anessis, C, 97 B.
Antigone, C, 52 B.
Capri, C, 87 B.
Galini, C, 68 B.
Irene, C, 55 B.
Istiaea, C, 63 B.
Kapolos, C, 98 B.
Knossos, C, 71 B.
Leto, C, 60 B.
Metropole, C, 59 B.
Mitho, C, 69 B.
Nefeli, C, 71 B.
Thermae Sylla, C, 116 B.
Diethnes, D, 76 B.
Palladion, D, 53 B.

in Ajios Georgios:
Alexandros, B, 54 B.
Vachos, B, 36 B.

in Ajios Nikolaos:
Agios Nikolaos, B, 28 B.
Chryssi Ammoudia, B, 30 B.
Glaros, B, 24 B.
Kastoria, B, 57 B.
Park, B, 36 B.

in Amarynthos:
Blue Beach, B, 399 B.
Stefania, B, 152 B.
Flisvos, C, 43 B.
Artemis, D, 41 B.

in Buros:
Karystos Beach Club, B, 163 B.
Amalia, C, 306 B.

in Chalkis:
Lucy, A, 156 B.
John's, B, 98 B.
Paliria, B, 200 B.
Hara, C, 80 B.
Kentrikon, C, 35 B.
Manica, C, 48 B.
Morfeus, D, 45 B.

in Eretria:
Chryssi Akti, B, 193 B.
Perighiali Eretrias, B, 71 B.
Delfis, C, 168 B.
Xenia, C, 180 B.

in Karystos:
Apollon Resort, B, 150 B.
Als, C, 60 B.
Galaxy, C, 136 B.
Hironia, C, 48 B.
Karystion, C, 75 B.
Plaza, C, 68 B.

in Kymi:
Beis, C, 58 B.

in Lefkanti:
Lefkanti, C, 126 B.

in Limni:
Limni, C, 91 B.

Hotels auf Euböa
(Fortsetzung)

in Magoula:
Holidays in Evia, B, 659 B.
Miramare, B, 64 B.

in Malakonda:
Eretria Beach, B, 453 B.
Malakonda Beach, B, 296 B.

in Marmari:
Delfini, C, 39 B.
Marmari Bay, C, 188 B.
Michel-Marie, C, 56 B.

in Nea Artaki:
Bel-Air, B, 82 B.
Angela, C, 112 B.
Telamachus, C, 48 B.

in Nea Styra:
Aegilion, C, 51 B.
Aktaeon, C, 79 B.
Delfini, C, 85 B.
Nektarios, C, 68 B.
Venus Beach, C, 154 B.

in Pefki:
Amaryllis, C, 40 B.
Galaxias, C, 49 B.
Galini, C, 57 B.
Myrtia, C, 42 B.
Akrotirion, D, 29 B.

in Politika:
Evoiki Akti, C, 92 B.

in Steni:
Dirphys, C, 35 B.
Steni, C, 70 B.

Auf Hydra

Miramare, A, 50 B.
Miranda, A, 26 B.
Amaryllis, B, 22 B.
Delfini, B, 20 B.
Hydroussa, B, 72 B.
Leto, C, 74 B.
Argo, D, 16 B.
Dina, D, 21 B.

Auf Ikaria

in Evdilos:
Eudoxia, B, 12 B.

in Thermae:
George, B, 16 B.
Apollon, C, 59 B.
Ikarion, D, 52 B.
Thermae, D, 46 B.

in Therma Lefkados:
Adamos, B, 12 B.
Anyfantis, B, 28 B.
Akti, C, 27 B.

Auf Ios

Chryssi Akti, B, 19 B.
Armadoros, C, 50 B.
Corali, C, 25 B.
Delfini, C, 33 B.
Flisvos, C, 25 B.
Fragakis, C, 27 B.
Homer's Inn, C, 34 B.
Mare-Monte, C, 30 B.
Sea Breeze, C, 28 B.
Mylopotas, D, 44 B.

Auf Ithaka

Mendor, B, 68 B.
Odysseus, B, 17 B.

Auf Kalymnos

in Kalymnos (Stadt):
Drossos, C, 97 B.
Olympic, C, 81 B.
Thermae, C, 30 B.

in Massouri:
Armeos Beach, B, 61 B.
Oasis, B, 22 B.
Cally Beach, C, 31 B.
Ioanna, D, 29 B.

in Myrties:
Themis, B, 17 B.
Delfini, C, 34 B.
Zephyros, C, 54 B.

in Pothea:
Aris, B, 33 B.
Evanik, C, 39 B.

Auf Karpathos

in Karpathos (Stadt):
Romantica, B, 37 B.
Panorama, C, 45 B.
Porfyris, C, 41 B.
Karpathos, D, 28 B.

in Pigadia:
Atlantis, C, 73 B.

Hotels auf Kasos
Anagenissis, C, 18 B.
Anessis, C, 14 B.

Auf Kastellorizo
Xenon Dimou Meghistis, B, 32 B. – Einige Pensionen.

Auf Kea
Ioulis, B, 21 B.
I Tzia Mas, B, 48 B.
Kea Beach, B, 150 B.
Carthea, C, 67 B.

Auf Kephallenia
in Ajia Eufimia:
Pylaros, C, 17 B.
Logara, C, 43 B.

in Argostolion:
Xenia,, B, 44 B.
Aenos, C, 74 B.
Agios Gerassimos, C, 28 B.

in Argostolion (Forts.):
Cephalonia Star, C, 73 B.
Mouikis, C, 70 B.
Phocas, C, 33 B.
Regina, C, 40 B.
Tourist, C, 38 B.
Allegro, D, 32 B.

Auf Korfu
in Ajios Gordios:
Agios Gordias, A, 388 B.
Alonakia, B, 30 B.
Chrysses Folies, C, 40 B.
Diethnes, D, 30 B.

in Ajios Ioannis:
Marida, A, 26 B.
Sidari Beach, C, 52 B.
Vladimir, C, 40 B.

in Ajios Stefanos:
Nafsika, C, 31 B.
Saint Stefanos, C, 16 B.

in Alkyae:
Kerkyra Golf, A, 444 B.
Alykes Beach, C, 29 B.
Salina, C, 31 B.
Sunset, C, 101 B.

in Anacharavi:
Filorian, A, 40 B.
Ionian Princess, B, 171 B.
Flora, C, 33 B.
Anastasia Beach, C, 30 B.

in Anemomylos:
Arion, B, 199 B.
Marina, B, 192 B.

in Arillas:
Arilla Beach, C, 62 B.
Marina, C, 32 B.

in Assyrmatos Potamu:
Gefyraki, C, 54 B.

in Barbati:
Barbati, C, 54 B.

in Benitses:
Odyssey Apartments, A, 112 B.
San Stefano, A, 470 B.
Eugenia, B, 36 B.
Hesperides, B, 32 B.
Potamaki, B, 288 B.
Bella Vista, C, 42 B.
Corfu Maris, C, 48 B.
Loutrouvia, C, 44 B.
Avra, D, 37 B.
Benitsa, D, 28 B.

in Cavos Lefkimis:
Cavos, C, 39 B.

in Korfu (Stadt):
*Corfu Palace, L, 195 B.
Cavalieri, A, 91 B.
Anthis, B, 86 B.
Astron, B, 63 B.
King Alkinoos, B, 102 B.
Olympic, B, 90 B.
Arcadion, C, 95 B.
Archontiko, C, 46 B.
Atlantis, C, 112 B.
Bretagne, C, 75 B.
Calypso, C, 34 B.
Dalia, C, 32 B.
Hermes, C, 62 B.
Ionion, C, 150 B.
Splendid, C, 30 B.
Acropole, D, 37 B.
Constantinoupolis, D, 94 B.
Europa, D, 70 B.
Nea Yorki, D, 74 B.
San Rocco, D, 34 B.

in Daphnila:
Eva Palace, A, 323 B.
Robinson Club-Hotel
Daphnila, A, 481 B.

Hotels auf Korfu
(Fortsetzung)

in Dassia:
Corfu Chandris, A, 558 B.
Dassia Chandris, A, 467 B.
Elaea Beach, A, 366 B.
Ekaterini, B, 36 B.
Paloma Bianca, B, 64 B.
Amalia, C, 48 B.
Dassia, C, 102 B.
Jason, C, 67 B.
Tina, C, 35 B.
Scheria, D, 32 B.

in Ghaena:
Achilleus, B, 138 B.

in Gastouri:
El Greco, B, 27 B.
Argo, C, 28 B.
Sissy, C, 21 B.

in Glyfada:
Grand Hotel
Glyfada Beach, A, 465 B.
Glyfada Beach, B, 66 B.

in Gouvia:
Corcyra Beach, A, 487 B.
Radovas, A, 221 B.
Angela, B, 38 B.
Park, B, 237 B.
Artemis, C, 53 B.
Elizabeth, C, 39 B.
Galaxias, C, 67 B.
Gouvia, C, 40 B.
Iliada, C, 62 B.
Pheacion, C, 70 B.
Theodora, C, 93 B.
Sirena, D, 50 B.

in Hermones:
Ermones Beach, A, 504 B.

in Kanoni:
*Corfu Hilton International, L, 515 B.
Ariti, A, 312 B.
Corfu Divani Palace, A, 306 B.
Royal, C, 232 B.
Salvos, C, 176 B.

in Kassiopi:
Frossyni's Gardens, A, 38 B.

in Komeno:
*Astir Palace Corfu, L, 590 B.
Kerkyra Club Marina, A, 46 B.
Komeno Villas, C, 42 B.

in Kontokali:
*Kontokali Palace, L, 467 B.
Intermezzo Apartments, A, 20 B.
Ledra, C, 36 B.
Telessila, C, 63 B.
Panorama, D, 38 B.
Pyrros, D, 49 B.

in Liapades:
Elly Beach, B, 78 B.
Liapades Beach, C, 34 B.

in Messonghi:
Gemini, B, 75 B.
Maria House, C, 35 B.
Melissa Beach, C, 56 B.
Rossis, C, 57 B.
Roulis, C, 30 B.

in Moraitika:
*Miramare Beach, L, 285 B.
Delfina, A, 151 B.
Messonghi Beach, B, 1587 B.
Solonaki, B, 33 B.
Margarita, C, 47 B.
Sea Bird, C, 31 B.
Three Stars, C, 58 B.

in Nissaki:
Nissaki Beach, A, 443 B.
Asprochori, C, 72 B.

in Paleokastritsa:
Akrotiri Beach, A, 238 B.
Oceanis, B, 123 B.
Paleokastritsa, B, 293 B.
Apollon, C, 46 B.
Odysseus, C, 64 B.
Hermes, D, 38 B.

In Perama:
Alexandros, A, 138 B.
Aeolos Beach, B, 637 B.
Akti, B, 107 B.
Oasis, B, 124 B.
Aegli, C, 71 B.
Continental, C, 40 B.
Fryni, C, 34 B.
Pontikonissi, C, 84 B.
Spinoulas, C, 30 B.

in Potamos:
Elvira, B, 76 B.
Zorbas, D, 31 B.

in Pyrgi:
Anna-Liza, A, 72 B.
Pyrgi, C, 106 B.
Ionia, D, 36 B.

Hotels auf Korfu
(Fortsetzung)

in Roda:
Roda Beach, B, 685 B.
Aphroditi, C, 40 B.
Silver Beach, C, 63 B.
Village Roda Inn, C, 32 B.

in Sidari:
Afroditi Beach, C, 35 B.
Astoria, C, 36 B.
Mimoza, C, 67 B.
Three Brothers, C, 70 B.

in Sinarades:
Yaliskari Palace, A, 420 B.

in Tsaki:
Regency, A, 343 B.

in Ypsos:
Sunrise, B, 72 B.
Ypsos Beach, B, 114 B.
Doria, C, 39 B.
Mega, C, 61 B.
Platanos, C, 58 B.
Costas, D, 46 B.

Auf Kos

in Antimachia:
Mastichari Beach, B, 21 B.

in Kardamena:
Norida Beach, A, 553 B.
Carda Beach, B, 127 B.
Panorama, C, 40 B.
Stelios, C, 24 B.
Valinakis Beach, C, 141 B.
Alma, D, 24 B.
Paralia, D, 21 B.

in Kefalos:
Carlos Village, A, 492 B.
Hellas, B, 33 B.
Sidney, D, 40 B.

in Kos (Stadt):
Caravia Beach, A, 563 B.
Continental Palace, A, 393 B.
Dimitra Beach, A, 261 B.
Agios Konstantinos, B, 232 B.
Alcyon, B, 42 B.
Alexandra, B, 150 B.
Alki, B, 37 B.
Amerikana, B, 26 B.
Anne, B, 34 B.
Arion, B, 32 B.
Artemis, B, 110 B.
Astron, B, 136 B.
Atlanta Beach, B, 80 B.
Constantia, B, 32 B.
Gallia, B, 39 B.
Ippoton, B, 78 B.
Kos, B, 262 B.
Meropis, B, 36 B.
Olympia, B, 41 B.
Oscar Sevasti, B, 42 B.
Paritsa, B, 76 B.
Theodoru Beach, B, 103 B.
Theoxenia, B, 78 B.
Afroditi, C, 33 B.
Anastasia, C, 77 B.
Anneta, C, 42 B.
Aspa Holidays, C, 38 B.

in Kos (Stadt; Forts.):
Asterias, C, 39 B.
Bahames, C, 56 B.
Bristol, C, 71 B.
Captain's, C, 52 B.
Costel, C, 71 B.
Delfini, C, 34 B.
Diethnes, C, 121 B.
Ekaterini, C, 48 B.
Elisabeth, C, 32 B.
Elli, C, 150 B.
Elma, C, 92 B.
Galaxias, C, 42 B.
Galini, C, 60 B.
George, C, 59 B.
Imperial, C, 132 B.
Ippokratis, C, 48 B.
Kamelia, C, 42 B.
Karis, C, 54 B.
Koala, C, 48 B.
Kondia Beach, C, 101 B.
Koni, C, 37 B.
Koulias, C, 51 B.
Marie, C, 39 B.
Maritina, C, 132 B.
Messoghios, C, 67 B.
Milva, C, 99 B.
Niriides Beach, C, 147 B.
Olga, C, 57 B.
Oscar, C, 108 B.
Paradissos, C, 100 B.
Pavlos, C, 121 B.
Phaeton, C, 48 B.
Possidon, C, 67 B.
Theonia, C, 89 B.
Titania, C, 109 B.
Veroniki, C, 36 B.
Virginia, C, 42 B.
Zephyros, C, 93 B.
Zikas, C, 36 B.
Dodekanessus, D, 33 B.
Hara, D, 33 B.
Helena, D, 35 B.

Hotels auf Kos
(Fortsetzung)

in Lambi:
Atlantis, A, 576 B.
Cosmopolitan, B, 148 B.
Alice Springs, C, 40 B.
Atlantis 2, C, 153 B.
Columbia Beach, C, 108 B.
Irene, C, 70 B.
Laura, C, 43 B.

in Mastichari:
Andreas, B, 16 B.
Faenareti, D, 35 B.

in Mylos Lappa:
Albatros Beach, C, 117 B.

in Psalidi:
*Hippocrates Palace, A, 280 B.
Oceanis, A, 651 B.
Ramira Beach, A, 500 B.
Sun Palace, A, 274 B.

in Tigaki:
Tigaki Toulas, B, 38 B.
Ilios, C, 92 B.
Meni Beach, C, 50 B.
Sunset, C, 100 B.
Villa Andreas, C, 36 B.

Auf Kreta

in Ajia Galini:
Stella, B, 19 B.
Acropolis, C, 34 B.
Adonis, C, 39 B.
Astoria, C, 42 B.
Galini Mare, C, 48 B.
Areti, D, 63 B.

in Ajia Marina:
Santa Marina, B, 120 B.
Amalthia, C, 76 B.

in Ajia Pelagia:
Capsis Beach, A, 1090 B.
Peninsula, A, 301 B.
Panorama, B, 97 B.
Perla, B, 49 B.

in Ajia Rumeli:
Aghia Roumeli, B, 13 B.

in Ajios Nikolaos:
*Minos Beach, L, 233 B.
*Minos Palace, L, 282 B.
*Mirabello Village, L, 251 B.
Archontikon, A, 20 B.
Cretan Village, A, 22 B.
Hera Village, A, 88 B.
Hermes, A, 379 B.
Mirabello, A, 332 B.
Triton, A, 22 B.
Amalthia, B, 38 B.
Ammos, B, 56 B.
Adriani Beach, B, 142 B.
Coral, B, 323 B.
Domenico, B, 46 B.
El Greco, B, 70 B.
Ikaros, B, 35 B.
Iris, B, 41 B.
Magda, B, 47 B.
Miramare, B, 86 B.
Olga, B, 45 B.
Rea, B, 220 B.
Sand Apartments, B, 56 B.

in Ajios Nikolaos (Forts.):
Sun Rise, B, 35 B.
Acratos, C, 60 B.
Alcestis, C, 45 B.
Alfa, C, 61 B.
Almyros Beach, C, 73 B.
Apollon, C, 111 B.
Creta, C, 50 B.
Cronos, C, 68 B.
Du Lac, C, 75 B.
Europa, C, 64 B.
Greca, C, 40 B.
Helena, C, 77 B.
Kamara, C, 51 B.
Kouros, C, 45 B.
Lato, C, 48 B.
Lito, C, 69 B.
Myrsini, C, 60 B.
Panorama, C, 50 B.
Pergola, C, 46 B.
Sgouros, C, 48 B.
Zephyros, C, 48 B.

in Amoudara:
Agapi Beach, A, 391 B.
Dolphin Bay, A, 354 B.
Agapi Village, B, 141 B.
Minoas, C, 67 B.
Tsangaraki, C, 83 B.

in Amoudares:
Virginia, B, 36 B.

in Ammoudi:
Polydoros, B, 11 B.

in Archanes:
Dias, B, 55 B.

in Chania:
Contessa, A, 14 B.
Kydon, A, 191 B.
Doma, B, 56 B.
Lissos, B, 68 B.

Hotels auf Kreta
(Fortsetzung)

in Chania (Forts.):
Porto Veneziano, B, 120 B.
Samaria, B, 110 B.
Xenia, B, 88 B.
Aptera Beach, C, 92 B.
Astor, C, 68 B.
Canea, C, 94 B.
Diktynna, C, 66 B.
Kriti, C, 170 B.
Lucia, C, 72 B.
Omalos, C, 58 B.
Avra, D, 43 B.

in Elounda:
*Astir Palace Elounda, L, 551 B.
*Elounda Beach, L, 578 B.
*Elounda Mare, L, 150 B.
Elounda Marmin, A, 192 B.
Dririos Beach, B, 32 B.
Akti Olous, C, 96 B.
Aristea, C, 70 B.
Calypso, C, 30 B.
Selena Village, C, 64 B.
Maria, D, 20 B.

in Ferma:
Coriva Village, B, 69 B.

in Galatas:
Panorama, A, 309 B.
Creta Maria, C, 29 B.
Dolphin, C, 32 B.

in Georgiupolis:
Gorgona, C, 70 B.

in Gurnes:
Evina, A, 50 B.
America, B, 126 B.

in Guves:
Candia Beach, A, 403 B.
Marina, A, 462 B.
Aphrodite Beach, B, 446 B.
Calypso, C, 68 B.
Mon Repos, C, 70 B.
Sonia, C, 35 B.

in Hani Kokkini:
Arina Sand, A, 452 B.
Knossos Beach, A, 207 B.
Themis Beach, A, 229 B.
Prima, B, 24 B.
Akti, C, 37 B.
Danae, C, 34 B.
Kamari, c, 62 B.

in Ierapetra:
Ferma Beach, A, 314 B.
Koutsounari Traditional Cottages, A, 39 B.
Petra-Mare, A, 422 B.
Ayanniotakis, B, 28 B.
Blue Sky, B, 45 B.
Atlantis, C, 134 B.
Camiros, C, 75 B.
Creta, C, 47 B.
Kyrva, C, 31 B.
Zakros, C, 88 B.

in Iraklion (Heraklion):
Astoria, A, 273 B.
Atlantis, A, 296 B.
Creta Beach, A, 249 B.
Galaxy, A, 264 B.
Xenia, A, 156 B.
Ares, B, 30 B.
Cosmopolite, B, 59 B.
Elaira, B, 32 B.
Esperia, B, 92 B.
Kastro, B, 63 B.
Mediterranean, B, 105 B.
Petra, B, 59 B.
Phaedra, B, 41 B.
Apollon, C, 96 B.
Aretousa, C, 47 B.
Asterion, C, 108 B.
Athinaikon, C, 77 B.
Blue Sky, C, 50 B.
Castello, C, 124 B.
Daedalos, C, 115 B.
Domenico, C, 73 B.
El Greco, C, 165 B.
Evans, C, 48 B.
Grabelles, C, 80 B.
Heracleion, C, 72 B.
Ivi, C, 33 B.
Knossos, C, 46 B.
Lato, C, 99 B.
Marin, C, 83 B.
Metropole, C, 75 B.
Mirabello, C, 42 B.
Olympic, C, 135 B.
Santa Elena, C, 60 B.
Selena, C, 52 B.
Egyptos, D, 48 B.
Florida, D, 34 B.
Hermes, D, 69 B.
Iraklios, D, 83 B.
Minos, D, 63 B.
Palladion, D, 45 B.
Phaestos, D, 41 B.
Porto, D, 32 B.
Rea, D, 37 B.

in Kalathas:
Tzanakaki Beach, C, 68 B.

Hotels auf Kreta
(Fortsetzung)

in Kalo Horio:
* Istron Bay, L, 199 B.
Elpida, C, 120 B.

in Karteros:
Minos Palace, A, 230 B.
Amnissos, B, 108 B.
Karteros, B, 104 B.
Motel Xenia, B, 48 B.

in Korakies:
Corakies Village, B, 38 B.

in Kounoupidiana:
Pyrgos, B, 33 B.

in Kourna:
Happy Days Beach, C, 69 B.

in Limin Hersonissou:
* Creta Maris, L, 1014 B.
Belvedere, A, 547 B.
Kastri Village, A, 44 B.
King Minos Palace, A, 253 B.
Lyttos, A, 601 B.
Dedalos Village, B, 46 B.
Glaros, B, 270 B.
Heronissos, B, 168 B.
Maragakis, B, 92 B.
Maria, B, 32 B.
Nora, B, 344 B.
Oceanis, B, 62 B.
Sergios, B, 143 B.
Villa Esperides, B, 54 B.
Zorbas, B, 40 B.
Albatros, C, 143 B.
Anna, C, 76 B.
Avra, C, 32 B.
Blue Sky, C, 38 B.
Diktina, C, 72 B.
Eva, C, 62 B.
Ilios, C, 132 B.
Iro, C, 79 B.
Melpo, C, 67 B.
Miramare, C, 67 B.
Nancy, C, 49 B.
Nefeli, C, 53 B.
Niki, C, 57 B.
Palmera-Beach, C, 123 B.
Pela-Maria, C, 168 B.
Thalia, C, 69 B.
Villa Margarita, C, 43 B.

in Linoperamata:
Apollonia Beach, A, 585 B.
Zeus Beach, A, 717 B.

in Maleme:
Crete Chandris, A, 767 B.

in Malia:
Ikaros Village, A, 326 B.
Kernos Beach, A, 519 B.
Malia Beach, A, 354 B.
Sirens Beach, A, 422 B.
Ariadne, B, 59 B.
Calypso, B, 78 B.
Costas, B, 64 B.
Grammatikaki, B, 91 B.
Phaedra Beach, B, 133 B.
Artemis, C, 45 B.
Elkomi, C, 55 B.
Florella, C, 56 B.
Malia Holidays, C, 150 B.
Sofokles Beach, C, 64 B.
Sun Beach, C, 42 B.
Armonia, D, 37 B.
Drossia, D, 34 B.

in Matala:
Matala Bay, C, 104 B.
Chez Xenophon, D, 43 B.
Zafiria, D, 34 B.

in Mochlos:
Aldiana Club, B, 262 B.

in Myrtos:
Esperides, C, 112 B.
Myrtos, C, 32 B.

in Paleochora:
Elman, B, 41 B.
Lamboussakis, B, 18 B.
Lissos, C, 21 B.
Livykon, D, 36 B.

in Paleokastron (Rodia):
Rogdia, C, 42 B.

in Paleokastron (Sitia):
Hellas, B, 24 B.
Marina Village, C, 54 B.

in Panormos:
Lavris, B, 56 B.
Panormo Beach, C, 61 B.

in Perama:
Marelina, B, 377 B.

in Perivolia:
Kantaras, C, 28 B.
Minos, C, 145 B.

in Piskopiano:
Kalimera, B, 32 B.

Hotels auf Kreta
(Fortsetzung)

in Plakias:
Calypso Cretian Village,
A, 204 B.
in Plakias:
Calypso Cretian Village, A, 204 B.
Lamon, B, 46 B.
Neos Aliantos, B, 102 B.
Aliantos, C, 35 B.
Sophia, C, 48 B.

in Platania:
Stethali, B, 44 B.
Tryfon, C, 48 B.

in Poros:
Dafne, B, 38 B.
Galini, C, 95 B.
Pasiphae, C, 32 B.
Poseidon, C, 49 B.
Prince, C, 50 B.
Vines, C, 40 B.

in Rethymnon:
El Greco, A, 573 B.
Rithymna Beach, A, 1082 B.
Adele Beach Bungalows,
B, 99 B.
Brascos, B, 151 B.
Eleonora, B, 62 B.
Elina Holidays, B, 40 B.
Hen, B, 62 B.
Idaeon, B, 133 B.
Jo-An, B, 93 B.
Kriti Beach, B, 100 B.
Olympic, B, 113 B.
Orion, B, 138 B.
Xenia, B, 50 B.
Astali, C, 63 B.
Bali Beach, C, 121 B.
Golden Beach, C, 139 B.
Ionia, C, 32 B.

in Rethymnon (Forts.):
Lefkoniko, C, 62 B.
Miramare Beach, C, 45 B.
Pavlos, C, 36 B.
Rina, C, 37 B.
Steris Beach, C, 55 B.
Valari, C, 55 B.
Minoa, D, 37 B.

in Sissi:
Porto Sissi, A, 30 B.

in Sitia:
Sitian Beach – Kappa Club,
A, 310 B.
Sunwing, A, 180 B.
Maresol, B, 47 B.
Alice, C, 69 B.
Crystal, C, 75 B.
Helena, C, 42 B.
Itanos, C, 138 B.
Mariana, C, 47 B.
Vai, C, 84 B.

in Stalis:
Anthoussa Beach, A, 259 B.
Creta Solaris, A, 30 B.
Penelope, A, 28 B.
Alkyonides, B, 54 B.
Blue Sea, B, 371 B.
Cactus Beach, B, 74 B.
Hera, B, 35 B.
Palm Beach, B, 40 B.
Sunny Beach, B, 55 B.
Zephyros Beach, B, 75 B.
Arminda, C, 99 B.
Electra, C, 38 B.
Heliotrope, C, 140 B.
Stalis, D, 76 B.

Auf Kythera

in Ajia Pelagia:
Kytheria, B, 15 B.

Auf Kythnos

in Lutra:
Xenia – Anagenissis, C, 93 B.

in Merichas:
Possidonion, C, 158 B.

Auf Lefkas

Lefkas, B, 186 B.
Niricos, B, 69 B.
Xenia, B, 128 B.
Lefkatas, C, 39 B.
Santa Mavra, C, 38 B.

Auf Leros

in Laki:
Xenon Angelou, B, 16 B.
Artemis, C, 14 B.
Leros, C, 35 B.
Miramare, D, 22 B.

In Leros (Stadt):
Alinda, C, 41 B.
Athina, C, 27 B.
Helena, C, 33 B.
Maleas Beach, C, 85 B.
Panteli, C, 48 B.
Platanos, D, 14 B.

Hotels auf Lesbos

in Agiassos:
Aghia Sion, B, 24 B.

in Anyfanta:
Silver Bay, B, 150 B.

In Kalloni:
Arisvi, C, 19 B.
Kalloni, C, 23 B.

in Kunturudia:
Kountouroudia, B, 17 B.

in Kratigos:
Katia, B, 76 B.

in Mithymna-Molyvos:
Molyvos I, A, 56 B.
Delfina I, B, 129 B.
Molyvos II, B, 114 B.
Poseidon, B, 12 B.
Sea Horse, B, 27 B.

in Mystegna:
Petalidi, C, 37 B.

in Mytilini:
Villa 1900, A, 19 B.
Argo, B, 60 B.
Blue Sea, B, 101 B.
Lesvion, B, 68 B.
Mytilana Village, B, 100 B.
Xenia, B, 148 B.
Sappho, C, 56 B.

in Neapolis:
Lesvos Beach, B, 78 B.
Neapolis Beach, C, 24 B.

in Petra:
Petra, C, 34 B.

in Plomarion:
Oceanis, C, 78 B.

in Thermi:
Votsala, B, 94 B.

Auf Limnos

in Myrina:
*Akti Myrina, L, 250 B.
Kastro Beach, B, 140 B.
Lemnos, C, 58 B.
Sevdalis, C, 63 B.

Auf Lipsos

Kalypso, D, 28 B.

Auf Milos

Adamas, B, 22 B.
Venus Village, B, 173 B.
Aphrodite of Milos, C, 34 B.
Chronis, C, 32 B.
Corali, C, 31 B.
Milos, C, 36 B.
Delfini, D, 42 B.

Auf Mykonos

in Ajios Stefanos:
Alkistis, B, 182 B.
Artemis, C, 39 B.
Panorama, C, 51 B.
Mino, D, 26 B.

in Ano Mera:
Ano Mera, A, 124 B.

in Kalafati:
Aphroditi, B, 180 B.

in Mykonos (Stadt):
Leto, A, 48 B.
Cavo Tagou, B, 46 B.
Despotiko, B, 40 B.
Kouneni, B, 36 B.
Petassos, B, 31 B.

in Mykonos (Stadt; Fortsetzung)
Poseidon, B, 40 B.
Rohari, B, 99 B.
Theoxenia, B, 93 B.
Aeolos, C, 48 B.
Korfos, C, 42 B.
Manoulas Beach, C, 57 B.
Marianna, C, 43 B.
Mykonos, C, 30 B.
Mykonos Beach, C, 50 B.
Pelecan, C, 44 B.
Thomas, C, 74 B.
Yannaki, C, 38 B.
Zannis, C, 36 B.
Apollon, D, 33 B.
Helena, D, 35 B.
Karbonaki, D, 39 B.

in Ajios Georgios:
Anneza, B, 12 B.
Glaros, B, 14 B.
Acroyali, C, 27 B.
Anessi, C, 25 B.

Auf Naxos

Barbouni, C, 26 B.
Helmos, C, 21 B.
Iliovassilema, C, 39 B.
Kymata, C, 32 B.
Naxos Beach, C, 50 B.

Hotels auf Naxos (Fortsetzung)

Nissaki, C, 30 B.
Zeus, C, 29 B.
Galini, D, 26 B.
Panormos, D, 23 B.

in Naxos (Stadt):
Aspra Spitia, A, 33 B.
Ariadne, B, 46 B.
Aegeon, C, 40 B.
Aeolis, C, 33 B.
Apollon, C, 34 B.
Coronis, C, 60 B.
Grotta, C, 35 B.
Hermes, C, 36 B.
Panorama, C, 33 B.
Sergis, C, 54 B.

Auf Paros

in Alyki:
Afroditi, B, 40 B.
Angeliki, C, 26 B.

in Dryos:
Annezina, A, 26 B.
Julia, C, 23 B.
Ivi, C, 23 B.
Anoussakis, D, 21 B.
Dryos, D, 20 B.

in Marpissa:
Afentakis, C, 25 B.

in Naoussa:
Hippocambus, B, 94 B.
Manto, B, 29 B.
Ambelas, C, 32 B.
Atlantis, C, 40 B.
Calypso, C, 46 B.
Minoa, C, 51 B.
Papadakis, C, 31 B.

in Paros (Stadt):
Aegeon, B, 45 B.
Apollon, B, 43 B.

in Paros (Stadt; Forts.):
Arian, B, 16 B.
Dilion, B, 27 B.
Polos, B, 40 B.
Xenia, B, 44 B.
Alkyon, C, 46 B.
Argo, C, 83 B.
Asterias, C, 69 B.
Galinos, C, 65 B.
Georgy, C, 63 B.
Hermes, C, 36 B.
Nicolas, C, 83 B.
Oassis, C, 33 B.
Stella, C, 38 B.
Kontes, D, 53 B.
Livadia, D, 37 B.

in Pisso Livadi:
Andromachi, B, 23 B.
Marpissa, B, 21 B.
Leto, C, 28 B.
Pisso Livadi, C, 24 B.
Vicky, C, 28 B.

in Punta Parikias:
Holiday Sun, A, 101 B.

Auf Patmos

in Grikos:
Grikos, B, 36 B.
Xenia, B, 62 B.
Ioanna, C, 22 B.
Panorama, C, 37 B.

in Skala:
Kasteli, B, 37 B.
Patmion, B, 42 B.

in Skala (Forts.):
Skala, B, 90 B.
Chris, C, 48 B.
Iliovassilema, D, 37 B.
Kastro, D, 30 B.
Rex, D, 34 B.
Rodon, D, 36 B.

Auf Paxi

Paxos Beach, B, 72 B.
Aghios Georgios, D, 30 B.

Auf Pholegandros

Fani-Vevis, B, 49 B.

In Piräus

Cavo d'Oro, B, 134 B.
Diogenis, B, 146 B.
Homeridion, B, 112 B.
Estia Naftikon, B, 330 B.
Nufara, B, 84 B.
Park, B, 152 B.
Triton, B, 104 B.
Acropole, C, 42 B.
Anita, C, 47 B.
Argo, C, 47 B.
Arion, C, 69 B.
Atlantis, C, 93 B.
Capitol, C, 91 B.
Cavo, C, 89 B.
Delphini, C, 93 B.
Diana, C, 79 B.
Glaros, C, 80 B.
Ionion, C, 41 B.

Hotels in Piräus (Fortsetzung)

Leriotis, C, 85 B.
Lilia, C, 21 B.
Louis, C, 38 B.
Niki, C, 32 B.
Phidias, C, 44 B.
Santorini, C, 63 B.
Skorpios, C, 44 B.
Seriphos, C, 59 B.

Auf Poros

Epta Adelphia, B, 30 B.
Latsi, B, 54 B.
Neon Aegli, B, 132 B.
Pavlou, B, 66 B.
Poros, B, 173 B.
Saron, B, 46 B.
Sirene, B 228 B.
Theano, B, 49 B.
Aktaeon, C, 38 B.
Angyra, C, 87 B.
Chryssi Avgi, C, 145 B.
Manessi, C, 25 B.

Auf Psara

Miramare, A, 50 B.

Auf Rhodos

in Afandu:
Oasis Holidays, A, 70 B.
Xenia, B, 52 B.

in Archangelos:
Archangelos, D, 37 B.
Fivos, D, 26 B.

in Faliraki:
Apollo Beach, A, 539 B.
Blue Sea, A, 548 B.
Calypso, A, 479 B.
Colossos Beach, A, 962 B.
Esperides, A, 550 B.
Faliraki Beach, A, 550 B.
Rhodos Beach, A, 517 B.
Diamantis, B, 34 B.
Muses, B, 58 B.
Violetta, B, 26 B.
Dimitra, C, 72 B.
Edelweiss, C, 102 B.
Evi, C, 110 B.
Ideal, C, 44 B.
Lido, C, 38 B.
Sophia, C, 56 B.

in Ialyssos:
Blue Horizon, A, 412 B.
Ialyssos Bay, A, 282 B.
Sun Beach, A, 176 B.
Lisa, B, 53 B.
Pachos, B, 44 B.
Green View, C, 62 B.

In Ixia:
*Miramare Beach, L, 330 B.
*Olympic Palace, L, 591 B.
*Rhodos Palace, L, 1220 B.
Apollonia, A, 34 B.
Avra Beach, A, 353 B.
Bel Air, A, 293 B.
Blue Bay, A, 442 B.
Caravel, A, 46 B.
Dionyssos, A, 523 B.
Elektra Palace, A, 400 B.
Elina, A, 277 B.

in Ixia (Forts.):
Elisabeth, A, 190 B.
Golden Beach, A, 431 B.
Metropolitan Capsis, A, 1288 B.
Oceanis, A, 423 B.
Possidonia, A, 68 B.
Rhodos Bay, A, 611 B.
Leto, B, 84 B.
Solemar, B, 194 B.
Roma, C, 80 B.
Vellois, C, 92 B.

in Kremasti:
Blue Bay Kremasti, A, 32 B.

in Kritika:
Sirene Beach, A, 156 B.
Poseidon, B, 63 B.

in Lindos:
Lindos Bay, A, 364 B.
Steps of Lindos, A, 310 B.

in Neochorion:
Athina, B, 267 B.
Villa Rhodos, C, 53 B.

in Paradissi:
Doretta Beach, A, 546 B.

in Profitis Elias:
Elafos – Elafina, A, 127 B.

in Reni:
Eden Rock, A, 720 B.
Paradise, A, 960 B.

in Rhodos (Stadt):
*Grand Hotel Astir Palace, L, 700 B.
Belvedere, A, 394 B.
Blue Sky, A, 332 B.
Kairo Palace, A, 201 B.
Chevaliers Palace, A, 346 B.
Eva, A, 33 B.

Hotels auf Rhodos
(Fortsetzung)

in Rhodos (Stadt; Forts.):
Filerimos, A, 162 B.
Helios Palace, A, 64 B.
Ibiscus, A, 383 B.
Imperial, A, 151 B.
Issaias, A, 42 B.
Kamiros, A, 90 B.
Mediterranean, A, 292 B.
Monte Smith, A, 36 B.
Park, A, 153 B.
Regina, A, 144 B.
Riviera, A, 116 B.
Siravast, A, 170 B.
Sunwing, A, 738 B.
Verino, A, 24 B.
Acandia, B, 150 B.
Aglaia, B, 109 B.
Alexia, B, 257 B.
Amphitryon, B, 188 B.
Angela, B, 118 B.
Cactus, B, 336 B.
Constantinos, B, 246 B.
Continental, B, 218 B.
Corali, B, 217 B.
Delfini, B, 135 B.
Despo, B, 122 B.
Esperia, B, 362 B.
Europa, B, 190 B.
Manousos, B, 212 B.
Phoenix, B, 143 B.
Plaza, B, 244 B.
Spartalis, B, 141 B.
Thermae, B, 210 B.
Africa, C, 144 B.
Aphrodite, C, 101 B.
Carina, C, 108 B.
El Greco, C, 140 B.
Flora, C, 187 B.
Helena, C, 163 B.
Irene, C, 101 B.
Lydia, C, 111 B.
Majestic, C, 147 B.
Marie, C, 235 B.
Mimosa, C, 117 B.
Minos, C, 133 B.
Parthenon, C, 150 B.
Phaedra, C, 120 B.
Royal, C, 107 B.
Semiramis, C, 230 B.
Soleil, C, 154 B.
Rex, D, 51 B.
Rodini, D, 55 B.

Auf Salamis

Gabriel, C, 40 B.
Akroyali, D, 17 B.
Votsalakia, D, 29 B.

In Saloniki
(Auswahl)

*Makedonia Palace, L, 530 B.
Capitol, A, 353 B.
Electra Palace, A, 230 B.
Nepheli, A, 130 B.
Panorama, A, 85 B.
Astor, B, 159 B.
Capsis, B, 823 B.
City, B, 178 B.
El Greco, B, 162 B.
Metropolitan, B, 224 B.
Olympia, B, 208 B.
Olympic, B, 104 B.
Queen Olga, B, 261 B.
Rotonda, B, 142 B.
Viktoria, B, 127 B.
A.B.C., C, 208 B.
Aegeon, C, 112 B.
Amalia, C, 124 B.
Delta, C, 217 B.
Esperia, C, 132 B.
Mandarino, C, 136 B.
Park, C, 105 B.
Pella, C, 118 B.
Rex, C, 111 B.
Telioni, C, 120 B.
Vergina, C, 256 B.

Auf Samos

in Avlakia:
Avlakia, C, 28 B.

in Heraeon:
Venetia, B, 26 B.
Adamantia, C, 60 B.
Faros, D, 27 B.

in Kalami:
Anthemis, A, 48 B.
Fenix, B, 26 B.
Kirki Beach, B, 36 B.
Myrini, B, 42 B.
Andromeda, C, 65 B.

in Karlovassi:
Aegeon, B, 109 B.
Merope, B, 152 B.
Astir, D, 53 B.
Morpheus, D, 49 B.

in Kokkarion:
Galini, B, 14 B.
Olympia Beach, B, 20 B.
Kokkari Beach, C, 84 B.
Venus, C, 88 B.

in Marathocabos:
Kerkis Bay, B, 48 B.

Hotels auf Samos
(Fortsetzung)

in Pefkakia:
Samos Bay, B, 70 B.
Iliokymata, C, 60 B.

in Potokaki:
El Coral, B, 16 B.
Hydrele, B, 29 B.
Potokaki, B, 22 B.

in Pythagorion:
Doryssa Bay, A, 334 B.
Fyllis, B, 34 B.
Phito, B, 142 B.
Villa Marie, B, 23 B.
Captain's House, C, 25 B.
Damo, C, 20 B.
Glicoriza Beach, C, 116 B.
Hera, C, 22 B.
Ilios, C, 62 B.
Labito, C, 34 B.
Polyxeni, C, 44 B.
Pythagoras, C, 55 B.

in Samos (Stadt):
Galaxy, C, 61 B.
Toula, C, 16 B.
Acropolis, D, 23 B.
Artemis, D, 24 B.
Hera, D, 44 B.
Niki Ellina, D, 23 B.

in Vathy:
Aeolis, B, 97 B.
Eleana, B, 34 B.
Odysseas, B, 28 B.
Xenia, B, 56 B.
Samos, C, 160 B.
Sibylla, C, 38 B.
Surf Side, C, 56 B.

Auf Samothrake

Xenia, B, 14 B.
Niki Beach, C, 72 B.

in Soufli:
Orpheus, C, 34 B.
Egnatia, D, 14 B.

in Xanthi:
Motel Natassa, B, 127 B.
Nestos, B, 142 B.
Xenia, B, 48 B.
Democritus, C, 69 B.
Xanthippion, C, 95 B.
El Greco, D, 65 B.

Auf Santorin

in Akrotiri:
Akrotiri, C, 30 B.

in Emborion:
Archaea Elefsina, D, 28 B.
Marianna, D, 20 B.

in Exo Gonia:
Nano, A, 18 B.

in Fira:
Atlantis, A, 47 B.
Kallisti Thira, C, 64 B.
Kavalari, C, 39 B.
Panorama, C, 34 B.
Pelican Hotel, C, 34 B.
Santorini, D, 48 B.

in Ia:
Perivolas, A, 14 B.
Laouda, B, 20 B.
Fregata, D, 40 B.

in Kamari:
Belonia Villas, A, 16 B.
Sunshine, B, 68 B.
Kamari, C, 104 B.
Orion, C, 40 B.
Blue Sea, D, 52 B.
Golden Sun, D, 30 B.

in Thira (Stadt):
Antonia, C, 20 B.
Theoxenia, C, 20 B.
Palladion, C, 22 B.

Auf Seriphos

Perseus, B, 20 B.
Maistrali, C, 40 B.
Serifos Beach, C, 63 B.

Auf Siphnos

in Apollonia:
Apollonia, B, 18 B.
Flora, B, 24 B.
Sofia, C, 22 B.

in Artemon:
Artemon, C, 54 B.

in Kamares:
Kamari, B, 35 B.
Stavros, C, 34 B.

in Platys Yalos:
Platys Yalos, B, 38 B.

Hotels auf Skiathos

*Skiathos Palace, L, 385 B.
Esperides, A, 300 B.
Nostos, A, 208 B.
Alkyon, B, 160 B.
Mandraki, B, 55 B.
Xenia, B, 64 B.
Belvedere, C, 120 B.
Kanapitsa Beach, C, 45 B.
Villa Kika, C, 39 B.
Costis, D, 31 B.
Lalaria, D, 66 B.
San Remo, D, 59 B.

Auf Skopelos

in Glossa:
Avra, C, 51 B.

in Skopelos (Stadt):
Archontiko, A, 22 B.
Amalia, B, 88 B.
Mon Repos, B, 30 B.
Panormos Beach, B, 57 B.
Prince Stafylos, B, 96 B.

in Skopelos (Stadt; Forts.):
Rigas, B, 80 B.
Aeolos, C, 79 B.
Angelikis, C, 34 B.
Captain, C, 33 B.
Denise, C, 41 B.
Sporades, C, 40 B.
America, D, 30 B.
Eleni, D, 64 B.

Auf Skyros

Xenia, B, 38 B.

Auf Spetsä

Akroyali, A, 30 B.
Kasteli, A, 146 B.
Possidon, A, 83 B.
Spetses, A, 143 B.
Roumanis, B, 65 B.
Faros, C, 84 B.
Ilios, C, 51 B.
Myrtoon, C, 74 B.
Star, C, 68 B.

Auf Symi

Aliki, A, 28 B.
Dorian, A, 20 B.

Auf Syros

in Finix:
Olympia, C, 78 B.
Finikas, C, 25 B.

in Ghalissas:
Françoise, C, 46 B.

in Hermupolis:
Vourlis, A, 17 B.
Ypatia, A, 21 B.
Athina, B, 14 B.
Hermes, B, 47 B.
Cycladikon, C, 29 B.
Europe, C, 51 B.
Nissaki, C, 78 B.

in Possidonia:
Delagrazia, B, 22 B.
Eleana, C, 51 B.
Poseidonion, C, 109 B.

in Vari:
Akrotiri, C, 41 B.
Alexandria, C, 58 B.
Domenica, C, 37 B.
Kamelo, C, 45 B.
Romantica, 58 B.

Auf Thasos

in Glyfada:
Glyfada, C, 100 B.

in Limenaria:
Menel, C, 34 B.
Sgouridis, C, 27 B.
Ralitsas, D, 24 B.
Thalassies, D, 35 B.

in Makryammos:
Makryammos, A, 402 B.

in Pefkari:
Thassos, C, 67 B.

in Potamia:
Kamelia, B, 24 B.
Blue Sea, C, 23 B.
Helen, D, 24 B.

in Prinos:
Elektra, B, 35 B.
Europa, B, 24 B.
Megalo Pefko, D, 27 B.

in Rahonion:
Argyro, D, 56 B.

in Thassos (Stadt):
Roula, A, 12 B.
Possidon, B, 30 B.

Hotels auf Thasos
(Fortsetzung)

in Thasos (Stadt; Forts.):
Timoleon, B, 54 B.
Xenia, B, 50 B.
Angelika, C, 50 B.
Laios, C, 49 B.
Lido, C, 33 B.
Villa Meressi, C, 40 B.
Viky, D, 34 B.

Auf Tinos

in Kionia:
Tinos Beach, A, 339 B.

in Tinos (Stadt):
Aeolos Bay, B, 131 B.
Alonia, B, 64 B.
Favie Souzane, B, 63 B.
Theoxenia, B, 59 B.
Tinion, B, 47 B.
Asteria, C, 96 B.

in Tinos (Stadt; Forts.):
Delfina, C, 73 B.
Flisvos, C, 66 B.
Leto, C, 36 B.
Meltemi, C, 77 B.
Oassis, C, 43 B.
Oceanis, C, 91 B.
Poseidonion, C, 73 B.
Vyzantion, C, 54 B.

Auf Zankynthos

in Alykae:
Asteria, C, 37 B.
Astoria, C, 60 B.
Montreal, C, 56 B.

in Argassion:
Chryssi Akti, B, 146 B.
Levante, B, 120 B.
Mimoza Beach, B, 84 B.
Agassi Beach, C, 64 B.
Captain's, C, 69 B.
Castello, C, 48 B.

in Bochali:
Akrotiri, B, 31 B.
Varres, B, 67 B.

in Kalamaki:
Kalamaki Beach, B, 55 B.
Crystal Beach, C, 94 B.

in Laganas:
Esperia, B, 62 B.
Galaxy, B, 152 B.
Megas Alexandros, B, 79 B.
Zante Beach, B, 494 B.
Alkyonis, C, 37 B.
Ionis, C, 91 B.
Margarita, C, 46 B.
Sirene, C, 54 B.

in Planos:
Orea Heleni, C, 44 B.
Tsilivi, C, 105 B.

in Zakynthos/Zante (Stadt):
Kryoneri, B, 29 B.
Lina, B, 38 B.
Strada Marina, B, 201 B.
Xenia, B, 78 B.
Bitzaro, C, 70 B.
Diana, C, 91 B.
Gardelino, C, 40 B.
Libro d'Oro, C, 66 B.
Phoenix, C, 70 B.
Ionion, D, 45 B.

Inselhüpfen

→ Verkehrsmittel interinsular

Jachtsport

→ Sportschiffahrt

Jugendherbergen

Vor allem für jüngere Reisende bieten die Jugendherbergen preiswerte Unterkunft. Von den griechischen Inseln besitzen

Jugendherbergen (Fortsetzung)

allerdings nur Kreta (in Agios Nikolaos, Chania, Heraklion, Mallia, Myrthios, Plakias, Rethymnon und Sitia), Santorin/Thera und Kerkyra/Korfu solche Einrichtungen.

Die meisten Jugendherbergen sind ganzjährig geöffnet. Voranmeldung ist in jedem Falle ratsam, in der Hauptreisezeit unerläßlich; in der Zeit vom 1. März bis zum 30. September sind Reservierungen nur mit Vorauszahlung gültig.

Der Aufenthalt in ein und derselben Jugendherberge ist für Einzelpersonen auf drei Nächte begrenzt. Voraussetzung für die Benutzung von Jugendherbergen ist ein Jugendherbergsausweis des Heimatlandes.

Auskunft

Organosis Xenonon Neotitos Ellados
Odos Dragatsaniu 4
Athen 122
Tel. (01) 3234/107 und 3237/590

Karten und Pläne

1 : 1000000	Hallwag Straßenkarte Griechenland
1 : 800000	RV Große Länderkarte Griechenland
1 : 750000	Große Shell Autokarte Griechenland
1 : 700000	Michelin Blatt 980 Griechenland
1 : 650000	Freytag & Berndt Straßenkarte Griechenland
1 : 500000	Kümmerly & Frey Straßenkarte Griechenland
1 : 275000	Hallwag Touristenkarte Kreta
1 : 250000	Freytag & Berndt Kreta
1 : 150000	Freytag & Berndt Kykladen
	Freytag & Berndt Kos – Samos – Ikaria
1 : 120000	Hallwag Touristenkarte Rhodos
1 : 100000	Hallwag Touristenkarte Korfu
	Freytag & Berndt Korfu
	Freytag & Berndt Rhodos

Hafenführer

Axel Kramer, Hafenführer Ägäis Ost, Ägäis West, Ionisches Meer (3 Bände); F. Goldmann Verlag Tulln.

Mietwagen

Avis

Kerkyra/Korfu:
Leoforos Alexandras
Tel. (0661) 38820
Corfu International Airport
Tel. (0661) 32565
Corfu Hilton
Tel. (0661) 36540-9,
App. Nr. 51
New Port Stratigou 46
Tel. (0661) 38089

Kreta:
Odos Tzanakaki 58
Chania
Tel. (0821) 50510
Chania Airport
Tel. (0821) 54797
Leoforos Eleftheriou Venizelou
Chersonisos
Tel. (0897) 22465
Odos Kothiri
Odos Theotokoupoulou
Ierapetra
Tel. (0842) 23767

Avis
(Fortsetzung)

Kreta (Fortsetzung):
Odos 25. Avgoustou 58
Iraklion
Tel. (081) 225421
Iraklion International Airport
Tel. (081) 225422
Leoforos Eleftherou Venizelou
(nur März bis Oktober)
Malia
(Tel. (0897) 31238
Odos Arkadiou 94
Rethymnon
Tel. (0831) 23146
Odos Arti Koundourou
Agios Nikolaos
Tel. (0841) 28497

Kos:
Odos Panagi Tsaldari
(nur April bis Oktober)
Kos
Tel. (0242) 24272

Rhodos:
Odos Gallias 9
Rhodos
Tel. (0241) 24990
Rhodes Palace Hotel
(nur April bis Oktober)
Rhodos
Tel. (0241) 25222
Rhodes Bay Hotel
(nur April bis Oktober)
Rhodos
Tel. (0241) 23661
Rhodos International Airport
Rhodos
Tel. (0241) 92897
Oceans Club
(nur April bis Oktober)
Psalidi/Rhodos
Tel. (02420) 23934

Budget/Sixt

Chios:
Odos Petrokokinou
Chios
Tel. (0271) 27582

Kreta:
Odos Aki Kountourioto 36
Agios Nikolaos
Tel. (0841) 22800
und 28845
Odos Karaiskaki 46
Chania
Tel. (0821) 52778
Odos 5. Avgoustou 34
Iraklion
Tel. (081) 23513-15
Iraklion International
Airport
Iraklion
Tel. (081) 235182
Odos Venizelou
Malia
Tel. (0897) 31339
Odos Koutouriou 83
Rethymnon
Tel. (0831) 24386

Chersonnesos:
Odos Venizelou
Chersonnesos
Tel. (0897) 22194

Kerkyra/Korfu:
Odos Xenoforou
Kerkyra
Tel. (0661) 22062

Kos:
Kos International Airport
Kos
Tel. (0242) 23187
Platia Bessa 3
Kos
Tel. (0242) 22455
Karavia Beach Hotel
Kos
Tel. (0242) 23187

Rhodos:
Rhodos Airport
Rhodos
Tel. (0241) 22508
Leoforos Allison & Rhodes
Tel. (0241) 22508

Samos:
Odos Soufouli
Paralia Samos
Tel. (0273) 27146
Leoforos Logotheti
Pythagorion
Tel. (0273) 61116

Santorin/Thera:
Thera
Tel. (0286) 22180

Thasos:
Odos Venizelou 28
Thasos
Tel. (05[illegible]) 228785

europcar

Kreta:
Odos Akti Koundourou
Agios Nikolaos
Tel. (0841) 22020
Odos Tzanakaki 28
Chania
Tel. (0821) 28818
Odos 25. Avgoustou 28
Iraklion
Tel. (081) 223240

Kerkyra/Korfu:
Odos Kapodistriou 76
Kerkyra
Tel. (0661) 38497

Rhodos:
Odos Ethelonton
Dodekanission
Rhodos
Tel. (0241) 22816

Santorin/Thera:
Thera
Tel. (0286) 22221

Hertz

Kreta:
Platia Koundourou 17
Agios Nikolaos
Tel. (0841) 28820
Astir Palace Elounda
Agios Nikolaos
Tel. (0841) 41580
Elounda Beach Hotel
Agios Nikolaos
Tel. (0841) 41412
Capsis Hotel
Agia Pelagia
Tel. (081) 233395
Odos Tzanakaki
Chania
Tel. (0821) 29019
Chania Airport
Chania
Tel. (0821) 63385
Odos Venizelou 8
Chersonnesos
Tel. (0897) 22009
Creta Maris Hotel
Chersonnesos
Tel. (0897) 22155
Odos 25. Avgoustou 44
Iraklion
Tel. (081) 229802
Hotel Petra Mare
Ierapetra
Tel. (0842) 28673
Odos Hortatzi 1
Rethymnon
Tel. (0831) 26286
El Greco Hotel
Rethymnon
Tel. (0831) 71281
Rethymna Beach
Rethymnon
Tel. (0831) 29490

Kerkyra/Korfu:
Odos Xenofondos Stratigou
Kerkyra
Tel. (0661) 36635
Korfu Airport
Kerkyra
Tel. (0661) 33547

interRent

Kreta:
Odos Tzanakaki 62b
Chania
Tel. (0821) 56830
Leoforos 25. Avgoustou 76
Iraklion
Tel. (081) 225291 und 241766
Iraklion Airport
Iraklion
Tel. (081) 280891
Leoforos Koundouriotou 72
Rethymnon
Tel. (0831) 29204

Kerkyra/Korfu:
Odos Xenofondos Stratigou 34
Kerkyra
Tel. (0661) 36223 und 36898

Rhodos:
Odos 28. Oktovriou 18
Rhodos
Tel. (0241) 21958 und 32727
Rhodos Airport
Rhodos
Tel. (0241) 93105

Samos:
Odos Lykourgou Logotheti 65
Pythagorion
Tel. (0273) 61522 und 61259
Kokkari
Samos
Tel. (0273) 22509
Odos Themistikleous
Sofouli 85
Samos
Tel. (0273) 28833/34

Notrufe

Touristenpolizei

Die wichtigste Anlaufstelle für den Touristen ist die Touristenpolizei (astynomia allodapon).

ADAC-Notrufzentrale München

Telefon aus Griechenland 0049/89/222222

Deutsche Rettungsflugwacht Stuttgart

Telefon aus Griechenland 0049/711/701070

DRK-Flugdienst Bonn

Telefon aus Griechenland 0049/288/233232

Öffnungszeiten

Apotheken

→ dort

Banken

→ dort

Einzelhandelsgeschäfte

Mitte Mai bis Mitte Oktober: Mo., Mi., Sa. 8.30-14.30 Uhr, Di., Do., Fr. 8.30-13.30 und 17.00-20.00 Uhr. Im Winter oft abweichende Öffnungszeiten.

Museen und archäologische Stätten

Ganzjährig geöffnet außer 1. Januar, 25. März, Karfreitag vormittags, Ostersonntag, 25. Dezember.
Alle Museen sind dienstags geschlossen (Ausnahmen: Archäologisches und Byzantinisches Museum Athen, Museum Iraklion/Kreta; diese sind montags geschlossen).

Postämter

→ Post, Telefon

Photographieren und Filmen

→ Fotografieren und Filmen

Post, Telefon

Postämter

Die Postämter (tachydromion) sind im allgemeinen von 7.30 bis 19.30 Uhr geöffnet.
Postlagernde Sendungen müssen den Vermerk "Poste restante" tragen.
Die Briefkästen sind gelb.

Telefon

Die meisten Inseln Griechenlands sind an das Fernsprech-Durchwahlnetz angeschlossen.

Ländernetzkennzahlen

Von der Bundesrepublik Deutschland, Österreich und der Schweiz nach Griechenland: 0030.

Post, Ländernetzkennzahlen (Fortsetzung)

Von Griechenland in die Bundesrepublik Deutschland: 0049.
Von Griechenland nach Österreich: 0043.
Von Griechenland in die Schweiz: 0041.

Die Null der jeweiligen Ortsnetzkennzahl entfällt!

Radio

→ Rundfunk

Reisedokumente

Personalpapiere

Bei einem Aufenthalt bis zu drei Monaten ist ein gültiger Personalausweis oder Reisepaß erforderlich. Überschreitet die Aufenthaltsdauer drei Monate, so ist spätestens 20 Tage vor Ablauf der Frist ein Gesuch um Verlängerung bei der nächsten Polizeidienststelle einzureichen.

Wichtiger Hinweis für Charterflugreisende s. S. 236

Für die Anreise durch Jugoslawien ist ein gültiger Reisepaß erforderlich.

Fahrzeugpapiere

Der nationale Führerschein der Bundesrepublik Deutschland und der Republik Österreich werden anerkannt; Inhaber einer schweizerischen Lizenz benötigen einen Internationalen Führerschein. Obligatorisch sind ferner der Fahrzeugschein und das ovale Nationalitätskennzeichen sowie die grüne Internationale Versicherungskarte für den Kraftverkehr.
Obwohl in Griechenland seit 1978 Haftpflichtversicherungszwang besteht, ist der Abschluß einer zeitlich befristeten Fahrzeugvollversicherung (Vollkasko) zu empfehlen.

Krankenversicherung

Für den Krankheitsfall erkundige man sich bei seiner Versicherung nach den entsprechenden Vereinbarungen und schließe gegebenenfalls eine kurzfristige Zusatzversicherung ab.

Tiere

Wer Haustiere (Hund, Katze) nach Griechenland mitnehmen will, benötigt für diese ein amtstierärztliches Tollwutimpfzeugnis, das bei Katzen in englischer und französischer Sprache abgefaßt bzw. vom griechischen Konsulat beglaubigt ist. Das Zeugnis darf nicht älter als zwölf Monate sein.
Wer durch Jugoslawien anreist, muß beachten, daß dort ein solches Impfzeugnis nur dann anerkannt wird, wenn es mindestens 15 Tage und höchstens sechs Monate vor Grenzübertritt ausgestellt ist.

Schiffspapiere

→ Sportschiffahrt

Reisezeit

Anders als in Mitteleuropa gliedert sich das Jahr auf den griechischen Inseln in nur drei große Jahreszeiten, und zwar in die Blüte- und Reifezeit von März bis Juni, die Trockenzeit von Juni bis Oktober und die Regenzeit von Oktober bis März.
Als günstigste Reisezeit gelten, sofern man nicht ausschließlich des Badens wegen reist, die Zeit von Mitte März bis Ende Mai

sowie die Monate September und Oktober, bisweilen auch noch der beginnende November. Die Sommermonate von Mitte Juni bis Anfang September sind in der Regel sehr heiß; geflügelte und ungeflügelte Insekten (v.a. Stechmücken) können in dieser Zeit zur Plage werden. Es ist daher ratsam, sich mit entsprechenden Schutzmitteln zu versehen.

Reisezeit (Fortsetzung)

Wegen des regelmäßig auftretenden scharfen Nordwinds Meltemi und der oft prekären Wegverhältnisse sollte man auch im Sommer stets schützende Kleidung und festes Schuhwerk mitführen.

Von Mitte November bis Ende März pflegt das Wetter regnerisch und nicht selten neblig zu sein.

Allgemeines über das Klima s.S. 12/13

Restaurants

Die Speisenkarte ist oft zweisprachig, in einfacheren Lokalen aber meist nur griechisch (und obendrein mit der Hand geschrieben). Es ist jedoch, abgesehen von den Restaurants der gehobenen Kategorien, durchaus üblich, in die Küche zu gehen und dort die Speisefolge selbst auszuwählen.

Das Frühstück (prójewma) entspricht in den Hotels meist der mitteleuropäischen Norm. Das Mittagessen (jéwma) wird in der Regel zwischen 12.00 und 15.00 Uhr serviert, das Abendessen (dípno) zwischen 20.00 und 22.00 Uhr.

Rundfunk

Täglich um 7.30 Uhr griechischer Zeit werden Nachrichten in deutscher, englischer und französischer Sprache gesendet.

Schiffsverkehr

→ Anreise
→ Autofähren
→ Verkehrsmittel interinsular

Segeln

→ Sport

Shopping

→ Einkäufe, Souvenirs

Souvenirs

→ Einkäufe, Souvenirs

Sport

Wassersport

Die Griechische Zentrale für Fremdenverkehr hat landesweit eine große Zahl von Schwimm- und Strandbädern eingerichtet, die auch über eine gute Infrastruktur (Sportgeräte, Bootsverleih, Kinderspielplätze, Restaurants, Unterhaltungsmöglichkeiten u.a.) verfügen.

Badestrände

→ dort

Segeln

Insbesondere die Ägäis ist ein weitbekanntes und geschätztes Segelrevier.
Segelschulen gibt es u.a. in Athen, Saloniki, auf Korfu und Syros. Nähere Informationen über die GZF (→ Auskunft).

Tauchen

Wer in den griechischen Gewässern tauchen möchte, muß einige Vorschriften beachten. Das Tauchen mit Atemgeräten ist von Sonnenaufgang bis Sonnenuntergang gestattet. Findet man unter Wasser antike Gegenstände, so muß das nächste Hafenamt verständigt werden; es ist nicht gestattet, diese Gegenstände zu bewegen, zu bergen oder zu fotografieren. Die Unterwasserjagd ist nur ohne Atemgerät gestattet; mit Harpune dürfen nur Personen über 18 Jahre fischen; der Gebrauch von Harpunen ist im Bereich von Häfen und Badestränden untersagt.
In jedem Fall ist es ratsam, zunächst beim zuständigen Hafenamt Erkundigungen über die örtlichen Bedingungen einzuholen.

Dekompressionskammern gibt es in Athen (Griechischer Tauchsportverband Athen-Hellenikon), in Salamis (Marinekrankenhaus), in Chania/Kreta (Marinebasis Soudas), in Saloniki (Schule Milioglu) und in Paleokastritsa/Korfu (Schule Barakuda).

Tennis

Tennisplätze gibt es vielfach bei den Hotels und im Bereich der Strandbäder, klubeigene Tennisanlagen finden sich in Chania/Kreta, Iraklion/Kreta sowie auf Korfu und Rhodos.

Golf

Golfplätze bestehen in Athen, auf Korfu und Rhodos.

Sportschiffahrt

Einreise

Passagiere und Besatzung, die an Bord einer Jacht reisen, werden offiziell als Durchreisende betrachtet. Die Jacht ist durch das Transit-Log zum freien Verkehr in den griechischen Gewässern berechtigt; Besatzung und Passagiere dürfen sich an den Küsten und im Inland aufhalten unter der Voraussetzung, daß die Nächte an Bord verbracht werden. Soll an Land übernachtet oder Griechenland mit einem anderen Verkehrsmittel verlassen werden, so muß der Reisepaß mit einem offiziellen Einreise- und Ausreisestempel versehen werden. Jachten können unbegrenzt in griechischen Häfen segeln, sofern das Transit-Log alljährlich bzw. bei Wiedereinreise erneuert wird.

Jachten, die aus dem Ausland kommen und in den griechischen Gewässern kreuzen möchten, müssen als erstes einen mit Zollabfertigung ausgestatteten und als Ein- und Auslaufhafen klassifizierten Haupthafen anlaufen.

Griechische Häfen

Ein- und Ausreisehäfen mit Zollabfertigung

1 Kerkyra/Korfu
2 Preveza
3 Argostolion (Kephallenia)
4 Patras
5 Itea
6 Zakynthos
7 Pyrgos
8 Pylos
9 Kalamata
10 Nafplion
11 Piräus (Zea)
12 Vuliagmeni
13 Lavrion
14 Volos
15 Saloniki
16 Kavala
17 Alexandrupolis
18 Myrina (Limnos)
19 Mytilini (Lesbos)
20 Chios
21 Pythagorion (Samos)
22 Ermupolis (Syros)
23 Kos
24 Santorin
25 Rhodos
26 Chania (Kreta)
27 Iraklion (Kreta)
28 Ajios Nikolaos (Kreta)

Sonstige Häfen

29 Paläokastritsa (Korfu)
30 Syvota
31 Parga
32 Paxi
33 Lefkas
34 Vathy (Ithaka)
35 Nafpaktos
36 Korinth
37 Methoni
38 Limeni
39 Gythion
40 Kapsali (Kythira)
41 Monemvasia
42 Spetsä
43 Hydra
44 Poros
45 Paläo Epidavros
46 Ägina
47 Glyphada
48 Porto Raphti
49 Karystos (Euböa)
50 Chalkis (Euböa)
51 Kamena Vurla
52 Skiathos
53 Skopelos
54 Ajii Kyriaki
55 Nea Roda
56 Thasos
57 Linaria (Skyros)
58 Andros
59 Ajios Nikolaos (Kea)
60 Tinos
61 Mykonos
62 Skala (Patmos)
63 Lakki (Leros)
64 Kalymnos
65 Naxos
66 Parikia (Paros)
67 Kamares (Siphnos)
68 Adamas (Milos)
59 Ios
70 Katapola (Amorgos)
71 Karpathos
72 Sitia (Kreta)
73 Rethymnon (Kreta)

Sportschiffahrt (Fortsetzung)

Sportboote, die auf dem Landwege eingeführt werden, unterliegen im wesentlichen den gleichen Grenzvorschriften wie Personenkraftwagen. Nach Eintragung des Bootes in den Paß des Besitzers kann dieses für vier Monate frei benutzt werden. Die Zollbehörden können diese Frist um acht Monate verlängern, sofern eine Kaution hinterlegt wird.

Charterboote

Innerhalb der griechischen Hoheitszone dürfen nur solche Schiffe verchartert werden, die unter griechischer Flagge laufen und für die Charter amtlich zugelassen sind. Eine Kopie des Mietvertrages ist beim Hafenamt des Ausgangshafens zu hinterlegen, eine zweite hat der Schiffsführer stets mit sich zu führen. Gleiches gilt für die Liste von Mannschaften und Passagieren.

Voraussetzung für das Chartern eines Bootes ohne Besatzung ist, daß der Mieter und eine zweite Person an Bord den entsprechenden Bootsführerschein besitzt oder die notwendige Befähigung nachweisen kann.

Auskunft

Nähere Informationen über Verleihstationen, Bootstypen und Preise erteilt die Griechische Zentrale für Fremdenverkehr (GZF; → Auskunft).

Anschriften von Charterfirmen nennt der Arbeitskreis Charterboot (AKC), Postfach 250370, D-5000 Köln 1.

Sprache

Verständigung

Im allgemeinen wird der Fremde in Griechenland einen Einheimischen finden, mit dem er sich in einer der europäischen Verkehrssprachen verständigen kann. Deutschkenntnisse sind in den letzten Jahren durch heimgekehrte Gastarbeiter häufiger geworden. Auf dem Lande aber ist es gut, wenigstens über einige Grundkenntnisse der neugriechischen Sprache zu verfügen.

Neugriechisch

Das Neugriechische unterscheidet sich wesentlich vom Altgriechischen, wenngleich die Zahl jener Wörter, die seit Homers Zeiten unverändert geschrieben werden, erstaunlich groß ist. Doch auch bei diesen sind die Abweichungen der Aussprache von der deutschen Schulaussprache des Altgriechischen zu berücksichtigen. Die veränderte Aussprache gilt für die beiden nicht unwesentlich divergierenden Sprachformen des Neugriechischen: die Dhimotiki (Volks- oder Umgangssprache) und die Katharevussa ('gereinigte' Amts- oder Schriftsprache).

Alle amtlichen Bekanntmachungen, Hinweisschilder, Fahrpläne u.ä., auch die politischen Artikel der Zeitungen, sind in Katharevussa geschrieben. Diese Sprachform ist durch Annäherung an das als klassisch vorbildlich geltende Altgriechisch gewonnen worden, so daß, wer auf der Schule Altgriechisch gelernt hat, sie ohne allzu große Mühe lesen kann.
Gesprochen aber wird Dhimotiki. Dies ist das Ergebnis einer langen organischen Sprachentwicklung und hat sich auch in der neugriechischen Literatur (wie auch im Unterhaltungsteil der Zeitungen) längst durchgesetzt. Die Unterschiede zwischen Amtssprache und Volkssprache sowohl in der Grammatik als auch im Wortbestand sind beträchtlich.

Griechisches Alphabet

		Altgriechisch	Neugriechisch	Aussprache
Α	α	alpha	alfa	a
Β	β	beta	wita	w
Γ	γ	gamma	ghamma	gh, vor e und i: j
Δ	δ	delta	dhelta	dh
Ε	ε	epsilon	epsilon	kurzes e
Ζ	ζ	zeta	sita	stimmhaftes s
Η	η	eta	ita	i
Θ	ϑ	theta	thita	th
Ι	ι	iota	iota	i
Κ	ϰ	kappa	kappa	k
Λ	λ	lambda	lamvda	l
Μ	μ	my	mi	m
Ν	ν	ny	ni	n
Ξ	ξ	xi	xi	ks
Ο	ο	omikron	omikron	o
Π	π	pi	pi	p, nach m: b
Ρ	ϱ	rho	rho	r
Σ	σ	sigma	sigma	stimmloses s
Τ	τ	tau	tav	t, nach n: d
Υ	υ	ypsilon	ipsilon	i
Φ	φ	phi	fi	f
Χ	χ	chi	chi	ch: vor a, o, u: wie in "Bach" vor e, i: wie in "ich"
Ψ	ψ	psi	psi	ps
Ω	ω	omega	omega	o

Sonderzeichen

Die Betonung ist zwar stark schwankend, jedoch dank der auf allen mehrsilbigen Wörtern gesetzten Akzente (Akut: ´; Gravis: `; Zirkumflex: ˆ; neuerdings vereinheitlicht nur noch Akut) leicht zu erkennen.
Die am Wortanfang über Vokalen bzw. Diphthongen erscheinenden Spiritus (Lenis: ᾿; Asper: ῾) werden nicht gesprochen. Das Trema (¨) über einem Vokal bedeutet, daß dieser als solcher für sich einzeln gesprochen wird und keine Verbindung zum Diphthong mit einem benachbarten Vokal eingeht (αϊ spr. 'ai', nicht 'ä').
Von den Satzzeichen unterscheidet sich lediglich das griechische Fragezeichen, das dem deutschen Strichpunkt oder Semikolon gleicht (? = ;) während dem Strichpunkt im Griechischen ein Punkt über der Zeile (Hochpunkt: ·) entspricht.

Zahlen

Grundzahlen

0	midhén
1	énas, mjá, éna
2	dhjó, dhío
3	tris, tría
4	tésseris, téssera
5	pénde
6	éksi
7	eftá
8	ochtó
9	ennjá
10	dhéka
11	éndheka
12	dhódheka
13	dhekatrís, dhekatría
14	dhekatésseris, dhekatéssera
15	dhekapénde
16	dhekaéksi, dhekaáksi,
17	dhekaëftá, dhekaëptá
18	dhekaochtó, dhekaoktó

Sprache, Zahlen, Grundzahlen (Fortsetzung)

19	dhekaënjá, dhekaënnâa	100	ekató(n)
20	íkossi	101	ekatón énas, mjá, éna
21	íkossi énas, íkossi mjá, íkossi éna	153	ekatón penínda tris, tría
22	íkossi dhjó (dhío)	200	dhiakóssi, dhiakóssjes, dhiakóssja
30	triánda	300	triakóssi, -jes, -ja
31	triánda énas, mjá, éna	400	tetrakóssi, -jes, -ja
40	ßaránda	500	pendakóssi, -jes, -ja
50	penínda	600	eksakóssi, -jes, -ja
60	eksínda	700	eftakóssi, -jes, -ja
70	ewdhomínda	800	ochtakóssi, -jes, -ja
80	oghdhónda, oghdhoínda	900	ennjakóssi, -jes, -ja
90	enenínda	1000	chíli, chíljes, chílja
		5000	pende chíljádhes
		1 Mio.	éna ekatommírjo

Ordnungszahlen

1.	prótos, próti, próto(n)	10.	dhékatos, dhekáti
2.	dhéfteros, -i, -o(n)	11.	endhékatos, endhekáti
3.	tritos, -i, -o(n)	20.	ikostós, -í, -ó(n)
4.	tétartos, tétarti, tétarto(n)	30.	triakostós, -í, ó(n)
5.	pémptos	100.	ekatostós, -í, ó(n)
6.	éktos	101.	ekatostós prótos
7.	éwdhomos, ewdhómi	124.	ekatostós ikostós tétartos
8.	óghdhoos		
9.	énatos, enáti	1000.	chiljostós

Bruchzahlen

1/2	missós, -í, ó(v) ímissis
1/3	tríton
1/4	tétarton
1/10	dhékaton

Wichtige Redewendungen und Ausdrücke

Allgemeines

Guten Morgen!	Kaliméra!
Guten Tag!	Kaliméra!
Guten Abend!	Kalispéra!
Gute Nacht!	Kalí níchta!
Auf Wiedersehen!	Kalín andámossi(n)!
Sprechen Sie deutsch?	Omilité jermaniká?
englisch?	angliká?
französisch?	ghalliká?
Ich verstehe nicht	Then katalamwáno
Entschuldigen Sie	Me ßinchoríte
Ja	Nä, málista (Geste: Kopf zur Seite drehen)
Nein	Óchi (Geste: Kopf hochziehen)
Bitte	Parakaló
Danke	Efcharistó
Gestern	Chthes
Heute	Ssímera, ßímeron
Morgen	Áwrjo(n)
Hilfe!	Woíthja!
Geöffnet	Aniktó
Wann?	Póte?
Einzelzimmer	Dhomátjo mä éna krewáti
Doppelzimmer mit Bad	... mä dhío krewátja mä lutró
Wieviel kostet das?	Pósso káni?
Wecken Sie mich um 6 Uhr!	Ksipníste me stiß éksi!

Wo ist die Toilette?	Pu íne to apochoritírjon?
eine Apotheke?	éna farmakíon
ein Arzt	énas jatrós
ein Zahnarzt	énas odhontojatrós
die ...-Straße	o odhós ... (Genitiv)
der ...-Platz	i platía ... (Genitiv)

Auf der Reise

Abfahrt (Zug)	Anachórißis
Abfahrt (Schiff)	Apóplus
Abflug	Apojíoßis
Ankunft	Erchomós
Aufenthalt	Arghoporía
Auskunft	Pliroforía
Autobus	Leoforíon, búsi
Bahnhof	Strathmós
Bank	Trápesa
Boot	Wárka, káikj
Einsteigen!	Is tas théssis ßas!
Eisenbahn	Ssidhiródhromos
Fähre	Férri-bóut, porthmíon
Fahrkarte	Biljétto
Fahrplan	Dhromolójon
Flug	Ptíßis
Flughafen	Aërolimín
Flugplatz	Aërodhrómjon
Flugzeug	Aëropláno(n)
Geldwechsel	Ssaráfiko
Gepäck	Aposkewé
Gepäckschein	Apódhiksis ton aposkewón
Gepäckträger	Achthofóros
Gleis	Ghrammí
Haltestelle	Stáßis
Hotel	Ksenodhochíon
Nichtraucher	Dhja mi kapnistás
Raucher	Dhja kapnistás
Restaurant	Estjatórjo(n)
Schaffner	Ispráktor
Schalter	Thíris
Schiff	Karáwi, plíon
Schlafwagen	Wagón-lí, klinámaksa
Speisewagen	Wagón-restorán
Station	Stathmós
Toilette	Apochoritírjon
Umsteigen	Alláso
Wartesaal	Éthußa anamonís
Zug	Träno

Auf der Post

Adresse	Dhiéfthinßis
Brief	Epistolí
Briefkasten	Ghrammatokiwótjo(n)
Briefmarke	Ghrammatóssimo(n)
Eilboten	Epíghussa
Einschreiben	Ssistiméni
Fernschreiben	Tilétipo(n)
Luftpost	Aëroporikós
Päckchen	Dhemaláki
Paket	Dhéma, pakétto
Postamt	Tachidhromíon
Postkarte	Tachidhromikí kárta
Postlagernd	Post réstant

Sprache (Fortsetzung)	Telefon	Tiléfono(n)
	Telegramm	Tileghráfima
Wochentage	Montag	Dheftéra
	Dienstag	Tríti
	Mittwoch	Tetárti
	Donnerstag	Pémpti
	Freitag	Paraskewí
	Samstag	Ssáwwato(n)
	Sonntag	Kiriakí
	Tag	(I)méra
	Wochentag	Kathimeriní
	Feiertag	Skolí
	Woche	Ewdhomádha
Festtage	Neujahr	Protochronjá
	Ostern	Pás-cha, Lambrá(í)
	Pfingsten	Pendikostí
	Weihnachten	Christújenna
Monate	Januar	Januárjos, Jennáris
	Februar	Fewruárjos, Flewáris
	März	Mártjos, Mártis
	April	Apríljos
	Mai	Májos, Máis
	Juni	Júnjos
	Juli	Júljos
	August	Áwghustos
	September	Sseptémwrjos
	Oktober	Októwrjos, Okówris
	November	Noémwrjos, Noémwris
	Dezember	Dhekémwrjos
	Monat	Min, Mínas

Straßenverkehr

Straßennetz

Das griechische Straßennetz ist in den letzten Jahrzehnten planmäßig ausgebaut worden, so daß man heute auf dem Festland überall asphaltierte Straßen vorfindet, doch sind sie in entlegenen Gegenden oft eng und kurvenreich. Insbesondere auf den kleinen Inseln gibt es jedoch noch viele unbefestigte Straßen. Bei Nacht muß man auf den Landstraßen mit auf der Fahrbahn stehenden Tieren und nicht beleuchteten Fahrzeugen rechnen.

Verkehrsvorschriften

→ dort

Tauchen

→ Sport

Tennis

→ Sport

Tiere

→ Reisedokumente

Trinkgeld

Ein besonderes Kapitel ist das Trinkgeld. Der von der Hotelkammer veröffentlichte Hotelführer gibt die Inklusivpreise an. Diese findet man auch in den Hotels. Sonst beträgt das Bedienungsgeld 15% (auch in den Restaurants). In Speiselokalen ist es üblich, die Summe für den Kellner aufzurunden und noch einen kleinen Betrag für den Gehilfen des Kellners hinzulegen.

Uhrzeit

→ Zeit

Umgangsregeln

Die Bewohner Griechenlands sind Fremden gegenüber höflich und hilfsbereit, ohne aufdringlich zu sein. Als Angehörige einer alten Seefahrernation zeigen sie lebhaftes Interesse an Weltgeschehen und Politik, doch ist es für den Touristen ratsam, bei politischen Gesprächsthemen eine gewisse Zurückhaltung zu bewahren und vor allem die innergriechischen Verhältnisse nicht leichtfertig zu kritisieren.
Das weitgehende Fehlen des Bettlerunwesens und das unaufdringliche Verhalten von Fremdenführern, Gepäckträgern u.a. ist angenehm.

Wie in vielen südlichen Ländern wird auch in Griechenland Wert auf korrekte Kleidung gelegt, wenngleich mit der Zunahme des Tourismus eine gewisse Lockerung eingetreten ist.
Das Nacktbaden (FKK) ist zwar seit 1983 durch Gesetz an einigen Stränden erlaubt, doch empfiehlt sich auch hier Rücksichtnahme auf Empfinden und Moralvorstellungen der Einheimischen.

Unterkunft

→ Camping
→ Hotels
→ Jugendherbergen

Veranstaltungen

Januar

Neujahrstag, Tag des hl. Wassilios (vielerorts); Dreikönigstag (Theophanie; vielerorts); Volksfeste (Andros).

Karnevalszeit

Karnevalstreiben (vielerorts).

Veranstaltungen am Aschermittwoch	Ausflüge, Drachensteigen und Fastenspeisen (vielerorts).
25. März	Nationalfeiertag (überall).
April	Fest des hl. Spiridon (Schutzpatron von Korfu, ebendort).
Griechisches Osterfest (Datum meist abweichend von dem der Westkirche)	Kerzenprozession am Karfreitag, Mitternachtsmesse am Karsamstag, Lammbraten am Ostersonntag (überall).
April	Tag des hl. Georg (23. 4., vielerorts).
Mai	Aufbruch der Schwammfischer (Kalymnos); Tag der Arbeit(1. 5., überall) mit Blumenfest; Jahrestag der Wiedervereinigung mit Griechenland (21. 5., Korfu); Tanzfestival zur Erinnerung an die Schlacht um Kreta (Ende Mai, in Chania/Kreta).
Mai/Juni	Agia Paraskevi (Stierfest, Lesbos).
Juni	Mittsommernachtsfeuer (21. 6., Rhodos); Weissagungsspiel des Klydonas (Monatsende, in Piskokephalo und Krusta/Kreta).
Juni/Juli	Marinewoche (vielerorts in den Hafenstädten).
Juli	Jahrmarkt mit Folklore (Monatsanfang, Leukimi/Korfu); Weinfest (Rethymnon/Kreta); Rosinenfest (Sitia/Kreta).
August	Jahrmarkt mit Folklore (Monatsanfang, Anogia/Kreta); Fest der Muttergottes (15. 8., vielerorts); Kretische Hochzeit (Kritsa/Kreta); Fest des hl. Dionysios (Schutzpatron von Zakynthos, ebenda, 24. August).
September	Marinefestival zum Gedenken an den Sieg über die Türken (8./9. September, Spetsä); Kastanienfest (Monatsende, Elos Kissamos/Kreta).
Oktober	Nationalfeiertag (überall; 28.10.).
November	Feier zu Ehren des hl. Spiridon (4. 11., Korfu); Gedenkfeier des Klosters Arkadi (8. 11., Rethymnon/Kreta).
Dezember	Heiliger Abend mit Kinderumzug (überall); Silvester (überall).

Verkehrsmittel interinsular

Die griechischen Inseln sind vor allem mit dem Schiff, manche auch mit dem Flugzeug zu erreichen. Die Verkehrsmittel, auch auf den Inseln selbst, sind sehr unterschiedlich, weshalb auf die entsprechenden Einzelangaben der Inselbeschreibungen (→ Sehenswürdigkeiten von A bis Z) verwiesen wird.

Schiffsverbindungen

Die Schiffsverbindungen zu den Inseln der Ägäis gehen meist von Athen (Piräus), z.T. auch von Saloniki aus. Die Verbindungen der Inseln untereinander sind weniger direkt, so daß es beim Besuch mehrerer von ihnen durchaus erforderlich sein kann, wiederholt zum Hafen Piräus zurückzukehren.
Die Ionischen Inseln haben Schiffsverbindungen mit den Festlandshäfen Patras und Igumenitsa.

Für die Inselbewohner unentbehrlich: Kaiki

Die Buchungen müssen in der Regel direkt beim Hafenbüro erfolgen, wobei wegen der sich häufig ändernden Fahrpläne und der vor allem in der Hauptsaison äußerst starken Nachfrage möglichst frühzeitige Erkundigung unbedingt empfohlen wird.
Eine ausgezeichnete Fahrplanhilfe ist der monatlich erscheinende Key Travel Guide für Griechenland und den Mittleren Osten.

Inselhüpfen (in der 3. Schiffsklasse z.T. gratis!)

Zwischen neun großen und 24 kleineren Inseln bestehen Schiffsverbindungen. Viele dieser Linien werden subventioniert, um den Touristen auch die unbekannteren Inseln nahezubringen. Informationen erteilt die GZF (→ Auskunft).

Flugverbindungen

Die griechische Fluggesellschaft Olympic Airways unterhält Flugverbindungen von Athen nach Korfu, Zakynthos, Chania und Iraklion (beide auf Kreta), Chios, Kos, Leros, Limnos, Mykonos, Mytilini (Lesbos), Rhodos, Samos, Skiathos und Thera (Santorin); von Saloniki werden Rhodos, Iraklion (Kreta) und Limnos angeflogen.

Verkehrsvorschriften

Fahrvorschriften

In Griechenland gelten weitgehend die internationalen Verkehrsregeln; es besteht Rechtsfahrordnung.
In den Städten ist das Hupen untersagt. Für Kraftfahrer besteht absolutes Alkoholverbot. Das Anlegen der Sicherheitsgurte ist während der Fahrt vorgeschrieben.

Verkehrsvorschriften (Fortsetzung)

In hell erleuchteten Ortschaften wird nachts lediglich mit Standlicht gefahren; bei Begegnungen außerorts wird in Griechenland das Licht z.T. ganz ausgeschaltet.
Die zulässige Höchstgeschwindigkeit beträgt auf Autobahnen und Schnellstraßen 100 km/h, auf anderen Straßen 80 km/h und in Ortschaften 50 km/h. Bei Geschwindigkeitsübertretungen droht Führerscheinentzug, ferner werden (wie auch bei falschem Parken) die Fahrzeugkennzeichen entfernt.

Gespanne (Pkw mit Wohn- oder Bootsanhänger) dürfen maximal 3,50 m hoch, 2,50 m breit und 15 m lang sein.

Sprachkundige Polizeibeamte tragen eine Armbinde mit der Aufschrift 'Tourist Police'.

Zollbestimmungen

Falls ein ausländisches Kraftfahrzeug in Griechenland einen Totalschaden erleidet, ist die zuständige Zollbehörde zu informieren, ehe das Unfallfahrzeug verschrottet werden kann.

Wassersport

→ Sport

Wein

→ Essen und Trinken

Wetter

→ Reisezeit

Zeit

In Griechenland gilt die Osteuropäische Zeit (OEZ = MEZ + 1 Std.), während der Sommermonate (April–September) die Sommerzeit (MEZ + 2 Std.).

Zollbestimmungen

Einreise

Zollfrei sind die Gegenstände des täglichen Bedarfs sowie fabrikneue Waren für den persönlichen Gebrauch oder Geschenke, wenn der Wert insgesamt 11000 Drs. nicht übersteigt. Zollfrei sind auch Tabakwaren (300 Zigaretten oder 150 Zigarillos oder 75 Zigarren oder 400 g Tabak), 4 l alkoholische Getränke, 1,5 l Spirituosen, 75 g Parfüm.

Als zollfreie persönliche Gegenstände gelten 1 Fotoapparat mit einer angemessenen Menge von Filmen, 1 Filmkamera, 1 Fernglas, 1 tragbares Radio, 1 tragbarer Plattenspieler mit 20 Schallplatten, 1 Tonbandgerät, 1 Reiseschreibmaschine, Sport- und

Campingausrüstung, 1 Fahrrad. Diese Gegenstände und andere (z.B. Jagdgewehr) müssen im Reisepaß des Eigentümers eingetragen sein.

Verboten ist die Einfuhr von Pflanzen und Funkgeräten; fest im Fahrzeug installierte CB-Funkgeräte dürfen zwar eingeführt, aber in Griechenland nicht benutzt werden.

Ausfuhr

Abgabenfrei sind Reiseproviant im Wert von maximal 50 US-$ und Reiseandenken im Wert von maximal 150 US-$. Die Ausfuhr von Antiquitäten und Kunstgegenständen ist grundsätzlich verboten; über Ausnahmegenehmigungen, die aber nur ganz selten erteilt werden, entscheidet der Staatliche Archäologische Dienst in Athen. Kopien antiker Vorlagen können zollfrei ausgeführt werden.

Bei der Wiedereinreise in EG-Staaten sind Reiseandenken aus Griechenland bis zu einem Wert von 810 DM zollfrei, ferner 1000 g Kaffee, 200 g Tee, und 5 l Wein. Die Freimengen für Tabakwaren sind 300 Zigaretten oder 150 Zigarillos oder 75 Zigarren oder 400 g Tabak.
Für Nicht-EG-Länder gelten andere Sätze

Kfz-Totalschaden

→ Verkehrsvorschriften

Register

Hinweis: Häufig werden die Inselhauptorte umgangssprachlich mit 'Chora' bezeichnet. Dieser Begriff bedeutet lediglich 'Dorf' und ist in diesem Register nicht zu finden.

Register